Katajun Amirpur

KHOMEINI

Katajun Amirpur

KHOMEINI

Der Revolutionär des Islams

Eine Biographie

C.H.Beck

Mit 34 Abbildungen

www.chbeck.de
Umschlaggestaltung: Rothfos & Gabler, Hamburg
Umschlagabbildung: Ayatollah Khomeini, © shutterstock
Satz: Janß GmbH, Pfungstadt
Druck und Bindung: Druckerei C.H.Beck, Nördlingen
Gedruckt auf säurefreiem und alterungsbeständigem Papier
Printed in Germany
ISBN 978 3 406 76873 6

klimaneutral produziert
www.chbeck.de/nachhaltig

Inhalt

Einleitung 9

1. Kindheit und Jugend (1902–1918) 13

Neischabur – Kintur – Khomein: Die Familie 13
Idschtihad: Das Instrument zur Rechtsfindung 17
Der Vater: Gelehrter und Anwalt der kleinen Leute . . . 19
Verfassung: Geheimnis von Macht und Fortschritt? . . . 21
Unter den Fittichen starker Frauen 28

2. Im Bann des Schiismus: Erste Sozialisation (1918–1922) 31

Streit um die Nachfolge: Die Entstehung der Schia 31
Die Passionsspiele: Buße für die Tragödie von Kerbela 36
Pflichtfach schiitische Dogmatik 40
Vom Mudschtahid zum Groß-Ayatollah 45

3. Lehrjahre und Lehrtätigkeit in Qom (1922–1963) 51

Vorbild Haeri Yazdi 51
Ein Blick in die Vergangenheit 55
Die *houze*: Lehrstätten und Orte gelebter Frömmigkeit . . 57
Frühe Lehrtätigkeit und erster politischer Traktat 64
Quietistische Tradition gegen politische Einmischung . . 70

4. Konkurrierende schiitische Systeme 75

Machtprobe zwischen Herrscher und Geistlichkeit 75

Khomeinis Bruch mit Borudscherdi 79

Zurück zum Koran: Die Entwicklung eines modernen Islams 84

Vokabular iranischer Sozialkritik: Al-e Ahmads *Gharbzadegi* 88

5. Die Herrschaft des Rechtsgelehrten 95

Ist dem Rechtsgelehrten Gehorsam zu leisten? 95

Befürworter des Konstitutionalismus 99

Anpassung an die Moderne, aber ohne Demokratie . . . 104

6. Khomeini und der Schah (1961–1964) 111

Das Nachfolgeproblem des Klerus und die Tricks des Schahs 111

Khomeini betritt die politische Bühne 113

Die Weiße Revolution und die Zuspitzung des Konflikts 119

Der Juni-Aufstand von 1963 126

7. Exil in der Türkei und im Irak (1964–1978) 131

Abschiebung in die Türkei 131

Irak: Aufenthalt mit Fingerspitzengefühl 137

Die Rückkehr zu den eigenen kulturellen Wurzeln 143

Ali Schariati: Imamitische Führung statt demokratischer Regierung 147

8. Khomeinis Vorlesungen über den islamischen Staat 155

Eine antiimperialistische Kampfschrift? 155

Der Koran als Richtschnur 159

Die «Herrschaft des Rechtsgelehrten» 163
Der geistige Antipode: Abolqasem Choi 168

9. Ein Herrscher ist angezählt (1971–1979) 173

Die 2500-Jahr-Feier der persischen Monarchie 173
Geldverschwendung, Korruption, Inflation:
Die letzten Jahre des Schahs 177
Khomeini und die Volksmudschahedin 181
Verzweifelte Aktionen eines Despoten 184
In Wartestellung in Paris 191

10. Die neue Verfassung:
Ein demokratischer Meilenstein? 201

Rückkehr nach Iran und Abkehr von der Demokratie . . 201
«Denn die Basis des Islams ist Gehorsam, nicht Freiheit» 209
Schariatmadari: Demokratie mit islamischer Ausrichtung 214
Der Umgang mit den religiösen Minderheiten 220

11. Die Ära Khomeini (1979–1989) 229

Der Kampf um die Macht und die Konsolidierung
des Regimes 229
Vom Wunschnachfolger zur Persona non grata: Montazeri 237
Literarische Abrechnung 244
Ein Triumvirat entscheidet 248

12. Die «Herrschaft des Rechtsgelehrten»
nach Khomeinis Tod 253

Ein Staatsbegräbnis außer Kontrolle 253
Absolute Führungsbefugnis hat nur Gott 255
Mesbah Yazdi: «Der *faqih* ist der Repräsentant
des unfehlbaren Imams» 261

13. Khomeinis Frauenbild im Wandel 273

Männer in den öffentlichen, Frauen in den privaten Raum? 273

Die Ehe ist eine religiöse Pflicht 278

«*Fatima ist Fatima*» 284

Der Hidschab als Symbol des revolutionären Islams . . . 287

14. Khomeini und der Westen: Philosophische Ablehnung und pragmatische Kooperation 295

Ökonomische Ausbeutung und kulturelle Invasion 295

«Wer immer uns mit Respekt behandelt, ist unser Freund» 300

15. Die andere Seite des Revolutionärs: Philosophie, Poesie und Mystik 307

Die mystische Einheit mit Gott 307

Khomeinis Bildersprache 309

Epilog: Khomeinis Enkel 317

Anhang

Zeittafel 324

Glossar 328

Literatur 338

Bildnachweis 345

Personenregister 346

Einleitung

Die Welt schaute ungläubig zu, als der König aller Könige – wie Mohammad Reza Pahlavi sich selbst nannte – durch den Mullah aller Mullahs – wie Ayatollah Khomeini bald genannt werden sollte – vom Pfauenthron gestoßen wurde. Von den Vereinigten Staaten hochgerüstet, galt das Kaiserreich Iran in den 1960er und 1970er Jahren als das stabilste System der islamischen Welt. Noch kurz vor Ausbruch der Revolution von 1978, zu deren Führer das Volk – für die meisten Außenstehenden überraschend – den im Westen fast unbekannten Ayatollah Ruhollah Musavi Khomeini wählte, hatte US-Präsident Jimmy Carter den iranischen Schah als «Gendarmen am Golf» bezeichnet.

Die meisten Erwartungen, die in sie gesetzt wurden, hat die Revolution enttäuscht. Entsprechend zwiespältige Gefühle hegt die iranische Bevölkerung Khomeini gegenüber bis heute. Er blieb vielen ein Rätsel. Als er sein Vaterland nach fünfzehn Jahren Exil wiedersah, empfand er nichts – so beschrieb er es zumindest einem Reporter. Ähnlich emotionslos soll er auf den plötzlichen Tod seines ältesten Sohnes reagiert haben. «Wir sind alle vergänglich. Gott hat ihn uns gegeben und jetzt wieder genommen. Da gibt es überhaupt keinen Grund zum Weinen», soll er gesagt haben. «So, jetzt an die Arbeit, meine Herren!» (Nirumand 1989, 159)

Khomeini war auch der Mann, der es verstand, die Macht an sich zu reißen und alle anderen auszubooten. Doch nie nutzte er die Macht zu seinem persönlichen wirtschaftlichen Vorteil. Anders als viele, die durch die Revolution in bedeutende Positionen aufstiegen, führte er bis zu seinem Tod ein asketisches Leben. Und für sein zentrales politisches Bemühen, die Unabhängigkeit Irans, war er bereit, große Opfer zu bringen. Diese forderte er allerdings auch von allen anderen. Mit dem Blut der Jugend gedeiht der Baum des Islams, hatte er den Kindern zugerufen, die mit einem Schlüssel für das Paradies um den Hals über die irakischen Minenfelder geschickt wurden. Sie waren nicht die Einzigen, die einen sinnlosen Tod starben. Tausende wurden in den iranischen Gefängnissen hingerichtet, als Feinde des Islams, als Feinde Gottes, als Feinde Irans, als Feinde – wovon doch gleich? Viele verließen das Land oder gingen in die innere Emigration, fühlten sich und ihre Revolution verraten. Doch für die Millionen Iraner, die Ayatollah Khomeinis Tod am 3. Juni 1989 betrauerten, war er der Retter, der Erleuchtete, der Heilsbringer.

Über viele Aspekte seiner Persönlichkeit weiß man in der westlichen Öffentlichkeit nichts. Verglichen mit anderen, um deren politisches Erbe ähnliche Kontroversen entbrannt sind – wie etwa Lenin, Mao, Castro oder Che Guevara –, ist Khomeini wenig erforscht. Dies erstaunt umso mehr, als Iran ja ein Dauerthema der Medien ist. Doch Khomeini hat weder eine Biographie in Auftrag gegeben noch selbst eine verfasst, und auch aus seiner Umgebung ist wenig Intimes zu erfahren. So ist es schon viel an Persönlichem, wenn wir von seinem Vertrauten und langjährigen Mitstreiter Sadeq Tabatabai (1934–2015), der in Paris zur Entourage Khomeinis gehörte, in dessen Memoiren erfahren, dass Khomeini durchaus modebewusst war. Er achtete darauf, dass seine Socken zu seinem Kaftan passten, und hatte etwas übrig für gutes Eau de Toilette.

Neu dürfte vielen sein, dass er nicht nur Revolutionär und ganz klassischer Gelehrter war, was schon unvereinbar genug erscheint, sondern zudem in der islamischen Mystik bewandert und selbst ein Dichter mystischer Liebespoesie. Weder seine politischen Gegner noch Kritiker des klassischen Stils der persischen Dichtung sprechen ihm ab, dass seine Gedichte handwerklich sehr gut gemacht sind. Dass sie von Wein, Weib und Gesang erzählen, ist dabei nicht nur für den westlichen Leser verwirrend.

In dieser Biographie soll der Tatsache Rechnung getragen werden, dass Khomeini eine überaus komplexe Figur war. Sie beschreibt daher zunächst in chronologischer Form das Leben von Irans Staatsgründer. Besonderes Augenmerk wird dabei auf Einflüsse gelegt, die ihn prägten und seine spätere Weltsicht bestimmten. Hier sind immer wieder ausführlichere Erklärungen notwendig, um zu beschreiben, welche Umstände seinen Werdegang und seine Sozialisation ausmachten. Dazu gehört auch eine Einführung in spezifisch schiitische Zusammenhänge wie den Ausbildungsweg der Geistlichen, ihre Finanzierung oder die Geschichte der Schia, die für Khomeinis Entwicklungsprozess und sein Denken von Bedeutung sind. Besonderer Wert wird dabei auf die Ideen und Thesen Khomeinis gelegt, vor allem da, wo sie die heutige Islamische Republik immer noch bestimmen und prägen. Deshalb werden sowohl Genese als auch Inhalt und Fortentwicklung der Idee von der sogenannten Führungsbefugnis des Rechtsgelehrten, *velayat-e faqih*, der Grundlage für das iranische Regierungssystem, ausführlich beschrieben.

In zwei Kapiteln gehe ich auf Khomeinis Aussagen zur Frauenfrage und zum Westen ein, welche die Ideologie der Islamischen Republik bis heute maßgeblich prägen, ein Erbe, mit dem seine Nachfolger zu kämpfen haben. Das letzte Kapitel vermittelt anhand einiger Beispiele einen Eindruck von Khomeinis Dichtung, einem der interessantesten Aspekte seiner vielschichtigen Persönlichkeit.

Das Buch verwendet eine Transkription aus dem Persischen, die sich möglichst nahe an der Aussprache der Wörter orientiert, wie sie ein deutscher Muttersprachler wählen würde. So wird auch in Bezug auf arabische Wörter verfahren, die von persisch sprechenden Iranern verwendet werden. Alle arabischen Wörter, die der Duden kennt, werden in dieser eingedeutschten Schreibweise verwendet, also auch dekliniert. Arabische Namen werden, wenn es sich bei den Namensträgern um Araber handelt, arabisch transkribiert, persisch, wenn es sich um Iraner handelt. Deshalb wird der Prophetenenkel Husain geschrieben, iranische Namensträger hingegen Hosein. Im Deutschen eingeführte Namen werden jedoch so transkribiert, wie es üblich geworden ist. Das gilt auch für den Namen «Khomeini», den man eigentlich «Chomeini» transkribieren müsste, da der persische Anfangsbuchstabe wie «ch» gesprochen wird. Dasselbe gilt für den Namen Khamenei. Auf Konsistenz wird auch dann verzichtet, wenn Autoren selbst ihren Namen anders transkribieren, als es die Aussprache erfordern würde, so im Falle von Soroush.

Bei der Aussprache ist Folgendes zu beachten: Das oft in Namen auftauchende «z» ist ein stimmhaftes «s» (etwa in Montazeri oder Yazdi). Das «s» dagegen wird als stimmloses «s» gesprochen (etwa in Sadeq oder Soroush).

Persische Begriffe werden zumindest bei der ersten Nennung übersetzt, oft auch mehrfach. Ein Glossar am Ende des Buches erklärt im Überblick die wichtigsten Begriffe.

Die Koranübersetzungen stammen von Hartmut Bobzin (Der Koran, Verlag C.H.Beck, München 2010).

1

Kindheit und Jugend (1902–1918)

Neischabur – Kintur – Khomein: Die Familie

Am 24. September 1902 wurde Ruhollah Musavi in Khomein, einem kleinen Dorf in den weiten halbtrockenen Gebieten Zentralirans, 200 Kilometer nordwestlich von Isfahan, der Hauptstadt der Safawidenkönige, geboren. Zu Beginn des 20. Jahrhunderts war der Ort zwar das Verwaltungszentrum von Kamareh, einem Distrikt in der Provinz Golpayegan, aber es lebten dort nur 2000 Menschen, ungefähr 800 Haushalte. Im Land der für ihre Gesetzlosigkeit bekannten Luren gelegen, war das Dorf, das zudem strategische Bedeutung hatte, ständig von marodierenden Stämmen bedroht. Denn durch Khomein wurden auf der Verkehrsroute zwischen den Häfen des Persischen Golfs und der Hauptstadt Teheran Güter aller Art auf Lastkarren, Eseln und Kamelen transportiert. Überdies war der Ort umgeben von ertragreichen Getreidefeldern, ergiebigen Obstplantagen und gutem Weideland, die leicht zu bewässern waren, weil das Schmelzwasser des nahen Zagros-Gebirges nach Khomein und in die Umgebung geleitet werden konnte. Nicht weit entfernt von Khomeinis Geburtsort befanden sich einige der besten Weinberge der Region, und im Dorf Lilian, das in der Nähe lag, produzierten dort lebende Juden einen feinen Arak. Erst 1920 gelang es dem späteren Reza Schah (1878–1944), damals noch Reza Chan und Oberkommandierender der persischen Kosakenbrigade, die Luren zu unterwerfen.

Das Haus, in dem Ruhollah Musavi geboren wurde, lag in einem großen Garten am östlichen Ende des Dorfes: ein geräumiges, zweistöckiges Gebäude, um drei Innenhöfe herum gebaut, so wie es üblich war für die Häuser der Wohlhabenden. Es verfügte über mehrere kühle Balkone und zwei Türme, von denen aus der Fluss oder die umgebenden Gärten und Häuser zu überblicken waren. In Khomeinis Kindheit war die große Anlage stets mit Leben erfüllt, denn seine verwitwete Mutter Hadschie Chanum hatte den *andaruni*, die ehemaligen Familien- und Frauenteile des Hauses, an den Stellvertreter des Provinzgouverneurs von Kamareh vermietet. Dieser nutzte den ersten Stock für seine Büros und den zweiten als Unterkunft für seine Wachleute. Hadschie Chanum lebte mit ihren fünf Kindern, ihrer Schwägerin, der Zweitfrau ihres Mannes und ihren Wachen und Bediensteten im Biruni, dem Teil, der normalerweise als Männertrakt gilt und Gästen vorbehalten ist.

Es gibt nicht viele Informationen über diese Zeit. Khomeini hat selbst nie in Interviews darüber gesprochen. Lediglich auf einer Homepage des Imam-Khomeini-Instituts für die Sammlung, Zusammenstellung und Veröffentlichung der Werke Khomeinis finden sich einige offizielle Angaben, die jedoch nicht sehr detailliert sind und wenig Persönliches enthalten. Einzelne Details wissen wir von seinem älteren Bruder Morteza, der ihm in jungen Jahren in gewisser Weise Vaterersatz war. So traf dieser wichtige Entscheidungen mit, beispielsweise als es um den Ausbildungsweg des späteren Ayatollah Khomeini ging. Auf der Homepage des Imam Khomeini Instituts wird Khomeini mit den Worten zitiert: «Hätte ich nicht einen Bruder wie Morteza gehabt, so hätte ich nicht studieren können.» (http://en.imam-khomeini.ir/en/n3122/Biography/The_childhood_period)

Die Brüder führten ihre Abstammungslinie auf den Propheten zurück, weshalb sie Sayyid bzw. im Persischen Seyyed genannt werden. Ihre Verwandtschaftslinie läuft über die Tochter des Propheten, Fatima, und über den siebten Imam der Schia, Musa al-Kazim, daher Musavi. Man nimmt an, dass die Vorfahren Khomeinis ursprünglich aus Neischabur kamen, einer Stadt in der Nähe von Maschhad im Nordosten Irans. Im frühen 18. Jahrhundert emigrierte die Familie

Das Geburtshaus des späteren Revolutionsführers in Khomein im Jahre 2011. Heute ist es ein Museum.

nach Indien, wo sie sich in einer kleinen Stadt namens Kintur nahe Lucknow niederließ. Das dortige Königreich von Oudh wurde von Zwölferschiiten beherrscht. Khomeinis Großvater, Seyyed Ahmad Musavi Hindi, wurde noch in Kintur geboren. Er verließ Indien im Jahr 1830, um die Pilgerfahrt nach Nadschaf im heutigen Irak anzutreten. Vermutlich wollte er auch dort studieren. Er sollte nie wieder nach Indien zurückkehren, denn in Nadschaf freundete er sich mit einem Landbesitzer aus dem Dorf Farahan unweit von Khomein an, der ihn überzeugte, mit ihm nach Iran zu kommen. 1834 übersiedelten die beiden, und ungefähr fünf Jahre später erwarb Seyyed Ahmad ein großes Haus mit üppigem Garten in Khomein, das mehr als anderthalb Jahrhunderte lang im Familienbesitz bleiben sollte. Ob er Geld aus Indien mitgebracht hatte oder erst in Iran zu Wohlstand gelangt war, ist unklar, jedenfalls war er für damalige Verhältnisse ein reicher Mann. Der 4000 Quadratmeter große Besitz hatte Seyyed Ahmad die damals durchaus hohe Summe von 100 Toman gekostet.

Zu diesem Zeitpunkt war er bereits mit zwei Frauen verheiratet, 1841 nahm er noch eine dritte hinzu, Sakine, die Schwester seines

Freundes aus Farahan. Aus seinen ersten beiden Ehen hatte Seyyed Ahmad nur ein Kind; Sakine gebar ihm drei Töchter und einen Sohn (Mostafa, geb. 1856). Der Wohlstand der Familie nahm in den folgenden Jahren noch zu. Seyyed Ahmad kaufte Land in den kleinen Dörfern der Region, und in Khomein selbst eine Obstplantage und eine Karawanserei.

Als er starb, war sein Sohn Mostafa dreizehn Jahre alt und hatte gerade das Studium der islamischen Wissenschaften aufgenommen. Zuerst lernte er einige Jahre in den Seminaren des nahe gelegenen Isfahan, später dann in Nadschaf und Samarra. Bei seiner Ankunft in Nadschaf 1891 wurde er von seiner ersten Frau Hadschar, genannt Hadschie Agha Chanum, begleitet, der Tochter von Mirza Ahmad Motschtahed-e Chonsari, einem hoch angesehenen Gelehrten aus Zentraliran. Für einen jungen Kleriker war es eine aufregende Zeit in der heiligen Stadt, da die Geistlichkeit zum ersten, aber nicht letzten Mal in der iranischen Geschichte einen Massenprotest organisierte.

Nur wenige Monate vor Mostafas Ankunft in Nadschaf hatte der Qadscharenkönig Naseroddin Schah (1831–1896) der British Imperial Tobacco Company für die lächerliche jährliche Summe von 15 000 Pfund das Monopol über die Tabakindustrie des Landes gewährt, eine Aktion, die Menschen verschiedenster Gesellschaftsschichten erzürnte: die Landbesitzer und Bauern, die den Tabak anbauten, die Kaufleute, die ihn exportierten, die Händler, die ihn auf dem Markt verkauften, sowie die große Zahl von Iranern und Iranerinnen, die ihn rauchten. Es gehörte zu ihrem Brauchtum, sich mit ihren Gästen eine Wasserpfeife zu gönnen.

Mirza Hasan Schirazi (1815–1896), einer der führenden iranischen Geistlichen in Nadschaf, reagierte auf die Wut, die sich in Iran Bahn brach, im Dezember 1891 mit einer Fatwa, einem Rechtsgutachten. Darin wurde allen Gläubigen der Tabakgenuss verboten und das Rauchen als eine Kampfansage an den Islam und den zwölften Imam bezeichnet. Tatsächlich hielten sich die Menschen in ganz Iran, sogar im königlichen Harem, an das Verbot, sodass sich der Schah gezwungen sah, den Verkauf rückgängig zu machen. Über die Hintergründe dieser Fatwa gibt es jedoch keine Gewissheit: War sie wirklich von Mirza

Hasan Schirazi selbst erstellt worden? Oder stand dahinter nicht vielmehr Dschamal ad-Din al-Afghani (1838–1897), der große Pan-Islamist und Kämpfer gegen die Briten? Vielleicht aber war sie auch von den Händlern gefälscht worden. In jedem Fall gewann die Geistlichkeit dadurch immens an Prestige, bewies sie doch, welchen Einfluss sie auch auf die Politik hatte. Immerhin hatte die Fatwa den ersten politischen Massenprotest der iranischen Geschichte ausgelöst und gezeigt, was eine Koalition aus Klerus und Basar bewirken kann.

In Nadschaf studierte Mostafa, Ruhollahs Vater, bis 1894. In diesem Jahr erhielt der 39-Jährige als fertiger Rechtsgelehrter die Erlaubnis zum eigenständigen Erstellen einer Fatwa, die sogenannte Idschazat al-Idschtihad. Diese Qualifikation erlaubte es ihm, das religiöse Recht selbst zu interpretieren.

Idschtihad:
Das Instrument zur Rechtsfindung

Idschtihad bedeutet die selbständige Meinungsbildung in Rechtsfragen und das daraus resultierende Erstellen von Rechtsgutachten, die für die Gläubigen bindend sind. Der Idschtihad begründet die große Macht, die die schiitischen Geistlichen über die normalen Gläubigen haben.

Allerdings darf der Rechtsgelehrte nur dann zum Mittel des Idschtihads greifen, wenn das göttliche Gesetz in einer bestimmten Frage keine eindeutige Vorschrift kennt. So erläutert Allama al-Hilli (1250–1325) in seinem bis heute grundlegenden Werk *Die Ausgangspunkte, von denen man zur Wissenschaft von den Grundlagen [der Religion] gelangt*: Nur wenn es diese eindeutige Vorschrift nicht gibt, soll der Rechtsgelehrte unter Einbeziehung der Dogmen des Korans den Idschtihad anwenden, um neu aufgetretene Probleme zu lösen. Diese Rechtsfindung muss auf dem Koran und den Traditionen des Propheten und der Imame, das heißt ihren mündlichen Äußerungen und Schriften, basieren. Dem eigenen verstandesmäßigen Beitrag kommt dabei eine große Bedeutung zu, wobei jedoch einkalkuliert wird, dass Menschen irren. Diese Fehlbarkeit zählt zu den wichtigsten Kennzeichen des Idschtihads: Die Rechtsgelehrten können im Gegensatz zu den vierzehn Unfehlbaren – dem Propheten, seiner Tochter und den zwölf Imamen – auch eine falsche Entscheidung treffen. Dann dürfen sie ihre Aussagen revidieren. Zudem verliert ein Rechtsgutachten (Fatwa) ganz automatisch seine Gültigkeit, wenn sein Verfasser stirbt. *La qaula li l-mayyit*, heißt es in der schiitischen Jurisprudenz: Tote haben nichts zu sagen. Eine Ausnahme wurde hier bekanntlich für den späteren Ayatollah Khomeini gemacht. Viele seiner Fatwas haben einen sakrosankten Charakter angenommen.

Mit der Etablierung des Idschtihads entstand in der Schia eine klerikale Klasse, die sich vom Rest der Gemeinde durch eben diese Befähigung zur Rechtsfortbildung unterschied. Dieser Unterscheidung zufolge gibt es auf der einen Seite religiöse Autoritäten, sogenannte Quellen der Nachahmung, und auf der anderen Seite religiöse Laien, die sich den Autoritäten unterwerfen und sie nachahmen müssen, *taqlid* zu üben haben. Jeder Schiit muss sich eine Quelle der Nachahmung, einen zum Idschtihad befähigten Rechtsgelehrten, der in der Hierarchie möglichst weit oben steht, suchen. Diesen kann der normale Gläubige, der Nachahmende, um Klärung einer den religiösen Bereich betreffenden Frage bitten; der Geistliche leitet ihn an und weist ihm den rechten, islamisch korrekten Weg, wobei er sich oft Schützenhilfe bei einer Quelle der Nachahmung holt, die in der klerikalen Hierarchie über ihm steht. Die religiösen Laien müssen den Anweisungen in kultischen und – je nach Sichtweise – auch in politischen Fragen Folge leisten. Die Nachahmenden dürfen die Quelle der Nachahmung aber notfalls auch wechseln, wenn ihnen beispielsweise eine Fatwa als unvereinbar mit ihrem Gewissen oder eine Vorgabe als undurchführbar erscheint. Als Laien sind sie selbst indes ausdrücklich vom Idschtihad ausgeschlossen und stattdessen auf das Urteil der Experten angewiesen.

Diese schiitische Eigenart erwies sich als ganz entscheidend für den Verlauf der Islamischen Revolution und die Entstehung der iranischen Theokratie. Deshalb ist allerdings auch das System, das Khomeini später begründet hat und das auf diesen Grundlagen fußt, nicht in die restliche islamische Welt exportierfähig.

Zudem wurde der Auffassung, dass nur Spezialisten den Willen Gottes begreifen können und aus diesem Grund allen anderen Gläubigen überlegen sind, in der Geschichte der schiitischen Theologie durchaus widersprochen. Die Gegenthese hatte Mohammad Amin Astarabadi (gest. 1624) aufgestellt und ausformuliert. Er kritisierte die Monopolstellung des Rechtsgelehrten und dessen Anspruch, dass seinen Rechtsgutachten gehorcht werden müsse. Stattdessen sollte – fast protestantisch – jeder Gläubige die Quellen selbst lesen und interpretieren, sich dabei aber streng an die Vorgaben und Aussagen des Korans und der Überlieferungen des Propheten halten. Zwar war diese Richtung damit einerseits basisdemokratischer orientiert, hinterfragte aber andererseits implizit die Fähigkeit des menschlichen Verstandes, da der Rechtsgelehrte ja durch Anwendung seines Verstandes zu neuen Rechtsurteilen gelangt. Da dem Verstand, der eigenständigen Meinungsbildung, so wenig Raum gegeben wird, ist diese Richtung weniger frei im Denken und weniger offen für Neues.

Mit dem Gelehrten Mohammad Baqer Vahid Behbahani (1705–1791) setzte sich im 18. Jahrhundert jedoch die Gegenseite, die Schule der sogenannten *usuli*, durch. Im Verlauf der Auseinandersetzung waren die Anhänger der *usuli*-Doktrin immer stärker zusammengerückt, mit der Folge, dass sie ein größeres Klassenbewusstsein ausbildeten. Nachdem sie schließlich gesiegt hatten, kam es im schiitischen Islam zur Entstehung eines dem der katholischen Kirche vergleichbaren Klerus und einer klerikalen Hierarchie. Für das System, das später unter Federführung Ayatollah Khomeinis in Iran entstehen sollte, war diese klerikale Hierarchie eine weitere Voraussetzung.

Der Vater: Gelehrter und Anwalt der kleinen Leute

1895 kehrte Seyyed Mostafa nach Khomein zurück. Seinem Studienabschluss gemäß gehörte er zu den höheren Rängen schiitischer Gelehrsamkeit. Doch er nahm weder die damit verbundenen Aufgaben wahr, noch kümmerten ihn die Privilegien. In seinen Memoiren schreibt Ruhollahs älterer Bruder Morteza, dass ihr Vater nach seiner

Rückkehr in Khomein keiner religiösen Tätigkeit nachgegangen sei. Damit dürfte gemeint sein, dass er keine der spezifischen Funktionen ausübte, die der Klerus damals in der traditionellen iranischen Gesellschaft innehatte. Mullahs betreuten nicht nur die persönlichen religiösen Angelegenheiten der Menschen, sondern waren auch zuständig für gesellschaftliche und gesetzliche Fragen. Zudem waren sie besonders im Bildungswesen aktiv. Manche wurden Notare, Richter oder spezialisierten sich als Prediger. In einem kleinen Ort vereinigte jemand mit einer religiösen Ausbildung oft all diese Professionen in seiner Person. Seyyed Mostafas klerikaler Hintergrund, seine weitreichenden Beziehungen und seine starke Persönlichkeit machten aus ihm eine lokale Führungspersönlichkeit. Die Bauern und kleinen Händler soll er immer verteidigt und für ihre Nöte ein offenes Ohr gehabt haben. Viele Beschreibungen entspringen wohl postrevolutionärer Hagiographie, aber ein Körnchen Wahrheit dürfte sicherlich enthalten sein.

Zudem war Seyyed Mostafa Oberhaupt einer schnell wachsenden Familie: Sein erstes Kind, eine Tochter, war noch in Nadschaf geboren worden, kurz nachdem er und seine Frau dorthin übergesiedelt waren, fünf weitere Kinder folgten in Khomein. Der älteste Sohn, Morteza, kam 1896 zur Welt und wurde 101 Jahre alt, der zweite, Nureddin, wurde später Anwalt in Teheran, und der dritte Sohn war Ruhollah, der spätere Revolutionsführer.

In den ländlichen Gebieten Luristans lebte es sich im 19. Jahrhundert sehr unsicher. Ständig kam es zu Zwischenfällen mit den Stämmen, aber auch zu Auseinandersetzungen über die Ernte, die Landgrenzen oder die Steuern. In solchen Situationen brauchten die kleinen Leute den Schutz von Notabeln wie Seyyed Mostafa, der nach Angaben seines Sohnes Morteza bestens mit Waffen ausgerüstet war und über genügend Männer verfügte. Diese nutzte er nicht nur zum Schutz seines eigenen Landes, sondern auch, um anderen beizustehen. Seine Kampfbereitschaft sollte ihn das Leben kosten. Sechs Monate nach der Geburt seines dritten Sohnes wurde Mostafa erschossen. Er war 47 Jahre alt. Über diesen Vorfall kursieren seit der Revolution zahlreiche, sehr unterschiedliche Versionen. Allen zufolge jedoch nahm Mostafas Frau den Verlust ihres Mannes nicht einfach hin, sondern ging mit ihren drei Söhnen nach Teheran, um für Vergeltung zu streiten.

Im Übrigen war Hadschie Chanum keine arme Witwe. Seyyed Mostafa hinterließ ihr ein jährliches Einkommen von 100 bis 200 Toman, eine beachtliche Summe, brauchte es doch damals für den Unterhalt einer Person nur einen Toman im Monat. Einen Teil ihres Geldes setzte Hadschieh Chanum in ihrem Kampf für Gerechtigkeit ein. Nach zwei Jahren hatte sie Erfolg: Der Mörder ihres Mannes wurde hingerichtet. Daraufhin kehrte sie mit ihren Söhnen wieder nach Khomein zurück– nur wenige Monate vor dem für Iran größten Ereignis des frühen 20. Jahrhunderts, der Konstitutionellen Revolution.

Der spätere Revolutionsführer dürfte als Kind und in der Peripherie lebend nicht allzu viel von der etwa fünf Jahre dauernden Verfassungsrevolution (1905-circa 1911) mitbekommen haben. Allerdings wurden einige Personen, von denen er als junger Mann hörte und las, prägend und richtungsweisend für sein Denken und Agieren, allen voran Scheich Fazlollah Nuri (1843–1909), der erst Anhänger, dann Gegner der Verfassungsrevolution war. Für Khomeini wurde diese Verfassungsrevolution zum Paradebeispiel für die Unvereinbarkeit der säkularen und der religiösen Idee.

Verfassung: Geheimnis von Macht und Fortschritt?

Gemeinsames Ziel aller Mitglieder der konstitutionellen Bewegung, die sich zur ersten Revolution Irans im 20. Jahrhundert ausweitete, war eine Machtbeschränkung des absolutistischen Herrschers Mozaffaroddin Schah (1853–1907). Mithilfe einer Verfassung sollte dessen Allmacht begrenzt und er selbst kontrolliert werden. Zu diesem Zweck tat sich eine Koalition aus säkularen und religiösen Kräften zusammen. Das Problem bestand allerdings darin, dass die meisten Geistlichen, die sich an der Bewegung beteiligten, kaum Kenntnis hatten von Sinn und Inhalt einer Verfassung. Überdies fehlte ihnen jedes Wissen darüber, was eine Institution wie ein Parlament als gesetzgebende Versammlung an Veränderungen für das islamische Recht mit sich bringen würde, kaum einer war sich über die Implikationen im Klaren.

Ausgelöst worden war die Idee durch die militärische und technische Überlegenheit Europas. In Iran hatte angesichts dieser Dominanz schon seit Mitte des 19. Jahrhunderts ein Nachdenken über Reformen und die Übernahme europäischer Ideen und Begriffe von Staat und Verfassung eingesetzt, nahm man doch an, damit so fortschrittlich wie Europa werden zu können. Fath Ali Achundzade (1812–1878) zum Beispiel, der vermutlich erste erfolgreiche Dramatiker der islamischen Welt, propagierte diese Idee in seinen Komödien aus den Jahren 1850 bis 1855.

Auch Mirza Malkom Chan (1833–1908) hatte zum Ziel, mit seinen Büchern der iranischen Bevölkerung die Verfassungsidee nahezubringen. Ein Beispiel ist der in Dialogform gehaltene Essay *Der Freund und der Wesir* aus dem Jahre 1859. In dessen Zentrum steht eine Auseinandersetzung zwischen den beiden Protagonisten. Der eine tritt für Recht und Gesetz ein, der andere, der Wesir, repräsentiert das herrschende System, das von Korruption geprägt ist. Malkom Chan lebte im Londoner Exil und gab von dort ab 1890 die Zeitschrift *qanun*, Gesetz, heraus, die 15 Jahre lang eines der populärsten persischsprachigen Anti-Establishment-Organe war und in iranischen Intellektuellenzirkeln eine starke Verbreitung genoss.

Einen weiteren Auslöser für die Konstitutionelle Revolution bildete die Tatsache, dass sich Anfang des 19. Jahrhunderts die Russen anschickten, Iran vollkommen unter ihre Kontrolle zu bringen. Dazu war in diesem Fall nicht einmal ein Krieg oder ein Einmarsch notwendig gewesen. Mozaffaroddin Schah, der unter anderem wegen seiner teuren Reisen nach Europa ständig in Geldnot war, wollte signifikant hohe Summen Geldes von Russland leihen. Ohnehin war Iran bereits im Frieden von Turkmantschai im Jahre 1828, nach dem verlorenen russisch-iranischen Krieg, auferlegt worden, Russland die volle Gerichtsbarkeit über in Iran lebende russische Bürger zuzugestehen. Hier hatte das berüchtigte System der sogenannten Kapitulationen seinen Anfang genommen, das später zur Tabakrevolte führen sollte, und Mozaffaroddin Schah führte die Konzessionspolitik seines Vaters fort.

Des Weiteren befeuerte der Sieg Japans über die Großmacht Russland die revolutionäre Stimmung des Jahres 1905, galt Japan doch bislang als rückständig. Auch dies wurde der Verfassung zugeschrieben: Die einzige asiatische konstitutionelle Macht überwand die einzige wirkliche europäische Macht, die keine Verfassung hatte. In einer solchen entdeckte man das Geheimnis von Macht und Fortschritt, und folglich wurde die Verfassung als Wunderwaffe und Allheilmittel gesehen. Hinzu kam der Erfolg der russischen Revolution von 1905, der die Bewegung der iranischen Konstitutionalisten obendrein beflügelte.

Kaufleute, Geistliche, religiöse Dissidenten, Sozialisten und viele Angehörige religiöser Minderheiten fanden sich daraufhin als die wesentlichen Protagonisten der konstitutionellen Bewegung Irans zusammen. Bei dieser Zusammensetzung verwundert es kaum, dass die unterschiedlichsten Zielsetzungen aufeinandertrafen. Dennoch vermochte die Bewegung, im Protest zunächst geschlossen aufzutreten. Die Ayatollahs Abdollah Behbahani (gest. 1910) und Mohammad Tabatabai (1841–1918), zwei der wichtigsten Teheraner Rechtsgelehrten, führten die Bewegung an. Im Verlauf der Auseinandersetzungen flüchteten etliche Konstitutionalisten in einen in der Nähe Teherans gelegenen Schrein, um das traditionelle Zufluchts- und Asylrecht, *bast*, zu nutzen. Dort waren sie sicher, da Schreine von den Regierungstruppen nicht betreten werden durften. Die Revolutionäre forderten von hier aus ein nicht näher definiertes *adalatchane*, ein Haus der Gerechtigkeit, das sie als Ort der politischen Mitsprache des Volkes bezeichneten. Nach 25 Tagen andauernden Protests lenkte der Schah mit dem Versprechen ein, eine Verfassung ausarbeiten zu lassen. Als dies jedoch nicht geschah, kam es im Juli 1906 erneut zu Protesten. Weil in Teheran das Geschäftsleben durch die Demonstrationen der Konstitutionalisten vollständig zum Erliegen kam, zeigte sich Mozaffaroddin Schah schließlich abermals zum Einlenken bereit.

Erst zu diesem späten Zeitpunkt begann unter den Anhängern der Bewegung eine Diskussion über den Inhalt der Verfassung, für die sie gemeinsam gestritten hatten. Nun zeigte sich ihre Uneinigkeit: Die Liberalen wollten – in Anlehnung an die Bourgeoisie, die in Europa für die Demokratie gekämpft hatte – ein System, in dem das Volk der Souverän war. Sie stellten sich vor, dass auf der Grundlage von Mehrheitsbeschlüssen Politik gemacht und Gesetze erlassen würden. Dies sollte mittels Repräsentanten geschehen, die einer effektiven öffentlichen Kontrolle unterlägen, indem regelmäßig nach dem Prinzip der politischen Gleichheit und unter der Bedingung politischer Freiheit Wahlen organisiert würden.

Das allerdings wollten die Geistlichen nicht. Für sie waren das islamische Recht, die Scharia, und die *maschrute*, das verfassungsmäßige System, das durch die konstitutionelle Bewegung installiert werden sollte, ein und dasselbe. Deshalb setzten sie als vollkommen selbstverständlich voraus, dass das islamische Recht gelten würde, wenn in Iran eine verfassungsgemäß gewählte Regierung an die Macht käme. Dieses Missverständnis hing nicht unwesentlich mit den Begrifflichkeiten zusammen. So hatten die säkular orientierten Revolutionäre vollkommen andere Ansichten über Bedeutung und Inhalt der Begriffe, die im Diskurs über die Verfassung verwendet wurden, als ihre Mitstreiter aus dem Klerus.

Mit dem persischen Begriff *maschrute* wird sowohl die konstitutionelle Bewegung als auch der Konstitutionalismus bezeichnet. Übernommen wurde dieses Wort von den Osmanen Namık Kemal (1840–1888) und Ahmet Shefik Midhat Pascha (1822–1884). Namık Kemal hatte eine *doulat-e maschrute* gefordert und damit eine konstitutionelle Regierung gemeint bzw. die Herrschaft des Gesetzes. *Doulat-e maschrute* war für ihn die Übersetzung des französischen bzw. englischen *constitution* bzw. *constitutional.* Der Erste, der den Begriff *doulat-e maschrute* im Jahr 1868 in Iran benutzte, war der Reformer Mirza Hosein Sepahsalar (1827–1881), ehemaliger Botschafter in Istanbul und wichtigster Minister Naseroddin Schahs. Auch Sepahsalar meinte damit die Herrschaft des Gesetzes. Letztlich handelte es sich aber einfach um eine falsche Übersetzung: Denn sowohl im Persischen als auch im Osmanisch-Türkischen hat *maschrut* die Bedeutung *conditional* (bedingt), nicht *constitutional* (gesetzmäßig), es handelt sich um eine Ableitung des arabischen Wortes *schart*, Bedingung. Besorgte Stimmen hatten sogar noch vor der Wahl des Wortes *maschrute* gewarnt, weil es vom Klerus falsch aufgefasst werden könnte. Genau dies geschah: Die

Geistlichen verstanden unter *maschrute* Begrenzung, und zwar die Begrenzung des Herrschers durch die Scharia, und versteiften sich auf die ursprüngliche arabische Bedeutung. An der Bewegung teilgenommen hatten sie also nur, weil sie eine «konditionierte», das heißt eine mit Bedingungen oder Grenzen versehene Monarchie statt des herrschenden Absolutismus wollten, aber keine demokratische Ordnung, wie sie von den Sozialisten und dem Bürgertum angestrebt wurde.

Die Verfassung, auf die sich schließlich dennoch eine Mehrheit der Konstitutionalisten einigte, war eine Synthese aus westlichen und islamischen Grundsätzen. Der Führung des zwölften Imams wurde ebenso Rechnung getragen wie der Autorität des Monarchen. Das Neue an dieser Verfassung aber war die Idee einer Regierung, die durchaus über Macht- und Kontrollkompetenzen verfügte. Bisher war postuliert worden, dass der Herrscher unfehlbar sei, was unweigerlich zu Despotismus führen musste. Zwar war der Schah in der Theorie dem göttlichen Recht unterworfen, aber es hatte in der Praxis keine Institution gegeben, die ihn kontrollieren konnte. Die neue Verfassung unterzeichnete Mozaffaroddin Schah Ende des Jahres 1906, kurz vor seinem Tod.

Nicht nur in Iran lebende Geistliche unterstützten die konstitutionelle Revolution, sondern auch die drei führenden schiitischen Kleriker im Irak, die Iraner Mirza Hosein Tehrani (gest. 1908), Mohammad Kazem Chorasani (1839–1911) und Abdollah Mazandarani (1840–1912). Sie halfen den Konstitutionalisten im Nachbarland, indem sie Schriften verfassten und Fatwas herausgaben. In der islamwissenschaftlichen Forschung ist man sich bis heute nicht einig über ihre Beweggründe und ihre Ziele. Allerdings ist ziemlich klar, dass es nicht ihre Vorliebe für das europäische Modell einer konstitutionellen Regierung war, die sie für die Bewegung einnahm. Vermutlich war ihr Eintreten für den Konstitutionalismus lediglich der Tatsache geschuldet, dass das herrschende Regime – Mozaffaroddin und später ebenso Mohammad Ali Schah (1872–1925) – auf Tyrannei und Ungerechtigkeit gründete und sich damit als areligiös zeigte. Aus diesem Grund war es ihrer Auffassung nach sogar vom Islam geboten, sich dem König zu widersetzen.

Die Geistlichen wandten sich also nicht gegen die herrschende Dynastie, weil sie diese als undemokratisch erachteten, sondern weil sie sie für unislamisch hielten. Sie unterstützten die konstitutionelle Bewegung, weil sie hofften, damit Tyrannei und Ungerechtigkeit verhindern zu können, was ihnen ihr Glaube gebot. Deshalb forderten sie auch ein Haus der Gerechtigkeit, *adalatchane* – ein Begriff und eine Institution ohne Vorläufer –, das aus den verschiedenen Bevölkerungsgruppen zusammengesetzt sein sollte, einschließlich denen, die bisher nicht repräsentiert waren. Die Gerechtigkeit bzw. Ungerechtigkeit ist hier in der Tat der Schlüsselbegriff, denn neben dem Glauben an die Einheit Gottes, dem Prophetentum, dem Imamat und der Auferstehung zählt der Glaube an die Gerechtigkeit Gottes zu den fünf elementaren schiitischen *usul ad-din*, den Grundlagen der Religion. Auch im Diskurs des späteren Ayatollah Khomeini sollte diese Betonung der Gerechtigkeit und die Kritik an der Ungerechtigkeit immer wieder eine entscheidende Rolle spielen.

Der Teheraner Ayatollah Tabatabai gehörte ebenfalls zu den Unterstützern des Konstitutionalismus, zeigte sich der herrschende Absolutismus seiner Ansicht nach doch als ungerecht und somit unislamisch. Tabatabai wandte sich daher ab vom Konzept des Königs als Schatten Gottes auf Erden, das so lange die schiitische Staatstheorie bestimmt hatte, und forderte dagegen ausdrücklich eine Art säkularer Monarchie. Darin habe der König zwar durchaus noch eine autoritative Rolle, aber vor allem eine dienende Funktion gegenüber dem Volk. Dieses Verständnis von einem König als dem Diener des Volkes war für die schiitische Staatstheorie vollkommen neu, aber eine Sichtweise, die dann auch für Khomeini mehr und mehr in den Vordergrund trat.

Die wichtigste Rolle in dieser Revolution spielte für ihn allerdings Scheich Fazlollah Nuri. Zwar hatte auch dieser Geistliche ursprünglich für die Verfassung gekämpft, sie später jedoch abgelehnt wegen ihrer Forderung nach Gleichheit, und zwar Gleichheit von Männern und Frauen sowie von Muslimen und Nicht-Muslimen. Außerdem, so Nuri, könne nur Gott Gesetze machen, nicht jedoch der Mensch. Hier handelt es sich um die zentralen Argumente gegen ein westliches Verfassungssystem, wie sie auch vom späteren Ayatollah Khomeini formuliert werden sollten.

Das Verfassungsexperiment scheiterte indes nicht nur an den inneriranischen Querelen zwischen säkularen Kräften und Geistlichkeit. Russland und Großbritannien beendeten 1907 in einem Geheimabkommen das Great Game und grenzten ihre Einflussbereiche in Iran und Afghanistan ab. Nun herrschten die Russen über Nord-Iran, die Briten über den Südosten des Landes. Hinzu kam eine neutrale Zone in der Mitte, in der die Hauptstadt Teheran lag. Mohammad Ali Schah (1872–1925), der es für einen großen Fehler seines Vaters hielt, die Verfassung unterzeichnet zu haben, nahm 1908 die Lage zum Anlass, das Parlament aufzulösen.

Das Verfassungsprojekt war damit erst einmal beendet. In der Bevölkerung machte sich allerdings mehr und mehr Unzufriedenheit breit, da sich die in die Revolution gesetzten Erwartungen nicht erfüllt hatten. Nicht nur die wirtschaftliche Lage war schlechter als zuvor, auch die Sicherheitslage hatte sich verschärft. Während die iranische Armee die Kontrolle über die Provinzen vollends verloren hatte, gelang es russischen Truppen schließlich 1909, mit dem aserbaidschanischen Täbris das Zentrum der Revolution einzunehmen, das sich noch lange dem russischen Ansturm widersetzt hatte. Dies hatte zur Folge, dass die vertriebenen Revolutionäre nun von Nordwesten aus auf Teheran zumarschierten, um sich dort mit den Führern der Bachtiaren-Stammeskonföderation zu treffen, die mit mehreren Tausend Kriegern von Süden gegen Teheran vorrückten. Gemeinsam eroberte die Opposition gegen den Schah die Hauptstadt und setzte ihn ab. Mohammad Ali Schah, der ins Exil ging, folgte sein minderjähriger Sohn Ahmad (1898–1930) auf den Thron. In ihrem Erfolgsrausch richteten die Revolutionäre den reaktionären Fazlollah Nuri wegen seiner aktiven Unterstützung des Schahs am 31. Juli 1909 hin – Staatsgründer Khomeini ließ einen der größten Highways Teherans nach ihm benennen.

Unter den Fittichen starker Frauen

Sofortige Auswirkungen auf die Situation der Menschen in Khomein hatten die Konstitutionelle Revolution und ihr Scheitern nicht. Dazu war der Ort zu weit weg vom aktuellen Geschehen. Allerdings war Ruhollah als Kind Zeuge der gesetzlosen Atmosphäre jener Jahre und der Ungerechtigkeiten, die der Bevölkerung von den Wohlhabenden über Regierungsangestellte angetan wurden. Diese Erfahrungen waren prägend für seinen späteren Diskurs über die Entrechteten, die *mostazafan*. Er erzählt:

> Ich selber sah eines Tages, wie die Leute der Regierung einen Händler ärgerten, der für seine Rechtschaffenheit bekannt war. Ich war damals ein kleines Kind und stand in einer Ecke und sah zu. Ich sah, wie sie den Mann schlugen und drangsalierten. Sie schlugen ihn mit einem Hammer. Ich weiß nicht, was als Nächstes passierte. Es herrschte große Korruption damals. Wenn zum Beispiel jemand den Gouverneur von Isfahan bestach, konnte er machen, was er wollte, niemand konnte sich wehren. Proteste brachten nichts. (Khomeini 1999d, 185)

Der junge Ruhollah wurde nach dem Tod des Vaters in einer etwas trostlosen Atmosphäre von seiner Mutter sowie von seiner Amme Nane Chavar und seiner Tante Sahebe großgezogen. Diese Tante war, nachdem ihr Bruder gestorben war, in dessen Haus zurückgekehrt, um ihrer Schwägerin mit den Kindern zu helfen. Wie sich dies auf ihr Verhältnis zu ihrem Ehemann, einem reichen Landbesitzer und Kaufmann, auswirkte, ist nirgendwo festgehalten. Aber Sahebe scheint kaum die Frau gewesen zu sein, die sich durch ihn davon hätte abhalten lassen. Sie übte in der Familie einen großen Einfluss aus, und Geschichten über ihren Mut und ihre Stärke gibt es im Überfluss. So berichtet Ahmad Khomeini, der Sohn des späteren iranischen Staatsgründers, dass seine Großtante Sahebe einst die Aufgaben eines Scharia-Richters in Khomein übernommen hatte, als es in einer Übergangszeit keinen Richter in der Stadt gab. Wenn die Geschichte stimmt, ist sie mehr als ungewöhnlich, denn nach traditionellem islamischem Recht können Frauen nicht Richter werden. Ahmad erzählt auch, dass sich Sahebe zwei rivalisierenden Gruppen im Streit entgegenstellte und sie aufforderte, mit dem Schießen aufzuhören. Man gehorchte ihr, weil sie über genügend Charisma und Macht verfügte. Ruhollah Khomeini scheint also von zwei Frauen großgezogen worden zu sein, die in der Lage waren, für ihr Recht zu kämpfen, sich nicht kleinkriegen ließen und sich der ihnen von den Traditionalisten auferlegten Rolle widersetzten.

Die Berichte Ahmad Khomeinis und die Memoiren von Ruhollahs Bruder Morteza Pasandide sind die wenigen uns zur Verfügung stehenden Quellen über Kindheit und Jugend des Revolutionsführers. Im Falle Ahmads handelt es sich natürlich nicht um selbst Erlebtes, sondern um Geschichten, die in der Familie tradiert wurden. So soll Ruhollah als Kind sehr energiegeladen gewesen sein, oft den ganzen Tag draußen in den Gassen gespielt haben und abends mit schmutzigen und halb zerrissenen Kleidern nach Hause gekommen sein. Er war wohl körperlich stark und wurde mit zunehmendem Alter ein wirklicher Champion, auch im iranischen Nationalsport Ringen. Vermutlich hatte der spätere Revolutionsführer also eine ganz normale Jugend. Allerdings, so berichtet sein Bruder Morteza in einem Interview, sei Ruhollah schon als Kind besonders fromm, ernst und zielstrebig gewesen.

Wie die meisten anderen Kinder in Khomein und überall in Iran zu jener Zeit wurde Ruhollah mit sieben Jahren in die örtliche *maktab* geschickt, die unter der Leitung eines Mullahs namens Abdolqasem stand. *Maktab* bedeutet auf Arabisch wörtlich Ort des Schreibens, aber eigentlich war es ein Ort des Lesens und Auswendiglernens. Meistens lehrten dort – wie im Falle Abdolqasems – ein alter Mullah oder eine Frau, Unterrichtsstoff bildeten das Alphabet, der Koran und religiöse Geschichten. Jedes Kind brachte sein Essen und ein Stück Stoff oder Tierhaut zum Sitzen mit. Im Chor wiederholten die Kinder, was der Lehrer ihnen vortrug. Die Regeln in der *maktab* waren sehr streng, die Strafen für eine falsche Aussprache oder Betonung eines Koranverses hart. Das Leiden der Heranwachsenden, die ihnen ausgesetzt waren, ist legendär. So lautet ein Reim aus jener Zeit: «Am Mittwoch denke ich, am Donnerstag genieße ich, am Freitag spiele ich. Oh, unglücklicher Samstag, meine Beine bluten von den Schlägen mit dem Kirschstock.»

In der *maktab* lernte Ruhollah zunächst einige Kapitel des Korans auswendig, ebenso einige Sätze und Wörter auf Arabisch über den Propheten und die Imame. Zuhause wurde die Unterweisung im Glauben fortgesetzt. Dem vaterlosen Kind brachten Bruder, Mutter und Tante die Prinzipien und Regeln des Islams bei. Kinder lernen diese Prinzipien auswendig, ohne zu wissen, was sie bedeuten; der Rhythmus der persischen Sprache macht es ihnen leicht, sie wie Kinderverse zu lernen: erstens, die Einheit Gottes; zweitens, das Prophetentum; drittens, Gerechtigkeit; viertens, das Imamat; fünftens, die Wiederauferstehung am Jüngsten Tag. So wurden Ruhollah die ersten Grundlagen des islamischen Glaubens nahegebracht.

2

Im Bann des Schiismus: Erste Sozialisation (1918–1922)

Streit um die Nachfolge: Die Entstehung der Schia

Die vielen religiösen Feiertage, die den schiitischen Kalender bestimmen, trugen zur Sozialisation des jungen Ruhollah in der Kultur des Schiismus bei. Bevor es Kino und Fernsehen gab, stellten diese in einem Ort wie Khomein die wichtigste Form des Entertainments dar, und die Menschen sahen ihnen mit großer Freude entgegen. Die meisten dieser Feiertage finden zu Ehren der Geburtstage der Imame oder zum Gedenken an ihr Martyrium statt. Den Höhepunkt dieser Feierlichkeiten bildet für Jung und Alt der Monat Muharram, wenn auch Kinder an den bunten Prozessionen, den Passionsspielen und der Rezitation der Klagelieder und den Eulogien der Imame teilnehmen. Der Muharram ist der erste Monat des islamischen Mondkalenders, aber für die Schiiten ist er zudem der Monat, in dem für das Leiden des dritten Imams Husein (625–680), der am 10. Oktober 680 in Kerbela getötet wurde, und die unterlassene Hilfeleistung seitens der Muslime Buße getan wird. In der gesamten schiitischen Welt werden die Ereignisse jenes Tages mit großer Intensität erinnert. Der spätere Ayatollah Khomeini wird sie wirksam in seiner Rhetorik und seinem Kampf gegen den Schah einsetzen.

Die Tragödie von Kerbela bildet den Höhepunkt eines lange schwelenden Konflikts über die Nachfolge des Propheten und die Natur der politischen und religiösen Führung im Islam. Sie trennt Schiiten und

Sunniten bis heute. Die Schiiten glauben, dass der Prophet Mohammed kurz bevor er starb seinen Cousin und Schwiegersohn Ali ibn Abi Talib (601–661) zum Nachfolger bestimmte. Neben zahlreichen Hinweisen im Koran, auf die sie sich stützen, weisen sie vor allem darauf hin, dass Mohammed auf göttliche Anweisung hin Ali zu seinem Nachfolger bestimmt habe. Schiitischer Überzeugung zufolge soll Mohammed im Anschluss an seine Abschiedswallfahrt, als sie an der Wasserstelle von Chum eine Rast einlegten, gesagt haben: «Der, dessen Herr ich bin, der hat auch Ali zum Herrn.» Ali war somit nach schiitischer Auffassung Gottes eigene Wahl. Da die Sunniten diese Worte jedoch nicht als Designation verstanden, wurde nicht Ali, sondern vielmehr Abu Bakr, der langjährige Gefährte und Schwiegervater des Propheten, zu Mohammeds direktem Nachfolger, das heißt zum Kalifen, auserkoren, und zwar von einer Versammlung, die zur Wahl zusammengekommen war, als Ali und Fatima bint Mohammed (606–632), Alis Frau und das einzige noch lebende Kind des Propheten, mit der Organisation der Beerdigung beschäftigt waren. Ali leistete Abu Bakr den Treueid auch erst deutlich verspätet, nach dem Tod seiner Frau Fatima, die mit Abu Bakr im Streit um das Landgut Fadak gelegen hatte. Bei dem Landgut handelte es sich um ihr einziges Erbe, das Abu Bakr ihr nehmen wollte.

Abu Bakr starb 634, nur zwei Jahre nach dem Propheten. Sein Nachfolger wurde Umar (584–644), der wie Abu Bakr ein langjähriger Mitstreiter des Propheten war. Schiiten werfen Abu Bakr vor, Umar eigenmächtig ernannt zu haben. Außerdem sei dieser für den Tod Fatimas und ihres noch ungeborenen Kindes verantwortlich gewesen, habe er doch im Streit eine Tür eingetreten, hinter der die Schwangere stand. Da Ali eine Spaltung der Gemeinde befürchtete, erkannte er Umar nolens volens als zweiten Kalifen an. Diese Befürchtung wird auch als Argument für die Anerkennung Abu Bakrs angeführt, denn natürlich musste die schiitische Hagiographie einen Grund dafür angeben, warum Ali, wenn er überzeugt war, der rechtmäßige, von Gott auserwählte Nachfolger des Propheten zu sein, Abu Bakr und Umar überhaupt anerkannte und sich nicht spätestens dem Kalifat Umars widersetzte.

Umar wiederum berief einen Rat von sechs Männern ein, darunter auch Ali, die nach seinem Tod seinen Nachfolger bestimmen sollten. Als Ali, der sich um die Nachfolge beworben hatte, gefragt wurde, ob er bereit sei, gemäß den Geboten Gottes, dem Vorbild des Propheten und dem Vorbild der ersten beiden Kalifen zu regieren, verneinte er Letzteres, woraufhin ihm die Kandidatur entzogen und Uthman zum dritten Kalifen ernannt wurde.

Dieser hatte das Amt zwar am längsten inne, war aber äußerst unbeliebt, weil man ihn der Korruption und der Vetternwirtschaft verdächtigte. Nachdem Uthman (geb. 577) 656 umgebracht worden war, wurde Ali, der inzwischen eine beachtliche Gefolgschaft gewonnen hatte, zum vierten Kalifen erklärt. Ali hatte allerdings keine militärischen Meriten erworben und kaum Anhänger unter den Truppen. An den Eroberungskriegen, die in den ersten beiden Jahren nach dem Tod des Propheten begonnen und schnell eine beträchtliche territoriale Erweiterung der islamischen Herrschaft bewirkt hatten, hatte er nämlich nicht teilgenommen, sondern sich stattdessen dem Studium der religiösen Wissenschaften gewidmet. Anders als die meisten anderen Mitglieder der mekkanischen Aristokratie lebte Ali zudem ein sehr asketisches Leben.

Obschon längst nicht ohne Hausmacht, sah sich Ali vielen Problemen gegenüber: Die Armeeoberen und die Provinzgouverneure waren nämlich von seinem Vorgänger Uthman ernannt worden, und der mächtigste von ihnen, Muawiya (603–680), weigerte sich, Ali als Kalifen anzuerkennen. Unterstützt wurde Muawiya von der Prophetenwitwe Aischa (613–678), der Tochter Abu Bakrs. In der Gegend von Basra trafen ihre Truppen auf diejenigen des Prophetenschwiegersohns. Ali gewann zwar die Schlacht, aber mit seinen Versuchen, die islamische Gemeinde auf den rechten islamischen Weg zurückzuführen, von dem man in seinen Augen unter seinem Vorgänger abgewichen war, machte er sich viele Feinde. Zwei Jahre später stießen Muawiya und Ali mit ihren Truppen bei Siffin, in der Nähe des heutigen Raqqa, am Ufer des Euphrat aufeinander. Alis Streitkräfte waren schon dem Sieg nahe, als Muawiyas Generäle ihren Soldaten befahlen, Koranexemplare auf ihre Speere zu spießen – als Signal, dass nur Gott den Konflikt entscheiden könne. Es folgte ein Schiedsgericht, das zu Alis Ungunsten ausfiel. Was genau die Vereinbarung beinhaltete, kann aufgrund von widersprüchlichen Überlieferungen nicht mehr rekonstruiert werden. Muawiya jedenfalls legte das Schiedsgericht zu seinen Gunsten aus und ließ sich im Sommer 660 in Jerusalem als Kalif huldigen. Damit war die Spaltung der Gemeinde besiegelt, die sich schon im Kampf Aischas gegen Ali, der sogenannten ersten *fitna* (meist als Bürgerkrieg übersetzt), angedeutet hatte.

Das Schiedsgericht von Siffin hat für die Schiiten eine besondere Bedeutung. So erklärte Ayatollah Khomeini während der Revolution, er habe die Lehre daraus gezogen, dass man sich mit dem politischen Gegner nie auf Verhandlungen und eine Schiedsinstanz einlassen sollte. Als Minderheit sei man zwangsläufig unterlegen, egal wie sehr man auch im Recht sei. Traumatisch für die Gläubigen aber war, dass Ali wenig später in Kufa, wohin er seine Hauptstadt verlegt hatte, von einem Rebellen, der ihm vorwarf, mit dem Schiedsgericht von Siffin die islamische Sache verraten zu haben, ermordet wurde. Alis Grab in Nadschaf nahe der Stadt Kufa entwickelte sich ab dem 8. Jahrhundert zu einem Wallfahrtsort für die Gläubigen. Zudem entstand hier später das geistige Zentrum der Schiiten. Bis heute ist in Nadschaf die wichtigste höhere theologisch-juristische Ausbildungsstätte der Schiiten angesiedelt. Fast alle namhaften Gelehrten der modernen Schia haben hier studiert oder gewirkt. Auch Ayatollah Khomeini kam 1965 hierher.

Nachdem die Schiat Ali, die Anhänger oder Parteigänger Alis, mit seinem Tod die Macht verloren hatten, wurde Muawiya zum unangefochtenen Kalifen und Begründer der Dynastie der Umayaden, die von 661 bis 750 die Macht innehaben sollte. Muawiya verlegte die Hauptstadt des islamischen Reiches nach Damaskus. Alis Söhne mit der Prophetentochter Fatima, Hasan (624–678) und Husain zogen sich daraufhin nach Medina zurück, an den Ort, wohin ihr Großvater Mohammed 622 ausgewandert war und bis zu seinem Tod gelebt hatte. Die beiden einzigen Enkel des Propheten, die nach ihrem Vater als der zweite und dritte Imam der Schia gelten, führten zu Muawiyas Lebzeiten ein zurückgezogenes Leben. Hasan, der ältere, gab alle Ansprüche auf die Leitung der islamischen Gemeinde zugunsten des amtierenden Kalifen Muawiya auf und schloss einen Friedensvertrag mit ihm. In der schiitischen Erinnerung geblieben ist Hasan als gelehrter Mann und Erzeuger vieler Kinder. Die meisten Nachkommen des Propheten führen ihre Verwandtschaft über die Hasan-Linie zurück.

Bis Muawiya 680 starb, hielt sich der jüngere Sohn Husain ebenfalls an das Stillhalteabkommen. Muawiya hatte zuvor seinen Sohn Yazid (644–683) zum Nachfolger erklärt und damit entgegen der Vereinbarung im Friedensvertrag mit Hasan die Erbmonarchie eingeführt. Daraufhin versagte Husain ihm den Gehorsam, den Yazid explizit eingefordert hatte. Um Muawiyas Sohn zu stellen, zog Husain mit einer kleinen Schar von Anhängern nach Kufa. Dort wähnte er sich der Unterstützung der Bevölkerung sicher, hatten ihn die Einwohner der Stadt doch in Briefen aufgefordert, zu kommen, um mit ihnen gemeinsam gegen den Tyrannen zu kämpfen. Kufa war schon lange fest in der Hand der Anhänger Alis und seiner Söhne: Hier war Husains Bruder Hasan nach der Ermordung seines Vaters zum Kalifen ausgerufen worden. Die Bewohner der Stadt verachteten Muawiya als Tyrannen und Verräter an der Botschaft des Propheten. Dabei lässt sich ihre Gegnerschaft zum Kalifen nicht allein auf eine religiöse Meinungsverschiedenheit zurückführen. Speziell die Umayyaden gerierten sich als eine arabische Dynastie mit starken monarchistischen Tendenzen. Ihre Kritiker warfen ihnen daher vor, den ganzheitlichen Anspruch des Islams als einer Religion, die sich an alle richtet und gegen Blutsbande und die Aristokratie angetreten war, verraten zu haben. Deshalb fühlten sich insbesondere nicht-arabische Muslime, die dort vermehrt ansässig waren, eher durch die Schia als Verkörperung des universalistischen Ideals des Islams angesprochen.

Voller Hoffnung auf einen überwältigenden Sieg verließ Husain daher – nur von seiner Familie und einer kleinen Schar Anhänger begleitet – im September Medina und machte sich auf den Weg nach Mesopotamien. Achtzig Kilometer von Kufa entfernt, in Kerbela, wollte er seine Unterstützer treffen und von dort aus mit ihnen zusammen in den Kampf gegen den Usurpator Yazid ziehen. Doch anstatt auf die vermeintlichen Verbündeten trafen Husain und seine Leute in Kerbela auf das mehrere Tausend Mann starke Heer Yazids und wurden umzingelt. Neben Imam Husain starben bei den Kampfhandlungen fast alle männlichen Mitglieder seiner Familie und Anhängerschaft. Der Todestag von Husain am zehnten Tag des Monats Muharram, daher der Name *aschura*, ist daher der zentrale Tag des schiitischen religiösen Kalenders.

Die Passionsspiele: Buße für die Tragödie von Kerbela

Kampf und Tod Husains in Kerbela sind bis heute das identitätsstiftende Moment des schiitischen Glaubens schlechthin. Weit mehr als die eigentliche Abspaltung der Parteigänger Alis vom sunnitischen Mainstream konstituiert der Moment die schiitische Gemeinde, in dem Husain für sie stirbt. Bis dahin hatte es eine eigene schiitische Religiosität gar nicht gegeben. Zu einer Konfession entwickelte sich die Richtung erst nach der Katastrophe von Kerbela, quasi mit ihrem politischen Scheitern. Husains Tod machte die Schia, die bis dahin lediglich eine von mehreren Parteien innerhalb eines politischen Machtkampfes war, zu einem eigenen religiösen Phänomen. Von da an symbolisierte Husains Person das Gute und das Gerechte. Und seine Rebellion gegen Yazid steht seither in der Schia für das Aufbegehren gegen Unterdrückung und vor allem für die religiöse Notwendigkeit hierzu – besonders im Denken und den Reden des späteren Ayatollah Khomeini.

Jedem Schiiten gilt seit Kerbela der Kampf gegen Tyrannei und Ungerechtigkeit als eine religiöse Pflicht. Vor diesem Hintergrund ist das Eintreten der Geistlichen für die Konstitutionelle Bewegung unschwer als religiöse Unabdingbarkeit zu erkennen. Kein historisches Ereignis der schiitischen Geschichte kann verstanden werden, wenn man sich Kerbela nicht vergegenwärtigt. Das gilt besonders für die iranische Revolution von 1979: Ayatollah Khomeini hatte den Schah bereits 1963 in einer berühmt gewordenen Rede, die von manchen als der Beginn der revolutionären Bewegung Irans gesehen wird, als Yazid bezeichnet, der sich an allen Schiiten versündige. Und Ali Schariati (1933–1977), der vermutlich wichtigste ideologische Wegbereiter der Revolution, sah in

Husains Marsch nach Kufa ein Vorbild für das in seinen Augen notwendige Aufbegehren der Schiiten. Er prägte den Slogan «Jeder Tag ist *aschura*, jeder Ort ist Kerbela» – ein Slogan, der dann von vielen Schiiten weltweit zur revolutionären oder kriegerischen Mobilisierung genutzt wurde, unter anderem von der Hizbollah im Libanon.

Das eigentlich Tragische an der Tragödie von Kerbela ist, dass die angeblichen Verbündeten Husain und seine Getreuen im Stich ließen. Somit hat sich die schiitische Gemeinde kollektiv an den Kindeskindern des Propheten versündigt und ist angehalten, Buße zu tun. Die Ersten, die dies taten, waren im Jahr 684 die kufischen Parteigänger Husains, die ihn verraten hatten. Im Laufe der Zeit haben sich dann hieraus die *aschura*-Bußrituale entwickelt, die bis heute von Schiiten in aller Welt praktiziert werden. Dazu gehören zum Beispiel Selbstgeißelungen: Während die Gläubigen in Deutschland sich dazu – allerdings in einer eher harmlosen Variante – nur mit der bloßen Hand auf die Brust schlagen, werden in der schiitischen Welt Peitschen verwendet. In Iran sind die Selbstgeißelungen übrigens heute verboten.

Iraner aus gläubigen oder der Tradition anhängenden Familien erfahren durch die Muharram-Zeremonien ihre ganz eigene Sozialisation, die sie von den Menschen aus weniger frommen Familien unterscheidet. Allerdings sind auch Letztere hier durchaus präsent und erleben eine religiöse Erfahrung. Im Monat Muharram wird die Erinnerung an das Martyrium Husains beispielsweise auch durch die Passionsspiele lebendig gehalten, in denen die Leidensgeschichte der Imame, und hier besonders der Kampf Husains bei Kerbela, und der anderen Märtyrer der Schia theatralisch dargestellt werden. Vor allem Kindern prägen sich so die Ereignisse gut ein. Peter Brook, einer der wichtigsten Vertreter des zeitgenössischen europäischen Theaters, bezeichnete diese Passionsspiele, nachdem er sie in den siebziger Jahren in Iran beobachtet hatte, als die einzig originäre islamische Theaterform, die es sogar schaffe, solch unterschiedliche dramaturgische Mittel wie den Brecht'schen V-Effekt und die Katharsis zu kombinieren.

Außerdem finden in den Städten feierliche Umzüge statt, die eine große Ähnlichkeit mit den katholischen Prozessionen aufweisen. Manche Wissenschaftler haben wegen der gemeinsamen Symbole wie

Standarte und Stuhl sogar vermutet, dass die Schiiten diese Art der Prozessionskultur aus Europa übernommen haben. Die zwei Konfessionen, die beide mit einem Martyrium beginnen, sind sich in vielerlei Hinsicht sehr ähnlich, weit ähnlicher als der sunnitische Islam und das Christentum oder gar der Protestantismus.

In den Nächten, die im Muharram auf die mit Prozessionen und Passionsspielen gefüllten Tage folgen, wird gebetet oder den Predigten beigewohnt, die den Lauschenden das Leiden Husains vor Augen führen. Als der beste Prediger gilt, wer seine Zuhörer am stärksten zum Weinen bringen kann. Jeder Schiit, so sagt man, muss in seinem Leben mindestens eine Träne um Husain vergossen haben.

Diese Tage mit all ihren Buß- und Klagebräuchen sind die wichtigsten und ausdrucksvollsten des schiitischen liturgischen Jahres. Zwar wird im Deutschen der Muharram meist als Trauermonat bezeichnet, jedoch trifft das die Essenz eigentlich nicht: Denn es geht hier nicht um Trauer, sondern um Buße, um die Buße für das Versagen der Gemeinde, die den Imam bei Kerbela im Stich gelassen hat. In der Volksfrömmigkeit ist die Vorstellung ganz tief verankert, dass jeder einzelne Schiit schuldig wurde am Tode Husains und der anderen Märtyrer. Durch die Buße kann jedoch Erlösung gefunden werden.

Öffentlichen Charakter erhielten Leiden und Buße, als im Jahr 1501 mit den Safawiden eine schiitische Dynastie die Macht in Iran übernahm. Aus machtpolitischen Gründen förderten die Safawiden nun die Prozessionen und theatralischen Darstellungen. Mithilfe der Rituale wollten die Safawiden die damals noch mehrheitlich sunnitische iranische Bevölkerung der Schia zuführen. Außerdem war es auf diese Weise möglich, Hass auf den sunnitischen Islam zu schüren, immerhin die Religion der Araber und vor allem der gegnerischen Kriegspartei, der Osmanen. Der Kult um Husain eignete sich dafür in besonderer Weise, denn die Passion und der Märtyrertod von Helden waren schon in vorislamischer Zeit bekannt. Sie kamen in altiranischen Legenden sowie in zoroastrischen Zeremonien und Gesängen vor, beispielsweise in der altiranischen Erzählung *Der Tod des Siawosch*.

Die Veranstaltungen im Muharram haben somit über Jahrhunderte dazu beigetragen, schiitische Glaubensvorstellungen in der Bevölkerung am Leben zu erhalten. Doch nicht nur dadurch wurde Ruhollah Khomeini sozialisiert und geprägt. In seiner Familie war die persische Literatur, wie in anderen iranischen Familien und auch in denen von Geistlichen, sehr präsent. An langen Winterabenden versammeln sich die Familienmitglieder um den Korsi, eine Art Ofen, und rezitieren das Königsbuch des Firdausi (940–1020) und die Diwane von Hafiz (um 1315–1390) und Saadi (1210–1292). Deren Dichtung widerspricht der religiösen Literatur nur zu oft, geht es doch vielfach um Wein, Weib und Gesang. Dennoch haben beide Gattungen ihren Platz in der iranischen Identität. Auch die Familie des Revolutionsführers scheint keine Ausnahme von dieser Regel gewesen sein. Sein Bruder Morteza erinnert sich, dass Ruhollah schon als Teenager Hunderte von Versen verschiedener Dichter auswendig konnte. Zudem verfasste er bereits als Jugendlicher selbst Gedichte. Und der bekannte iranische Poet Nader Naderpur (1929–2000) erzählte später, dass er in den sechziger Jahren vier Stunden mit Khomeini beisammengesessen habe und dieser zu jeder Gedichtzeile, die Naderpur aufsagte, die folgende gewusst habe. Was hier beschrieben wird, ist eine Art Wettbewerb, den Kenner der Poesie untereinander ausfechten. Khomeini war offensichtlich sehr gut darin.

Nachdem er die *maktab* abgeschlossen hatte, besuchte Ruhollah eine Schule, die in Khomein von der konstitutionellen Regierung gebaut worden war – ein Teil der Pläne, das iranische Bildungssystem zu modernisieren. Neben der persischen Sprache und Literatur wurden in diesen neuen, modernen Schulen Geschichte, Geographie und Naturwissenschaften unterrichtet. Ruhollahs Umfeld ermunterte ihn also dazu, sich modernes Wissen anzueignen. Für eine religiöse Familie in jener Zeit war das keineswegs selbstverständlich, lehnten doch viele in der Tradition verhaftete Familien solcherart Wissen als westlich und areligiös ab und wollten ihre Kinder nur in den althergebrachten Wissenschaften ausgebildet sehen. Der Bruder Ruhollahs, der scheinbar hauptsächlich mit der Ausbildung des Bruders befasst war, berichtet zudem, dass Ruhollah auch Privatlehrer hatte. Von einem von ihnen wurde er in die Kunst der Kalligraphie, der arabisch-persischen Schönschrift, eingeführt. Mit fünfzehn Jahren begann er, unterstützt von seinem Bruder Morteza, der Arabisch und islamische Wissenschaften in Isfahan studiert hatte, ernsthaft die arabische Grammatik zu lernen.

Pflichtfach schiitische Dogmatik

Hinzu kam die schiitische Dogmatik, zu der ganz wesentlich die Imamatstheorie und die Mahdi-Lehre gehören. Beide sollten für die spätere politische Theorie des Staatsgründers Khomeini und für seine Sicht auf die Welt bestimmend sein.

Denn neben den historischen Gründen, der Designation durch den Propheten, gibt es auch inhaltliche Gründe, warum für die Schiiten das Imamat zur Glaubensgrundlage wurde: Nach schiitischer Auffassung hinterließ der Prophet den Gläubigen nicht nur den Koran, sondern auch seine Familie. Denn nur die Imame kennen also neben dem Propheten die genaue Bedeutung des Korans, nur seine Nachkommen können daher den Gläubigen den rechten Weg weisen und sie in der besten islamischen Lebensführung anleiten. Diese, die Imame, gelten daher als die sprechende Offenbarung *(natiq)*, der Koran selbst hingegen seit dem Tod Mohammeds als die schweigende Offenbarung *(samit)*. Beide Offenbarungen gehören zusammen, und keine ist ohne die andere versteh- und denkbar. Der Prophet legte seinen Mantel auf seine Tochter Fatima, ihren Mann Ali und ihre beiden Söhne, Hasan und Husain, heißt es in der Überlieferung. Dieser Mantel symbolisiert die Übertragung der universalen Führungsbefugnis der Gemeinde, die der Prophet innehatte, als partielle Führungsbefugnis auf Fatima und ihre Familie.

Das ist der Grund, warum, so sagen die Schiiten, nur qualifiziert und berechtigt ist, nach Mohammed das Kalifenamt zu übernehmen, wer von ihm selbst abstammt. Die politische und die religiöse Führung müssen von ein und derselben Person ausgeübt werden, wenn die Herrschaft tatsächlich legitim sein soll. Aber das kann nur der Imam. In diesem Punkt unterscheidet sich die schiitische Herrschaftstheorie grundsätzlich von der sunnitischen, die die Kalifen lediglich als politische, nicht als religiöse Führer der Gemeinde ansah.

Eine weitere Qualifikation für die religiöse Führerschaft, die auch der Grund ist, warum der Prophet der Gemeinde seine Nachkommen als sprechende Offenbarung hinterlassen hat, besteht nach orthodoxer schiitischer Lehrmeinung darin, frei von Sünde und Irrtum zu sein. Auch dies wird neben Fatima und Mohammed ausschließlich Ali und den anderen elf Imamen zugeschrieben. Sie sind als Nachkommen des Propheten *masum*, d. h. sie sind gegen Fehler, Sünde und Irrtümer gefeit und können mit ihrem inneren Auge die Wahrheiten der Welt und der Schöpfung erkennen und somit die göttliche Offenbarung wirklich verstehen. Nur sie können den Willen Gottes in seinem Sinne umsetzen.

Das gilt vor allem für die Politik: Da nur sie unfehlbar sind, können nur die Imame eine Herrschaft errichten, in der absolute Gerechtigkeit herrscht. Schiitischer Geschichtsschreibung zufolge gilt deshalb bislang nur die Regierungszeit Imam Alis als rechtmäßige Herrschaft, denn diese fußte auf Gerechtigkeit. Alle anderen Kindeskinder des Propheten, also die nachfolgenden elf Imame, wurden an der Herrschaft gehindert.

Die Betonung der Gerechtigkeit als Voraussetzung für gute Herrschaft wird aus einem Dokument abgeleitet, das Imam Ali zugeschrieben wird. Es handelt sich um den *Regierungsauftrag Imam Alis an Malik al-Aschtar*. Ali hatte Malik al-Aschtar (gest. 658) 658 zu seinem Gouverneur in Ägypten ernannt, doch Muawiya ließ ihn vergiften, bevor er sein Amt antreten konnte. Das Dokument ist in Form eines Briefes gehalten und Teil der als *Pfad der Beredsamkeit* bekannten Sammlung von 241 Predigten, 79 Briefen und 489 Aussprüchen Alis. Die westliche Islamwissenschaft bezweifelt zwar seine Authentizität, von den Schiiten jedoch wird der Regierungsauftrag als authentisch angesehen und dient ihnen seit vielen Jahrhunderten als Inspiration. Ihnen zufolge vervollständigt er durch seine detaillierte Beschreibung der Pflichten und Rechte des Herrschers sowie der Funktionen des Staates den eher generelleren Rahmen der Verfassung von Medina, die der Prophet festgelegt hatte.

In dem Text legt Imam Ali seine Ansichten über gute Regierungsführung genau und ausführlich dar. Die wichtigsten Prinzipien von *good governance* sind darin zusammengefasst und als normativ anzusehen, so beispielsweise: «(Oh, Malik), sei gerecht gegenüber Gott und dem Volk. Wer immer die Diener Gottes unterdrückt, macht sich Gott zum Feind und ebenso jene, die er unterdrückt hat.» (Abi Talib 1972, 995 f.) Und gleich im ersten Satz heißt es: «Ich entsende Dich in ein Land, in welchem zuvor schon sowohl die Gerechtigkeit als auch die Despotie geherrscht haben.» (Abi Talib 1972, 992) Diese beiden Begriffe, Gerechtigkeit und Despotie, beschreiben gute und schlechte Herrschaft. Keine zwei Sätze weiter steht: «Die Rechtschaffenen werden beurteilt nach dem, was die Diener Gottes über sie sagen werden.» (Abi Talib 1972, 992) Malik wird aufgefordert: «Übe um der Gerechtigkeit willen strenge Selbstbeherrschung.» (Abi Talib 1972, 992) Das Schlimmste, was einem Volke widerfahren kann und was den Zorn Gottes und seine Vergeltung unausweichlich hervorruft, seien Unterdrückung und Tyrannei über die Geschöpfe Gottes. Davor möge sich der Herrscher am meisten hüten, denn: «Der barmherzige Gott hört die Rufe der Unterdrückten.» (Abi Talib 1972, 996)

Gerechtigkeit ist ebenso das Ziel der weltlichen Herrschaft der Imame wie auch ihr Ausgangspunkt, wird doch die Notwendigkeit des Imamats ebenfalls mit dem Prinzip der Gerechtigkeit Gottes begründet. Da Gott nach schiitischer Auffassung gar nicht anders als gerecht handeln kann, bedeutet dies zudem, dass der Mensch sein eigenes Handeln frei bestimmen kann und nicht vorherbestimmt ist. Denn es wäre ungerecht, den Menschen für etwas zu bestrafen, für das er sich aufgrund seiner Determiniertheit entscheiden musste. Aus der Willensfreiheit, die Gott den Menschen gegeben hat, folgt für die Schiiten aber auch die absolute Notwendigkeit des Imamats: So wäre es ungerecht von Gott, die Befolgung seiner Gebote zu verlangen, ohne die dazu nötige Anleitung zu geben. Aber da Gott nicht ungerecht sein kann, muss es logischerweise, solange es Gebote gibt, auch jemanden geben, der dazu anleitet, eben den Imam. Dieser muss natürlich unfehlbar sein, weil er die Gläubigen sonst in die Irre führen könnte. Das Imamatsprinzip folgt also für die Schiiten quasi logisch aus dem Gerechtigkeitsprinzip.

Zur Imamatslehre gehören außerdem der Mahdi-Glaube und die Idee von der sogenannten Verborgenheit oder Entrückung. Nach schiitischer Auffassung ist der zwölfte Imam entrückt worden, um sich der Verfolgung durch die sunnitischen Machthaber zu entziehen. Er befindet sich noch auf Erden, hält sich aber verborgen. Der Mahdi, der entrückte zwölfte Imam, wird eines Tages wiederkehren, um die einzig gerechte Herrschaft zu errichten. Doch was bedeutete seine Abwesenheit, das heißt die Abwesenheit des richtigen Herrschers für die Regierung? Grundsätzlich galt für die Schiiten das Prinzip, dass nur die Imame das Recht hätten zu regieren, da nur ihnen das vollkommene Wissen über das göttliche Gesetz zukommt. Deswegen kamen die Gelehrten überein, dass in der Abwesenheit der Imame alle gesetzlichen Verfügungen automatisch außer Kraft gesetzt seien. Manchen Gelehrten zufolge sollte sogar das Freitagsgebet nicht abgehalten werden dürfen, da nur der Imam das Gebet leiten könne. Ausgesetzt wurde auch das im religiösen Gesetz enthaltene Strafrecht. Allein der Imam könne diese zum Teil drakonischen Strafen verhängen, da nur unter seiner Führung Gerechtigkeit herrsche, Rechtsverstöße deshalb besonders unredlich seien und die Gemeinde in ihren Grundfesten erschütterten. Aus der Abwesenheit des zwölften Imams folgte also Quietismus. Das ist die Leitlinie der orthodoxen Schia: Keine Einmischung in die Politik, da man auf den zwölften Imam zu warten hat, denn ohnehin ist jede politische Herrschaft, die nicht von ihm selbst ausgeübt wird, illegitim. Diese Linie sollten die beiden wichtigsten Lehrer Khomeinis verfolgen, ihn selbst jedoch konnten sie davon nicht überzeugen.

Darüber hinaus wurde es den Schiiten zur Pflicht gemacht, allen weltlichen Führern die Loyalität und den Treueid zu versagen – bis zur Rückkehr des Imams. Allerdings unterwarf man sich der real existierenden Herrschaft dann doch, denn als noch schlimmer galt die Anarchie. Die Rechtsgelehrten konnten sogar mit den Machthabern kooperieren, ohne deshalb Verantwortung für eine ungerechte Regierung übernehmen zu müssen. Sie beriefen sich einfach auf das Prinzip der *taqiya*, die religiös legitimierte Verstellung.

Mit der Einführung der Schia als Staatsislam durch die Safawiden im Jahr 1501 änderte sich die Sachlage fundamental. Da diese behaupteten, Nachkommen des Propheten zu sein, und sie ihrer Meinung nach deshalb religiös legitimiert seien, meinten sie nun auch, in Vertretung des zwölften Imams herrschen zu dürfen. Sie sahen sich ganz im Sinne der schiitischen Staatstheorie als zugleich religiöse und politische Autorität. Das zumindest behauptete von sich Schah Ismail I. (1487–1524), der die Dynastie gründete. Dieser Anspruch war eine Provokation für den Klerus.

Es entbrannte daraufhin unter den Geistlichen eine Diskussion über die Frage, ob nicht sie selbst viel eher geeignet und damit legitimiert seien, die Herrschaft zu übernehmen. Eine Gruppe Geistlicher forderte im 17. Jahrhundert, dass – sozusagen als direkter Vorläufer des späteren Ayatollah Khomeini –, ein Rechtsgelehrter regieren müsse. Doch dies blieb eine Ausnahme und hatte keine politischen Konsequenzen. Im Gegenteil: In ihrem Quietismus verhaftet, bestätigten die Geistlichen gefällig den Status der Safawidenherrscher als Könige von Gottes Gnaden und Statthalter des Imams. Der Herrscher war ihnen Gottes Schatten auf Erden. Die meisten Geistlichen kooperierten daher bereitwillig mit dem Herrscher und unterstützten seinen Herrschaftsanspruch.

Auch die nachfolgenden Dynastien übernahmen die Theorie vom Schatten Gottes. Dennoch wandelte sich das Konzept im Laufe der Zeit grundlegend: Denn die Qadscharen (1779–1925), die auf die Afschar-Dynastie (1736–1796) und die Zand-Dynastie (1750–1794) folgten, sahen sich sogar als direkt von Gott eingesetzt. Allerdings regierten sie damit nicht mehr anstelle des entrückten Imams und behaupteten auch nicht, von diesem abzustammen, wie das der Safawidenschah Ismail I. getan hatte. Das hatte zur Folge, dass die religiösen Aufgabenbereiche und Vorrechte des Imams von nun an durch die Rechtsgelehrten wahrgenommen werden konnten: Jetzt lag der Mantel des Propheten auf ihren Schultern.

Es hatte also eine eindeutige Trennung von religiöser und politischer Institution stattgefunden. Auch jene Aufgabenbereiche und Vorrechte des zwölften Imams, die ursprünglich einmal – bis zu seiner Wiederkehr – als ruhend galten, wurden nun von den Rechtsgelehrten übernommen.

Vom Mudschtahid zum Groß-Ayatollah

Die Kindheit des Mannes, der die schiitische Herrschaftspraxis auf den Kopf stellen sollte, fand ein jähes Ende, als seine Mutter und seine Tante Opfer einer Choleraepidemie wurden, die 1918 in Iran wütete. Zu diesem Zeitpunkt wollte der 16-jährige Ruhollah gerade in das theologische Seminar eintreten. Auf lange Sicht gesehen hatte er zwar vor, nach Nadschaf zu gehen, aber es war üblich, zunächst eine Grundausbildung in einer weniger exponierten Schule – in Isfahan beispielsweise – zu machen. Als Ruhollah jedoch erfuhr, dass der renommierte Abdolkarim Haeri Yazdi (1859–1937) in Arak eine Schule eröffnet hatte, entschloss er sich, dorthin zu gehen und bei einem der bedeutendsten Gelehrten des 20. Jahrhunderts zu studieren. Ayatollah Abdolkarim Haeri Yazdi war Schüler von so renommierten und politisch aktiven Geistlichen wie dem gehängten Anti-Konstitutionalisten Fazlollah Nuri, dem Verfasser der Tabak-Fatwa Hasan Schirazi und Achund Chorasani, einem einschlägigen Protagonisten der konstitutionellen Bewegung, gewesen. Vor der Politisierung der Geistlichkeit fliehend, hatte er selbst sich im Jahr 1900 ins kleine, ruhige und beschauliche Arak zurückgezogen. Fünf Jahre später begab er sich nach Nadschaf, wieder, um der Politik aus dem Wege zu gehen, dieses Mal der beginnenden konstitutionellen Bewegung. Als die Kontroversen um Politik und eine Verfassung auch in Nadschaf anfingen, ging er ins eher unpolitische Kerbela, um dann schließlich 1913, als die konstitutionelle Bewegung tot war, ins iranische Arak zurückzukehren. Es entbehrt nicht einer gewissen Ironie, dass Khomeinis wichtigster Lehrer sein Leben lang vor der Politik auf der Flucht war.

Die theologische Hochschule in Arak hatte nur wenige Schüler und kein hohes Ansehen, als Haeri Yazdi dort anfing. Doch vermochte er es, das Seminar in kürzester Zeit zu einer renommierten Institution auszubauen. Als der junge Ruhollah sein Studium begann, hatte das Seminar bereits 300 Schüler. Haeri Yazdi blieb acht Jahre in Arak und lehnte mehrere Angebote ab, in Nadschaf oder Maschhad zu lehren. Auch nach Qom hatte er ursprünglich nicht übersiedeln wollen, doch dann machte er eine Pilgerfahrt in die Stadt und wurde von den dortigen Geistlichen eingeladen zu bleiben, eine Einladung, die er annahm, nachdem er den Koran als Orakel konsultiert hatte. Kurz darauf, 1922, folgte Ruhollah seinem Lehrer. So kam er in die Stadt, die bis 1964 seine religiöse und politische Wirkungsstätte werden und in der mit der iranischen Revolution von 1978/79 eine der wirkmächtigsten Revolutionen des 20. Jahrhunderts ihren Anfang nehmen sollte.

Der spätere Revolutionsführer wurde also in erster Linie von einem sehr unpolitischen Lehrer ausgebildet, der zudem als besonders weltoffen galt. So hatte Haeri Yazdi in den 1930er Jahren vor, Studierende zum Erlernen von Fremdsprachen nach Europa zu schicken, was bei einigen konservativen Basaris auf so viel Missfallen stieß, dass sie ihm ihre finanzielle Unterstützung entziehen wollten. Und genau dieser Lehrer war Khomeini offensichtlich so wichtig, dass er es vorzog, zum weiteren Studium in das nicht besonders renommierte kleine Nest Qom zu gehen, statt wie ursprünglich geplant in die damalige Theologenhochburg Nadschaf.

Es ist schwer zu sagen, ob Ruhollah schon in jenen frühen Jahren die höchsten Ränge der schiitischen klerikalen Hierarchie anstrebte, denn immerhin hatte sein Vater sich für ein Leben als Großgrundbesitzer und gegen eine geistliche Karriere entschieden. Diese klerikale Hierarchie, innerhalb derer Khomeini in den kommenden Jahren Stufe um Stufe emporklettern sollte, hatte sich seit der Verborgenheit des zwölften Imams und vor allem seit dem Sieg der *usuli* herausgebildet. In ihr spielen die Gelehrten des islamischen Rechts und nicht zum Beispiel die Koranexegeten oder die Philosophen eine besonders wichtige Rolle. Das hängt damit zusammen, dass der Islam die Hingabe an den Willen Gottes, das heißt an das Gesetz Gottes, so stark betont. Der Gläubige kann diesen Willen, das Gesetz, allerdings nur umsetzen, wenn ihm gesagt wird, wie diese Umsetzung zu erfolgen hat. Das ist die Aufgabe der Rechtsgelehrten. Die Jurisprudenz gilt daher als die wichtigste der koranischen Wissenschaften, und dementsprechend sind die Rechtsgelehrten die einflussreichsten unter den Geistlichen.

Dabei überließ die Schia im Vergleich zur Sunna das Koranverständnis eher dem speziellen Zuständigkeitsbereich von Rechtsgelehrten, weil

Khomeini als junger Student. Noch trägt er keinen richtigen Turban.

hinter dem Wortlaut des Korans ein vielfältiger, hintergründiger, allegorisch sich erschließender Textsinn vermutet wurde. Während die Sunniten der Überzeugung sind, die Bedeutung des Korans sei für jeden, der des Arabischen mächtig ist, zu verstehen, jede seiner Aussagen sei unmissverständlich formuliert, suchen die Schiiten nach einer hintergründigen Bedeutung. Nach ihrer Auffassung verweist zudem bereits der Prophet auf die Notwendigkeit eines Mittlers zwischen Gott und den Menschen: «Ich bin die Stadt des Wissens, und Ali ist ihr Tor.» Auch hier sind wieder die Ähnlichkeiten zum Katholizismus offensichtlich, während der sunnitische Islam viel protestantischer ist.

Die Rechtsgelehrten des schiitischen Islams haben zudem teil an der Autorität von Ali, den elf anderen Imamen, dem Propheten Mohammed und seiner Tochter, die als unfehlbar in der Interpretation des göttlichen Willens gelten, denn sie haben ihre Erlaubnis zur Auslegung der Rechtsquellen und zum Erstellen von Rechtsgutachten von älteren

Gelehrten erhalten, deren Ermächtigung letztlich auf die vierzehn Unfehlbaren selbst zurückgeht.

Nicht von ungefähr legte der junge Ruhollah daher seinen Schwerpunkt im Studium auf das islamische Recht, obwohl er sich sehr für Philosophie und Mystik interessierte, Wissenschaften, die ihm weit mehr zu entsprechen schienen. Mit seiner Bevorzugung der Rechtswissenschaft folgte er dennoch dem schiitischen Mainstream.

Der Weg zum Rechtsgelehrten führt über ein langes Studium. Zuerst muss Arabisch, die Sprache des Korans, perfekt erlernt werden. Außerdem muss der angehende Rechtsgelehrte Logik studieren, um schlüssige Argumentationen aufstellen zu können, und er wird in der Offenbarung, der Sunna des Propheten sowie den Überlieferungen der zwölf Imame unterrichtet.

Das Studium dauert circa fünfzehn bis siebzehn Jahre. Dann erhält der Studierende die Erlaubnis zum selbständigen Er- und Aufstellen von Rechtsgutachten, darf also Idschtihad betreiben, und ist damit Mudschtahid. Der Titel, mit dem er dann angesprochen wird, lautet Hodschatoleslam (Beweis des Islams). Hat er eine große Gefolgschaft um sich gesammelt, die seine Rechtsurteile befolgt, ihn sich also zur Quelle der Nachahmung *(mardscha at-taqlid)* wählt, und zudem einige höher- oder gleichgestellte Kollegen, die seine Gelehrsamkeit in einem informellen Prozess ehren, wird er zum Ayatollah (Zeichen Gottes). In der klerikalen Hierarchie hat er damit eine weitere Stufe erklommen. Jeder Ayatollah, der von mehreren religiösen Autoritäten seines eigenen Ranges für würdig befunden wird und eine Reihe religiöser Gutachten sowie eine sogenannte praktische Abhandlung verfasst hat, die Antworten auf die Fragen der Gläubigen zu den religiösen und kultischen Pflichten gibt, wird heute meist mit dem Titel Groß-Ayatollah angesprochen. Dieser Titel ist allerdings ein wenig der Tatsache geschuldet, dass es im 20. Jahrhundert plötzlich so viele Ayatollahs gab, dass man noch eine zusätzliche klerikale Stufe einfügen und einen weiteren Titel erfinden musste. Im normalen Sprachgebrauch sind daher die Titel Ayatollah und Groß-Ayatollah fast austauschbar, zumal es auch oft vorkommt, dass ein Geistlicher den einen als Ayatollah, den anderen hingegen schon als Groß-Ayatollah gilt. Im Übrigen gibt es alle diese

Titel noch gar nicht so lange, sodass viele Autoritäten des 18., 19. und angehenden 20. Jahrhunderts nicht unter diesen Titeln geführt werden, auch wenn ihre Bedeutung in der schiitischen Gelehrsamkeit sicherlich den Titel Ayatollah oder Groß-Ayatollah rechtfertigen würde.

Zu zusätzlicher Verwirrung im Titeldickicht trägt auch bei, dass Geistliche, die sich auf andere Gebiete als die Rechtswissenschaft spezialisiert haben, nicht *mardscha* werden, auch wenn sie über ein noch so großes Wissen verfügen. Das muss nicht heißen, dass sie nicht als Autoritäten anerkannt sind, aber sie kommen nicht in den Genuss des sogenannten Fünft. Denn diese dem schiitischen Islam eigene Steuer überweisen die Gläubigen nur einem Spezialisten der Rechtswissenschaften, ihrer Quelle der Nachahmung. So galt beispielsweise Allame Mohammad Hosein Tabatabai (1904–1981), der große Philosoph und Verfasser des Korankommentars *Al-mizan fi tafsir al-quran*, seinerzeit zwar als einer der anerkanntesten Gelehrten, doch den Fünft erhielt er nicht, weil er keine Sammlung von Rechtsgutachten vorweisen konnte. Nicht-Juristen haben somit selten die wirtschaftlichen Mittel, um über die Stipendienvergabe eine Hausmacht an Getreuen zu alimentieren oder sich Loyalitäten zu sichern, indem sie Wohlfahrtsinstitutionen finanzieren. Khomeini hingegen sollte später als Rechtsgelehrter – vor allem im Exil – über beträchtliche Finanzmittel verfügen.

Je zahlreicher also die Anhängerschaft eines Geistlichen, desto größer die finanziellen Mittel, die er in Händen hält, und damit seine Macht. Grundsätzlich lässt sich die Autorität der Rechtsgelehrten gerade an den Finanzmitteln festmachen, die sie verwalten. Hinzu kommt, dass diese Geldquelle die schiitische Geistlichkeit zu einer vollkommen vom Staat unabhängigen Institution hat werden lassen. Hier liegt das entscheidende Potential begründet, das diese historisch gesehen als fünfte Macht im Staate besitzt – und das Khomeini später so geschickt einsetzen sollte. Die traditionelle Macht der schiitischen Religionsgelehrten basiert auf ihrer Unterstützung von unten. Während die sunnitische Geistlichkeit dem Herrscher nach dem Mund reden muss, weil sie von ihm bezahlt wird, konnten so Anfang und Mitte des letzten Jahrhunderts in den schiitischen Zentren Qom und Nadschaf die oppositionellen Bewegungen entstehen.

3

Lehrjahre und Lehrtätigkeit in Qom (1922–1963)

Vorbild Haeri Yazdi

Ayatollah Haeri Yazdi war mit dem Versprechen nach Qom gelockt worden, die dortige Hochschule ausbauen zu können, wofür ihm reiche Basarhändler beträchtliche Finanzmittel in Aussicht gestellt hatten. Bis dahin war die Stadt Qom, in der die Schwester des achten Imams der Schia, Fatima Masuma (gest. 817), begraben liegt, seit dem Untergang der Qadscharen-Dynastie nicht mehr als ein Pilgerort gewesen. Haeri Yazdis organisatorischen Fähigkeiten und seinem guten Ruf, der viele Schüler und Geldgeber anzog, war es zu verdanken, dass der Ort in kurzer Zeit neben Nadschaf zum zweitwichtigsten Zentrum der schiitischen Gelehrsamkeit aufstieg. Eine Rolle spielten dabei der Kollaps des Osmanischen Reiches nach dem Ersten Weltkrieg und der Verlust des Iraks an die siegreichen Briten. Zu Beginn der 1920er Jahre widersetzten sich zahlreiche Gelehrte, die in Nadschaf lebten und unterrichteten, den britischen Versuchen, das irakische politische System umzustrukturieren. Die neuen Herren im Irak, die keine Kompromisse mit der Opposition eingehen wollten, wiesen daraufhin eine Reihe von Geistlichen iranischer Herkunft aus. Nachdem diese zunächst an verschiedenen Orten in Iran untergekommen waren, verschlug es eine Vielzahl von ihnen, darunter einige religiöse Autoritäten, im Folgenden nach Qom, weshalb dort nach nur wenigen Jahren die meisten einflussreichen Lehrer des schiitischen Islams lebten und unterrichteten. Im Todesjahr Haeri Yazdis 1937 studierten bereits an die tausend junge Mullahs in Qom.

Wenige seiner Zeitgenossen waren so überzeugt davon, dass die Einmischung der Geistlichkeit in die Politik nur Schaden bringe, wie Ayatollah Haeri Yazdi. Ganz davon abgesehen, dass er der Politik jegliche Zuträglichkeit für den Glauben absprach, hielt er sie für ein schmutziges Geschäft. Dennoch wurde er nochmals in die Politik hineingezogen: Inzwischen hatte der Kosakenoffizier Reza Chan die Qadscharen entmachtet und ab Anfang der 1920er Jahre die Macht übernommen. Nachdem er sie gefestigt hatte, plante er 1924, eine Republik auszurufen. Doch bevor er das tat, machte er einen Besuch in Qom, um den beiden ranghohen Geistlichen Mirza Hosein Naini (1860–1936) und Abolhasan Isfahani (gest. 1946), die auf der Flucht vor den Briten in die Stadt gekommen waren, seine Ehrerbietung zu erweisen. Aus Angst vor einer Republik à la Atatürk überzeugten ihn Naini, Isfahani und auch Haeri Yazdi davon, die Monarchie beizubehalten. Die drei gingen sogar so weit, Reza Chan, der damals nur Premierminister war, als Schah zu akzeptieren. Nach seiner Rückkehr in die Hauptstadt teilte dieser seiner Gefolgschaft mit, dass er seine Pläne verworfen habe und aus Achtung und Respekt gegenüber den Autoritäten jede weitere Diskussion darüber verbieten werde. Sein einziges Ziel sei die Bewahrung Irans und die Stärkung des Islams. Haeri Yazdi, Naini und Isfahani sandten daraufhin ein Antworttelegramm an die Nation, in dem sie die Menschen dazu aufforderten, Reza Chan zu unterstützen. Für Haeri Yazdi war es mit der Politik endgültig vorbei, als ihm klar wurde, was Reza Pahlavi wirklich im Sinn hatte.

Von der nun betont quietistischen Einstellung seines größten Lehrers ließ sich Khomeini zwar nicht überzeugen, doch war Haeri Yazdi überaus wichtig für ihn. Seine Bescheidenheit und Größe müssen den späteren Revolutionsführer überaus beeindruckt haben. Er schrieb sogar Gedichte über ihn. Dass Haeri Yazdi Khomeini sehr geprägt hat, bestätigen auch die wenigen Quellen, die es über Ruhollahs Zeit als Student gibt. Im Übrigen dürfte sich Khomeinis Ausbildungsweg bis auf die Berichte, nach denen er überdurchschnittlich fleißig und lernwillig war, wenig von dem standardisierten unterschieden haben; insofern kann man sich durchaus ein Bild machen.

Reza Pahlavi 1924 mit seinem Sohn, dem Kronprinzen und späteren Schah Mohammad Reza

Während seiner Ausbildung führte der junge Ruhollah ein ruhiges, sehr asketisches Leben und ging zum Beispiel auch keine Zeitehe ein, was damals unter den Studenten gang und gäbe war. Eine solche Ehe kann, wie der Name schon sagt, für eine bestimmte Dauer geschlossen werden und gilt nach deren Ablauf automatisch als aufgelöst. Khomeini lehnte diese Form der Ehe, die vielen als schiitische Variante der Prostitution gilt, zwar in der Theorie nicht ab, wie seine späteren Schriften zeigen, aber er selbst nutzte diese Möglichkeit der Zerstreuung nicht. Stattdessen unternahm er mit Mohammad Sadeq Lavasani, einem Freund, den er in Qom kennengelernt hatte, zuweilen Ausflüge, etwa nach Teheran, war er doch fasziniert von dieser Stadt. Bei einem ihrer ersten Aufenthalte in der Hauptstadt ließen sie ein Foto von sich im

Khomeini *(links)* mit seinem Freund Lavasani beim Besuch eines Fotostudios in Teheran

vollen klerikalen Habit machen. Außerdem ging Ruhollah fast jeden Morgen mit seinem Freund Sadeq in Qom zum Fluss, wo er für ihn und sich selbst in dem mitgebrachten Kessel eine Tasse Tee zubereitete. Bei diesen Spaziergängen tauschte man sich über Poesie und knifflige Fragen der Theologie aus. Lavasani begleitete Khomeini auch jeden Sommer nach Hause, wenn dieser seinen Bruder und seine Schwestern besuchte.

Ruhollah durfte nun auch einen Turban tragen. Dies ist Studierenden des *houze* erst nach einigen Jahren erlaubt und bildet somit einen bedeutenden Meilenstein. Als ein Nachkomme des Propheten war es Khomeini erlaubt, auch einen schwarzen Turban zu tragen; wer nicht vom Propheten abstammt, darf nur einen weißen tragen. Zudem wurde er nun mit Seyyed angesprochen, dem Ehrentitel für die Nachkommen des Propheten. Darüber hinaus lief er fortan unter dem Namen Ruhollah Musavi Khomeini, also *aus Khomein*, obschon in seinem Pass Ruhollah Mostafavi stand, der Name, den sein Bruder für ihn ausgesucht hatte, als 1925 Nachnamen westlicher Art in Iran eingeführt wurden. Mostafavi sollte auch in seinem Pass stehen bleiben, was Jahre später einige Verwirrung verursachte, als er aus dem Irak ausgewiesen wurde.

Ein Blick in die Vergangenheit

Ansonsten wurde Khomeini ganz klassisch zum schiitischen Gelehrten ausgebildet. Er absolvierte einen Ausbildungsweg, der sich seit den islamischen Anfängen nur unwesentlich geändert hatte. In frühen Zeiten bildete sich die sogenannte *halqa*, ein Zirkel, in dem sich Lerneifrige aller Berufsgruppen und sozialen Schichten in Moscheen zusammenfanden und sich um einen Lehrer versammelten. Diejenigen, die dort ihr Wissen über den Koran weitergaben, waren Handwerker und Kaufleute. Das Lehramt war an keinen besonderen Stand gebunden: Jeder, der irgendwelche speziellen Kenntnisse vorzuweisen hatte, trat als Lehrer auf und teilte sein Wissen mit den anderen.

Später wurden dann Medresen geschaffen, eigene Orte des Studiums und der Lehre. Eine Medrese musste über Wohnräume für Lehrer und Studenten, Versammlungsräume für den Unterricht und eine Gebetsstätte verfügen. Sie konnte der Moschee angegliedert sein, bildete aber meist einen eigenen Komplex. Klassischer Grundriss ist das Vier-Iwan-Schema mit einem zentralen Hof, auf den sich in den Hauptachsen jeweils zwei Iwane öffnen. An die Iwane können rechts und links beliebig viele Räume angehängt werden. So sehen die meisten Medresen heute noch aus.

Die islamische Wissenschaftsgeschichte lässt sich grob in zwei Perioden einteilen: Der erste Zeitabschnitt, in dem hier und dort Schulen entstanden, die durch private Stiftungen finanziert wurden, erstreckte sich über das 9. und 10. Jahrhundert. In der zweiten Phase, die mit dem 11. Jahrhundert einsetzte, wurde die Bildung institutionalisiert, ein Prozess, an dem der Wesir Nizam al-Mulk (1018–1092) maßgeblich beteiligt war. Die Schulen, die er errichten ließ, dienten sowohl einem religiösen als auch einem politischen Zweck: Den Gläubigen sollten religiöse und juristische Inhalte vermittelt und darüber hinaus auch Kandidaten für das Amt des Kadis und des Muftis ausgebildet werden. Vor allem aber sollte die sunnitische Glaubensdoktrin in Abgrenzung von der schiitischen gelehrt werden.

Im 11. Jahrhundert wurde mit der Gründung der ersten rein schiitischen Lehrstätte durch Scheich Tusi (995–1067) in Nadschaf die Trennung des schiitischen vom sunnitischen Bildungsweg festgeschrieben: Seither ist für die Bildungsstätte der Schiiten der Begriff *houze-ye elmiye*, Wissenschaftszirkel, gebräuchlich, während für die Lehreinrichtungen der Sunniten der Begriff *nizamiya* verwendet wurde. Das Wort Medrese bzw. *madrese* in der persischen Aussprache wurde im 19. Jahrhundert in Iran zum allgemeinen Begriff für Grundschule bzw. für Schule. Daneben fand bis zum Zweiten Weltkrieg in Iran die Bezeichnung *maktab* Verwendung für eine Schule, in der man Lesen und Schreiben lernte. Heute bezeichnet man im mündlichen und im schriftlichen Persisch mit *houze-e elmiye* bzw. der Kurzform *houze* eine Ansammlung von Medresen.

Die wichtigsten *houze* wurden im Laufe der Jahrhunderte in der Nähe der großen Pilgerstätten, der sogenannten vortrefflichen Schwellen, angesiedelt. Damit sind die Gräber von sechs der zwölf Imame in den Städten Nadschaf, Kerbela, Samarra und Kazimiya gemeint. Bis heute sind die wichtigsten schiitischen Lehrstätten damit gleichzeitig Orte gelebter Frömmigkeit.

In Form und Ausrichtung entsprach die erste schiitische, von Scheich Tusi begründete Bildungsstätte der *nizamiya*. Die Unterrichtsfächer waren auch hier Koran und koranische Wissenschaften, Überlieferungswissenschaften (Hadith), die Prinzipien der Rechtsfindung *(usul al-fiqh)*, spekulative Theologie *(kalam)*, Jurisprudenz *(fiqh)*, arabische Literaturwissenschaften, Mathematik und Pflichtenlehre. Allerdings stammten alle Lehrwerke von Scheich Tusi. Einen entscheidenden Unterschied gab es jedoch: Die Regierung hatte im Gegensatz zur *nizamiya*, wo die Lehrer noch per Ministerdekret eingesetzt und die Akkreditierungszeremonien vom Kalifen geleitet wurden, auf das *houze* keinerlei Einfluss. Das Bildungssystem des *houze* war dezentralisiert und nicht von der politischen Macht abhängig.

Die *houze*: Lehrstätten und Orte gelebter Frömmigkeit

Von alters her unterlagen die *houze* keinem Organisationsprinzip, das mit dem ähnlicher Einrichtungen im Westen vergleichbar wäre. Unter schiitischen Geistlichen heißt es, die *houze* zeichneten sich aus durch *nazm dar bi-nazmi* – Ordnung in der Unordnung. Was in der westlichen Wissenschaftstradition als akademische Freiheit hochgehalten wurde und wird, soll hier seinen Ursprung haben. Es gibt in der Tat kaum feste Strukturen im *houze*-Ausbildungsweg, dem *dars-e houzavi*. Allerdings muss sich jeder an bestimmte moralische Regeln und Prinzipien halten.

Der Studientag eines jeden sogenannten *talabe* beginnt mit dem Morgengebet. Wörtlich bedeutet *talabe* «die Suchenden», denn eigentlich handelt es sich dabei um die aus dem Arabischen stammende Pluralform von *talib*, die im Persischen jedoch auch als Singular verwendet wird. Es sind die das Wissen Suchenden, die sich im *houze* um den Lehrer versammeln, gemeinsam studieren und sich dem Gebet hingeben, das die intellektuelle Erkenntnis um die spirituelle erweitert. Nach ihrem ersten Gebet am Morgen finden noch in der Dämmerung die Unterrichtskurse statt, die bis gegen neun Uhr dauern. Danach widmet sich der Student eigenen Studien und diskutiert vor allem mit seinen Kommilitonen den vom Lehrer behandelten Unterrichtsstoff. Diesen kontroversen Diskussionen, den sogenannten *munazara* oder *mubahitha*, wird in der Ausbildung allergrößte Bedeutung beigemessen. Sie sind zentraler Bestandteil der Unterrichtsklassen in der Rechtswissenschaft und auch in der spekulativen Theologie, *kalam*. Auf sie bereitet sich der Student in den Lernzirkeln – einer Mischung aus Tutorium und Repetitorium – zusammen mit seinen Kommilitonen vor.

Es gehört außerdem zu den Pflichten eines fortgeschrittenen Studenten, die anderen zu unterrichten. So kann er sich in Lehrmethodik üben und sein eigenes Wissen erproben. Auch Khomeini begann bereits als 27-jähriger Student mit der Lehre. Obschon dies auf das Missfallen des *houze*-Oberen stieß, wählte Khomeini Philosophie und Mystik bzw. *erfan*, die philosophisch untermauerte Mystik, einen Bereich, der schon länger aus dem Standardrepertoire verbannt worden war, weil er als zu gefährlich galt. Seit dem Tod Molla Hadi Sabzevaris (1797–1873), des großen Vertreters dieser Richtung, hatte sich das *houze* langsam, aber sicher in eine juristische Fakultät verwandelt. Die Gelehrten, die eine Ausnahme von der Regel darstellten wie Khomeini, widmeten sich der Philosophie in einer so feindlichen Atmosphäre, dass manche Studenten sich später gar weigerten, mit dem Sohn Khomeinis aus einer Tasse zu trinken, da sie ihn als Spross eines Philosophen für rituell unrein erachteten. Die damalige Situation der Philosophie an iranischen theologischen Hochschulen beschrieb der Qomer Gelehrte Musavi Gorgani sarkastisch mit den Worten, dass der große Avicenna heute, käme er ins *houze* und könnte keine Prüfung in dem rechtswissenschaftlichen Werk *Makasib* ablegen, wohl des Analphabetentums bezichtigt würde.

Doch Khomeini unterrichtete trotzdem eine kleine, ausgewählte Gruppe von Studenten in den wichtigsten Texten der Mystik, so den *Vier Reisen*, dem Opus Magnum von Molla Sadra (1571–1640). Diese Unterrichtsklassen hielt er nicht nur aus dem Grunde klein, weil er um den Widerstand vieler gegen das Lehren von Philosophie und Mystik wusste, sondern auch, weil er der elitären Auffassung war, dass nur die intelligentesten Studenten die wahre Bedeutung dieser Texte verstünden. Zu den wenigen Schülern, die er zuließ, gehörten beispielsweise die späteren Revolutionäre Morteza Motahhari (1920–1979) und Hosein Ali Montazeri (1922–2009). Die beiden Freunde nahmen auch an Khomeinis Unterricht über das Buch *Scharh-e manzume* teil, einen philosophischen Text von Molla Hadi Sabzevari, der von den mystischen Schriften Molla Sadras inspiriert war. Beide lobten den Unterricht in den höchsten Tönen. So berichtete Motahhari, dass er förmlich in Ekstase geriet, die tiefgründige, süße, feinfühlige Ausdrucksweise seines Lehrers sei eine unauslöschliche Erinnerung. Dieser Unterricht habe viele spirituelle Probleme seines Lebens gelöst. Auch Montazeri bewunderte Khomeinis Stil, er galt ihm als Vorbild in der Art und Weise, wie Philosophie und Mystik unterrichtet werden müssten. Bis Mohammad Hosein Tabatabai (1904–1981), genannt Allame, der Hochgelehrte, 1946 nach Qom kam und es ihm gleichtat, war Khomeini der Einzige, der dort Philosophie lehrte.

Trotz der Vorbehalte, auf die Khomeini mit seiner Fächerwahl stieß, bestimmt grundsätzlich akademische Freiheit Unterrichtsgestaltung und Lehrmethode. Und doch greift hier ein selbstregulierendes Ordnungsprinzip: Denn die Lehrer müssen ihren Unterricht attraktiv gestalten, um die Studenten dafür zu begeistern. Da diese nämlich nicht verpflichtet sind, einen bestimmten Kurs zu besuchen, ist die rege oder weniger rege Teilnahme an einem Kurs ein Parameter für die Qualität der Lehre. Ein Beispiel ist die Geschichte, die Dschafar Schahidi (1918–2008), einer der angesehensten Literaturwissenschaftler und wichtigsten Historiker Irans, in seinen Memoiren erzählt: Ein Schüler studierte bei einem Lehrer das Standardwerke *Qawanin al-usul*. Nach einigen Sitzungen jedoch tauchte er nicht mehr im Unterricht auf. Als der Lehrer seinen ehemaligen Schüler auf der Straße traf und ihn nach dem Grund für sein Fernbleiben fragte, erwiderte der Schüler, dass der Lehrer nicht genug Wissen besitze, um dieses Buch zu unterrichten. Der Lehrer hörte daraufhin mit dem Unterricht auf.

Dieser Unterschied zu den weltlichen Universitäten wird von Leuten bestätigt, die Ausbildungen an beiden Bildungseinrichtungen absolviert haben, wie zum Beispiel der in Deutschland für seine Schriften zum christlich-islamischen Dialog bekannt gewordene ehemalige Kölner Universitätsprofessor Abdoldjavad Falaturi (1926–1996): An den weltlichen Universitäten würden die Studenten lediglich Mitschriften zu den Ausführungen ihres Lehrers verfassen und diese dann termingerecht zu den Prüfungen auswendig lernen. Man studiere nur wegen einer guten Note, nicht um den Gegenstand wirklich tiefgründig zu erfassen. Dschafar Schahidi schreibt in seinen Memoiren:

> Einige Kritikpunkte an der Unterrichtsmethode des *houze* wurden angeführt. Ich sagte: Werter Bruder, da mir die Gunst zuteil geworden ist,

> einige Jahre meines Lebens an beiden Unterrichtszentren zubringen zu können, bin ich ein wenig mit den Vor- und Nachteilen beider Einrichtungen vertraut. In den Jahren, die ich in Nadschaf verbrachte, habe ich gesehen, welchen Mühen sich sowohl die Studenten als auch die Lehrer unterzogen, um Kenntnis zu erlangen von der Ansicht der Altvorderen. Ich habe auch gesehen, mit welcher Genauigkeit sie vorgingen. Bis sie einen Gegenstand nicht vollständig erfasst hatten, war es undenkbar, zum nächsten überzugehen. Aber ich sah, dass es keine Ordnung, *nazm*, im Kommen und Gehen der Studenten gab. Keiner fragte, warum bist du zu diesem Unterricht gekommen? Lernst du dabei etwas? Und wenn ein Student eine Woche oder einen Monat lang nicht zum Unterricht erschien, so musste er keinerlei Begründungen anführen. Auch die Dauer der Studien ist nicht begrenzt. Als ich auf die Universität kam, war ich sehr angetan von den festen Ordnungszeiten, von der Anwesenheitspflicht etc. Ich sah, dass es hier die Ordnung und Disziplin gab, die ich gewollt hatte; jede Stunde muss zur festgesetzten Zeit zu Ende gehen, jeder Student muss an einem bestimmten Termin Prüfungen ablegen, und er muss jeden Tag am Unterricht teilnehmen. Wenn er nicht am Unterricht teilnimmt, so muss er einen Grund für seine Abwesenheit anführen. Was gibt es Besseres als das? Aber es dauerte nicht lange und ich stellte fest, dass diese Ordnung reine Formalität ist. Es ist zwar richtig, dass es hier nicht die Un-Ordnung, *bi nazmi*, des *houze* gab, aber dafür fand man auch keinerlei Anzeichen für Studieren im wahren Sinne des Wortes (Schahidi 1994, 789–790).

Mit ihrer Vorstellung vom Studieren und Lernen kommen die theologischen Hochschulen damit dem Wissenschaftsbegriff des deutschen Idealismus und der Romantik, mit dem Humboldt die neue deutsche Universität begründete, sehr nahe. Das von Humboldt und Fichte postulierte Bildungsideal geht auf griechische Vorläufer zurück, die auch im islamischen Raum entscheidenden Einfluss auf die Theorie der Bildung hatten. Humboldt vertrat ebenfalls die Auffassung, dass Bildung eher idealistischer Art sein solle und nicht Vorbereitung auf den Unterhaltserwerb. Die Universität solle auch eine gewisse Bildung der Gesinnung und des Charakters vermitteln. Gebe ihm die Universität, was hierfür erforderlich ist, erwerbe der Student die besondere Qualifikation für seinen Beruf umso leichter.

Ähnlich hat man sich die Idee des *houze* vorzustellen: So ist der Lehrer für seine Schüler auch ein moralisches Vorbild, in gewisser Weise eine Quelle der Nachahmung. Ihm kommt eine Verantwortung zu, die weit über die eines normalen Lehrers hinausgeht. Er ist gehalten, seine Schüler zu behandeln wie seine eigenen Kinder. Umgekehrt müssen seine Schüler ihm ihr Leben lang Respekt erweisen. Und so wurde das Verhältnis zwischen beiden oft als das eines Gurus zu seinen Anhängern beschrieben. In einem sehr bekannten, aber anonymen Text heißt es:

> Der Schüler darf sich niemals hinter den Lehrer setzen. Er darf ihm keine Zeichen machen. Er darf ihn niemals mit unnützen Fragen stören. Er darf die Stimme niemals höher erheben als sein Lehrer. Wenn einer eine Frage stellt, darf er sich nicht in den Vordergrund spielen. Er darf niemals hinter dem Rücken seines Lehrers schlecht über ihn reden, und wenn er hört, dass andere es tun, muss er sich dem entgegenstellen (Zit. nach Naraghi 1992, 48).

In ihren Memoiren betonen viele ehemalige Studenten, sie seien einer inneren Berufung gefolgt. Obwohl sie wussten, dass einige harte, entbehrungsreiche Jahre vor ihnen liegen würden, hätten sie aus Liebe diesen Studiengang gewählt. Diese Aussagen beschönigen sicherlich und sind vermutlich auch dem allerorts verbreiteten Denken geschuldet, dass früher alles besser war. Außerdem führte schon vor der Revolution von 1978/79 das Studium der islamischen Wissenschaften zu einer gewissen gesellschaftlichen Stellung. In materieller Hinsicht mag der Studienabschluss zwar früher wenig zu bieten gehabt haben, aber das Studium im *houze* war der einzige Weg für jemanden, der aus einfachen Verhältnissen stammte, zu höherer Bildung zu gelangen. Doch ein Ansporn war eben auch die intellektuelle Herausforderung. Der ehemalige iranische Staatspräsident Akbar Rafsandschani (1934–2017), dessen Familie schon vor der Revolution mit dem Anbau von Pistazien reich geworden war, ging ins *houze*, weil er sich nicht als Bauer sah und ihn überdies das intellektuelle Milieu dort mehr begeisterte als die säkulare Universität in Teheran.

Der Ausdruck «ins *houze* gehen» ist übrigens eine Analogbildung zum persischen *raft houze* in der Bedeutung: Er nahm seine Studien im *houze* auf. Und natürlich erinnert der Ausdruck an das deutsche «ins Kloster gehen». Das Studium im *houze* hat tatsächlich etwas Klösterliches, hinsichtlich der Abgeschiedenheit vom weltlichen Leben, der Tatsache, dass man sich vollkommen Gott, dem Gottesdienst und den Studien widmet, aber auch hinsichtlich der materiellen Versorgung, die diese vollkommene Konzentration auf Gott erst möglich macht. Denn das Studium wird von der Institution bezahlt. So erhielt auch der Student Khomeini Zuwendungen von seinem Lehrer Haeri Yazdi, obwohl er finanziell sehr gut gestellt war.

Anders als bei den Absolventen einer klerikalen katholischen Ausbildung entfällt für den, der ins *houze* geht, allerdings das Zölibat. Neben der Zeitehe, die ihnen offensteht, dürfen Lehrer und Studenten der islamischen Wissenschaften auch eine permanente Ehe eingehen, sie leben dann allerdings mit ihrer Familie nicht mehr direkt in der Hochschule. Khomeini heiratete Qodsi Saqafi, die Tochter eines bekannten Teheraner Geistlichen, den er über seinen Freund Lavasani kennengelernt hatte, im Jahre 1927; er selbst war 25 Jahre alt, sie erst 15. Qodsi Saqafi, die den späteren Revolutionsführer zuerst zurückgewiesen hatte, dann aber aufgrund eines Traums doch zum Ehemann nahm, blieb Khomeinis einzige Frau. Sie gebar sieben Kinder, von denen fünf das Erwachsenenalter erreichten.

Das Studium im *houze* setzt sich aus drei Stufen zusammen: *muqaddimat*, wörtlich Einführungen; *sath*, wörtlich Oberfläche; und *charidsch*, wörtlich *darüber hinaus*. Die erste Unterrichtsstufe soll die Grundlagen für die spätere intensive Beschäftigung mit den religiösen Wissenschaften legen und dauert in der Regel sieben bis acht Jahre. Der Student beginnt seine Ausbildung mit dem Studium der arabischen Grammatik und der Philologie. Noch heute ist das Standardwerk zur Erlangung dieser Grundkenntnisse die sogenannte *Dschami al-muqaddimat*, eine Sammlung von Einführungen mit Büchern, die zum Teil aus dem 13. Jahrhundert stammen.

Das Studium der darauffolgenden Stufe nimmt ungefähr fünf Jahre in Anspruch. Der Student, der seine Sprachkenntnisse mittlerweile perfektioniert hat, widmet sich dem Studium des Korans und der verschiedenen Korankommentare. Da das übergeordnete Ziel des Unterrichts die Vorbereitung auf den *charidsch*-Zirkel und damit auf das selbständige Erstellen von Rechtsurteilen ist, beschäftigen sich die angehenden Geistlichen in dieser Stufe hauptsächlich mit *fiqh*, der Rechtswissenschaft, und den *usul al-fiqh*, ihren Prinzipien.

In der letzten Stufe werden im Unterricht keine Grundlagentexte mehr verwendet – deshalb auch *charidsch*, darüber hinaus, nämlich über das Buch hinaus. Wichtigstes Charakteristikum dieser Phase sind die vielfältigen Diskussionen über Probleme der schiitischen Jurisprudenz. Der Lehrer präsentiert seinen Schülern die Ansichten der altvorderen Gelehrten zu ausgewählten Themen und ergänzt sie durch seine eigene Sicht der Dinge. Im Durchschnitt nimmt der Student sechs Jahre am *charidsch*-Zirkel teil und ist in der Studiengestaltung sehr frei. Bis auf die Rechtswissenschaft darf er alle Fächer aus dem Unterrichtsplan streichen und wählt aus anderen Wissensgebieten. Das können beispielsweise Kurse in *tafsir*, Exegese, sein oder in *kalam*, spekulativer Theologie. In Letzterer kreisen die Diskussionen meist um die oben schon genannten fünf Glaubensprinzipien der Schiiten: die Einheit Gottes, das Prophetentum, das Imamat, die Auferstehung und die Gerechtigkeit Gottes. Im *fiqh*-Unterricht werden hingegen rechtswissenschaftliche Fragestellungen diskutiert.

Nach langen Jahren des Lernens treten die Studenten in dieser Stufe ihren Lehrern nun als gleichwertige Diskussionspartner gegenüber. Über Wochen, manchmal Monate ziehen sich die Diskussionen hin und folgen einem immer gleichen Schema: Entweder zitiert der Kommentator den Text Stück für Stück und leitet jedes Zitat mit «er sagt», *qala*, ein und führt es mit «aber ich sage», *wa ana qultu*, weiter, wobei er seine eigene Ansicht zum Thema darstellt. Oder aber der Kommentator trägt zuerst den gesamten Grundtext vor. Bei dieser Herangehensweise wird der Diskussionsgegenstand zwar in vollständiger Form vermittelt, ist in der Kürze jedoch schwer begreifbar. Verständlich wird er erst durch die ausführlichen Erläuterungen am Rande des Textes, die aber oft nicht vom Autor selbst verfasst worden sind. Solche Randbemerkungen, sogenannte *haschiye*, und Suprakommentare, die sich sowohl auf den Grundtext als auch auf den Kommentar beziehen, leiten über zu den Streitgesprächen, die heute noch an den schwierigen Textstellen einsetzen, über die seit Generationen Meinungsverschiedenheiten bestehen. Viele Studenten widersprechen ihren Lehrern aufs Heftigste und sind herausgefordert, eine individuelle Interpretation des religiösen Rechts vor- und zur Diskussion zu stellen.

Im Unterricht von Ayatollah Makarem Schirazi (geb. 1927), einem der führenden Qomer Gelehrten, wurden im *charidsch*-Zirkel zum Beispiel die folgenden Fragen behandelt:

- Wenn auch Muslime in die Hölle kommen; was ist dann rein rechtlich gesehen der Unterschied zwischen ihnen und einem *kafir*, einem Ungläubigen?
- Wenn es Frömmigkeit, *taqwa*, auch unter Juden und Christen gibt, warum betrachtet das islamische Recht sie dann als unrein, *nadsches*?

Es ist diese Lust am Argumentieren, diese Freude an der haarspalterischen Dialektik, für welche das *houze* einst berühmt war. Im Mittelalter gewann die Kunst der systematischen Disputation so sehr an Bedeutung, dass der spanische Christ Hugo Sanctallensis erklärte, die Muslime mäßen dem formalen Aufbau ihrer Wissenschaft mehr Gewicht bei als ihrem Inhalt.

Khomeini war in seinen Qomer Jahren allerdings dafür bekannt, dass er sich nicht gerne solchen Sophistereien hingab. Er argumentierte nicht nur um des Argumentierens willen oder um die Kunst des Argumentierens mit seinen Studenten einzuüben. Es ging ihm um Gradlinigkeit und darum, möglichst schnell zum Ziel zu kommen, für Haarspaltereien fehlte Khomeini schlicht die Geduld.

Frühe Lehrtätigkeit und erster politischer Traktat

Interessanterweise begann Khomeini, der schon als 36-Jähriger mit dem Abschluss der *charidsch*-Stufe die Erlaubnis zum selbständigen Erstellen von Rechtsurteilen erhalten hatte, also Mudschtahid geworden war, erst ab 1944, sieben Jahre später, selbst *fiqh* zu unterrichten. Der Grund kann nicht gewesen sein, dass er in dem Fach nicht gut genug war. Immerhin hatte er seine Idschtihad-Erlaubnis von einem so renommierten Lehrer wie Haeri Yazdi bekommen. So erstaunlich es klingen mag: Anders als Philosophie und Mystik scheint die Rechtswissenschaft einfach nicht die Leidenschaft des späteren obersten Rechtsgelehrten der Islamischen Republik gewesen zu sein.

Da er kein Freund des in seinen Augen unnötigen Hin- und Her-Argumentierens war, entwickelte Khomeini in seinem Unterricht der Rechtswissenschaft eine eigene Lehrmethode. Dschafar Sobhani (geb. 1929), einer seiner Studenten und inzwischen renommierter Autor einiger Grundlagenwerke über den schiitischen Islam, erinnert sich, dass Khomeini nicht, wie es Tradition war, die Vorlesung als dialektisches Argument zwischen Studenten und dem Lehrer aufbaute. Er habe nie Themen behandelt, die er selbst nicht vollständig intellektuell durchdrungen und für sich selbst abgeschlossen hatte. Deshalb brachte er die Argumente der Altvorderen und seine eigenen sehr entschlossen vor und unterband jegliche Abschweifungen, die er als unnütz ansah. Für die Argumente seiner Studenten, die naturgemäß weniger ausgefeilt waren als seine eigenen, hatte Khomeini wenig Verständnis. Schon in dieser Zeit, so urteilt sein Biograph Baqer Moin, kamen bei Khomeini die Charakteristika zum Vorschein, die ihn auch später als Revolutionsführer auszeichnen sollten: Autokratie, Entschlossenheit, Selbstgerechtigkeit.

Doch nicht nur in seiner Lehrmethode unterschied sich Khomeini von seinen Kollegen. Anders als viele der Welt entrückte Geistliche, die sich wenig um ihr Äußeres und ihre Kleidung kümmerten und einen derben, abgenutzten Kaftan samt Umhang als Zeichen von Frömmigkeit ansahen, war Khomeini immer gut und sauber gekleidet. Er erklärte, dass es vielleicht früher ein Zeichen für Heiligkeit gewesen sei, alte und zerschlissene Kleider zu tragen, heute sei es nur noch ein Zeichen für Bettlertum. Kleriker sollten nicht wie Bettler aussehen.

Diese Jahre der Ausbildung und ersten Lehrtätigkeit verliefen zunächst fernab von politischer Aktivität. Mitte der 1920er und 1930er Jahre wurde in Qom die Einmischung von Geistlichen in die Politik verhindert: Reza Schah verfolgte eine anti-klerikale Politik, und Ayatollah Haeri Yazdi enthielt sich jedweder weiteren Einmischung und

Khomeini im mittleren Alter

Auseinandersetzung, nachdem ihn der Machthaber über den Tisch gezogen hatte. Er sah sich bestätigt, dass Politik nicht die Sache von Geistlichen sei.

Nach dem Tod von Abdolkarim Haeri Yazdi 1937 war die Position der unumstrittenen Quelle der Nachahmung einige Jahre lang vakant, sodass sich mehrere ranghohe Geistliche die Leitung der theologischen Hochschule teilten. In dieser führungslosen Zeit schrieb Khomeini seinen ersten politischen Traktat: *Kaschf al-asrar*, *Die Enthüllung der Geheimnisse*.

Khomeinis Schiismus habe, indem er aus einem konservativen quietistischen Glauben eine militante politische Ideologie machte, so argumentiert der Iranist Ervand Abrahamian, mehr mit dem Dritte-Welt-Populismus gemein als mit der konventionellen Schia. Zwar entwickelte Khomeini dessen radikale Form sehr viel später und betrat erst im Jahr 1961 die politische Bühne Irans, doch lassen sich eindeutige politische Ambitionen schon 1944 erkennen. Denn bereits in *Die Enthüllung der Geheimnisse* schreibt Khomeini den Geistlichen eine aktive politische Rolle im Staat zu, und zwar als eine Art Kontrollinstanz. Allerdings erkannte er damals noch die Monarchie als legitime islamische Regierungsform an.

Die Enthüllung der Geheimnisse war die Reaktion auf das 1943 erschienene Buch *Geheimnisse von tausend Jahren* von Ali Akbar Hakamizade und auf die Vorwürfe des Anti-Klerikers Ahmad Kasravi (1890–1946), der die schiitische Geistlichkeit als fanatisch, abergläubisch und korrupt beschrieben hatte. Sie sammelten zudem nur unnützes Wissen an, das für die moderne Welt nicht relevant sei, und verweigerten sich jedweder Reform des Unterrichts. Khomeini war über alle Maßen erbost über das Pamphlet Hakamizades und die Kritik Kasravis, aber auch besorgt wegen des Schadens, den sie anrichten konnten. Obwohl er in dieser Zeit ein Augenleiden hatte, das ihn stark beeinträchtigte, nahm er eigens vierzig Tage frei, um *Kaschf al-asrar* zu verfassen. In seiner Replik kritisierte er neben den beiden Renegaten – sowohl Hakamizade als auch Kasravi waren selber Mullahs – die Reformen Reza Schahs, die zu einem schädlichen Wandel geführt hätten. Damit meinte Khomeini insbesondere die Koedukation, die Zwangsentschleierung und die Bars, die es nun in Teheran gab.

Das eigentliche Ziel der Kritik sind jedoch Hakamizade und Kasravi. Khomeini wirft ihnen vor, die Einheit des Klerus zu untergraben und sich auf die Gegenseite geschlagen zu haben, wo es doch wichtigstes Ziel sei, die Institution Geistlichkeit zu schützen. Kasravi hatte zum Beispiel die vom Klerus geförderten schiitischen Rituale kritisiert, welche nach seiner Ansicht nichts mit dem ursprünglichen Islam zu tun hätten. Hier ging es speziell um die Wallfahrten und die Muharram-Rituale, die Kasravi zufolge allein der Alimentierung des Klerus dienten. Man bereichere sich am Aberglauben des Volkes. Da diese Kritikpunkte Kasravis sehr viel Ähnlichkeit mit der wahhabitischen Polemik gegen den schiitischen Islam aufwiesen, bezeichnet Khomeini seine beiden Gegner als Anhänger der Kameltreiber aus Riad und der Barbaren aus dem Nadschd, den wildesten der Menschheit, wie er sie nennt. Wenn diese Kameltreiber ein Modell für Entwicklung sein sollten, könne man sie ja einladen, um sich von ihnen in Sachen Zivilisation belehren zu lassen und um allen Aberglauben auszumerzen.

Außerdem hatte Ahmad Kasravi als Erster schriftlich behauptet, dass die Geistlichen durchaus einen Teilanspruch auf die Herrschaft formuliert hätten. Er kritisierte in einem 1942 erschienenen Artikel mit dem Titel *Botschaft an die Mullahs von Täbris* den Klerus wegen dieser Ansprüche und lehnte sie ab. Sie ließen sich nicht aus dem Islam herleiten. Außerdem meinte er, man könne mit dem islamischen Recht keine Gesellschaft des 20. Jahrhunderts regieren. Genau deshalb hätten die Iraner ja zu Beginn des Jahrhunderts eine Revolution gegen den Absolutismus und für den Konstitutionalismus gemacht. Dass die Bevölkerung sich nun stattdessen für eine Herrschaft des Klerus entscheiden könne, war nach Ansicht von Kasravi abwegig.

Auf diese Argumente reagiert Khomeini nüchterner. Akribisch widmet er sich den von Kasravi geäußerten Zweifeln am Imamat und der religiösen Führung, auf die dessen Ablehnung einer Regierung durch die Geistlichkeit zurückzuführen ist. Ähnlich systematisch geht Khomeini auf Kasravis Kritik am religiösen Gesetz und den Überlieferungen des Propheten ein. Mit all seinen Kenntnissen der Philosophie, der Logik und der Polemik fordert er seinen Kontrahenten heraus, erklärt den Hintergrund eines Themas und bringt sein Argument an.

Eine andere Technik, die Khomeini anwendet, besteht darin, an den Patriotismus und die religiösen Gefühle seiner Leser zu appellieren. Da er sich der Tatsache bewusst ist, wie weit ein säkularer Nationalismus unter ihnen verbreitet ist und wie entfremdet die Absolventen moderner Schulen und Universitäten dem Klerus sind, spricht Khomeini die Jugend mit Worten an wie: Oh, Ihr lieben persischsprachigen Leser, Ihr Studierten, die Ihr die Religion liebt, Ihr aufgeklärten Studierenden der Universitäten und Hochschulen. Oder er wendet sich an das Gewissen der Persisch sprechenden Iraner, zu deren religiösem und vaterländischem Wohl diese Seiten geschrieben seien. Ungewöhnlich für einen Geistlichen seiner Generation, benutzt er sogar einen Begriff, der unter den Anti-Klerikalen in Mode ist, nämlich *cherad*, die Macht der Vernunft:

> Diese irrationale Person behauptet, dass die religiösen Menschen der Vernunft keine Beachtung schenken. Aber damit zeigt er nur seine eigene

> Ignoranz. Waren es denn nicht die religiösen Menschen, die all diese Bücher über Philosophie und die Prinzipien der Jurisprudenz geschrieben haben? Haben sie nicht Tausende von philosophischen und theologischen Fragen im Lichte der Vernunft und des Intellekts betrachtet? (Khomeini 1944, 94–95)

Allerdings sind diese Beispiele politischer Sensibilität gespickt mit Beschimpfungen. Wenn er eine Attacke gegen die Gegner des Klerus reitet, verliert Khomeini oft die Kontrolle und klagt sie der Dummheit, des Verrats, der Ignoranz und der Häresie an. Wer die Religion verteidigen wolle, müsse diesem hirnlosen Mob mit eiserner Faust ins Gesicht schlagen.

Es gibt aber noch eine andere Ebene in dem Buch. Khomeini rät seinen Lesern, sich die Kapitel über die Regierung und den Klerus mit großer Aufmerksamkeit anzuschauen. Regierung, so argumentiert er, sei nur legitim, wenn sie die Herrschaft Gottes anerkennt, und die Herrschaft Gottes bedeute die Implementierung des islamischen Rechts. Alle Gesetze, die dem islamischen Recht widersprächen, müssten abgeschafft werden, denn nur das Gesetz Gottes sei beständig. Dabei sei die Form der Regierung nicht entscheidend, sondern sogar gleichgültig, denn es komme nur darauf an, dass das Gesetz des Islams angewendet werde. Aber sollte die Regierungsform eine Monarchie sein, dann müsse der König von den Rechtsgelehrten ausgewählt werden. Nur sie würden einen Monarchen wählen, der das Gesetz Gottes nicht verletzt und keine Unterdrückung zulässt. Ihnen obliege es außerdem, die Anwendung der islamischen Gesetze zu überwachen.

Ohne Kasravi an dieser Stelle direkt zu nennen, formulierte Khomeini damit in seiner Kritik am säkularen Staat und der Trennung von Staat und Religion einen Gegenentwurf zu Kasravi. Der nämlich hatte sich in seinen Werken gegen die herrschende Meinung positioniert, dass die Probleme Irans durch Einmischung von außen entstanden seien. Kasravi zeigte in seinen soziopolitischen Analysen vielmehr, dass nur die Iraner selbst für die missliche Lage Irans verantwortlich seien. Besondere Verantwortung und Schuld trüge der Klerus. Er halte die Bevölkerung in einem Zustand der Dummheit, um sich zu bereichern.

Khomeini hatte also schon früh eine aktive Rolle für die Gelehrten im Sinn. Er sah sie als unzweifelhafte spirituelle und moralische Führer, die auf einzigartige Weise qualifiziert seien, das Allgemeinwohl zu befördern. Deshalb müssten alle – auch der Schah – ihnen Ehrerbietung erweisen. *Kaschf al-asrar* enthält eine frühe Fassung seiner späteren politischen Kosmologie. Mit einem emphatischen, selbstbewussten, ärgerlichen sowie gleichzeitig denunziatorischen Ton greift Khomeini Reza Schah an und bezeichnet die Eliminierung des klerikalen Einflusses als dessen größten Fehler. Von einem absolut anti-säkularen Standpunkt aus fordert er die Unterwerfung der Politik unter die Religion und der Politiker unter die Kleriker. Regierung, so behauptet er, müsse auf göttlichen Gesetzen gründen. Islamisches Recht sei dauerhaft und allumfassend – und daher bedürfe es einer klerikalen Aufsicht im Staat. Der Islam habe alle säkularen Gesetze widerlegt, die den syphilisgeplagten Hirnen dieser Leute entströmt seien, schreibt Khomeini.

Quietistische Tradition gegen politische Einmischung

Obwohl er also um eine politische Meinung nicht verlegen war, hielt sich Khomeini in den folgenden Jahren aus der Politik heraus. Geschuldet war dies wohl Hosein Borudscherdi (1875–1961), der ab dem Winter 1944/45 in Qom lehrte, die Leitung der Hochschule übernahm und, nachdem er 1946 eine der obersten Quellen der Nachahmung geworden war, den Geistlichen die Einmischung in die Politik verbot. Um die quietistische Tradition der schiitischen Geistlichkeit anzumahnen und zu erneuern, lud er im Jahr 1949 mehr als 2000 Religionsgelehrte zu einem Kongress nach Qom ein.

An dieses Gebot hielt sich auch Khomeini, der Borudscherdis Lehrassistent sowie sein Büroleiter wurde. Khomeini hat die quietistische Haltung seines Mentors nie öffentlich herausgefordert oder hinterfragt. Als 1952 und 1953 die drei anderen in Qom ansässigen Quellen der Nachahmung starben, blieb Borudscherdi der einzige *mardscha* der schiitischen Welt. Auf internationaler Ebene ist sein Name vor allem mit der versuchten Annäherung an den sunnitischen Islam verbunden, weil er gemeinsam mit dem damaligen Scheich der Azhar, Mahmud Schaltut (1893–1963), das *dar at-taqrib baina al-mazahib al-islamiya*, das Institut zur Annäherung der islamischen Rechtsschulen, gründete. Borudscherdi war zudem der erste Geistliche, der über den Irak und Iran hinausblickte und auch nach Pakistan und Saudi-Arabien Geistliche schickte, um dort für die Schia zu wirken und zu werben. Unter seiner Ägide wurde überdies das Islamische Zentrum in Hamburg gegründet.

Borudscherdi wird jedoch auch vorgeworfen, die Institution Geistlichkeit mit dem Verbot einer Einmischung in die Politik der Gesellschaft entfremdet zu haben. Dafür wurde er allerdings von Mohammad Reza Pahlavi mit einer weniger anti-klerikalen Politik belohnt, als dessen Vater sie betrieben hatte. Sie ermöglichte es Borudscherdi, sich seinem eigentlichen Ziel zu widmen: Er nutzte die konfliktfreie Ruhe, um Qom zu einem schiitischen Zentrum zu machen, was ihm auch gelang. All seine Bemühungen gingen dahin, das *houze* von Qom auszubauen, zu erweitern und zum zweiten Gelehrtenmittelpunkt der schiitischen Welt neben Nadschaf zu machen.

Als es indes im Zuge der Ereignisse um die Verstaatlichung des iranischen Erdöls im Jahr 1951 zu ernsten Spannungen zwischen Premierminister Mohammad Mosaddeq (1882–1967) und dem Schah kam, regte sich in Qom ernsthafter Widerstand gegen das Gebot der Nicht-Einmischung. Groß-Ayatollah Borudscherdi, die quietistische, politisch scharfsinnige, aber sozio-kulturell konservative religiöse Autorität des Landes, hatte sich wieder einmal einer eindeutigen politischen Meinung enthalten und mischte sich nicht in die Beziehungen der Regierung Mosaddeq (1951–1953) zum Schah ein. Hingegen erließen einige Geistliche mit niederem Rang sogar Rechtsgutachten, die die Verstaatlichung guthießen. Mit Ayatollah Abolqasem Kaschani (1882–1962) unterstützte auch ein ranghoher Kleriker Mosaddeq, was dazu führte, dass so mancher Student mit der Idee sympathisierte, politisch aktiv zu werden.

In den 1940er Jahren war Khomeini ein Bewunderer Kaschanis gewesen, dessen Ideen in Bezug auf islamischen Universalismus, politischen Aktivismus und Populismus er teilte. Khomeini war regelmäßiger Gast in Kaschanis Haus. Ihre Ansichten unterschieden sich jedoch auch in vielen Dingen. Während sich Kaschani als ein typisch städtischer Politiker erwies, willens, sich flexibel anzupassen, war Khomeini sehr streng und wenig nachgiebig. Außerdem wollte er auf keinen Fall die Idee einer geeinten klerikalen Führung aufgeben und mit der klerikalen Elite brechen, die die Zentren Qom und Nadschaf kontrollierte. Deshalb beurteilte Khomeini das politische Agieren Kaschanis im Zusammenhang mit der Verstaatlichung des Erdöls eher kritisch. Und auch Kaschanis späteres Scheitern galt ihm als Beispiel dafür, dass ein Erfolg nur mit Unterstützung eines Klerus möglich war, der geschlossen hinter einem stand.

Trotz seiner anti-klerikalen Haltung wurde Mosaddeq wegen seiner Verstaatlichung des iranischen Erdöls für viele Geistliche zum Helden, mit Ausnahme von Khomeini, der dem säkular orientierten Demokraten von Grund auf misstraute. Hier taten sich tiefe Gräben zwischen den jungen Mullahs auf. Viele von ihnen, wie beispielsweise Khomeinis späterer Mitstreiter Mahmud Taleqani (1914–1979), sahen in Mosaddeq in erster Linie den Mann, der sich den westlichen Imperialisten entschlossen entgegenstellte. Die Einmischung westlicher Mächte und die Instrumentalisierung der herrschenden Elite für ihre eigenen politischen Ziele sind Erfahrungen, die Iran seit der Etablierung der zaristisch geführten Kosaken-Brigade 1879 immer wieder gemacht hatte und die in den Jahren zwischen 1941 und 1953, der diktierten Abdankung Reza Schahs und dem CIA-Coup gegen Mosaddeq, verstärkt zu beobachten waren. Hieraus erklärt sich die anti-imperialistische Einstellung dieser Generation ebenso wie die oft geradezu paranoide iranische Politik. Charakteristisch für Khomeini ist jedoch, dass der Kampf Mosaddeqs gegen die Imperialisten, der später so wichtig in seiner Rhetorik werden sollte, in diesem Moment viel weniger zählte als dessen Einstellung zur Religion.

Nach dem Putsch gegen Mosaddeq nahm die Atmosphäre in Qom einen noch unpolitischeren Charakter an als zuvor. Das lag auch daran, dass Ende der 1950er Jahre der Einfluss der *hodschatiye*, die 1953 gegründet worden war, immer spürbarer wurde: Das wichtigste Ziel dieser Organisation war es, Kader für die wissenschaftliche Auseinandersetzung mit den Bahai auszubilden, dieser aus dem schiitischen Islam hervorgegangenen Religionsgemeinschaft. Ayatollah Mahmud Halabi (1900–1998), der Gründer der von konservativen Basaris finanzierten Organisation, war besorgt, dass die Bahai mit ihren modernistischen Ideen zunehmend Einfluss auf die intellektuelle Elite und die Jugend gewinnen könnten. Diese Ideen, wie etwa die Gleichheit von Mann und Frau, bedrohten auch die traditionellen Werte der Schia, und dementsprechend erntete die *hodschatiye* viel Zuspruch unter schiitischen Autoritäten; vor allem Borudscherdi war die Verfolgung der Bahai ein Herzensanliegen.

Weil die Aktionen der *hodschatiye* gegen die Bahai in Qom geduldet und unterstützt wurden, war zwangsläufig auch der zweite Pfeiler ihrer Weltanschauung dort sehr präsent. Der *hodschatiye* zufolge begünstigt Anarchie auf Erden das baldige Erscheinen des zwölften Imams, denn je mehr Unordnung in der Welt herrscht, desto wahrscheinlicher ist sein Eingreifen. Daraus ergibt sich für diese Organisation das strikte Verbot, sich in die Angelegenheiten des Staates einzumischen. Diese Haltung, die absoluten Quietismus predigte, kam Borudscherdi sehr entgegen, nicht jedoch Khomeini.

4

Konkurrierende schiitische Systeme

Machtprobe zwischen Herrscher und Geistlichkeit

Khomeini gehörte einer Generation von Geistlichen an, die stark vor den Kopf gestoßen worden war durch die Politik Reza Schahs, versuchte dieser doch alles in seiner Macht Stehende, um den gesellschaftlich-politischen Einfluss des Klerus zu unterminieren. Rückblickend dürften die drei ranghohen Geistlichen Mirza Hosein Naini, Abdolkarim Haeri Yazdi und Abolhasan Isfahani es wohl zutiefst bereut haben, den Fortbestand der Monarchie befürwortet und sich gegen die geplante Einführung der Republik ausgesprochen zu haben.

Reza Schah ließ kaum eine Gelegenheit aus, den Klerus zu brüskieren: Wohl um den Geistlichen zu zeigen, was er davon hielt, dass der Klerus seiner Krönung formell zustimmen musste, nahm er bei der Krönungszeremonie dem Mullah, der ihn gerade krönen wollte, die Krone aus der Hand und krönte sich nach dem Vorbild Napoleons selbst. Im Jahr 1928, als die Mutter Reza Schahs unverschleiert die Moschee der *Fatima masuma* in Qom besuchte (nach anderen Erzählungen war es seine Frau), kam es zu einer weiteren Machtprobe zwischen Herrscher und Geistlichkeit. Nachdem die Königinmutter auf Geheiß eines Geistlichen die Moschee hatte verlassen müssen, fuhr Reza Schah wutentbrannt nach Qom, betrat – so die Legende – in Reiterstiefeln die Moschee und zerrte den Geistlichen am Bart auf die Straße.

Außerdem griff seine Modernisierungspolitik ganz konkret in die angestammten Hoheitsbereiche des Klerus ein und bedrohte dessen Pfründe. So ließ Reza Schah im Jahr 1936 die islamischen Gerichte abschaffen und nahm damit den Geistlichen eine wichtige Einnahmequelle, waren sie doch vorher zum Beispiel für die Beurkundung zuständig gewesen, was sie sich teuer bezahlen ließen. Diese Maßnahmen brachten den Klerus auch gegen die Reformen auf, die ihn gar nicht direkt betrafen.

Das Qomer Zentrum ermöglichte es dabei den durch die Politik Reza Schahs stark mitgenommenen iranischen Geistlichen, sich einen Rest institutionalisierter gesellschaftlicher Macht zu erhalten; ihr bis heute sprichwörtlicher Zusammenhalt gegen Feinde und Angriffe von außen und ihr ausgesprochen hohes Standesbewusstsein erhöhten ihre Möglichkeiten zur Selbstbewahrung und zur Reproduktion ihres kulturellen Kapitals. So angeschlagen sie in jenen Jahren auch waren, hatten sie durchaus noch Ressourcen, nämlich sich selbst.

Die Erleichterung der politischen Restriktionen nach der Abdankung Reza Schahs 1941 und das Erstarken säkularer und vor allem linker Ideologien, die die Sorge der traditionell orientierten Schichten provozierten, gaben den Geistlichen die Möglichkeit, sich wieder in der Gesellschaft zu behaupten. Sie versuchten, allerdings erfolglos, eine Umkehr von Reza Schahs Politik zu erreichen, vor allem im Hinblick auf das Schleierverbot, das dieser 1936 ausgesprochen hatte. Derartige Bemühungen von Ayatollahs wie Hosein Qomi, der sich eigentlich des Goodwills des neuen Schahs, Mohammad Reza Pahlavi, erfreute, waren zwar nicht von Erfolg gekrönt. Doch das Aufkommen der kommunistischen *tude*-Partei (deutsch: Massen-Partei) alarmierte Traditionalisten, gemäßigte Linke sowie bürgerlich-liberale Kräfte, die nun alle die Religion als Gegengewicht zu säkularen Trends sahen.

Dabei hatte gerade die *tude* durchaus ihren Respekt gegenüber der Religion bekundet. Vor dem Hintergrund des anwachsenden antiimperialistischen Nationalismus schadete der *tude* in den 1950er Jahren jedoch ihre Verbindung zur Sowjetunion. Staatsbürgerlicher Nationalismus, der mehr und mehr mit der 1949 gegründeten *dschebhe-ye melli*, der Nationalen Front, und hier vor allem mit ihrem Gründer Mohammad Mosaddeq assoziiert wurde, war dagegen stark im Kommen. Im Grunde war die Nationale Front ein Auffangbecken für die Mitglieder der 1949 verbotenen *tude*. Die Nationale Front aber konnte sich von dem Makel der Sowjethörigkeit befreien, unter dem ihre Vorgängerpartei gelitten hatte. Indem sie für nationale intellektuell-ideologische Autonomie und politische Unabhängigkeit eintrat, versuchte sie eine verfassungsmäßige Regierung zu bilden und die iranischen souveränen Rechte über die Ölressourcen des Landes zu sichern.

Obwohl der intellektuelle Charakter und Tenor der bürgerlich-nationalen Bewegung vorsichtig, aber unmissverständlich säkular war, genoss sie die Hilfe und Mitwirkung von einigen politisch gesinnten älteren Klerikern wie Ayatollah Abolqasem Kaschani, der sich sogar als eine Stütze der Bewegung sah. Als Mosaddeq allerdings in der zweiten Jahreshälfte 1952 ins Hintertreffen geriet, wandte sich Kaschani von ihm ab. Der Ayatollah schloss sich aktiv den Royalisten an und fügte damit seiner gesellschaftlichen Stellung unwiderruflichen Schaden zu, denn die Bevölkerung stand nach wie vor zu großen Teilen hinter dem Mann, der das iranische Erdöl verstaatlicht hatte. Für Khomeini war diese Erfahrung sehr bedeutsam. Dass ein führender Kleriker gegen einen säkularen politischen Führer verlor, scheint ein unauslöschliches Mal bei ihm hinterlassen zu haben. In der Folge blieb seine Haltung gegenüber Mosaddeq und seinem Erbe von andauernder, unverhohlener Aversion geprägt.

Khomeini hatte das Gebot Borudscherdis, sich aus der Politik herauszuhalten, auch deshalb akzeptiert, weil er auf keinen Fall eine Spaltung der Geistlichkeit wollte. Sie sollte mit einer Stimme auftreten, um schlagkräftiger zu sein. In einer Predigt erinnerte Khomeini an Ali, den ersten Imam der Schia, der das Kalifat Abu Bakrs nicht boykottiert hatte, obwohl er sich selbst im Recht wusste und davon überzeugt war, selbst der designierte Nachfolger des Propheten zu sein. Er akzeptierte seinen Konkurrenten als Kalifen, um eine Spaltung der Gemeinde zu verhindern.

Anders als Borudscherdi war Khomeini jedoch durchaus der Auffassung, dass man den säkularen Bestrebungen und Bewegungen aktiv entgegenwirken und sie auch inhaltlich bekämpfen müsse. Er sah von Anfang an im Klerus die selbstverständliche intellektuell-spirituelle

Führung der Gesellschaft. Laut Mehdi Haeri Yazdi (1923–1999), dem Sohn seines großen, verehrten Lehrers, mit dem er gut bekannt war, hatte Khomeini auch aus diesem Grund Bedenken gegen Kaschanis Unterstützung der nationalen Bewegung, deren politisches Engagement er grundsätzlich durchaus schätzte. Die Nationale Front Mosaddeqs war seiner Ansicht nach ein Feind, dem nicht gestattet werden sollte, das symbolische Kapital und die sozialen Bindungen zu den Massen, die dem Klerus zukamen, zur Stärkung des eigenen Einflusses anzuzapfen. Damals stand Khomeini politisch noch solchen Gelehrten wie Ayatollah Mohammad Behbahani nahe, die glaubten, die Monarchie sei besser als alle alternativen Regime geeignet, die Interessen des Klerus zu schützen und den säkularen Trends entgegenzuwirken. Khomeini wie auch Behbahani zufolge sollten die Geistlichen ihre Verbindungen zur Monarchie aufrechterhalten und pflegen, um die Herrschenden zu kontrollieren, zu beeinflussen und sicherzustellen, dass die Forderungen und Erwartungen des Klerus erfüllt würden.

Die Kleriker fühlten sich Iran als einziger staatlicher schiitischer Einheit in der Welt besonders verbunden. Daraus folgte für sie die Notwendigkeit, diesen Staat vor den aufkommenden Gefahren des Kommunismus, des bürgerlichen Nationalismus, des Republikanismus und der Moderne zu schützen. Der Schah suchte während der Krise um die Verstaatlichung des iranischen Erdöls, sich des klerikalen Goodwills zu versichern, indem er sich als jemand präsentierte, der den Segen und den Schutz der schiitischen Imame genoss und sich dafür einsetzte, den schiitischen Charakter der iranischen Gesellschaft zu bewahren. Mohammad Reza Pahlavi betrachtete in diesem Moment die Unterstützung des Klerus als nützlich, nicht nur im Kampf gegen den Kommunismus, sondern auch, um den Druck der bürgerlich-nationalen Bewegung umzulenken.

In dieser Auseinandersetzung genoss der Schah durchaus die Unterstützung der meisten älteren Geistlichen, die hinsichtlich Kommunismus, Republikanismus und Säkularismus sehr besorgt waren. So machten im Laufe des britisch-amerikanischen Coups des Jahres 1953 die beiden nicht dem Qomer *houze* angehörenden führenden Teheraner Kleriker, die Ayatollahs Kaschani und Behbahani, ganz offen gemeinsame Sache mit den Royalisten. Auch Borudscherdi gab plötzlich seine Neutralität auf und schlug sich auf die Seite des Schahs, als er merkte, dass die Monarchisten gewonnen hatten. Der Schah hatte in der Folge ein offenes Ohr für die Forderungen Borudscherdis, was der Klerus naturgemäß sehr schätzte. Alles in allem ging es dem Klerus, der mit Borudscherdi einer Meinung war, mehr um die Institution der Monarchie als um den Stelleninhaber. Ziel war es, die Monarchie zu bewahren, und zwar innerhalb der durch den schiitischen Islam definierten Parameter. Wollten die Geistlichen dabei erfolgreich sein, mussten sie die traditionellen Kommunikationskanäle sowie die Verhandlungs- und Mediationsmodalitäten aufrechterhalten. Auf diese Weise konnten Versuche des Staates verhindert werden, die Stellung des Klerus zu untergraben oder eine Agenda zu verfolgen, die den Interessen und Sorgen der Geistlichkeit entgegenstand.

Khomeinis Bruch mit Borudscherdi

Neben Kaschani, von dem er sich dann aber enttäuscht abwandte, fühlte sich Khomeini ideell zu einer anderen Strömung innerhalb des islamischen Spektrums hingezogen, nämlich den *fedaiyan-e eslam* (Opferbereiten für den Islam) unter Navvab Safavi (1924–1955). Allerdings soll Navvab Safavi zwar nach Aussagen seiner Witwe ein häufiger Besucher im Hause Khomeini gewesen sein, doch bekannte sich dieser wegen Borudscherdi nie öffentlich zu den *Fedaiyan*, die Verbindungen verliefen eher unauffällig. Verantwortlich dafür war vermutlich die gewalttätige und lautstarke Agenda, welche die politisch aktive, islamisch orientierte Organisation verfolgte. Ein solches Vorgehen widersprach Borudscherdis zurückhaltendem Ansatz und provozierte seine Opposition und auch Erbitterung. Deshalb wurde der mit den *fedaiyan* zusammenarbeitende Kaschani dafür aufs Schärfste von Borudscherdi kritisiert.

Zu den Ideen, die Borudscherdi ablehnte, gehörte vor allem Safavis Vorstellung von einem islamischen Staat. Allerdings waren viele Studenten des *houze* von Qom durchaus beeindruckt von diesen Gedanken, weshalb die *fedaiyan* eine Gefahr für Borudscherdis Politik der

Nicht-Einmischung bildeten. Dessen wichtigstes Argument gegen einen islamischen Staat war: Wenn der Schah sich mit Waffen wie Kanonen und Gewehren gegen das Volk wenden würde, könnte sich dieses wehren. Aber wenn die Geistlichen an der Stelle des Schahs säßen, wären ihre Waffen gegen das Volk der Glaube und die Glaubensüberzeugungen des Volkes, gegen die das Volk keine Chance hätte.

Diese Kritik an ihrem Ansatz brachte wiederum die *fedaiyan-e eslam* dazu, Borudscherdis Prinzip der Nicht-Einmischung zu hinterfragen und ihn öffentlich zu kritisieren. In seinen Memoiren behauptet Ayatollah Hosein Ali Montazeri, Khomeini habe die Gruppe dazu angestachelt, ein Vorgehen, das seine Beziehung zu Borudscherdi praktisch beendet haben soll. Dabei hatte sich der spätere Revolutionsführer einer engen Beziehung zu Borudscherdi erfreut, dessen uneingeschränktes Vertrauen er genoss. Berichten zufolge soll Khomeini sogar einst quasi als Außenminister Borudscherdis mit dem Schah zusammengetroffen sein, bevor es wegen der *fedaiyan-e eslam* zum Konflikt zwischen den beiden und zur Beendigung ihres guten Verhältnisses kam.

Es kann dem Groß-Ayatollah nicht entgangen sein, dass einige Ideen der *fedaiyan-e eslam* bei Khomeini auf sehr positive Resonanz gestoßen waren. Ihrem Aktivismus wiederum kam seine Zielstrebigkeit entgegen. Seine beiden einzigen politischen Statements aus dieser Zeit zeigen, dass er radikal gegen Säkularismus war und unerbittlich an die Überlegenheit des islamischen Rechts glaubte. Aber Khomeini enthielt sich auch nach dem Bruch mit Borudscherdi einer öffentlichen Kritik an dessen Ablehnung der *fedaiyan* und jeglichen öffentlichen Zuspruchs. Auch in diesem Fall war ihm wieder wichtiger, dass der Klerus vereint auftrat. Privat allerdings setzte er sich für die *fedaiyan-e eslam* ein. Als Navvab Safavi 1955 hingerichtet werden sollte, versuchte Khomeini – ohne Erfolg – seinen ehemaligen Mentor Borudscherdi zu überreden, eine Petition beim Schah für Safavi einzureichen. Daraufhin schrieb Khomeini sogar selbst an den Premierminister, um eine Aufhebung des Urteils zu erwirken, auch das erfolglos.

Dabei hatte er durchaus einen mäßigenden Einfluss auf die *fedaiyan-e eslam* ausgeübt, indem er ihnen klarmachte, dass sie, um öffentliche Unterstützung zu generieren, sich auf die Verfassung berufen müssten. Nachdem die Organisation dann ab Mitte der 1950er Jahre infolge mehrerer Attentate auf politische Persönlichkeiten, darunter den Schah selbst, verboten worden war, wählten viele Islamisten, die weiterhin der sozioreligiösen Vision der Gruppe verbunden blieben, Khomeini zu ihrem spirituellen Führer.

Zur Verschlechterung des Verhältnisses zwischen Khomeini und Borudscherdi hatten aber auch die Vorschläge einer Task Force beigetragen, die das Curriculum in Qom reformieren sollte und in die Borudscherdi selbst Khomeini berufen hatte. Viele Lehrer und Studenten waren der Meinung, dass in der Lehre auch aktuelle Fragestellungen behandelt werden sollten und der Unterricht sich stärker an den tatsächlichen Bedürfnissen der Gesellschaft orientieren müsse. Hierzu kamen von Khomeini und den anderen Mitgliedern der Task Force für eine so gediegene Institution wie das *houze* recht weitreichende Empfehlungen. Dazu gehörten beispielsweise die Einführung von Fremdsprachenunterricht und die Unterweisung in modernen Sozialwissenschaften. Die meisten der gut gemeinten Ideen wurden allerdings seinerzeit verworfen und erst nach der Revolution, als Khomeini das Sagen hatte, umgesetzt. Vor allem die konservativen Basaris waren dafür verantwortlich, dass es zu keiner Reform kam. Diese verhinderten wieder einmal, wie schon unter Haeri Yazdi in den 1930er Jahren, den Einzug der Moderne in das *houze*. Auch Haeri Yazdi hatte nämlich moderne Wissenschaften und Fremdsprachenunterricht im *houze* einführen wollen, war jedoch gescheitert. Auf den seinerzeit von Kasravi und seinen Mitstreitern erhobenen Vorwurf, dass das Curriculum des *houze* nicht in der Lage sei, auf die veränderten Umstände und Fragen einer modernen Gesellschaft Antworten zu geben, hatte die Task Force damit eindeutig positiv reagiert.

Zum Zerwürfnis mit Borudscherdi kam es aber insbesondere wegen der Vorschläge der Task Force, die Administration und Finanzen betrafen: Danach wäre die Macht Borudscherdis beschnitten worden, weil unabhängige Komitees bestimmte Bereiche hätten übernehmen sollen. Der Groß-Ayatollah witterte einen Coup, versagte seine Zustimmung und warf Khomeini quasi aus seinem Büro, was für dessen sozialen Status natürlich unvorteilhaft war.

Dessen ungeachtet erwarb sich Khomeini in den 1950er Jahren auf breiter Basis einen ausgezeichneten Ruf als Lehrer und unterrichtete nicht mehr nur einen kleinen Kreis ausgewählter Studenten. Der Historiker Mohammad Scharif Razi nannte ihn 1952 in einer Gelehrtenchronik einen der größten Lehrer und eine der prominentesten Persönlichkeiten des Theologenzentrums Qom. Ganz im üblichen blumigen Stil solcher Chroniken beschrieb er ihn als «den gelehrten Philosophen, den scharfsichtigen Rechtsgelehrten, durch den dem Theologenzentrum die Augen geöffnet werden» (Mohammad Scharif Razi 1953, 11). Khomeini stehe im Mittelpunkt der Aufmerksamkeit vieler Menschen aus Qom, Teheran und anderen Städten. Seine öffentlichen Vorträge würden von Hunderten Menschen aus Qom und anderen Orten besucht. Auch seine Vorlesungen über Theologie seien besser gewesen als die eines jeden anderen Lehrers. Schon damals spekulierte Mohammad Scharif Razi über die Zukunft Khomeinis: «Viele Hoffnungen sind nun mit ihm verbunden.» (Mohammad Scharif Razi 1953, 13)

Borudscherdis Beziehung zum Schah hatte sich unterdessen weiter verbessert, weshalb er noch weniger empfänglich für eine groß angelegte Kritik an der Monarchie, gar für die Idee eines islamischen Staates war. Wegen ihrer Unterstützung beim Coup 1953 war der Schah den Klerikern zu Dank verpflichtet. Zudem bedurfte er ihrer fortwährenden Kooperation, die indirekt die Rückendeckung der Öffentlichkeit für seine Herrschaft bedeutete. Deshalb musste der Schah dem Klerus immer wieder Zugeständnisse machen. Um die vom Regime behauptete Bindung an die offizielle Schia zu testen, schien den Geistlichen die Haltung des Schahs gegenüber den Bahais geeignet zu sein. Ob der Schah sich wirklich als Bewahrer und Beschützer des Schiismus verstand, sollte sich an seinem Umgang mit dem Bahaismus zeigen, welcher der schiitischen Geistlichkeit als Irrglaube galt. Borudscherdi war zwar nicht der Initiator der Anti-Bahai-Kampagne, die im Frühling 1955 ihren Lauf nahm, aber er billigte sie, betrachtete er doch die Bahais als Gefahr für die Interessen des Schiismus als offizieller Staatsreligion. Die Kampagne, die von Mohammad Taqi Falsafi (1908–1998) angeführt wurde, einem Prediger mit großem rednerischem Geschick, der durchaus im Namen Borudscherdis agierte, konnte nur deshalb ihren gewünschten Verlauf nehmen, weil das Regime sie geschehen ließ. So wurde Falsafi sogar erlaubt, seine Anti-Bahai-Predigten im staatlichen Radio zu übertragen.

Für den Schah war die Kampagne auch ein Ablenkungsmanöver, denn das Regime war zu der Zeit damit beschäftigt, seine Bindungen zum Westen mit dem Beitritt zum Bagdad-Pakt zu stärken, einem ausgesprochen unpopulären Schritt, der von vielen Gruppierungen in Iran kritisiert wurde. Den Briten als Initiatoren dieses Paktes, einem Zusammenschluss von Großbritannien, Pakistan, der Türkei, Irak und Iran, wurde vorgeworfen, ihren Einfluss als ehemalige Hegemonialmacht und ihren Zugang zum Erdöl erhalten zu wollen. Besonders kritisch taten sich die *fedaiyan-e eslam* hervor, die auch vor Gewalt nicht zurückschreckten. Im November 1955 verübten sie einen Anschlag auf Premierminister Hosein Ala, woraufhin zwei Monate später eine Reihe von Mitgliedern der *fedaiyan-e eslam* exekutiert wurde.

Mit der Duldung der Anti-Bahai-Kampagne zeigte das Regime seine Loyalität gegenüber der Schia und stärkte seine Verbindungen zum Klerus. Vor allem aber war versucht worden, die Aufmerksamkeit von der Tatsache abzulenken, dass Iran ganz offen seine Neutralität in der Außenpolitik aufgegeben hatte und ausländischer Einflussnahme Tor und Tür öffnete. Als man in Teheran allerdings merkte, dass die Anti-Bahai-Kampagne im Ausland negativ registriert wurde und den eigenen Plänen damit eher schadete, ließ man sie abflauen. Dem Führer der *hodschatiye*, Mahmud Halabi, gelang es daraufhin, eine auch von Groß-Ayatollah Borudscherdi mitgetragene Fatwa zu erwirken, die es Muslimen verbot, Pepsi Cola zu trinken. Das iranische Franchise-Unternehmen von Pepsi Cola gehörte nämlich Habib Sabet, einem Bahai. Zwar missfiel Khomeini die anfängliche Kooperation der Anti-Bahai-Kleriker mit dem Schah, und es sagte ihm auch nicht zu, dass diese hochgradig konservativ und apolitisch waren, doch nun befürwortete er eine Fortsetzung der Kampagne. Borudscherdi allerdings befürchtete wieder einmal, zu sehr auf Konfrontationskurs mit dem Schah zu geraten.

Dabei blieb für das Regime, obwohl es seine Unterstützung der Anti-Bahai-Kampagne aufgegeben hatte, durchaus die Notwendigkeit guter Beziehungen zum schiitischen Establishment bestehen, kam doch mit der Abschaffung der Monarchie im Irak (1958) die Angst auf, Iran könne ein ähnliches Schicksal erwarten. Vor allem Borudscherdi vermochte mit seiner moralischen Autorität und seinen Fähigkeiten einen Modus Vivendi mit dem Regime aufrechtzuerhalten, bei dem er eine Regierungspolitik verhinderte, die er für inkompatibel mit dem Islam oder der Schia hielt. Zudem glich er Rivalitäten zwischen den ehrgeizigen Klerikern aus und verhinderte alle ihre Versuche, die Regeln zu unterlaufen, die er für den Umgang mit der Politik aufgestellt hatte. Weit davon entfernt, in einer Position zu sein, Borudscherdi vor den Kopf stoßen zu können oder in offener Feindseligkeit mit dem Klerus zu agieren, war sich das Regime in den 1950er Jahren der Bedeutung bewusst, die die klerikale Unterstützung für den eigenen Bestand bedeutete.

Zurück zum Koran: Die Entwicklung eines modernen Islams

Hatte es mit den *fedaiyan* und der Gruppe um Kaschani sowie der *hodschatiye* bereits verschiedene schiitische Subsysteme gegeben, so kamen mit dem Tod Borudscherdis 1961 noch weitere hinzu, die in das Vakuum stießen, das sich durch den Verlust einer derart autoritativen Persönlichkeit aufgetan hatte. Charakteristisch war für diese Subsysteme, dass sie unter dem Schirm einer selbst formulierten islamischen Ideologie kleinteilige ideologische Ausformulierungen vornahmen, die einander im Detail widersprachen und somit in direkter Konkurrenz zueinander standen. Sie hatten aber natürlich auch viel gemein, vor allem den ganzheitlichen Anspruch und den, etwas Neues zu sein. Grundlage ihres Gedankengebäudes war die Auffassung, dass der Koran ein vollständiges System zur Lebensführung, Leitfaden, eine ganze Ideologie sei. Im Bedarfsfall schlossen sich diese Subsysteme zusammen und traten als geeinte Front auf, um gegen einen gemeinsamen Feind zu kämpfen.

Die 1965 gegründeten Volksmudschahedin *(modschahedin-e chalq)*, eine dieser Strömungen, versuchten, islamisches Gedankengut mit marxistischem zu verbinden, indem sie sich gegen ungerechte Herrschaft, gegen Kapitalismus und gegen konservativen Klerikalismus aussprachen. Ähnlich wie die *fedaiyan-e eslam* galten sie als radikal und mit einem eher eklektizistischen Islambild ausgestattet. Aufgrund ihres eindeutig politischen Anspruchs wirkten sie ganz bewusst auf diesem Weg in die Gesellschaft hinein.

Eher philosophisch ausgerichtet waren die Bewegungen um Allame Tabatabai und seinen wohl berühmtesten Schüler Morteza Motahhari sowie diejenigen um Mahmud Taleqani (1911–1979) und Mehdi Bazargan (1907–1995). Taleqani zufolge bestand das wichtigste Ziel des Korans darin, den Menschen mit einer angemessenen Führung auszustatten. Dazu entwickelte er in seinem Korankommentar *Partovi az qoran* (Ein Lichtstrahl des Korans) eine Deutung, die vor allem die linken Gruppen Irans beeinflusste. Berge von Literatur um und über den Koran seien entstanden, schrieb Taleqani, die die Menschen davon abhielten, sich ihm zu nähern. Die Lektüre sei ausschließlich Sache von Spezialisten geworden, weil kein normaler Leser die Schichten durchbrechen könne, die auf dem Text lägen. Aus diesem Gefängnis wollte Taleqani den Koran befreien. Dem Text sei Ungerechtigkeit widerfahren, da jede Sekte ihn nach ihrem Gutdünken benutzt habe, um ihre politische und ideologische Meinung hineinzulesen. Dies habe zur Folge gehabt, dass dieses Buch der Rechtleitung beiseitegelegt worden sei. Taleqani betrachtete den Koran hingegen als ein lebendiges Dokument, als ein Buch mit großer Relevanz für zeitgenössische Probleme. Er fand aktuelle Fragestellungen wie die soziale Gerechtigkeit und den politischen Aktionismus im Koran vorformuliert und wollte ihn deshalb wieder ins Zentrum des aktiven politischen Lebens der Muslime rücken. Deshalb gründete er 1961 zusammen mit dem Ingenieur Bazargan die *nehzat-e azadi*, die Freiheitsbewegung. Laut Taleqani sollte sie als Brücke zwischen den theologischen Hochschulen und den Universitäten dienen, denn dass die religiösen Führer in den Kampf einträten, sei eine Notwendigkeit der Zeit und der Wunsch des Volkes.

Genau wie Taleqani wollte auch der zweite Mitbegründer der *nehzat-e azadi*, Mehdi Bazargan, zurück zum Koran, um aus diesem Gleichheit, Brüderlichkeit und Freiheit als fundamentale Bestandteile der islamischen Ideologie herauszulesen. Er beklagte sich über den Stellenwert des Korans: «Die Sunniten, die zumeist Araber sind und Arabisch verstehen, haben dem Koran mehr Beachtung geschenkt.» (Bazargan o. J., 45)

Die Idee, ein islamisches System als eine sinnvolle Alternative zur herrschenden Monarchie anzusehen, ist also nicht Khomeini allein zuzuschreiben, sondern auch den schiitischen Subsystemen, die trotz aller Unterschiede viel gemein hatten und gemeinsam den Boden für Khomeinis Erfolg bereiteten. So war ein weiteres Subsystem mit dem Namen von Morteza Motahhari verbunden, dem Schüler und engen Vertrauten Khomeinis, der ebenfalls zu einem wichtigen spirituellen Vater der jungen Revolutionsgeneration wurde – und zwar in erster Linie durch sein Buch bzw. Tabatabais Buch *Osul-e falsafe va ravesch-e realism* (Die Grundlagen der Philosophie und die Methode des Realismus).

Motahhari hatte die Vorlesung Allame Tabatabais über die Grundlagen der Philosophie, die dieser zwischen 1950 und 1953 gehalten hatte, niedergeschrieben und mit Fußnoten und einer Einleitung versehen. Diese waren so entscheidend, dass das Werk, das ab 1953 in mehreren Bänden erschien, heute fast eher Motahhari zugeschrieben wird als seinem eigentlichen Urheber. Da Tabatabai die Vorlesung als Unterrichtsmaterial für Studenten des *houze* konzipiert und daher gewisse Vorkenntnisse vorausgesetzt hatte, erstellte Motahhari die berühmt gewordene Fassung, die sich an religiöse Laien richtete und tatsächlich weite Verbreitung fand. Darin wurde der westlichen Philosophie die islamische als überlegen gegenübergestellt.

Nachdem Motahhari Qom im Jahr 1952 aufgrund von Differenzen mit Borudscherdi verlassen hatte, wurde er 1954 Dozent an der Universität Teheran und begann, populärwissenschaftliche Werke über den Islam in der modernen Welt zu schreiben. In jenen Jahren erschien eine große Anzahl von Büchern über Islam und Politik sowie Islam und Ökonomie, das heißt, der Islam war dabei, politisch zu werden, und mehr noch: Er wurde zu einer Ideologie. Da nicht nur die Geistlichkeit, sondern auch der Schah sich in jenen Jahren vor einem wachsenden Einfluss des Marxismus und des Kommunismus fürchtete, wurde die Publikation solcher Schriften zugelassen. Auf diese Weise zwang das Pahlavi-Regime die politische Äußerung unbewusst in ein religiöses Idiom.

Motahharis Glaube an die Relevanz des Islams und des Korans für den modernen Iran war gepaart mit der Einsicht, dass Reformen unausweichlich seien. Um dies zu erreichen, wollte er erneut den Idschtihad, die selbständige Meinungsfindung, anwenden. Die Vernunft und die rationalen Prinzipien seien Instrumentarien, die Gott selbst den Menschen zur Neuinterpretation in die Hand gegeben habe. Mit ihrer Hilfe, so meinte er, könne sich die Religion allen neuen Herausforderungen stellen.

Diese Idee fand bei vielen jungen Geistlichen, aber auch religiösen Laien großen Anklang, denn die größte Herausforderung, die Motahhari hier im Sinn hatte, war der Westen. Ihr stellte sich der Geistliche, indem er sich mit dem dort herrschenden Materialismus kritisch auseinandersetzte und diesem eine eigene, aus dem Koran abgeleitete Weltanschauung entgegensetzte, um die Jugend nicht an westliche Philosophien und Ideologien zu verlieren. Denn davor hatten die Geistlichen jener Jahre die allergrößte Angst, erfreute sich doch gerade der Marxismus großer Beliebtheit. Für diejenigen unter den Geistlichen, die sich politisch interessiert zeigten, wurde Motahhari zum geistigen Bezugspunkt. Zudem war er 1960 Mitbegründer der *andschoman-e mahane-ye eslam* (Islamische monatliche Gesellschaft), der außerdem Taleqani und Bazargan angehörten. Eine der Veröffentlichungen dieser Gesellschaft war ein Sammelband mit dem Titel *Bahsi dar bare-ye mardschaiyat va ruhaniyat* (Eine Diskussion über die oberste Quelle der Nachahmung und die Geistlichkeit), der nach dem Tod Borudscherdis veröffentlicht wurde und in seiner Gesamtheit großen Einfluss gewinnen sollte.

Motahharis Beitrag zu dieser Publikation bestand in einem Aufsatz über eine Reform des *houze*, der zeigt, wie grundlegend seine Bedenken und die seiner Anhänger gegen die Institution des Qomer Klerus waren, was wiederum die junge Generation von Geistlichen stark beeinflusste und sie Reformen fordern ließ.

Motahhari beklagte die Finanzierung der Geistlichkeit, durch die sich diese vom Volk abhängig mache. Dass der Klerus vom sogenannten Fünft, den die Gläubigen zahlen, lebte, verhindere die Modernisierung des *houze*. Wann immer versucht werde, Reformen einzuleiten, machten dies die Steuerzahler zunichte. In dem berühmt gewordenen Aufsatz gab Motahhari auch ein Beispiel: Als Ayatollah Abdolkarim Haeri Yazdi in den 1930er Jahren seine Studenten zum Fremdsprachenstudium nach Europa schicken wollte, sandten die Steuerzahler eine Abordnung und forderten ihn auf, von dieser Idee abzulassen. Es sei unnötig, vielmehr sogar gefährlich, die Studenten die Sprache der Ungläubigen lernen zu lassen, erklärten die Basaris. Motahhari wird sehr deutlich in seiner Kritik: «Die Korruption der schiitischen Geistlichkeit hat hier ihren Ursprung.» (Motahhari o. J.a, 182) Die schiitischen Geistlichen liefen, anstatt «Führer der Karawane zu sein, hinter der Karawane her» (Motahhari o. J.a, 184).

1965 war Motahhari deshalb maßgeblich an der Gründung der *hoseini-ye erschad* in Teheran beteiligt, einem religiösen Zentrum, das vornehmlich von religiösen Laien geführt wurde und eine Art Gegeninstitution zum *houze* von Qom sein wollte. Das Ziel war die Entwicklung eines modernen Islams, der Antworten auf aktuelle Fragen der Gesellschaft gab. Vor allem der junge Ali Schariati (1933–1977) hielt hier Vorträge und wurde zum vermutlich größten Ideologen der Islamischen Revolution.

Vokabular iranischer Sozialkritik: Al-e Ahmads *Gharbzadegi*

Zu Anfang der 1960er Jahre war in der Tat der Boden bereitet für die nun bald folgende Kritik Khomeinis am Schah. Maßgeblicher dazu beigetragen als alle schon Genannten hat allerdings Dschalal Al-e Ahmad (1923–1969) als Verfasser des Essays *Gharbzadegi*. Dem amerikanisch-iranischen Iranisten Hamid Dabashi zufolge ist dieser 1962 erschienene Essay der wichtigste Text in der iranischen modernen Geschichte, und der Politologe Mehrdad Boroujerdi bezeichnet *Gharbzadegi* als das heilige Buch für mehrere Generationen. Für über zwei Jahrzehnte stellte diese Abhandlung das Vokabular iranischer Sozialkritik bereit und formulierte die Essenz des islamischen anti-westlichen Diskurses.

Al-e Ahmad hatte eine große Wirkung auf den späteren Revolutionsführer Khomeini, wie allein eine Analyse des Vokabulars zeigt, das Khomeini in seinen anti-imperialistischen Reden verwenden sollte. Und in der Tat finden sich viele Motive des Buches in den Reden und Attacken Khomeinis wieder, die ab 1963 beginnen sollten.

Doch Al-e Ahmad beeinflusste nicht nur den späteren Revolutionsführer, sondern die ganze Generation, die dann eine Revolution entfachen sollte. Denn das wichtigste Thema im Iran der 1960er Jahre war die Auseinandersetzung mit dem Westen, mit seiner Kultur und ihren Auswirkungen auf Iran. Aber es wurde eben nicht erst von Khomeini auf die Agenda gesetzt. War der Diskurs in den 1940er und 1950er Jahren säkular und marxistisch dominiert gewesen und hatte die Religion darin kaum eine Rolle gespielt – und wenn, dann keine positive –, so machte mit Al-e Ahmad ein Intellektueller den Islam wieder zum Thema, der sich sowohl in religiösen wie auch in säkularen Kreisen bewegte und in beiden Gehör fand.

In seiner Einstellung zur Religion legte der Schriftsteller einen weiten Weg zurück. Er stammte aus einer Familie, die einige Kleriker hervorgebracht hatte, so war Mahmud Taleqani ein Cousin von ihm. Ursprünglich von seinem Vater dazu ausersehen, zum Studium nach Nadschaf zu gehen und einen klerikalen Ausbildungsweg einzuschlagen, ließ er sich durch die Werke Ahmad Kasravis davon abbringen. Nachdem Al-e Ahmad in seiner Jugend jahrelang Mitglied der kommunistischen *tude* gewesen war, brach er aus Protest gegen die sowjetische Invasion in Aserbaidschan 1947 mit den Kommunisten und hielt sich einige Jahre aus der Politik heraus. Dann gründete er 1952 zusammen mit Khalil Maleki (1903–1969), einem der wichtigsten politischen Aktivisten jener Jahre, eine Partei mit dem Namen Die Dritte Kraft *(niru-ye sevvom)*. 1964 begab er sich schließlich auf die Pilgerfahrt nach Mekka, hatte aber wohl schon vorher erkannt, welch starke Kraft Religion und Geistlichkeit als Teil der authentischen iranischen Identität bildeten. Das zeigen seine Ausführungen in *Gharbzadegi*.

Ähnlich wie die meisten säkularen Intellektuellen jener Jahre war Al-e Ahmad zugleich vom Westen inspiriert, stand ihm jedoch auch kritisch gegenüber. Nach Hiroshima und Vietnam, Algerien, dem

Kalten Krieg und dem sowjetischen Expansionismus waren Liberalismus und Sozialismus unter den Intellektuellen als Ideen diskreditiert. Viele iranische Denker stimmten daher in die Kritik ein, die im Westen Intellektuelle wie Albert Camus (1913–1960), Erich Fromm (1900–1980), Herbert Marcuse (1898–1979), Jean-Paul Sartre (1905–1980), George Bernard Shaw (1856–1950), Arnold Toynbee (1889–1975) und vor ihnen Oswald Spengler (1880–1936) und Henri Bergson (1859–1941) formuliert hatten. Dazu gehörte Al-e Ahmad, der einige dieser Autoren ins Persische übersetzt hatte. 1962 veröffentlichte er dann seinen berühmten Essay *Gharbzadegi:*

> Ich sage *gharbzadegi*, das Vom-Westen-Befallensein, wie von der Cholera befallen sein *(vaba zadegi)*. Oder wenn das nicht gefällt, wie ein Sonnenstich *(garma zadegi)* oder wie eine Frostbeule *(sarma zadegi)*. Oder nein. Es ist mindestens so wie Wanzenbefall *(senzadegi)*. Habt ihr gesehen, wie sie Weizen verderben? Von innen. Mit heiler Hülle steht der Weizen, aber er ist nur Hülle. Wie die Hülle, die vom Schmetterling am Baum bleibt. Jedenfalls ist die Rede von einer Krankheit. (Al-e Ahmad 1977[2], 21)

Al-e Ahmad hatte den Begriff *gharbzadegi* gefüllt, der von einem der wichtigsten Philosophen jener Jahre, dem angeblichen Martin-Heidegger-Schüler Ahmad Fardid (1909–1994), geprägt worden war. Wörtlich bedeutet er das Vom-Westen-Befallensein oder – Geschlagensein, lässt sich aber nicht gut ins Deutsche übersetzen. Fardid übertrug den Begriff ins Griechische mit dem Wort «dysiplexia», einem Neologismus, den er bildete, indem er das Wort «dysis», der Westen, mit dem Suffix «plexia» versah, das «befallen», «geplagt» oder «geschädigt» bedeutet.

Gharbzadegi sollte sowohl im prä- als auch im postrevolutionären Iran wegweisend werden. In den 1960er Jahren waren seine kritischen Thesen, die vor allem auf die amerikanische und europäische Unterstützung des Schahs zurückzuführen waren, wohl für die meisten iranischen Intellektuellen prägend. Vermutlich ist Morad Saqafis Aussage zuzustimmen, dass 1978, am Vorabend der Revolution, keiner von ihnen an Al-e Ahmads Analyse der iranischen Gesellschaft zweifelte.

Die Krankheit Irans bestehe in der gedankenlosen Übernahme

westlicher Verhaltensweisen und Güter, so lautete Al-e Ahmads Analyse. Damit drückte er sehr prägnant das Empfinden seiner Zeitgenossen aus. Im Gegensatz zur früheren Generation, die den Westen blind nachgeahmt habe, stehe seine Generation dem Westen ernüchtert gegenüber und sehne sich nach Authentizität. Hier spielt er auf den Modernisierer Hasan Taqizade (1878–1970) an, der in den zwanziger Jahren in Deutschland gelebt hatte und meinte, Iran müsse von Kopf bis Fuß europäisch werden. Al-e Ahmad zweifelte allerdings am Erfolg eines solchen Vorgehens, weil es seiner Meinung nach dem iranischen Volk nicht entsprach. Als einzig authentische Kultur entdeckte er den Islam. War der Diskurs zuvor säkular dominiert, machte Al-e Ahmad damit den Islam wieder zum Thema. Er verschrieb sich der Macht und Kraft der Religion und erklärte, dass die Geistlichkeit ein bedeutender Teil der authentischen iranischen Identität sei, entzögen sich die Angehörigen des Klerus doch als Einzige dem Einfluss des Westens. Zudem sei es allein der Islam gewesen, der die Christianisierung, Kolonialisierung und Ausbeutung Irans verhindert habe: «Die zwölf Jahrhunderte Kampf zwischen Westen und Osten müssen wir als Kampf zwischen Christentum und Islam verstehen.» (Al-e Ahmad 1977², 33)

Deshalb fordert Al-e Ahmad also die Geistlichen zum Kampf gegen die Ungerechtigkeit auf: weil sie schon in der Geschichte das einzige Bollwerk gegen den Westen gewesen seien. Unschwer lässt sich hier die Seelenverwandtschaft zu Khomeini erkennen. Im Zusammenhang mit der Betonung einer positiven Rolle der Geistlichkeit in der Geschichte ist der Tabakprotest natürlich ein gutes Beispiel. Das gilt allerdings erstaunlicherweise auch ausgerechnet für Fazlollah Nuri, in dem Al-e Ahmad keinen Gegner einer Verfassung, *maschrute*, sieht, sondern nur der Tatsache, dass diese nicht auf der Scharia gefußt habe, also nicht *maschru* gewesen sei. Hier kommt er zurück zu seiner Verwestlichungsthematik, auf die Ideen «des Christen Malkom Chan und des Sozialdemokraten Talebof» (Al-e Ahmad 1977², 78), die er allesamt als unpassend und kontraproduktiv für Iran ansieht.

Al-e Ahmad rehabilitiert Nuri und erklärt ihn zu einem Märtyrer gegen den Westen, ein erstaunlicher Schritt, vor allem im Hinblick auf dessen reaktionäre Kritik an dem Teil der Verfassung, der beispielsweise das Frauenwahlrecht betraf. Heftig attackiert werden dagegen die säkularen Intellektuellen Irans. Ihnen gibt Al-e Ahmad die Schuld am Scheitern des Verfassungsprojekts und an den darauf folgenden Diktaturen Reza Schahs und seines Sohnes Mohammad Reza Pahlavi. Seiner Meinung nach waren die überzogenen, Iran nicht angemessenen Erwartungen der nur am Westen orientierten Intellektuellen, die in ihrer Anbiederung ihre eigenen kulturellen Wurzeln verleugnet und vergessen hätten, die Ursache für beide Diktaturen. Damit hätten die an der konstitutionellen Bewegung beteiligten Säkularisten das Land ins Unglück gestürzt.

In den 1960er Jahren bildete *Gharbzadegi* durch das positive Licht, in dem Al-e Ahmad den Islam und den Klerus darstellt, für eine junge Generation von Geistlichen eine kaum zu unterschätzende Inspiration und immense Motivation. Der *Gharbzadegi*-Diskurs überzeugte sie von ihrem eigenen Potential, dessen sie sich zuvor kaum bewusst gewesen waren. Nun meinten auch sie, als Geistliche in der Politik etwas bewirken zu können. Und sie gewannen zunehmend die Gewissheit, dass der Westen als Modell nicht tauge. Dem Diskurs konnte sich seinerzeit jedoch kaum einer entziehen, für die meisten Iraner dieser Zeit war das Thema Verwestlichung der Ausgangspunkt ihres Denkens.

Wenig erstaunlich ist somit, wie gut das Buch bei Khomeini ankam. Als dieser 1962 einen Gedenkgottesdienst für den Vater Al-e Ahmads hielt, lernten die beiden sich persönlich kennen. Khomeini erklärte dem Schriftsteller, er habe *Gharbzadegi* gelesen und bewundere das Buch. Wie Abrahamian vermerkt, war Al-e Ahmad überhaupt der einzige zeitgenössische Autor, der vom späteren Revolutionsführer ob seiner Gedanken gelobt wurde, was auch daran liegen könnte, dass beide große Bewunderer Fazlollah Nuris waren, womit sie in der Tat in jenen Jahren eine Minderheitenposition einnahmen.

Al-e Ahmad wiederum soll Khomeini bei einem weiteren Treffen im März 1963 vorgeschlagen haben, eine Koalition aus Intellektuellen und Geistlichen gegen den Schah zu bilden. Diese Idee führte Al-e Ahmad später in seinem Buch *Über den Nutzen und den Verrat der Intellektuellen* aus, das er zwischen 1964 und 1968 verfasste und in dem er die Thematik des kollektiven Scheiterns der Intellektuellen und der potentiellen Macht der Geistlichen noch vertiefte. Darin bezeichnet er Khomeini als positives Beispiel – dieser sei im Sinne Antonio Gramscis ein organischer Intellektueller – und zitiert sogar Khomeinis Reden.

5

Die Herrschaft des Rechtsgelehrten

Ist dem Rechtsgelehrten Gehorsam zu leisten?

In seinem Traktat *Kaschf al-asrar* hatte Khomeini erstmals den Geistlichen eine politische Rolle zugewiesen. Sie sollten zwar nicht regieren, aber die Regierung kontrollieren. Erst später, in den 1970er Jahren, sollte er für die Rechtsgelehrten die Herrschaft fordern. Diese Idee ist zwar revolutionär und bedeutet eine vollkommene Abkehr vom angestammten Quietismus der orthodoxen Schia, aber sie hat durchaus ihre Vorläufer, einen Kontext, und ist Teil einer schon Jahrhunderte andauernden Diskussion.

Morphologisch gesehen kommt das Wort *velayat* vom Arabischen *wilaya*, dem Verbalnomen zu *waliyan* = jemandem nahe sein, Macht haben über etwas, verwalten, regieren. Der persische Begriff *velayat-e faqih* wird als Staatsdoktrin der Islamischen Republik zumeist – auch in diesem Buch – mit «Herrschaft des Rechtsgelehrten» wiedergegeben, so wie in der im Jahr 1980 von der Botschaft der Islamischen Republik veröffentlichten deutschen Übersetzung der iranischen Verfassung. Möglich ist auch der Ausdruck «Statthalterschaft des Rechtsgelehrten». Dagegen lautet die Übersetzung des rechtswissenschaftlichen Terminus *velayat-e faqih* «Führungsbefugnis des Rechtsgelehrten».

Einer der bekanntesten Geistlichen, der sich zur gleichen Zeit in Qom aufhielt wie Khomeini und eine ähnliche Haltung vertrat, was die Rolle der Geistlichkeit anging, war der Philosoph und Korangelehrte

Mohammad Hosein Tabatabai. Als Verfasser des wichtigsten schiitischen Korankommentars des 20. Jahrhunderts (*Tafsir al-mizan*, Die Waage der Koranexegese), der zwischen 1954 und 1972 entstand, zählt er zu den größten schiitischen Autoritäten dieser Zeit.

1961, also einige Jahre bevor Khomeini seine berühmte Vorlesung hielt, trat Tabatabai mit einem Text an die Öffentlichkeit, der den Titel *Velayat va zeamat* (Führungsbefugnis und Führerschaft) trug. Nachdem Ayatollah Borudscherdi 1961 gestorben war, fühlte man sich in Qom nicht länger an dessen Schweigegebot gebunden. Im Zusammenhang mit seiner Nachfolge kam die Frage der Aufgabenbereiche, Pflichten und Befugnisse des Klerus auf. In einem Sammelband mit dem Titel *Bahsi dar bare-ye mardschaiyat va ruhaniyat* (Eine Diskussion über die oberste Quelle der Nachahmung und die Geistlichkeit) wurde zudem dessen Reformnotwendigkeit und -bereitschaft diskutiert. Tabatabais Beitrag in diesem Buch veranschaulicht sehr gut seine Position zu der Frage, ob das Volk der Souverän ist oder ob Gott einen Rechtsgelehrten beauftragt hat, in seiner Stellvertretung zu regieren, und welcher Art die *velayat*, die Führungsbefugnis, der Rechtsgelehrten ist.

Tabatabai übertrug dem Rechtsgelehrten, dem *faqih*, eine ähnlich große Rolle wie Jahre später Khomeini und brach so mit der schiitischen Tradition des Quietismus, die so lange vorherrschend war. Khomeini war zwar in seiner Staatskonzeption in vielerlei Hinsicht revolutionär, außerdem setzte er die utopische Idee in die Praxis um. Aber er war mitnichten der Erste, der diese Idee formulierte, sondern konnte durchaus auf eine Tradition im schiitischen Staatsdenken zurückblicken.

Bereits Molla Ahmad Naraqi (1771–1829) hatte sich mit der speziellen Bedeutung der *velayat-e faqih* beschäftigt. Als einer der Ersten begründete er, warum ein Rechtsgelehrter die Leitung der Gemeinde übernehmen sollte, und behauptete sogar, dass sich die Geistlichen über die Notwendigkeit einig seien.

In seinem auf Arabisch verfassten Werk *Awaid al-ayyam fi bayan qawaid al-ahkam wa-muhimmat masail al-halal wa-l-haram* (Nutzen der Zeit für die Erklärung der Regeln der Urteile und die Erfordernisse der Fragen der Gebote und Verbote), das 1850 erstmals in Iran erschien, unterschied Naraqi zwischen verschiedenen Arten der Führungsbefugnis:

> Unsere Absicht hier ist, die Führungsbefugnis der Gelehrten zu erklären, die in der Zeit der Abwesenheit herrschen und die Stellvertreter der Imame sind. Und ob ihre Führungsbefugnis allgemein ist – wie es zum Beispiel im Falle des Imams prinzipiell angenommen wird. Ist dem so oder nicht? Kurz gesagt: Worin besteht ihre Führungsbefugnis? (Naraqi 2000, 86)

Konkret fordert er:

> Und dann sagen wir mit der Unterstützung Gottes: Was die Führungsbefugnis des gerechten Rechtsgelehrten betrifft, so besteht sie in zwei Dingen. 1. Alles, was dem Propheten und dem Imam an Führungsbefugnis zukam (die die Sultane und Säulen des Islams sind), steht auch dem Rechtsgelehrten zu – es sei denn, diese Angelegenheit wird ausgeschlossen durch den Beweis des Konsenses *(idschma)* oder durch den Text *(nass)*. 2. Alle religiösen und weltlichen Angelegenheiten des Imams gehören notwendig dazu; sowohl gemäß der Vernunft als auch gemäß dem Brauch, in Bezug auf Angelegenheiten der Auferstehung, des Lebensunterhalts des Individuums oder der Gesellschaft und der Ordnung der religiösen und weltlichen Angelegenheiten und auch in Bezug auf das Gesetz.» (Naraqi 2000, 93)

In der Regierungszeit Fath Ali Schahs (reg. 1797–1834) wurde das Thema der Legitimität der weltlichen Herrschaft von der Geistlichkeit besonders heiß diskutiert. Der Schah war in die Kritik geraten, nachdem er in den iranisch-russischen Kriegen, die die Geistlichkeit als Dschihad befürwortet hatte, große Gebiete verloren hatte. Aus dieser Zeit sind die Aussagen von drei ranghohen Geistlichen bekannt: Scheich Dschafar an-Nadschafi (bekannt unter dem Namen Kaschif al-Ghita, gest. 1812), Mirza Abu l-Qasem (bekannt unter dem Namen Mirza Qommi, 1737–1816) und Seyyed Dschafar al-Kaschfi (1775–1850). Zwar ist ihrer Meinung zufolge unter bestimmten Bedingungen dem königlichen Herrscher Gehorsam zu leisten, aber sie teilen mit Molla

Ahmad Naraqi die Auffassung, dass in der Zeit der großen Verborgenheit im Prinzip die Rechtsgelehrten die rechtmäßigen Vertreter des zwölften Imams sind. Doch diese Ansicht konnte sich nicht durchsetzen.

Das lag vor allem an Scheich Morteza Ansari (1800–1864), der die absolut gegenteilige Meinung vertrat. Morteza Ansari, ein Schüler Ahmad Naraqis und die erste allgemein als oberste Autorität anerkannte Quelle der Nachahmung der schiitischen Welt, legte in seinen Schriften zum ersten Mal detailliert die Rechte und Pflichten dieser Position dar. Jeder Laie, erklärte Ansari, habe die absolute Pflicht, sich eine Quelle der Nachahmung zu erwählen und ihren Anweisungen Folge zu leisten, andernfalls sei die religiöse Praxis des Gläubigen ungültig. Damit begründete Ansari zwar die Macht der Geistlichkeit, aber ausgerechnet in ihm fand Naraqi in seiner Forderung nach der politischen *velayat* der Rechtsgelehrten seinen heftigsten Gegner: In seinem *Kitab al-bai* (Buch des Verkaufs) hinterfragte Scheich Ansari die Konzeption Ahmad Naraqis und zeigte, was die Autoritätsfrage anging, auf, wie abwegig es sei, dass den Geistlichen Gehorsam entgegengebracht werden müsse, nur weil den Imamen in allen geistlichen und irdischen Angelegenheiten Gehorsam gebührt. Ihm zufolge habe grundsätzlich außer dem Propheten und den Imamen niemand eine Führungsbefugnis über andere. Der *faqih*, der Rechtsgelehrte, sei nur in kultischen Fragen mit der Leitung der Gemeinde beauftragt, nicht jedoch in politischen oder gesellschaftlichen Angelegenheiten. Seine Aufgabe sei darauf beschränkt, Streitigkeiten zu schlichten und eine Führungsbefugnis in den Angelegenheiten derer auszuüben, die sich selbst nicht helfen können, d. h. der Minderjährigen und Witwen.

So hatte Ansari zu Lebzeiten das Amt ausgeführt, denn von der Politik hielt er sich fern. Sein Wirken beschränkte sich auf die Führung der Gläubigen allein in Fragen der Religionsausübung wie Gebetswaschung oder Pilgerfahrt. Doch obwohl Scheich Ansari selbst keine Führungsbefugnis der Geistlichen in der Regierung befürwortet hatte, war es trotz alledem die durch seine Person und sein Prestige begründete Machtposition, die es der Geistlichkeit in den folgenden Jahrzehnten ermöglichte, auch in der Politik eine bedeutende Rolle zu spielen und beispielsweise den Tabakboykott zu initiieren. Dies war zwar nicht das erste Mal, dass eine Fatwa in der Geschichte der Schia zur politischen Einflussnahme benutzt wurde, denn schon früher hatten Rechtsgutachten von Gelehrten, etwa im Falle des Dschihads gegen das russische Reich, staatliche Entscheidungen legitimiert, doch beim Tabakboykott wurde eine Fatwa erstmals zum Auslöser für einen Massenprotest *gegen* die Herrschenden.

Befürworter des Konstitutionalismus

Entscheidende Impulse bekam die Diskussion über die rechtmäßige Herrschaft des Rechtsgelehrten von Mohammad Kazem Chorasani (1839–1911), einem der großen Geistlichen der konstitutionellen Ära. Er gilt heute iranischen Verfechtern der Demokratie als der Vater des Demokratiegedankens in der Schia. Das mag übertrieben sein, doch zumindest war Chorasani Wegbereiter konstitutionellen Gedankenguts und vor allem ein prinzipieller Gegner der Idee der *velayat-e faqih*, wie sie Khomeini später zur Staatsdoktrin erheben sollte.

Chorasani, besser bekannt unter dem Namen Achund Chorasani, war im letzten Drittel seines Lebens eine von drei «Quellen der Nachahmung», die es in der schiitischen Welt damals gab. Seine Bücher sind bis heute Standardwerke im *houze*. Zudem gilt Chorasani vielen als Begründer einer eigenen Schule (*maktab-e chorasani)* innerhalb der Staatslehre und besitzt bis heute ein hohes Ansehen in der schiitischen Welt.

Chorasani hatte bei Schirazi, dem Verfasser der Tabak-Fatwa, studiert, der nach dem Tod von Scheich Ansari 1864 zur Quelle der Nachahmung geworden war, und teilte auch dessen Ansichten über die *velayat-e faqih*. Nachdem Schirazi gestorben war, wurde Chorasani dessen Nachfolger. Von Nadschaf aus unterstützte er zusammen mit den dort lebenden iranischen Geistlichen vehement die konstitutionelle Bewegung Irans, nachdem Mohammad Ali Schah die Verfassung mit dem Argument ausgesetzt hatte, sie verstoße gegen das islamische Gesetz. Es wurde eine gemeinsame Fatwa herausgegeben, in der sie den Gehorsam gegenüber dem Schah und das Zahlen von Steuern an seine Regierung für unislamisch erklärten.

Chorasani war ein strikter Gegner der *velayat-e faqih*, setzte jedoch mit seinen Argumenten, anders als Ansari, nicht bei den Rechtsgelehrten an, sondern bei den Unfehlbaren, die von den Rechtsgelehrten angeblich vertreten werden. Gemäß schiitischer Doktrin kommt dem Propheten und den Imamen eine von Gott übertragene Führungsbefugnis (*velayat*) zu, die in jedem Bereich – in der Rechtsprechung, im privaten und im öffentlichen Raum – Gültigkeit hat. Chorasani indes gesteht dem Propheten, seiner Tochter und den Imamen, den nach schiitischer Auffassung Unfehlbaren, zwar eine gewisse Führungsbefugnis in öffentlichen Angelegenheiten zu, nicht aber in privaten Dingen: Selbst wenn die Menschen gegen das religiöse Gesetz verstießen, dürften auch die Unfehlbaren seiner Meinung nach nicht in die Privatsphäre der Menschen eingreifen.

Dies gelte sogar teilweise in den öffentlichen Angelegenheiten, da hier alles durch das religiöse Gesetz geregelt sei. Die sogenannte absolute Führungsbefugnis der Unfehlbaren, *velayat-e motlaqe*, akzeptiert Chorasani also nicht, da diese nur Gott zukomme. Alle, die Unfehlbaren und somit natürlich erst recht die fehlbaren Rechtsgelehrten, müssen sich allein am Gesetz Gottes orientieren und ihm Folge leisten.

> Dies möchte ich in einer Sprache, die jeder versteht, erklären: Die Bedingtheit der Herrschaft bedeutet ihre Begrenzung. Sie ist eine der klarsten Notwendigkeiten des Islams, und wer dieses Prinzip leugnet, gehört zu den Leugnern anderer Notwendigkeiten der Religion. Und wer einem Fehlbaren Eigenmächtigkeit für Tun und Lassen zuspricht und dies für ein Gebot der Religion hält, macht sich der unerlaubten Erneuerung schuldig. (Chorasani 2006, 222–223)

Chorasani spricht sich also für eine klare Begrenzung der Herrschaft aus – und zwar in den Grenzen des islamischen Rechts. Durch das Mittel des Idschtihads gibt es zwar auch bei ihm die Möglichkeit von Neuinterpretationen. Rechtsfortbildung ist nicht gänzlich ausgeschlossen, sondern hat einen gewissen Spielraum, allerdings keinen besonders großen. Denn die göttlichen Gesetze sind laut Chorasani so absolut und allumfassend, dass keine so weit reichende Rechtsfortbildung möglich ist, wie sie beispielsweise Khomeini später für die Rechtsgelehrten beanspruchen sollte.

Noch ein weiteres wichtiges Argument kommt in der Auseinandersetzung über das Ausmaß der Führungsbefugnis zum Tragen. Chorasani erinnert nämlich daran, dass laut schiitischer Herrschaftstheorie die Unfehlbarkeit des Herrschenden hauptsächliche Bedingung für die Legitimität und Gesetzlichkeit der Regierung ist:

> Es ist verwunderlich, wie die Muslime, insbesondere die Gelehrten Irans, eine Notwendigkeit der imamitischen Rechtsschule vergessen haben. Die Notwendigkeit nämlich, dass in der religiös legitimierten Monarchie die Verwaltung der allgemeinen Angelegenheiten der Menschen, die Erledigung der Angelegenheiten aller Muslime und die Entscheidung über die wichtigen Dinge in der Hand einer von Gott eingesetzten und beauftragten unfehlbaren Person liegen wie beispielsweise den Propheten oder den Imamen – beispielsweise dem Fürst der Gläubigen und dem zwölften Imam nach seiner Rückkehr. Und wenn der absolute Herrscher kein Unfehlbarer ist, ist seine Herrschaft religiös nicht legitimiert, wie dies in der Zeit der Verborgenheit der Fall ist. (Chorasani 2006, 216)

Für Chorasani dürften sich weder eine konstitutionelle Regierung Irans noch die potentielle Regierung eines Rechtsgelehrten als religiös legitimiert bezeichnen, da dies nur die Herrschaft des zwölften Imams sein könne. So bringe es auch keinen entscheidenden Vorteil oder Nutzen mit sich, wenn ein Rechtsgelehrter statt eines Monarchen oder einer konstitutionellen Regierung herrsche. Entscheidend sei allein, dass das islamische Gesetz beachtet werde.

Eine weltliche, nicht religiöse Herrschaft ist für Chorasani dabei durchaus akzeptabel. Zwar sind die Regierungen während der großen Verborgenheit, der Abwesenheit des zwölften Imams, ihm zufolge auf jeden Fall alle illegitim, aber sie unterscheiden sich dadurch voneinander, dass sie entweder gerecht oder ungerecht sind. Die konstitutionelle Regierung etwa hielt Chorasani nicht für legitim, aber sie war in seinen Augen immerhin gerecht. Das heißt, dass seiner Auffassung nach eine gerechte Herrschaft grundsätzlich sowohl von einem Unfehlbaren als auch von einem Fehlbaren ausgeübt werden kann.

Dass gerechte Herrschaft grundsätzlich auch von Nicht-Rechtsgelehrten ausgeübt werden kann, ist allerdings Chorasanis Auffassung geschuldet, dass auch die Rechtsgelehrten keine gesetzgebende Funktion haben. Denn weil ihm zufolge das religiöse Recht so wenig veränderlich und statisch ist, hat er gar keine Verwendung für die Rechtsgelehrten. Er braucht sie nicht, weil er nicht an weitreichende Rechtsfortbildung glaubt. Anders als der in dieser Hinsicht revolutionär oder staatsmännisch denkende Khomeini lässt Chorasani den Rechtsgelehrten keinen Handlungs- bzw. Interpretationsspielraum – und klebt stattdessen am Text. Selbstverständlich geht er davon aus, dass auch von einer konstitutionellen Regierung das islamische Gesetz angewendet wird.

Außerdem gesteht Chorasani den Rechtsgelehrten keinerlei herausragende Fähigkeiten zu, die sie für ein politisches Amt oder gar ein Regierungsamt befähigen würden. Überdies hätten sie auch nicht das Privileg, die Vorrechte des Imams in seiner Vertretung auszuüben. Die Anwendung der im Koran vorgeschriebenen Leibesstrafen, die Leitung des Freitagsgebets, die Erhebung der legalen Steuern, also des Fünft, die Führung des Dschihads sowie die weltliche Herrschaft sind laut Chorasani Vorrechte des Imams. In der großen Verborgenheit, wenn der zwölfte Imam abwesend ist, gelten sie ihm zufolge als *ruhend*. So hätten die Rechtsgelehrten seiner Meinung nach nicht einmal eine Führungsbefugnis in besonderen Fällen. Genau diese, beispielsweise in Fragen wie Rechtsfindung, Ordnungsgerichtsbarkeit und Vormundschaft der Waisen, wird zwar nicht von Chorasani, aber von den meisten anderen Rechtsgelehrten beansprucht.

Damit bildet er das andere Extrem zu Khomeini. Die von Gott auf die Imame übertragene Autorität wird laut Chorasani nicht den Rechtsgelehrten anvertraut, sondern allen Menschen, die ihr Schicksal selbst bestimmen. Durch seine Argumentation, die alle spezifischen Befugnisse der Juristen des islamischen Rechts negiert, ermöglicht er jedem Einzelnen eine Partizipation am politischen Gemeinwesen. Und dies führt zu Chorasanis historischem Diktum: In der Zeit der großen Verborgenheit gehört die Regierung dem Volk. Deshalb gilt er unter schiitischen Theologen heute als der Begründer oder Wegbereiter der Demokratie im schiitischen Denken – auch wenn diese Volksherrschaft recht begrenzt ist. Denn die Souveränität des Volkes stößt schnell an Grenzen, nämlich da, wo sie mit dem Recht Gottes in Konflikt gerät.

Chorasanis wohl berühmtester Zögling war Mirza Mohammad Hosein Naini (1860–1936), der ebenfalls bei Hasan Schirazi studiert hatte. Während der Kampagne gegen die Tabakkonzession Naseroddin Schahs arbeitete er als Schirazis Sekretär. Nach dessen Tod wandte Naini sich zunächst nach Kerbela, bevor er 1898 wieder nach Nadschaf zurückkehrte. Inzwischen war Chorasani dort die führende schiitische Autorität geworden, und zusammen unterstützten sie die konstitutionelle Bewegung. So verfassten sie gemeinsam die erwähnte Fatwa, die es den Gläubigen verbot, den Anordnungen des Schahs Folge zu leisten und Steuern zu zahlen. 1909 schrieb Naini den Traktat *Tanbih al-umma wa-tanzih al-milla* (Erweckung der Gemeinschaft und Läuterung der Nation).

Darin erläutert er sein Eintreten für die konstitutionelle Monarchie. Sie sei zwar eine westliche Idee, stünde jedoch trotzdem im Einklang mit den Dogmen der Schia. Zudem sei sie in jedem Fall der Tyrannei vorzuziehen, biete vielmehr die Möglichkeit, diese zu verhindern. Naini hält sie in der Abwesenheit des Mahdis, des zwölften Imams, für die bestmögliche Regierungsform. Mit diesem Traktat antwortet er auf die Anti-Konstitutionalisten um Scheich Fazlollah Nuri. In systematischer, präziser und kohärenter Weise legt er alle Argumente für den Konstitutionalismus dar. Allerdings meinte auch Naini, genau wie Chorasani, dass die konstitutionelle Monarchie auf jeden Fall das islamische Gesetz befolgen müsse.

Eine zentrale Rolle kommt auch bei Naini der Gerechtigkeit zu, die ihn als religiöse Maßgabe dazu brachte, die konstitutionelle Bewegung zu unterstützen. Im Angesicht der Häresie zu schweigen, so fürchtete er, werde zu weiterer Häresie und zu mehr Ungerechtigkeit führen. Allerdings ist Naini der einzige unter den Konstitutionalisten, der zudem Freiheit und Gleichheit verwirklicht sehen möchte. Beides seien die Ziele des Propheten gewesen und müssten in jeder gerechten Ordnung existieren.

In *Tanbih al-umma wa-tanzih al-milla* belegt er seine Ansicht mit zahlreichen Zitaten aus der Sammlung von Aussprüchen, dem *Nahdsch al-balagha*, des ersten Imams der Schia, Ali ibn Abi Talib. Naini zufolge war Imam Ali gegen die Tyrannei, weshalb eine solche Herrschaftsform also schlecht sei, gegen den Geist des Islams verstoße und dem System widerspreche, das der Prophet des Islams habe begründen wollen. Noch dazu seien in einer tyrannischen Herrschaft drei Arten von Ungerechtigkeit verwirklicht:

1. Sie ist eine Usurpation der Rechte Gottes und eine Ungerechtigkeit ihm gegenüber.
2. Sie ist eine Usurpation der Autorität des Imams und eine Ungerechtigkeit gegenüber dem Imam.
3. Sie ist ebenfalls eine Usurpation der Länder und eine Unterdrückung der Diener Gottes. (Naini 1955, 47)

Naini sieht keinen Widerspruch zwischen einem konstitutionellen System und dem Islam, werde dadurch doch der Despotismus verhindert. Zudem gebe es nur zwei der drei möglichen Arten der Ungerechtigkeit, nämlich die Usurpation der Rechte Gottes sowie der Rechte des Imams. Demnach komme die konstitutionelle Regierung dem idealen islamischen Staat am nächsten. Sie ist für ihn zwar nicht die beste, aber auf jeden Fall die am wenigsten schlechte Regierung, ganz im Sinne von Winston Churchills Diktum, die Demokratie sei die schlechteste aller Regierungsformen, abgesehen von all den anderen Formen, die von Zeit zu Zeit ausprobiert worden sind.

Anpassung an die Moderne, aber ohne Demokratie

Kurz darauf waren die Idee der konstitutionellen Regierung und der demokratische Gedanke in Iran jedoch weitestgehend diskreditiert. Lange nachdem Nainis Traktat erschienen war, schrieb Mohammad Hosein Tabatabai seinen Beitrag für den Sammelband *Bahsi dar bare-ye mardschaiyat va ruhaniyat*. Schon bald war die erste Auflage des Buches vergriffen. Für eine Weile gelang es der Regierung, den

Verlag zum Verzicht auf weitere Ausgaben zu zwingen. Doch nicht nur der Regierung des Schahs missfiel der Inhalt des kleinen Bändchens. Weil die Autoren ihre Hegemonie über die religiöse Institution attackierten, war auch die konservative Geistlichkeit alles andere als erfreut. *Bahsi dar bare-ye mardschaiyat va ruhaniyat* gilt daher als das wichtigste Buch aus der Hand eines bzw. mehrerer Geistlicher, das in den fünfzig Jahren nach dem Erscheinen von Nainis Traktat über den Konstitutionalismus veröffentlicht wurde.

Khomeini ist in diesem Band nicht vertreten, dafür aber andere Prominente jener Jahre wie Mohammad Beheschti (1928–1981), der später viele Jahre lang das Islamische Zentrum in Hamburg leiten sollte, Mehdi Bazargan, Mahmud Taleqani und Morteza Motahhari. Von Tabatabai enthält der Sammelband gleich zwei Aufsätze. Seine Aussagen muss man vor dem Hintergrund einer Monarchie lesen, die sich konstitutionalistisch nannte und behauptete, sie sei demokratisch: mit einem Premierminister, einem Parlament und Wahlen. Da dieses iranische System jedoch gleichzeitig unterdrückerisch war, wandte sich Tabatabai von der Demokratie, auch der westlichen, ab. Zudem war er der Auffassung, Demokratie und Islam seien keinesfalls kompatibel, und kritisierte liberale islamische Denker für den Versuch, diese Vereinbarkeit zu postulieren:

> Es ist mehr als ein halbes Jahrhundert her, dass wir die Herrschaft und die Vorschriften der Demokratie angenommen und in der Reihe der fortschrittlichen westlichen Länder Platz genommen haben. Doch wir sehen, wie sich unser Zustand Tag für Tag verschlechtert und schlimmer wird. Und von diesem Baum, der für die anderen voller Segen und voller Früchte ist, pflücken wir nur die Früchte des Unglücks und der Schande. (Tabatabai o. J., 89)

Deshalb ist für Tabatabai die Demokratie als Regierungsform diskreditiert. Er möchte aber dennoch eine Regierung, die Fortschritt erzielt, den er für unabdingbar hält. Dazu bedarf es allerdings einer Anpassung des islamischen Rechts an die Gegebenheiten der Moderne, und diese Rechtsfortbildung kann nur ein Rechtsgelehrter leisten. Denn laut Tabatabai gibt es zwei Arten von Vorschriften im Islam: Die Vorschriften ersten Grades sind unveränderlich, während die Vorschriften zweiten Grades wandelbar sind. Diesen zwei unterschiedlichen Bereichen lassen sich alle Gesetze zuteilen. Weil die Vorschriften des ersten Bereichs die lebensnotwendigen Interessen der Menschen schützen, sind sie unveränderlich und können nicht aufgehoben werden. Diese Maßgaben werden von Gott aufgestellt und den Menschen durch die Offenbarung verkündet. Die Bestimmungen des zweiten Bereichs hingegen schützen die wechselhaften, zeitlichen und räumlichen Interessen der Menschen. Deshalb sind diese veränderbar und können aufgehoben werden. Und genau hier kommt der Rechtsgelehrte ins Spiel: Denn der Einzige, der die Unterscheidung vornehmen und Vorschriften aufheben kann, ist derjenige, der die Führungsbefugnis, *velayat*, besitzt. Tabatabai braucht also für die Anpassung an die Moderne eine religiöse Autorität, der eine weitgehende politische *velayat* zukommt. In dem Aufsatz *Velayat va zeamat* fordert er zwar nicht direkt eine politische Führungsbefugnis für die Rechtsgelehrten, aber er macht deutlich, dass das Volk einen Oheim brauche, einen *sarparast*, der sich um die Menschen kümmere wie ein Vormund um die Waisen: «Denn das Prinzip der *velayat* ist in der islamischen Gesellschaft ein unveränderliches und als solches Teil des göttlichen Gesetzes.» (Tabatabai o. J., 97)

Wir haben es also im schiitischen Staatsdenken mit zwei schon länger konkurrierenden Herangehensweisen an das Thema Herrschaft zu tun. Diejenige Strömung, die eine Führungsbefugnis des Rechtsgelehrten befürwortet, wurde mehr oder minder von Ahmad Naraqi begründet und von Mohammad Hosein Tabatabai wieder aufgenommen. Die andere Richtung hingegen, die durch Ansari begründet wurde, spricht sich ganz klar gegen die *velayat-e faqih* aus und wird von Chorasani und Naini zu einer Befürwortung des Konstitutionalismus ausgeweitet. Das Auf und Ab der beiden Richtungen hängt stark mit den konkreten politischen Umständen zusammen. Seit den 2000er Jahren erlebt etwa Chorasani ein Comeback im iranischen Diskurs, während Tabatabais Argumentation nur im Kontext des immer diktatorischer agierenden Schah-Regimes zu verstehen ist, das von der ältesten Demokratie der Welt, den USA, so kritiklos und vorbehaltlos unterstützt wurde. Auffällig ist, wie sehr es Tabatabai in *Velayat va zeamat* um die Demokratie geht und wie sehr er gegen sie argumentiert. Nicht nur, dass er sie für vollkommen diskreditiert und ungeeignet hält, für ihn sind zudem die Iraner nicht demokratiefähig, weil er sie schlicht als zurückgeblieben einschätzt. Sie brauchen seiner Meinung nach jemanden, der für sie entscheidet. Das bringt Tabatabai dazu, eine andere Form der Herrschaft zu präferieren. Eine ähnlich negative Haltung gegenüber der Demokratie vertraten später Ali Schariati und natürlich auch Khomeini.

In den 1950er, 1960er und auch in den 1970er Jahren fand die von Chorasani begründete und von Naini weitergeführte Tradition des Konstitutionalismus innerhalb der Geistlichkeit also keine Anhänger. Stattdessen wurde in Qom schon Jahre bevor Khomeini dies 1970 in Nadschaf tat, ein eindeutiges Plädoyer für die *velayat-e faqih* vorgelegt. Allerdings mag das an der breiten Öffentlichkeit ebenso vorbeigegangen sein wie später Khomeinis Buch *Die islamische Regierung*.

Für die Revolution war Tabatabai aber noch aus einem anderen Grund wichtig, gehörte er doch im Qom der 1950er und 1960er Jahre zu den wenigen, die sich dem Quietisten Borudscherdi widersetzten. Allerdings geschah dies eher indirekt, durch seine Schriften und seinen Unterricht, der sich der philosophischen Widerlegung bestimmter politischer Gruppierungen verschrieb. Tabatabai hatte somit entscheidende Bedeutung für die Sozialisierung der Generation, aus der die wichtigsten Unterstützer des oppositionellen Khomeini kommen sollten.

Wie dieser unterrichtete er mit den Fächern Philosophie und Theosophie, *erfan*, zwei Disziplinen, die schon seit vielen Jahren nicht mehr bzw. nur heimlich in Qom unterrichtet wurden. So stieg zum Beispiel der lange geschmähte Molla Sadra (1571–1640) wieder zu einem Eckpfeiler des Curriculums auf. Tabatabai hatte allerdings gegenüber Borudscherdi ein besseres Standing als der junge Khomeini, der ebenfalls, aber schon zwei Jahre früher über Molla Sadra lehrte.

Wegen seiner Unterrichtsinhalte und Ansichten kam es zu größeren Unstimmigkeiten zwischen Tabatabai und Borudscherdi, hielt dieser Philosophie doch für gefährlich. Weder gefiel ihm, dass die quasi heilige

Schrift *Bihar al-anwar* (Ozeane des Lichts), das kanonische Werk der Jurisprudenz von Mohammad Baqer Madschlesi (1616–1698), aus einer philosophischen Perspektive hinterfragt wurde, noch dass das Buch *Al-asfar al-arbaa* (Die vier Reisen) des Molla Sadra überhaupt Unterrichtsstoff war. Den Streit zwischen den beiden Gelehrten konnte Tabatabai jedoch letztlich für sich entscheiden. Dies machte sich im Übrigen auch Khomeini mit seiner Vorliebe für dieses Werk und die Philosophie im Allgemeinen zunutze. Auf diese Weise trotzte man Borudscherdi ab, wieder offiziell Philosophie unterrichten zu dürfen.

Tabatabais vermutlich wichtigster Beitrag zur modernen iranischen Geistesgeschichte bestand darin, dass er die Notwendigkeit eines vergleichenden Verstehens der westlichen Philosophie betonte. Da Philosophie auf rationalen Argumenten basiere, müssten die Widersprüche zwischen den westlichen und den islamischen Schulen der Philosophie das Resultat einer logischen Inkongruenz sein. Diese wollte Tabatabai aufdecken.

Darüber hinaus hatte er mit seinem Philosophieunterricht ein weiteres Ziel. Da er wegen der wachsenden Beliebtheit des Marxismus unter der Jugend Irans in größter Sorge war, beschloss er, diesen mithilfe der islamischen Philosophie zu bekämpfen. Auch hier überschnitten sich seine Interessen mit denen Khomeinis, denn beide meinten, der bestehenden Herausforderung einen eigenen, islamischen Weg entgegensetzen zu müssen. Weder Ost noch West, sondern Islam, postulierte Khomeini – und meinte damit eine Ideologie, aber auch die Philosophie bzw. die philosophische Grundlage einer ideologischen Weltsicht.

In den 1940er und 1950er Jahren übten der Marxismus und die kommunistische *tude* einen kaum zu überschätzenden Einfluss auf Irans Jugend und Intellektuelle aus. Sie schaffte es, die Arbeiterschaft, Studenten und Intellektuelle für ihr Ziel einer klassenlosen Gesellschaft einzunehmen. Dem Iranisten Homa Katouzian zufolge war die Geschichte der iranischen Intellektuellen in den 1940er Jahren im Wesentlichen eine Geschichte der *tude*. Der Begriff *tude'i*, Anhänger der *tude*, wurde in jenen Jahren fast zum Synonym für *rouschanfekr*, Intellektueller. 1946 hatte die Partei, die 1941 in der relativ freien Atmosphäre nach der Abdankung Reza Schahs gegründet worden war, bereits 26 000 Mitglieder. Damit war sie einer der wichtigsten Player in der politischen Landschaft Irans. Das Presseorgen der *tude*, die Zeitung *rahbar* (Führer), erreichte eine Auflage von mehr als 100 000 Exemplaren. Damit übertraf *rahbar* die halbamtliche Zeitung *ettelaat* um das Dreifache. Von der Partei dominierte Gewerkschaften brachten es auf mehr als 275 000 Mitglieder.

Darum war Tabatabai aus seiner Heimatstadt Täbris nach Qom gekommen: Er wollte der Jugend eine Antwort geben auf die Fragen und Zweifel, die die Moderne weckte, und verhindern, dass sie sich der *tude* oder anderen linken Parteien zuwandte. Als Heilmittel wollte er daher islamische Philosophie unterrichten und nicht, wie damals in Qom eben üblich, Jurisprudenz. Dem erkenntnistheoretischen oder ontologischen Materialismus hielt er die Philosophie Avicennas (980–1037) entgegen.

Mit seinem Kurs *Osul-e falsafe va ravesch-e realism* (Die Grundlagen der Philosophie und die Methode des Realismus) versucht Tabatabai, den dialektischen Materialismus zu widerlegen. Dazu beleuchtet er kritisch all diejenigen philosophischen Systeme des Westens, die dessen geistige Grundlagen ausmachen.

Osul-e falsafe va ravesch-e realism zeichnet sich dadurch aus, dass darin eine rein rationalistische Methode verwendet wird, um den philosophischen Materialismus zu widerlegen. Selten wird eine Aussage oder ein Standpunkt mit dem Koran oder den Überlieferungen des Propheten oder der Imame belegt, wie es sonst in diesem religiösen Diskurs üblich ist. So hatte sein Werk die wahrscheinlich nicht gewollte Konsequenz, dass es nicht nur die anti-marxistische Position der Islamisten konsolidierte, sondern auch ihrer politischen Agenda zu einer Aura von logischer und philosophischer Legitimität verhalf, wie Urs Gösken in seiner Doktorarbeit über den Gelehrten gezeigt hat. Deshalb war Tabatabai zudem an einer sehr weitgehenden Öffnung für moderne Lehrinhalte und einer vorurteilsfreien Beschäftigung mit den Sozialwissenschaften und der westlichen Philosophie gelegen, um die Absolventen der theologischen Hochschulen auf das vorzubereiten, was sie außerhalb dieses hermetisch abgeriegelten Ortes erwartete: eine sich immer mehr von der Religion lossagende Welt.

Lehrern wie Tabatabai, Khomeini und auch dem späteren großen Konkurrenten Khomeinis, Groß-Ayatollah Mohammad Kazem Schariatmadari (1906–1986), ist es zu verdanken, dass sich in den 1950er und 1960er Jahren eine neue Generation von Geistlichen herausbildete. Zwar leitete immer noch Borudscherdi das *houze* und predigte Quietismus, doch die neuen Studieninhalte, die Auseinandersetzung mit modernen Themen und den Problemen ihrer säkularen Umgebung, führten dazu, dass die *talabe* unweigerlich ein politisches Bewusstsein entwickelten.

6

Khomeini und der Schah (1961–1964)

Das Nachfolgeproblem des Klerus und die Tricks des Schahs

Seit dem Putsch gegen Mosaddeq 1953 hatte das Schah-Regime geschwankt zwischen der Begrenzung des Konstitutionalismus auf eine reine Fassade und einem Minimum an demokratischer Glaubwürdigkeit. Dabei konnte es weder eine gewisse Wahlfreiheit erlauben noch offen seine Versprechen aufgeben, sich dem Konstitutionalismus verpflichtet zu fühlen. Anfang der 1960er Jahre stellte sich heraus, dass der Umgang mit dem fast handzahmen, aber noch nicht vollkommen unterwürfigen Parlament und mit der Pressefreiheit das Regime weiterhin verfolgte. Eine bleibende Krise führte dazu, dass der Schah das demokratische Prozedere im Mai 1961 aussetzte. Ein Jahr später, nachdem er mit Premierminister Ali Amini (1905–1992) den Mann ausgeschaltet hatte, der ihm geholfen hatte, diesen Prozess in Gang zu setzen, entschloss sich Mohammad Reza Pahlavi, seine Position zu konsolidieren. Das hieß, alle Macht in seiner Hand zu vereinigen und alle anderen Quellen der Macht, die ihn herausfordern könnten, auszuschalten. Ein staatlich finanziertes sozioökonomisches Entwicklungsprogramm, seine sogenannte Weiße Revolution, sollte helfen, sein autoritäres Verhalten und Gebaren in den Augen seines heimischen und internationalen – vor allem amerikanischen – Publikums zu rechtfertigen.

Um all dies zu erreichen, mussten tatsächliche oder potentielle Gegner unterworfen und gesellschaftlich stark verankerten Gruppen wie dem Klerus die Privilegien genommen werden. Zaghafte Schritte in diese Richtung waren zuvor schon unternommen worden, zum Beispiel mit der Entscheidung, in Konkurrenz zur Theologischen Hochschule von Qom, der *houze*, eine Fakultät für Theologie an der Universität Teheran ins Leben zu rufen. Damit sollte, wie ein Beobachter feststellte, die religiöse Klasse kontrolliert und für die eigenen Zwecke instrumentalisiert werden. Zudem hatte die Regierung begonnen, für eine Landreform zu werben und sich des Themas der Geschlechterungleichheit anzunehmen. Trotz seiner zunehmenden Gebrechlichkeit war es Groß-Ayatollah Borudscherdi noch gelungen, eine Gesetzesvorlage zu verdünnen, die die Landreform zum Inhalt hatte. Außerdem hatte er sehr effektiv jeden ernst zu nehmenden Versuch zur Einführung des Frauenwahlrechts vereitelt. Doch mit dem Tod Borudscherdis sah sich der Schah nicht mehr gezwungen, seine eigenen Pläne hintanzustellen.

Nachdem der Groß-Ayatollah gestorben war, gelang es nicht, auf Anhieb eine Person zu finden, die ihm an Autorität und symbolischem Kapital gleichkam. Jeder Kleriker, der über genug Wissen und Frömmigkeit verfügte sowie eine Fatwa-Sammlung, eine *resale*, zur Anleitung der Gläubigen veröffentlicht hatte, konnte zwar theoretisch oberste Quelle der Nachahmung werden. Aber neben der nachgewiesenen umfassenden Kenntnis des islamischen Rechts musste ein möglicher Kandidat auch genügend charakterliche Qualitäten besitzen, um von den gelehrten Fachkollegen und Schülern akzeptiert zu werden. Eine weitere Voraussetzung waren eine stattliche Anhängerschaft und die damit verbundenen finanziellen Ressourcen zur Unterhaltssicherung seiner Studenten.

Einige ältere Gelehrte im Irak wie auch in Iran konnten als geeignete Kandidaten angesehen werden, den Borudscherdi'schen Mantel zu übernehmen, wie es im Arabischen und Persischen heißt. Zu den prominentesten Anwärtern in Qom gehörten die Groß-Ayatollahs Mohammad Reza Golpayegani (1899–1993), Schariatmadari und Schahab ad-Din Maraschi Nadschafi (1897–1990). Nach dem Tod Borudscherdis hatte der Schah, um die Nachfolge zu beeinflussen, ein Kondolenzschreiben an Muhsin al-Hakim (1889–1970) geschickt, der im Irak residierte. Als Nicht-Iraner, der im Libanon geboren war und die meiste Zeit seines Lebens im Irak gelebt hatte, wurde al-Hakim von Mohammad Reza Pahlavi als weniger gefährlich für die iranische Politik angesehen, die ihn naturgemäß weniger interessierte. Außerdem verfügte er über eine kleinere Anhängerschaft und somit über weniger Einflussmöglichkeiten in Iran als seine iranischen Kollegen. Wie die US-Botschaft formulierte, wollte der Schah eine erneute alternative Loyalitätsquelle für die Massen in Iran verhindern. Außerdem lag ihm an einer fragmentierten religiösen Autorität mit eher regionalem Charakter. Allerdings gab es, wie der iranische Geheimdienst kolportierte, auch Bedenken, dass der Transfer der schiitischen Führung von Iran nach Irak einige Nachteile haben könnte; denn unter anderem würde der Zugriff der Regierung auf die klerikale Klasse reduziert und somit ihr Einfluss in der schiitischen Welt geschwächt.

Khomeini hatte eine stoische Gleichgültigkeit allen Versuchen gegenüber an den Tag gelegt, die Nachfolge zu beeinflussen. Seine eigenen Chancen waren begrenzt, da er keine Fatwa-Sammlung publiziert hatte. Als jemand, der für introvertiert und unnahbar gehalten wurde, hatte Khomeini sich zudem den Ruf eines Gelehrten erworben, der so unkonventionelle Themen wie Mystik und islamische Philosophie unterrichtete. Zwar galt er auch als Koryphäe auf dem Gebiet der islamischen Rechtstheorie und des islamischen Rechts, war aber schlicht noch nicht weit genug und zu jung. Obwohl die oben genannten Gelehrten aufgrund ihrer finanziellen Ressourcen, großen Anhängerschaft und guten Beziehungen in die Öffentlichkeit infrage gekommen wären, fand sich aber kein Nachfolger, sodass die Position in den folgenden Jahren vakant blieb.

Khomeini betritt die politische Bühne

Nachdem mit Borudscherdis Tod niemand mehr da war, der eine politische Einmischung verbieten konnte, war es nun für Khomeini möglich, die politische Bühne zu betreten. In seinen Statements und Aussagen jener Zeit thematisiert er einige der allerkonventionellsten, traditionellsten Glaubensinhalte und Ängste, ganz besonders, was den Status und die Rechte von Frauen anging. Da Khomeini über große rednerische Fähigkeiten verfügte, machten ihn sein Auftreten und Ton zu einem charismatischen Prediger. Neben Ideen und Sätzen, die die frommen Gläubigen ansprachen, äußerte er auch solche Gedanken, die bei hochgebildeten Schah-Kritikern auf positive Resonanz stießen. Oftmals dämpfte er intellektuelle Inflexibilität mit Mehrdeutigkeiten, die vielfältiger Interpretation Raum ließen. Strikter Moralismus in Genderfragen und den persönlichen Freiheiten wurde mit einem machtvollen Bekenntnis zur Opposition gegen den Diktator und zur Beachtung der verfassungsmäßigen Rechte und Freiheiten kombiniert. Dabei scheute er in seinen Reden nicht davor zurück, Ängste zu schüren, indem er beispielsweise nicht nur die Konsequenzen der Erosion weiblicher Keuschheit drastisch schilderte, sondern auch die Folgen ausländischer Fremdherrschaft ausmalte. So zählte er die Gefahren auf, die von Israel, Amerika, den Juden und Bahais drohten, und der Verlust von Ehre und Authentizität zog sich durch viele seiner Reden. All dies diente dazu, Unterstützung zu mobilisieren und an Vorurteile anzuknüpfen. Vermutlich glaubte Khomeini tatsächlich an die Gefahren, die er schilderte, auch wenn die eine oder andere Aussage seiner Taktik geschuldet war.

Seine Rhetorik war oft ambivalent – oder vielleicht auch flexibel genug, um eine Vielfalt von Islaminterpretationen zu erlauben. Sein Verständnis des Islams entsprach nicht immer dem der Menschen, die mit ihm sympathisierten, waren die meisten doch schon recht lange an eine in der iranischen Kultur und Gesellschaft herrschende Säkularität gewöhnt. Gefördert worden war diese unter anderem durch den Quietismus der schiitischen Geistlichkeit, das Fehlen einer breiten islamistischen Bewegung und die Tatsache, dass ein realistisches Konzept, die Geistlichen als potentielle Führungsgestalten anzuerkennen, nicht vorhanden war. Konsequenterweise mussten die Mutmaßungen, was der Islam in politischer Hinsicht sein konnte, mehrdeutig oder unbestimmt bleiben.

In einem politischen Klima, das die Opposition zum Schweigen zwang, setzte sich Khomeini durch seinen Mut von allen anderen ab: Allzu oft allerdings wurde dadurch der Inhalt seiner Äußerungen überschattet. Denn anders als die Nachrichten über seine aufmüpfigen Aktionen erreichten die Inhalte seiner Einlassungen und seiner politischen Schriften nie ein breiteres Publikum. Mit dem Ziel, Vorwürfen der Parteilichkeit und dem Argwohn der konservativen Geistlichen aus dem Weg zu gehen, vermied Khomeini es tunlichst, sich mit einer bestimmten Partei zu identifizieren. Das schloss auch die ein, deren Ideen ihm teilweise gefallen haben müssen, wie etwa die der Freiheitsbewegung unter Mehdi Bazargan. Aufgrund seines psychologischen Gespürs verstand Khomeini schnell, dass Widerstand in einem autoritären Kontext unweigerlich als rechtschaffen angesehen würde, das heißt, dass er ungeachtet seiner Motive bei all jenen auf Zustimmung stoßen würde, die einen Grund hatten, verstimmt und verärgert zu sein.

Seiner Sicht des Islams entsprechend, schrieb er den Geistlichen als denjenigen, die die Herrscher in moralischer und rechtlicher Hinsicht anleiteten, einen besonderen Status zu. So erinnerte er sich auch einer lange ignorierten Passage der Verfassung von 1906, die eine Aufsicht der Geistlichkeit über die Legislative vorsah, den sogenannten Wächterrat. Ob eine solche Form der Supervision kompatibel war mit den Implikationen der unteilbaren Autorität des modernen Staates, Volkssouveränität oder den Imperativen der politischen und bürgerlichen Gleichheit aller – essentiellen Voraussetzungen für wirklichen Konstitutionalismus –, interessierte Khomeini nicht besonders. Auch der komplexen Anforderungen der modernen Welt war er sich nicht ausreichend bewusst. Da er Fortschritt nur mit technisch-wissenschaftlicher Entwicklung assoziierte und der intellektuellen und institutionellen Untermauerung einer zusammenhängenden Idee von Moderne keine Beachtung schenkte, reagierte er übermäßig sensibel auf den Vorwurf, ein rückschrittlicher Gegner des Wandels zu sein. Indem er Irans technologische Rückständigkeit und die Abhängigkeit von Ausländern anprangerte, wies Khomeini selbstbewusst das Label *reaktionär* zurück, das ihm von den Monarchisten und anderen Gegnern verpasst worden war. Er redefinierte den Begriff *reaktionär* als Einstellung gegen moderne Technologie und schloss einen Bezug auf sich selbst und den Islam insgesamt aus. Ohne seinen wichtigsten Slogan vom Islam als Allheilmittel aufzugeben, wandte er seine Aufmerksamkeit allgemeineren Themen zu. Mit dem Ziel, seine Opposition gegen die Reformen des Schahs herunterzuspielen, konzentrierte Khomeini sich auf Gesetz- und Verfassungsmäßigkeit. Er tat dies in dem Bewusstsein, dass die Betonung verfassungsbezogener Fragen seine eigene Anziehungskraft, aber vor allem auch die Verletzlichkeit des Schahs steigern würde.

Im Oktober 1962, als ein Kabinettsdekret, das die kommunalen und Provinzräte betraf, auf ärgerlichen Protest der Geistlichkeit stieß, ergab sich für Khomeini die Chance, sich in der iranischen Politik zu profilieren. Das Dekret hatte nämlich keine Zugehörigkeit der Abgeordneten zur islamischen Religion gefordert, die gewählten Vertreter hatten lediglich auf heilige Bücher zu schwören, wobei der Koran nicht spezifisch genannt wurde. Zudem sollte das Wahlrecht explizit auf Frauen ausgedehnt werden. Seit es 1952 von Mohammad Mosaddeq und seinen Anhängern befürwortet worden war, hatte das Thema Frauenwahlrecht in der Luft gelegen. Weil es damals schon massiven Protest aufseiten der Klerikalen ausgelöst hatte, war es nur sehr vorsichtig und leise von Premierminister Amini wieder aufgenommen worden. Sein Nachfolger Asadollah Alam (1919–1978) hatte es dann formal verkündet. Da das Gesetz in einer verlängerten Legislaturperiode zwischen der Auflösung beider Parlamente im Mai 1961 angenommen worden war, galt sein rechtlicher Status als nicht gefestigt. Zudem waren die Abgeordneten – wie sich herausstellte – nicht besonders überzeugt von dem Gesetz. Eine große Zahl von Geistlichen und sogar der normalerweise regimetreue Ayatollah Behbahani protestierten denn auch dagegen.

Bei dem Bemühen, sowohl Druck auf den Schah und die Regierung auszuüben als auch die anderen Geistlichen zu überzeugen, in ihrer Forderung nach Annullierung des Gesetzes nicht nachzulassen, spielte Khomeini eine wesentliche Rolle. Das brachte ihm nicht nur die Wut des Regimes ein, sondern auch eine steigende öffentliche Aufmerksamkeit. Der Schah antwortete auf die schriftlichen Beschwerden anderer älterer Geistlicher, ignorierte aber Khomeini, offensichtlich in der Hoffnung, ihn auf diese Weise marginalisieren und brüskieren zu können. Allerdings stellte sich dieses Vorgehen als nützlich für Khomeini heraus. Denn die Versuche des Schahs, ihn zu isolieren, indem er behauptete, die anderen Geistlichen stimmten nicht mit ihm überein, trieb diese dazu, deutlicher und unüberhörbar unterstützend tätig zu werden.

Indem er sowohl den Quietismus der führenden Geistlichen als auch das Regime herausforderte und die Schia gegen das verteidigte, was er als einen beabsichtigten Angriff des Staates ansah, hatte Khomeini einen unkonventionellen Weg gewählt. Er zeigte sich dazu in der Lage, charakteristischen klerikalen Elitismus mit erfindungsreichem Populismus zu kombinieren, der gefärbt war mit freimütig geäußerter Angriffslust, und schien überzeugt davon, dass derjenige, der willens war, kraftvoll und ohne Furcht für die Verteidigung der religiösen Werte einzutreten, von der großen Masse der Gläubigen beachtet und unterstützt werde. Dieses Verhalten beeindruckte sogar einige Teile der säkularen Opposition, die sich selbst zunehmend weniger der Aufgabe gewachsen sahen, das Regime wirkungsvoll zu konfrontieren. Dadurch, dass er eine Reihe von Sorgen, Interessen und Prinzipien ansprach, die sich mit denen der säkularen Opposition überlappten, konnte Khomeini sich als Verteidiger einer konstitutionellen Regierung präsentieren.

Khomeini machte sich keine Gedanken darüber, dass seine Fachkollegen seine Furchtlosigkeit als kalkulierte Werbung für sich selbst sehen könnten. Er präsentierte sich als selbstloser Verteidiger des Klerus, nicht nur als Wächter der offiziellen Religion, sondern als Anwalt der nationalen Unabhängigkeit. Aufmerksam gegenüber dem gesellschaftlichen Druck und den Erwartungen sowie den Erfordernissen klerikaler Solidarität, konnten manche Geistliche sich nicht gleichgültig zeigen, was die Politik des Regimes anging. Weder wollten sie mit Khomeini brechen oder ihm die Unterstützung versagen noch waren sie willens oder in der Lage, seinen Aktivismus vorbehaltlos zu unterstützen. Die zur Schau gestellte klerikale Solidarität verdeckte oftmals große persönliche Gräben oder Rivalitäten. Darüber hinaus schien Khomeinis konfrontatives Auftreten für die Gelehrten dem politischen Verhalten, wie es Borudscherdi vorgelebt hatte, zu widersprechen und dessen politisches Erbe zu beschmutzen. Einige von Khomeinis Kollegen empfanden seine unversöhnliche Haltung gegenüber dem Staat als kontraproduktiv, schließlich stand Qom in erster Linie für eine gute theologische und juristische Ausbildung. Sie bedauerten die Aufgabe des von Borudscherdi kultivierten Ansatzes, Auseinandersetzungen zu vermeiden. So meinte Schariatmadari beispielsweise, dass das Agieren Khomeinis sowie die Proteste und Konflikte mit dem Schah der Reputation des Klerus nicht zuträglich seien. Aber trotz der großen Zurückhaltung einiger Gelehrter in Bezug auf eine offene Opposition gegenüber dem Schah blieb Khomeini unerschrocken.

Zwar missbilligte Khomeini alle Maßnahmen, die gegen islamische Prinzipien verstießen, doch vermied er es tunlichst, den Eindruck zu erwecken, er sei prinzipiell gegen Reformen. So schreibt der ihm lange Zeit sehr nahestehende Hosein Ali Montazeri in seinen Memoiren, dass Khomeini versucht habe, seine Missbilligung des Frauenwahlrechts herunterzuspielen und vielmehr verfassungsmäßige Fragen aufzuwerfen. Khomeini wusste, dass solche Veränderungen einen breiten Konsens voraussetzten, konnte der Schah doch seine autokratische Kontrolle nicht verfassungsmäßig legitimieren. Khomeini war die Rolle sehr klar, die die Geistlichen im Vorfeld der Konstitutionellen Revolution von 1906 gespielt hatten, und er erkannte, dass man die Opposition gegen den Schah als Opposition gegen die Diktatur deklarieren konnte. Dabei opponierte Khomeini keineswegs gegen den Schah, weil dessen diktatorische Maßnahmen gegen die Prinzipien der konstitutionellen Demokratie verstießen. Er fürchtete vielmehr, dass die zunehmende Diktatur zur Marginalisierung und Neutralisierung solcher gesellschaftlichen Kräfte wie der Geistlichkeit führen würde. Die ungehinderte Ausweitung staatlicher Macht, wie Khomeini sie in der Ära Reza Schahs beobachtet hatte, würde den Einfluss des Klerus als Sprachrohr eines breiten Segments der iranischen Bevölkerung ausmerzen, säkulare Tendenzen entfesseln und die Möglichkeiten der Geistlichen unterminieren, ihre ideologische Macht und ihr kulturelles Kapital zu reproduzieren und zu erhalten.

Die Weiße Revolution und die Zuspitzung des Konflikts

Schließlich führte der geballte klerikale Protest dazu, dass das Kabinett von Premierminister Alam das Dekret zwei Monate nach seiner Verlautbarung zurücknehmen musste. Das linkische Agieren der Regierung und ihr Rückzug ermutigten Geistliche wie den mehr und mehr durchsetzungsfähigen Khomeini. Die Episode hatte dem Klerus die Gelegenheit gegeben, die Entschlossenheit der Regierung zu testen. Dabei war sowohl die Verletzlichkeit des Regimes als auch die machtvolle Wirkung von mobilisierter klerikaler Solidarität offensichtlich geworden. Doch der Schah, der gerade dabei war, sein Reformprogramm, die Weiße Revolution, in die Wege zu leiten, ging, erbittert durch den Rückschlag, in die Offensive und preschte mit seinen Plänen voran – entgegen aller Bedenken, sogar von Alam. Für Mohammad Reza Pahlavi war die Reformagenda nicht nur gesellschaftlich wünschenswert, sondern, was die Legitimierung seiner politischen Rolle sowohl zu Hause als auch in den Augen seiner amerikanischen Sponsoren anging, auch lebenswichtig. Nachdem die Kennedy-Administration zuerst zwischen den Optionen, den Schah zu konstitutionellen Zugeständnissen zu zwingen oder soziale Reformen zu fordern, geschwankt hatte, kam sie schließlich zu dem Schluss, dass Konstitutionalismus und Stabilität in Iran nicht kompatibel seien. Den Schah nicht zu unterstützen, stand nicht zur Debatte, und in Washington betrachtete man eine sozioökonomische Reform als praktikabler, noch dazu stand sie stärker im Einklang mit den Vorlieben des Schahs. Der Rückhalt in den USA und das zunehmende Selbstbewusstsein des Monarchen führten dazu, dass die Weiße Revolution vorangetrieben wurde, ein Prozess, der dazu führte, dass traditionelle Klassen, die zuvor für die Stabilität des Kaiserreiches und die Kontinuität der Monarchie als unverzichtbar galten, zurückgedrängt wurden.

Zu dieser Gruppe gehörten etwa die Landbesitzer und Geistlichen, deren Unterstützung nach Meinung Mohammad Reza Pahlavis aufgrund des größeren ausländischen Rückhalts, des Erstarkens von Militär und Sicherheitskräften sowie der wachsenden technokratischen Elite überflüssig geworden war. Das Regime und speziell der Schah hofften dagegen auf die aktive Unterstützung des Bevölkerungsteils, der in den Besitz von Land kommen würde. Dabei neidete der Monarch seinem Landwirtschaftsminister Hasan Arsandschani (1923–1969), dem Mann hinter der Landreform, seine Popularität, weshalb er, wie er dem britischen Botschafter gegenüber erklärte, auf jeden Fall vor Arsandschani die Landbewohner umwerben wollte, die 75 Prozent der Bevölkerung ausmachten. Mit diesem Ziel im Kopf verstieg er sich zu populistischen Gesten und begab sich in eine Rolle, für die er temperamentsmäßig nicht gut ausgestattet war. Noch bedeutungsvoller aber war, dass er in seiner neuen Rolle nicht in der Lage war, mit einer verfassungsmäßig überzeugenden Legitimation die Argumente seiner Gegnerschaft zu parieren, zu der nicht nur Geistliche gehörten, sondern auch die säkulare Opposition um Mohammad Mosaddeq, der die Nationale Front wieder zum Leben erweckt hatte.

Die Weiße Revolution bedeutete das vermehrte Eindringen des Staates in die Einflusssphären gesellschaftlich privilegierter Gruppen wie der Geistlichkeit. Dieses Eindringen, diskret oder offen, war natürlich nichts Neues. Aber es nahm eine neue Dimension an, als die Regierung mit ihren Reformen voranpreschte und es um Themen wie das Frauenwahlrecht und die Umverteilung von Land ging. Letzteres konfrontierte die Geistlichkeit mit dem Dilemma, wie sie gegen die Maßnahme Partei ergreifen sollte, ohne mit der privilegierten und ausbeutenden Klasse identifiziert zu werden. Verärgert über die staatlichen Versuche, die traditionelle Ordnung des Lebens und die zugrunde liegenden Normen zu untergraben, konnten die Kleriker in dem eingeschlagenen Weg auch nichts anderes sehen als einen Verstoß gegen ihre Interessen. Die Landbesitzer waren zusammen mit den Geistlichen oft als Vermittler zwischen Staat und ruraler und urbaner Bevölkerung aufgetreten. Nun reagierten sie nicht nur empfindlich darauf, dass ihre politische Schlagkraft zusammenbrach, sondern missbilligten zutiefst die Verletzung ihrer Eigentumsrechte. Ganz ähnliche Sorgen trieb die Geistlichkeit als Besitzer bzw. Verwalter von Stiftungsländereien um. Im Herbst 1962 erklärte die Regierung zwar, dass Stiftungsbesitz nicht angetastet werde, doch dies beruhigte ihre Gegner kaum.

Von einigen wenigen Ausnahmen abgesehen, stellten sich alle Geistlichen – mehr oder weniger offen – gegen die Landreform. Sie waren auch generell gegen das Wahlrecht für Frauen, das sie als eine große Bedrohung der religiös sanktionierten Normen weiblicher Keuschheit und Häuslichkeit ansahen und als Auftakt einer nicht mehr aufzuhaltenden Säkularisierung. Als Bestandteil der Landreform wurde das Wahlrecht schließlich im Jahr 1963 auf Frauen ausgedehnt. Diese Maßnahme, schon Jahre zuvor von städtischen Frauen gefordert, war gesellschaftspolitisch signifikant und überfällig. Aber ihre unmittelbare Bedeutung wurde beeinträchtigt durch den Entstehungsprozess, der an der Glaubwürdigkeit des Schahs zweifeln ließ: Mohammad Reza Pahlavi wollte öffentliche Unterstützung und Legitimität durch ein Referendum suchen, das er auf den 26. Januar 1963 legte. Dabei schien er zu vergessen, dass die Monarchisten 1953 ein Referendum, das Mosaddeq in seiner Zeit als Premierminister zu derselben Frage eingeleitet hatte, boykottiert und verurteilt hatten. Nachdem nun die Versuche der Geistlichkeit gescheitert waren, den Schah zur Zurücknahme seines Vorhabens zu bewegen, wurde das Referendum von Khomeini öffentlich verurteilt und boykottiert. Andere politische Gruppierungen wie die Nationale Front Mosaddeqs taten es ihm gleich. Als Antwort auf seine Gegner unter den Klerikern reiste Mohammad Reza Pahlavi vier Tage später nach Qom und bezeichnete diese als schwarze Reaktionäre, die ein parasitäres Leben führten.

Eine derartige Aktion des Schahs in der Hochburg des iranischen Schiismus konnte nicht unbeantwortet bleiben. Obwohl klar war, dass das Regime seine bisherige Zurückhaltung aufgegeben hatte, war Khomeini entschlossen, zu antworten. Dabei war er sich relativ sicher, straflos davonzukommen, wusste er doch, dass das Regime seine religiösen Gegner weniger harsch behandelte als die säkularen. Eine angemessene Antwort konnte eine Verbesserung seiner Position bewirken, was seine Verletzbarkeit mindern würde und zurückhaltende Kleriker dazu bringen müsste, dem Druck und den Erwartungen der Öffentlichkeit Beachtung zu schenken und ihm Rückhalt zu geben. Sie würden seine

Führerschaft anerkennen und ihm folgen müssen. Khomeinis waghalsige Politik steigerte seine Prominenz mehr als jeglicher Ritterschlag durch traditionelles Lernen es hätte können. Er wusste, dass der Preis, den er vermutlich würde zahlen müssen, ihm eine moralische Autorität einbringen würde, die für gewöhnlich nicht zu erreichen war. Zwar wurde er durch das Regime provoziert, aber er war auch getrieben durch das Momentum, das er erkannte.

Das Regime wollte nicht durch einen Angriff auf Khomeini zu seiner Popularität beitragen, aber nichts zu tun, schien auch keine sinnvolle Option. Der Schah intensivierte seine Propaganda-Kampagne und ordnete an, Studenten des *houze* künftig einzuberufen. Doch verbale Attacken und andere Formen der Schmähung verstießen gegen die Konvention und halfen der Sache des Regimes in keiner Weise. Die Schikanen und Maßnahmen unterstrichen nur die Argumentation Khomeinis, was den Mangel an Verfassungsmäßigkeit und einen glaubwürdigen gesetzlichen Rahmen anging, hatte der Schah doch, wie es Monarchen üblicherweise taten, eher eine unparteiische Rolle einzunehmen. Indem Mohammad Reza Pahlavi für seine Sache als antreibender Motor wirkte, verstieß er gegen den Geist einer traditionellen Institution, die in konservativen Kräften und Werten verankert war. Er machte sich auf diese Weise selbst zur Zielscheibe von Vorwürfen. Hinzu kam, dass er sich persönlich in der überflüssigen Herabsetzung seiner Gegner, vor allem der Geistlichen, engagierte und dabei eine Sprache gebrauchte, die als unvereinbar mit königlichem Auftreten gesehen wurde.

Der Graben zwischen Monarchie und Klerus war am Vorabend des Referendums gefährlich breit. Die kontinuierlichen Versuche, die Kleriker einzuschüchtern und zum Schweigen zu bringen, erreichten ihren Höhepunkt, als am Abend des 22. März 1963 Soldaten, die nur leidlich als Landarbeiter verkleidet waren, eine Gedenkzeremonie in der *feyziyeh*-Medrese stürmten und laut riefen: Lang lebe der Schah. Trotz dieses Angriffs, der die klerikale Empörung, aber auch Besorgnis verstärkte, blieb Khomeini unerschrocken und verglich den Angriff mit den Schreckenstaten der Mongolen, die dem Islam als Ganzem gegolten hatten. Er behauptete, der Islam an sich sei in Gefahr, weshalb *taqiya*, die Verstellung aus religiösen Gründen, verwerflich sei. Vielmehr betrachtete er den Angriff als Chance und verstärkte seine Kritik an der Regierung. Und er brachte andere Geistliche dazu, es ihm gleichzutun und nicht passiv zu bleiben.

Die Spirale des Konflikts zwischen Regime und Klerikern drehte sich immer weiter. Der nächste Schritt des Schahs, die Anordnung, die *tollab*, die Studierenden der theologischen Hochschulen, zum Militärdienst einzuberufen, bedeutete einen unerhörten Affront, waren die Männer des Glaubens doch bisher davon befreit gewesen. Insbesondere politisch aktive Studenten wurden über Nacht und blitzschnell eingezogen, einige konnten nicht einmal mehr ihre Familien benachrichtigen. Hunderte wurden auf Trucks verladen, mussten ihr Klerikergewand ausziehen und eine Uniform anlegen. Eines der ersten Opfer dieser Rachemaßnahme war der 29-jährige Akbar Rafsandschani, der spätere iranische Staatspräsident. Er erinnert sich in seinen Memoiren, dass er zwar zuerst überaus bestürzt war, dann aber in der Baracke merkte, dass er sinnvolle Dinge von seinen Militäroberen lernen konnte, zum Beispiel den Umgang mit einer Waffe.

Jedenfalls war die Maßnahme nicht geeignet, die wachsende Militanz des Klerus zu mindern. Familie und Freunde besuchten die Seminaristen in den Baracken, versorgten sie mit den neuesten Nachrichten und den Statements von Khomeini, die sie in ihrer Kleidung versteckten. Vor allem aber begannen die neuen Wehrpflichtigen, gemeinsame Gebete zu organisieren und die anderen Wehrpflichtigen, die es bisher nicht gewagt hatten, religiöse Gefühle zu zeigen, zu ermutigen, es ihnen gleichzutun – beispielsweise anlässlich der Feierlichkeiten zu Imam Husains Martyrium. Das kannte man nicht: Ein Soldat predigt seinen Freunden in der Baracke über den tyrannischen Kalifen Yazid, der die Religion Mohammeds verraten und den Enkel des Propheten ermordet hatte. Plötzlich war der Paradeplatz mit Graffiti geschmückt wie: Lang lebe Khomeini. Oder: Tod dem Schah. Die Mullahs lernten also, ihr Umfeld zu prägen, und nicht umgekehrt, wie Mohammad Reza Pahlevi es wohl intendiert hatte. Durch Mittelsmänner ließ dieser daher die *tollab* wissen, dass die Wehrpflicht unter bestimmten Bedingungen aufgehoben werden könne, doch inzwischen war die Sache zu einer derart wirkungsvollen Propagandawaffe geworden, dass die Seminaristen sich weigerten zu gehen.

Ende Mai kulminierte die Auseinandersetzung in einer bisher einmaligen Schmährede des Schahs gegen seine klerikalen Gegner, in der er auf sie als unreine Tiere anspielte. Eine Woche später, am 3. Juni, dem Jahrestag des emotional hoch aufgeladenen *aschura*-Festes, ließ Khomeini alle Formalitäten beiseite und adressierte den Schah in seiner Ansprache direkt. Er brandmarkte Geschlechtergleichheit als eine Bahai-Agenda und warnte den Herrscher vor dessen Entourage, die aus Opportunisten bestehe, die ihn schuldig erscheinen ließen für all die Fehler des Regimes und ihn bei der ersten Krise verlassen würden. Mit unbeirrbarem Selbstbewusstsein und einer hellseherischen Sicherheit sprach Khomeini von dem Tag, an dem die Menschen es mit großer Dankbarkeit begrüßen würden, wenn der Schah das Land verließe. Als Reaktion auf zunehmende religiöse und politische Unruhen in Teheran, Qom und anderen Städten ließ das Regime einige Geistliche inhaftieren. Khomeini selbst wurde am Morgen des 5. Juni in Gewahrsam genommen, was unmittelbar einen Aufstand zur Folge hatte. In der heutigen iranischen Verfassung wird dieser Tag, nach dem iranischen Kalender der 15. *Chordad*, als der Beginn der Revolution genannt. In der Verfassung heißt es:

> Die vernichtende Kritik und der Widerstand des Imam Khomeini gegen die durch amerikanische Intrigen angezettelte *Weiße Revolution*, die einer Aufrechterhaltung des bestehenden despotischen Regimes und einer Fortsetzung der politischen, kulturellen und ökonomischen Abhängigkeit des Iran von den imperialen Weltmächten diente, wurde zum Anlaß einer einheitlichen Volksbewegung, und der darauf erfolgte große, opferbereite Aufstand der islamischen Gemeinschaft im Juni des Jahres 1963, der eigentlich den Beginn der Entfaltung der glorreichen und das ganze Land erfassenden islamischen Revolution bedeutete, bestätigte den Imam als oberste Autorität der islamischen Führung. Trotz seiner Verbannung aus dem Iran wegen seines Protestes gegen das schmachvolle Kapitulationsgesetz, das die Immunität der amerikanischen Berater festlegte, bestand weiterhin eine feste Verbundenheit der Glaubensgemeinschaft mit dem Imam. (Botschaft 1980, 6)

Khomeinis Fähigkeit, große Menschenmassen zu mobilisieren, war nicht allein seinen rhetorischen Fähigkeiten oder seiner religiösen Glaubwürdigkeit zu verdanken. Seine öffentliche Anziehungskraft beruhte auch auf seinen organisatorischen Stärken. Schon ab dem Jahr 1962 hatte er angefangen, sich öfter mit seiner Entourage zu beraten und diese aufzufordern, Kontakte zu anderen Gruppierungen zu knüpfen, die seine Ideen propagierten. Dabei handelte es sich insbesondere um Mitglieder der Basargilden und damit um dieselbe soziale Schicht, die schon in den 1950er Jahren die wichtigsten Unterstützer der *fedaiyan-e eslam* Navvab Safavis oder Ayatollah Kaschanis *modschahedin-e eslam* gewesen waren. Khomeini gewann die Loyalität dieser Leute nicht nur, weil er die Sicht der religiösen Mittelklasse repräsentierte, der Bastion der religiösen Orthodoxie, sondern weil sie ihren Lebensunterhalt gefährdet sahen durch die Versuche des Schahs, dem Basar die Macht wegzunehmen, um sie der neuen Industriebourgeoisie zu geben.

Als Verbindung zu verschiedenen Gruppen von Basaris half Khomeini, eine Organisation mit dem Namen *Koalition der Islamischen Gesellschaften* ins Leben zu rufen, deren 23 Gründungsmitglieder aus drei verschiedenen religiösen Studierzirkeln kamen. Damit verfolgte er das Ziel, die anderen Geistlichen zu schwächen und über eine Hausmacht zu verfügen, die auf seinen Aufruf hin auf die Straße ging. Außerdem wurde er ihr unangefochtener spiritueller Führer, ihre Quelle der Nachahmung, was auch mit sich brachte, dass sie ihm den Fünft übergaben, die von jedem Schiiten zu zahlende jährliche Steuer. Damit war Khomeini nun auch mit beträchtlichen finanziellen Ressourcen ausgestattet.

Der offene Konflikt mit dem Klerus resultierte einerseits aus der Krise, die durch die Aussetzung von Wahlen entstanden war, und andererseits dem Druck verschiedener Gruppen, eingeschlossen die Nationale Front, zur Wiederbelebung des konstitutionellen Prozesses. In der südlichen Provinz Fars hatte die Politik des Regimes, die darauf abzielte, ihre Kontrolle über die nomadische Bevölkerung auszuweiten, ebenfalls heftigen Protest ausgelöst, den die Armee mühsam zu unterdrücken versuchte. Keines der Ereignisse hatte das Regime jedoch so sehr in seinen Grundfesten erschüttert wie die Unruhen in Teheran, zu denen es wegen der Inhaftierung Khomeinis und anderer klerikaler Gegner des Regimes gekommen war. Im Kontext der breiten Opposition gegen die Autokratie des Schahs hatte die Unzufriedenheit der Geistlichkeit, die die zunehmende Ablehnung der traditionellen Klassen signalisierte, einen günstigen Boden geschaffen für aufrührerische Aktivitäten.

Der Juni-Aufstand von 1963

Der Juni-Aufstand, in dessen Zentrum der Teheraner Basar stand, umfasste Teile der religiösen Mittelschicht ebenso wie solche der Unterschicht. Zuerst schwankte der Schah, wie auf die Situation zu reagieren sei, aber die Entschlossenheit der Regierung Alam und der Wille des Regimes, Gewalt einzusetzen, erwiesen sich als ausschlaggebend bei der Unterdrückung des Aufstands. Durch die Heftigkeit und das Ausmaß der Erhebung nahm das vom Regime geförderte Image der Stabilität zwar gewaltigen Schaden, aber es zeigte sich auch die Loyalität des Sicherheitsapparates und der bewaffneten Kräfte sowie deren Bereitschaft, solche Proteste niederzuschlagen. Die Opferzahl war allerdings beträchtlich. Während Alam erklärte, neunzig Menschen seien bei den Zusammenstößen umgekommen, gaben andere sehr viel höhere Zahlen an. Khomeini sprach später von ca. 15 000 Toten. Außerdem wurden viele inhaftiert, und mit dem Ziel, weitere Anti-Regime-Aktivitäten zu verhindern, verhängte die Obrigkeit in Teheran und Schiraz das Kriegsrecht, das bis Herbst in Kraft blieb. Das Regime brandmarkte den Aufstand als eine organisierte rückschrittliche Aufwiegelung, angezettelt auf ausländisches Betreiben hin und mit ausländischer finanzieller Unterstützung.

In einem waren sich der Schah und Khomeini einig: Beide beschrieben den Juni-Aufstand als Wende. Für den Schah war es ein folgenreiches Ereignis in seiner Herrschaftszeit, denn er hatte einen gefährlichen Ansturm erlebt und überstanden. Für Khomeini bedeutete er einen Meilenstein in der Geschichte des Landes, zeigte er doch, welche politische Mobilisierung von der Geistlichkeit ausgehen und wie bedrohlich sie für das Regime werden konnte. Zudem wurden Khomeini und seine Gefolgschaft mit einem Mythos und mit Märtyrern versorgt.

Im Juni 1979, als der erste Jahrestag der Ereignisse in Anwesenheit des vier Monate zuvor aus dem Exil zurückgekehrten Khomeini gefeiert wurde, erklärte dieser, dass jene, die am Aufstand von 1963 teilgenommen und gelitten hätten, die Revolution von 1979 herbeigeführt hätten. Ihnen käme es zu, ihre Früchte zu ernten.

Politisch könnte man den Aufstand als volkstümlichen Ausbruch bezeichnen, der darauf abzielte, eine uneingeschränkte Autokratie zu konfrontieren. Gesellschaftlich allerdings war es eine konservative Bewegung, die bedrohte traditionelle Werte verteidigen wollte. Sie war gleichzeitig organisiert und spontan, und Überbleibsel der *fedaiyan-e eslam* und der Veranstalter von Muharram-Prozessionen spielten Schlüsselrollen darin.

Mit seiner Verhaftung nahm Khomeini die Rolle an, die er bis zu seinem Lebensende behalten sollte. Wie der SAVAK notierte, rankten sich Hunderte Geschichten um seinen Heroismus. Der Schah und sein Regime wurden überschwemmt mit Telegrammen, die seine Freilassung forderten, und führende Kleriker aus der Provinz versammelten sich in Teheran, um für seine Freilassung einzutreten. Als Akt der Solidarität und aus Sorge, er könne schlecht behandelt oder gar exekutiert werden, publizierten vier Groß-Ayatollahs auf Initiative von Schariatmadari ein Dekret, in dem sie Khomeini zur Quelle der Nachahmung erklärten, was ihm eine größere Immunität verschaffen sollte. Dabei sympathisierten moderate Kleriker wie Schariatmadari durchaus eher mit den verfassungsmäßigen Zielen der Nationalen Front, zudem waren sie sich der Konsequenzen des Radikalismus und der offenen Konfrontation mit dem Schah wohl bewusst. Die Herausforderung, der sich die älteren Gelehrten gegenübersahen, bestand darin, ihre Solidarität mit Khomeini zu zeigen, das Prestige der Geistlichkeit wiederzugewinnen und sich selbst aus der Affäre zu ziehen, ohne das Gesicht zu verlieren. Die meisten Geistlichen waren deshalb bereit zu einem gesichtswahrenden Kompromiss.

Auch das Regime wollte die Krise entschärfen, weshalb Khomeini Anfang August 1963 aus dem Gefängnis entlassen und in Teheran unter Hausarrest gestellt wurde. Doch dieser war weit davon entfernt, klein beizugeben. Die Reaktionen der Kleriker und der Öffentlichkeit auf seine Inhaftierung hatten Khomeini Auftrieb gegeben. Da er den Schah weit besser verstand als der Schah ihn, war er sich über die Verletzlichkeit des Regimes im Klaren und wusste auch, sie auszunutzen. Darüber hinaus stieg sein Einkommen, das er für religiöse Zwecke ausgeben musste, beständig, sodass die meisten politisierten Geistlichen ihn inzwischen als ihren Führer ansahen. Allerdings war es ihm nicht gelungen, das Regime von seinen Zielen abzubringen. Die Regierung ging zum Beispiel gegen die Freiheitsbewegung Mehdi Bazargans vor und stellte deren Mitglieder vor Gericht. Diese hielten zwar keine Verbindung zu Khomeini, hatten ihn aber dennoch unterstützt. Zudem nahm die Regierung unbeirrt ihr Vorhaben der staatlich orchestrierten Wahlen wieder auf, verschärfte Strafmaßnahmen wie auch Überwachung und schaltete Kritiker aus.

Zwar reagierten einige seiner Unterstützer alarmiert, doch der Schah sah keinen Anlass, seine bisherige Politik oder Vorgehensweise zu überdenken oder gar zu revidieren. Weniger servile Mitglieder des politischen Establishments hinterfragten im Privaten seinen Ansatz, denn sie bedauerten die Entfremdung des Klerus und versuchten, Mohammad Reza Pahlavi zu einem Kurswechsel zu überreden. Ali Daschti (1894–1982), damals Irans Botschafter im Libanon, warnte beispielsweise davor, die Geistlichkeit gegen sich aufzubringen, sei sie doch traditionell ein Verfechter der Monarchie. Khomeini, so argumentierte Daschti, sei aufgetaucht im Kontext spürbarer Sorge der Öffentlichkeit, und seine Glaubwürdigkeit und sein Prestige rührten daher, dass er kühn, mutig und willens war, den unausgesprochenen Sorgen der Bevölkerung Ausdruck zu geben.

Der Schah aber blieb unbeeindruckt von solchen Warnungen. Er sah die Kleriker als Überbleibsel der Vergangenheit, eine Kraft, die ein für alle Mal geschlagen war. Für ihn bestand keine Notwendigkeit, nach den sozialen Gründen für den Aufstand zu suchen, und er schien seiner eigenen Propaganda – dass Entwicklung Unzufriedenheit vertreibe und Bildung Religiosität – zu glauben. Die strukturelle Basis klerikaler Macht wurde vom Schah weder verstanden noch erfolgreich unterminiert. Und was noch wichtiger war: Die zunehmenden soziopolitischen Missstände blieben weitestgehend unbeachtet. Es gab keinen Versuch, die Befürchtungen der anderen Teile der Opposition anzusprechen. Alle Gegner und Kritiker galten dem Schah kollektiv als übelwollende Feinde des Fortschritts.

Khomeini wurde im April 1964 nach zehn Monaten Inhaftierung und Hausarrest entlassen. Nach Qom zurückgekehrt, zeigte er keine Anzeichen von Einschüchterung durch die ihm widerfahrene Behandlung. Wenig später ergab sich eine neue Gelegenheit, das Regime anzugehen, bei der er auch das Label des Reaktionären ausradieren konnte. Die Konfrontation wurde ausgelöst durch einen Schritt, der allgemein als die Formalisierung der US-Hegemonie in Iran angesehen wurde. Im März 1962 hatte die US-Regierung erstmals Immunität für alle amerikanischen Militärberater und Techniker sowie ihre Angehörigen gefordert. Im Oktober 1964 wurde dieses Gesetz im Parlament durchgewunken. Allerdings hatte eine große Zahl der Parlamentarier an diesem Tag mit Abwesenheit geglänzt.

Aus Wut über das unerwartete Verhalten des Parlaments machte der Schah die Anglophilen und die Briten verantwortlich, die seiner Ansicht nach die guten iranisch-amerikanischen Beziehungen torpedieren wollten. Dabei war die Empörung in der Bevölkerung weit verbreitet. In einer lebhaften Anklage warf Khomeini dem Schah vor, die iranische Unabhängigkeit, nationale Souveränität und Würde aufzugeben, und brandmarkte das Parlament und die Regierung als illegitim und verräterisch. Mohammad Reza Pahlavi bezeichnete er als amerikanischen Lakaien, der den Islam auslöschen wolle.

Diese Rede führte zu Khomeinis Verhaftung, die indes keine Reaktion provozierte, die jener des Jahres 1963 vergleichbar gewesen wäre. Denn zum einen hatte die Regierung ihr Vorgehen besser abgestimmt, zum anderen hatten die Friktionen in den Rängen der Geistlichkeit zugenommen, da die Traditionalisten Khomeinis Verhalten als zunehmend gefährlich und den Interessen des *houze* zuwiderlaufend ansahen. Im Klerus fürchtete man seinen abenteuerlichen Extremismus und Eskapismus und war nicht glücklich darüber, dass sich seine Forderungen und Ansichten mit jenen der säkularen Gegner des Schahs überlappten. Zudem zweifelten sie an der religiösen Zweckdienlichkeit seines letzten Zornesausbruchs. Die Regime-Propaganda, die ihn als mehr mit Politik denn mit Religion beschäftigt porträtierte, tat ein Übriges.

Erwartungsgemäß steigerte Khomeinis neuer Fokus aber seine öffentliche Anziehungskraft. Sogar säkulare Gegner des Schahs ignorierten nun, was ihnen an ihm nicht gefiel, und entdeckten in der Substanz seiner politischen Botschaft durchaus Übereinstimmungen mit ihrer eigenen Agenda. Vielen imponierten auch sein Eifer und seine Beharrlichkeit. Wieder einmal hatte Khomeini seine Stimme erhoben, während seine tatsächlichen und potentiellen säkularen Rivalen in der öffentlichen Sphäre zum Schweigen gebracht worden waren. Indem er die Missachtung nationaler Sensibilitäten angriff, traf er den Schah dort, wo er am verwundbarsten war. Geschickt verband er die nationale mit der konstitutionellen und religiösen Frage und sprach die anti-autokratischen Gefühle der iranischen Gesellschaft an. Wie die US-Botschaft notierte, umgab Khomeini nach seinem letzten Showdown mit dem Schah eine Aura des Martyriums. Der religiösen Opposition «war neuer Atem eingehaucht worden, indem sie ein Alliierter der bürgerlichen Opposition geworden war», schrieb die Botschaft. Das Bild von Khomeini, das sich den Unterstützern, Sympathisanten und sogar manchen Teilen der Intelligenz einprägte, war das eines Mannes, der die Autokratie bekämpfte und die nationale Würde verteidigte.

7

Exil in der Türkei und im Irak (1964–1978)

Abschiebung in die Türkei

Als Exilort hatte sich das Regime für die Türkei entschieden. Was hinter dieser Entscheidung stand, war alles andere als offensichtlich. Wollte man Khomeini bestrafen, indem man ihn ausgerechnet in ein Land schickte, das zwar islamisch, aber religionsfeindlich und laizistisch war? Wenn das der Grund war, so ging das Kalkül nicht auf, denn Khomeini sollte durchaus Gefallen finden an seinem säkularen Umfeld. Zunächst war ihm jedoch nicht einmal klar, ob man vorhatte, ihn wirklich nur abzuschieben oder doch umzubringen. Nach seiner Festnahme am 4. November wurde er in einer Nacht- und Nebelaktion zum Teheraner Flughafen gefahren. Dort übergab ihm ein Offizier des SAVAK seinen Pass und erklärte, dass man ihn in die Türkei bringe und seine Familie ihm bald nachfolgen könne. Radio Teheran verkündete, dass Khomeini ins Exil gehe, da seine Agitation gegen die Interessen der Bevölkerung und die Sicherheit des Landes sowie die Souveränität und die Unabhängigkeit Irans gerichtet sei.

Khomeini berichtete später mit den folgenden Worten von seiner Abreise:

> Sie fuhren mich direkt zum Flughafen. Das Flugzeug stand bereit. Als ich an Bord ging, sah ich, dass sie einen Platz für mich vorbereitet hatten, den sie mit Tüchern abgedeckt hatten. Es war ein Transportflugzeug. Sie sagten mir, es stünden gerade keine Passagiermaschinen zur

> Verfügung und sie wollten mich so schnell wie möglich ausweisen. Ich sagte ihnen, das Gegenteil sei ja wohl der Fall, sie flögen mich in einer Transportmaschine aus, damit ich nicht unter Menschen sei. (Borudscherdi 1985, 30)

Während des Fluges in der Herkules-Transportmaschine der Kaiserlichen Luftwaffe erschien Khomeini ruhig und gefasst. Er wurde nur von Oberst Afzali begleitet, seinem Aufpasser vom SAVAK. Sobald das Flugzeug abgehoben hatte, begann der spätere Revolutionsführer ein Gespräch mit dem Oberst. Er habe ihn gefragt, berichtete Afzali später nach Teheran, ob der Geheimdienstler wisse, dass er abgeschoben werde, weil er die Integrität der Armee und die Unabhängigkeit seiner Heimat verteidigt habe. Er selbst habe geantwortet, solange man Amerika brauche, müsse man Zugeständnisse machen. Ob das bedeute, dass man seine Ehre verkaufen müsse, habe Khomeini zurückgefragt.

Außerdem berichtete Afzali, dass Khomeini zunächst den Tee verweigert habe, den der Steward ihm anbot, weil er wohl dachte, wer für die Kaiserliche Luftwaffe arbeite, sei ein Ungläubiger und somit unrein. Khomeini fragte den Oberst, ob der Steward ein Muslim sei. Dieser erwiderte empört, natürlich sei er Muslim, er komme aus einer religiösen Familie, woraufhin Khomeini den Tee annahm. Nach einer Weile schlug Afzali vor, das Cockpit zu besichtigen. Überraschenderweise nahm Khomeini das Angebot an und nutzte die Gelegenheit, sich mit diesem Meisterwerk moderner Ingenieurskunst vertraut zu machen. Die verbleibenden dreieinhalb Flugstunden fragte Khomeini den Piloten über das Flugzeug aus.

Nach der Landung auf dem Flughafen von Ankara wurden der Geistliche und sein Bewacher von türkischen Sicherheitsbeamten in Empfang genommen und in ihr Hotel gebracht. Es muss sich seltsam angefühlt haben für Khomeini. Ein Gefangener war er schon früher gewesen, auch unter Hausarrest und somit extrem einsam. Aber nun befand er sich in einem fremden Land, dessen politisches Ethos, den Säkularismus, er hasste. Sein ganzes Leben hatte er damit zugebracht, dafür zu kämpfen, dass seine Heimat keine zweite Türkei werde. Oberst Afzali fürchtete, dass Khomeini depressiv würde. Doch in dem Brief, den Khomeini an diesem Abend im Zimmer 514 des Bulvar Palace Hotel seinem Sohn Mostafa schrieb, klingt er, wenn auch verstört, so doch sehr gefasst.

Er sei morgens in Ankara angekommen, schreibt er, das Wetter sei besser als in Qom, und Mostafa solle sich keine Sorgen machen und alle Verwandten grüßen. Außerdem bittet Khomeini seinen Sohn darum, geduldig zu sein und niemanden um Hilfe zu bitten. Zuletzt fordert er Mostafa, dem ein unbeherrschtes Wesen nachgesagt wurde, dazu auf, sich gegenüber seiner Mutter, dem jüngeren Bruder und den Schwestern gut zu benehmen. Weiterhin schreibt er, dass er das Angebot, die Familie nachzuholen, abgelehnt habe. Als er dies schrieb, hatte Khomeini keine Ahnung, dass Mostafa gleichfalls festgenommen worden war und man ihm mit Exil drohte. In Unkenntnis dieser Lage bittet er seinen Sohn, ihm Kleidung zu schicken, eine *aba*, das traditionelle Gewand der Kleriker, sowie T-Shirts, ein Handtuch, ein Gebetbuch und einige Bücher zum Arbeiten. Da er sich um die finanzielle Situation der Familie sorgte, weist er Mostafa zudem an, bei Herrn So-und-So, dessen Namen Khomeini nicht nennt, damit der SAVAK ihn nicht erfährt, Geld zu beschaffen.

Einen Tag später beschließt der Geheimdienst, Khomeini in einem Wohnhaus statt einem Hotel unterzubringen, da zu viele Journalisten von seinem Aufenthaltsort Wind bekommen hatten. Oberst Afzali berichtet seinen Vorgesetzten in Teheran, dass sich Khomeini am zweiten Tag schon deutlich besser fühle, er die meiste Zeit mit Ausruhen, der Lektüre des Korans, Beten und Essen verbringe und ab und an einige türkische Wörter notiere, da er sich vorgenommen habe, die Landessprache zu lernen. Aber man solle ihn nicht allein lassen, fügt Afzali hinzu. Am dritten Tag ist Khomeini nicht willens, den ganzen Tag zu Hause zu bleiben, und besteht darauf, von seinen Wachen Ankara gezeigt zu bekommen. Um ihn zu demütigen und ihn davon abzuhalten, in der Öffentlichkeit zu erscheinen, verbietet man ihm, seine klerikale Kleidung zu tragen. In seinem nächsten Brief nach Hause, den er fünf Tage nach seiner Ankunft schreibt, storniert er seine T-Shirt- und Handtuch-Bestellung und ordert Nahrungsmittel, was insofern ungewöhnlich ist, als Khomeini nachgesagt wird, dass er sich nie besonders fürs Essen interessierte. Er bittet seinen Sohn, ihm getrocknete Früchte, Pistazien und Gaz, die iranische Variante des türkischen Honigs, zu schicken. Außerdem erinnert er Mostafa nochmals daran, liebenswürdig zu seiner Mutter zu sein. Und er fügt hinzu, dass er wohl bald nach Bursa geschickt werde, welches eine religiöse Stadt sein soll.

In Bursa angekommen, bittet er seinen Sohn erneut darum, ihm eine *aba* zu schicken. Noch immer weiß er offensichtlich nichts von Mostafas Verhaftung. Aber es scheint ihm der Gedanke gekommen zu sein, dass er im Exil sterben könnte, denn Khomeini instruiert seinen Sohn, jemanden zu bezahlen, ganz so wie es die religiöse Tradition gebietet, der nach seinem Tod zwei oder drei Jahre lang tägliche Gebete und das Fasten für ihn absolviere als Gegengewicht zu seinen spirituellen Fehlern und Entgleisungen. Außerdem betont er nochmals, dass sein Testament nicht verändert werden dürfe, das Haus gehöre der Mutter, die Bücher Mostafa.

Vermutlich ist es dem Respekt seiner nächsten Umgebung ihm gegenüber geschuldet, dass sich grundsätzlich – abgesehen von Geheimdienstberichten und abgefangenen Briefen – derart wenig Persönliches über Khomeini finden lässt. Kaum jemand gibt Intimitäten preis.

Etwas mehr als von seinen iranischen Vertrauten erfährt man über den Privatmann von seinen Gastgebern in Bursa, die sich in Interviews über den Aufenthalt Khomeinis in ihrem Haus geäußert haben. Khomeini lebte bei dem türkischen Sicherheitsoffizier Ali Çetiner, zu dessen Familie er – sehr zum Missfallen des iranischen Geheimdienstes – eine freundschaftliche Beziehung entwickelte. In seinen Briefen nach Hause sprach Khomeini oft von der überragenden Gastfreundschaft der Familie. Sein Anfang bei den Çetiners allerdings war holprig, denn Khomeini hatte auf das entblößte Haupt von Melahat Çetiner mit deutlichem Missfallen reagiert, als sie sich zum ersten Mal begegneten. Sie erzählt in der türkischen Zeitung *melliyat*:

> Ich machte mich schick. Ich war damals jung. Ich zog mein bestes Kleid an und wartete auf unsere Gäste. Sie kamen an, eine ganze Gruppe, nach Einbruch der Dunkelheit. Die Iraner, die ihn in die Türkei begleitet hatten, waren auch da. Einer der Iraner war ein Oberst. In all dem Chaos

wurden Khomeini und ich einander nicht vorgestellt. Ich sah ihn aus der Entfernung. Er war groß, hatte einen weißen Bart und schien wohlauf. Er hatte einen Turban auf dem Kopf. Er trug ein langes Kleid, so was wie ein Nachtkleid, und darüber eine Robe. Er schaute permanent geradeaus, und er wirkte traurig. Er war ein freundlich aussehender, ruhiger alter Mann. Ich konnte ihn nicht gut sehen und begann, den Tisch zu decken. Dann plötzlich begann der Mann mit dem Bart (Khomeini) zu schreien. Ich stürzte aus der Küche hinaus, um zu schauen, was passiert war. Khomeini sprach auf Persisch, und ich konnte nicht verstehen, was sie sagten. Aber der Oberst war rot angelaufen, weil er beschimpft wurde. (Çetiner 1987)

Ali Çetiner fragte Oberst Afzali, der des Türkischen mächtig war, warum Khomeini sich aufrege. Afzali antwortete, weil es keinen Wasserkrug, keine *aftabe*, im Bad zum Waschen gebe. Traditionellerweise waschen sich Iraner nach dem Toilettengang. Melahat Çetiner erwiderte schnell, sie werde sofort morgen einen Wasserkrug besorgen.

Da bemerkte Khomeini mich. Er musterte mich und zog die Augenbrauen hoch. Dann runzelte er die Stirn und begann zu schreien. Der Oberst antwortete wieder mit leiser Stimme und drehte sich zu uns um. In seiner Stimme schwang Traurigkeit mit: «Er sagt, er will keine Frau im Haus. Er sagt, die Frau mit dem unbedeckten Haar solle gehen.» Ich war geschockt und ärgerlich. «Oberst», antwortete ich, «ich bin keine Bedienstete hier. Ich bin die Frau des Hauses. Ich könnte mein Haus gar nicht verlassen, selbst wenn ich wollte. Die Regierung hat uns angewiesen, uns um ihn zu kümmern und ihn als unseren Gast zu behandeln. Wir werden zusammen in diesem Haus leben. Aber wenn er darauf besteht, werde ich mein Haar sofort bedecken und ein langes Kleid tragen.» Der Oberst wandte sich wieder an Khomeini. Kurz darauf schien der alte Mann sich zu beruhigen. Ich ging ins Schlafzimmer und zog ein langes Nachtkleid an. Ich bedeckte mein Haar und kam wieder heraus. Während seines gesamten Aufenthalts in Bursa, wann immer ich in seiner Nähe war, trug ich ein langes Kleid, das bis zu den Fußknöcheln reichte, und bedeckte meine Haare. Das gefiel ihm sehr. (Çetiner 1987)

Melahat Çetiner machte allerdings keine Zugeständnisse bei ihrer Tochter. Sie weigerte sich, ihre Tochter dazu aufzufordern, ein Kopf-

Khomeini ohne Turban im türkischen Exil, 1964. Er lebte bei der Familie des türkischen Sicherheitsoffiziers Ali Çetiner, dessen Sohn das ungewöhnliche, leider unscharfe Foto machte.

tuch zu tragen, und aß konsequenterweise in den ersten Tagen mit ihr in einem anderen Raum. Als Khomeini sie an den gemeinsamen Abendbrottisch bat, erklärte sie ihm das Dilemma. Die Tochter saß fortan ohne Kopftuch am Tisch. Khomeini muss seine Gastgeberin sehr respektiert haben. Sie berichtet, er habe ihr erzählt, er sei vorher noch nie aufgestanden, wenn eine Frau das Zimmer betrat. Für Melahat Çetiner stand er auf.

Während seiner Zeit in der Türkei arbeitete Khomeini an seinen juristischen Traktaten. Er erarbeitete beispielsweise einen Leitfaden für die Gläubigen, der ihn auf seinem Weg zum *mardscha* einen Schritt weiterbrachte, und befasste sich in seinen Rechtsgutachten mit Themen, die ihm bei diesem Türkeiaufenthalt begegnet sein müssen, zum Beispiel künstlicher Befruchtung, Geschlechtsumwandlung und dem Beten in Flugzeugen.

Wenn es sein strikter Arbeitsplan erlaubte, unternahm er zusammen mit der ganzen Familie Çetiner Ausflüge. Erst hatte Khomeini dies abgelehnt, weil er dazu seinen Kaftan ablegen und einen Straßenanzug tragen musste. Aber nach einiger Zeit willigte er ein. Nachdem er zunächst darüber erzürnt war, dass Çetiners Sohn ihn in diesem Outfit fotografieren wollte, gestattete er es schließlich doch. Ali Çetiner zufolge begann Khomeini, Türkisch zu lernen und sich in seiner neuen Umgebung wohlzufühlen. So ging er mit seinem Gastgeber sogar schwimmen. Von den zahlreichen iranischen Besuchern erhielt Khomeini viele iranische Süßigkeiten, die er immer großzügig mit der Familie teilte. Beide, Melahat Çetiner und er, weinten beim Abschied.

Ausschlaggebend für die Erlaubnis, nach Nadschaf gehen zu dürfen, müssen zum einen internationaler Druck und zum anderen die Briefe führender Kleriker aus Iran und Irak an den Schah gewesen sein. Allerdings scheint diese Lösung auch dem SAVAK sehr recht gewesen zu sein, da Khomeini durch die Vermittlung von Ali Çetiner begann, die Türkei als einen Staat zu sehen, der dadurch, dass er andere islamische Länder unterstützte, die islamische Sache weit stärker vorantrieb, als er immer angenommen hatte. Das bereitete dem SAVAK Sorge, der argwöhnte, Khomeini werde von der türkischen Regierung für eine Anti-Iran-Agitation eingespannt.

Irak: Aufenthalt mit Fingerspitzengefühl

Sein Sohn Mostafa kam in die Türkei, um ihn in das Schlangennest zu begleiten, wie Khomeini Nadschaf nannte. Nachdem er elf Monate in der Türkei gelebt hatte, kamen die beiden am 6. Oktober 1965 am Flughafen Bagdad an. Da niemand dort war, um sie abzuholen, nahmen sie sich ein Taxi nach Kazemein nördlich von Bagdad, einer der heiligen Stätten des Iraks. Mostafa erinnert sich, dass sein Vater, obwohl er ein Vermögen in einer Tasche mit sich trug, das ihm von seinen Anhängern in die Türkei gebracht worden war, mit dem Taxifahrer über den Fahrpreis feilschte. Das viele Geld war nicht für persönlichen Luxus gedacht.

In Kazemein nahmen die beiden sich ein billiges Zimmer in direkter Nähe zu den goldenen Kuppeln des Schreins, den Khomeini am folgenden Tag besuchte. Dies dürfte wohl das letzte Mal gewesen sein, dass er sich inkognito irgendwo aufhalten konnte. Die Anonymität war nur von kurzer Dauer. Als nämlich Mostafa telefonierte und Freunde über ihre Ankunft informierte, hörte der Hotelbesitzer das Gespräch mit und es dämmerte ihm, dass er niemand anderen als den berühmten Ayatollah Khomeini zu Gast hatte. Daraufhin brachte er ihn in seinem Haus unter.

Als sich die Nachricht von seiner Ankunft verbreitete, kamen Studenten aller Medresen Nadschafs, um ihn willkommen zu heißen. Am zweiten Tag schickte die irakische Regierung einen hochstehenden Beamten, um ihn zu begrüßen. Für seine Anhänger im Irak war es wichtig, sicherzustellen, dass Khomeini so viel Publicity wie möglich bekam, hatte er doch in Nadschaf eine große Herausforderung zu bewältigen. Khomeini war sich bewusst, dass seine politischen Ansichten dort wenig Anklang finden würden.

Ab dem 8. Oktober stand er wieder im Zentrum der Aufmerksamkeit. Begleitet von Hunderten von Unterstützern begab er sich nach Kerbela, wo ihn Scharen von Studierenden, die aus Nadschaf und Qom angereist waren, willkommen hießen. Wie es iranischer Brauch ist, holte man den Besucher einige Kilometer vor der Stadt ab, in diesem Fall in dem kleinen Dorf Musayib, um ihn in die Stadt zu begleiten. Eine große Zahl von Seminaristen und Mullahs streute Blumen auf ihn und gab ihm das Geleit auf der letzten Etappe seiner Reise. Eine Prozession von vierzig Autos folgte Khomeinis Wagen nach Kerbela. In der Stadt, dem Symbol von Selbstaufopferung und Kampf gegen die Unterdrückung, war Khomeini streng darauf bedacht, keine politischen Anspielungen oder gar ausdrückliche Kommentare von sich zu geben, und verbot seinen Anhängern jede Art politischer Gesten. Er war verärgert darüber, dass sie sein Bild im Basar verteilt hatten, da dies die anderen Kleriker stören könnte.

Khomeinis «gutes Benehmen» fiel auch dem iranischen Generalkonsul mit einigem Erstaunen auf, der nach Teheran telegraphierte, dass dem Geistlichen daran gelegen sei, Ruhe und Ordnung unter seinen Unterstützern zu wahren. Er habe ihnen nicht die geringste Möglichkeit gegeben, ihre Emotionen zu zeigen. In der Tat wollte Khomeini

Khomeini in seinem Haus in Nadschaf, Irak, 1965

auf keinen Fall auffallen. Zu einem Studenten, der ihn zu einem Kommentar herausfordern wollte und ihm erzählte, die beiden Ayatollahs Zandschani und Mostanbet hätten dem Schah zum 25-jährigen Jubiläum seiner Thronbesteigung gratuliert, sagte er, dieser solle sich um seine eigenen Angelegenheiten kümmern.

Nach einer Woche in Kerbela organisierten seine Anhänger einen weiteren festlichen Einzug in Nadschaf, dem wirklichen Machtzentrum des klerikalen Establishments. Am 14. November um vier Uhr nachmittags kam Khomeini vor dem Schrein des Imam Ali in Nadschaf an. Es war sein erster Besuch in dem Ort, nicht als Student, wie er es sich gewünscht hatte, sondern als exilierter Geistlicher, schon jetzt geplagt von der Feindseligkeit des schiitischen Klerus im Irak. Zum einen schlug ihm Geringschätzung entgegen, weil Qom grundsätzlich nicht als Studienort wertgeschätzt wurde und Nadschaf jenen, die dort ihre Ausbildung absolviert hatten, doch als deutlich prestigeträchtiger galt. Zum anderen sahen die Geistlichen Nadschafs Khomeini als potentiellen Rivalen, gar als Bedrohung an. Er hat Chaos angerichtet in Qom, soll einer von ihnen gesagt haben. Wir müssen aufpassen, dass er nicht dasselbe in Nadschaf macht.

Nachdem der Neuankömmling in Nadschaf ein kleines Haus bezogen hatte, statteten ihm zwei der bedeutendsten Kleriker der Stadt, Groß-Ayatollah Abolqasem Choi (1899–1992) und Groß-Ayatollah Mahmud Schahrudi (gest. 1974), wie es üblich ist, einen Willkommensbesuch ab. Der Besuch von Choi verlief nach einem guten Start eher frostig, da der Groß-Ayatollah irritiert war von der allzu entspannten und unkonventionellen Art Khomeinis, der in der Hierarchie unter ihm stand. Er beendete das Treffen schnell. Beim Gegenbesuch lief es besser: Khomeini hatte sich von seinen Beratern überzeugen lassen, dass er sich bei Choi bedanken solle, weil dieser die Niederschlagung der Proteste im Jahr 1963 durch den Schah öffentlich angeprangert hatte. Außerdem hielt er sich zurück und kam ansonsten nicht auf die Politik zu sprechen. Ihm war klargemacht worden, dass der Iraner Choi sich auf jeden Fall aus der Politik heraushalten wolle; ihn zu anderem überreden zu wollen, habe keinen Zweck. Besuch und Gegenbesuch von und bei Ayatollah Schahrudi verliefen zufriedenstellend bis gut: Schahrudi erzählte gerne persische Sprachwitze, und da er sich überhaupt nicht für Politik interessierte, wurden bei den beiden Treffen keine derartigen Themen angeschnitten.

Von allen schiitischen Granden in Nadschaf zeigte sich der älteste und wichtigste, Groß-Ayatollah Muhsin al-Hakim, Khomeini gegenüber am skeptischsten. Er wartete bis zum zweiten Tag, ehe er dem Neuankömmling seine Aufwartung machte, was dessen Gefolgschaft als Zeichen der Respektlosigkeit deutete. Das Treffen dauerte denn auch nur fünf Minuten. Dennoch war die Entourage Khomeinis zunächst zufrieden. Man hatte ein gemeinsames Foto von den Ayatollahs machen können, das als Beweis für das große Einvernehmen der beiden zu Hause in Iran gezeigt werden sollte, um der Propaganda des Schahs entgegenzuwirken, der Quietist al-Hakim, den der Schah nach dem Tod

Borudscherdis als dessen Nachfolger hatte aufbauen wollen, sei Khomeini gegenüber negativ eingestellt. Doch am nächsten Morgen stellte sich heraus, dass wohl jemand von al-Hakims Leuten den Film entwendet hatte.

Die negative Haltung von Choi und al-Hakim gegenüber Khomeini zeigte sich besonders durch das Verhalten ihrer Studenten: Drei wichtige Mitglieder von al-Hakims Entourage, der Fachbegriff hierfür lautet im Arabischen und Persischen *beit* (Haus), weigerten sich, Khomeini nach seiner Ankunft aufzusuchen und im Folgenden mit ihm Kontakt zu haben. Der bedeutendste von ihnen, Mohammad Rohani, versuchte sogar, ihn zu marginalisieren, indem er die frisch aus Iran gekommenen Studenten, die zu Khomeini wollten, mit materiellen Anreizen überzeugte, sich andere Lehrer zu wählen. Außerdem wurde Khomeini öffentlich in der dem Klerus eigenen Bildersprache verunglimpft: Sein Turban ist klein. Oder: Sein Bart ist kurz. Khomeinis Schüler wiederum wurden als *tude'i*, also Anhänger der kommunistischen Partei Irans, verunglimpft. Allerdings schlug auch Khomeinis *beit* zurück und behauptete etwa, Mohammad Rohani stünde auf der Gehaltsliste der iranischen Botschaft. Es war schließlich al-Hakim, der all dem Einhalt gebot und seine Entourage anwies, nicht schlecht über Khomeini zu reden. Der Groß-Ayatollah wollte unbedingt zumindest die Fassade von Einigkeit unter den Klerikern aufrechterhalten.

Außerdem versuchte Khomeinis Sohn Mostafa zu vermitteln und die Bedenken gegenüber seinem Vater auszuräumen. Auch Khomeini selbst, der all das geahnt hatte – nicht umsonst nannte er Nadschaf ein Schlangennest –, tat weiterhin sein Möglichstes, um nicht aufzufallen oder anzuecken. So wählte er als sein erstes Unterrichtsthema das Buch *al-Makasib* von Scheich Ansari. Indem er dieses Standardwerk der Jurisprudenz unterrichtete, wollte er seine rechtswissenschaftliche Expertise unter Beweis stellen, die angezweifelt wurde. Denn die von ihm favorisierten Disziplinen Philosophie und Mystik standen auch in Nadschaf nicht gerade hoch im Kurs.

In den ersten Jahren im Irak sagte Khomeini, der Strategie des *low profile* folgend, zudem wenig zur iranischen Politik, wenn er sie auch intensiv beobachtete und engen Kontakt zu jungen Studierenden in den

Khomeini besucht den Schrein Imam Alis in Nadschaf, 1965.

USA, in Kanada, Frankreich, Deutschland und Großbritannien hielt. Diese sorgten dann vor allem ab 1977 dafür, dass Khomeinis Statements im Ausland verbreitet wurden. Schlüsselfiguren dieses Flügels der Studentenopposition waren der Soziologiestudent Hasan Bani Sadr (geb. 1933) in Paris, der spätere Staatspräsident; Ebrahim Yazdi (1931–2017), ein in den USA ausgebildeter Arzt mit Basarhintergrund, der später in der ersten Regierung nach der Revolution Außenminister werden sollte; Sadeq Qotbzade (1936–1982), ein Studentenaktivist, der später zuerst Leiter des iranischen Rundfunks und Fernsehens und dann Außenminister werden sollte, sowie Sadeq Tabatabai, dessen Großvater einer von Khomeinis Lehrern gewesen war. Sie alle zählten zu Khomeinis Entourage, als er nach Paris gehen musste, und nahmen nach der Revolution einflussreiche Positionen ein. Auch zu seinen Unterstützern in Iran hielt Khomeini engen Kontakt, in erster Linie zu den Geistlichen Morteza Motahhari und Hosein Ali Montazeri, die ihn mit Informationen über die Geschehnisse versorgten.

Die Rückkehr zu den eigenen kulturellen Wurzeln

In jenen Jahren verfolgte Khomeini vor allem das Schreiben und Treiben Ali Schariatis aufmerksam, der wie er selbst maßgeblich zur islamischen Ideologie beitragen sollte. Ayatollah Mahmud Taleqani zufolge war es dabei in erster Linie Schariati, der die Jugend in die revolutionäre Bewegung hineinzog, und Ayatollah Mohammad Beheschti behauptete sogar, dass die Bücher Schariatis essentielle Bedeutung für die Revolution gehabt hätten, während Khomeinis Schriften nicht dafür gemacht gewesen seien, die junge Generation zu gewinnen. Das gilt besonders für Ali Schariatis *Ommat va emamat* (Gemeinde und Imamat), das 1972 erstmals in Iran erschien und auf Vorlesungen Schariatis an der *hoseini-ye erschad* zurückgeht.

Der 1933 in der Nähe von Maschhad geborene Ali Schariati schrieb schon früh seine ersten Bücher über den Islam. Sein Buch über den Prophetengefährten al-Ghaffari, den er als den Begründer des islamischen Sozialismus beschrieb, erschien, als Schariati 22 Jahre alt war. Ab 1956 studierte er Geschichte und Geschichtsphilosophie an der Universität Maschhad. Zusammen mit seinem Vater und sechzehn weiteren politischen Aktivisten wurde er 1957 erstmals verhaftet. Nach seiner Freilassung sechs Monate später heiratete er seine Studienkollegin Puran (1934–2019). Zwei Jahre später legte er sein Examen ab. Als einer der besten Absolventen bekam er ein Auslandsstipendium.

Schariati ging nach Frankreich, an die Pariser Sorbonne, wo er Soziologie sowie Religionsgeschichte hörte. Er studierte vor allem bei Louis Massignon (1883–1962), einem der bedeutendsten Orientalisten des Westens, der ihn stark beeinflusste. Außerdem lernte Schariati in Frankreich die Ideen von Frantz Fanon (1925–1961), dem berühmten Vordenker der Entkolonialisierung, kennen. Dessen Buch *Die Verdammten dieser Erde*, das bis heute als Manifest des Antikolonialismus gilt, übersetzte er ins Persische. Außerdem wurde Schariati stark von Jean-Paul Sartre (1905–1980) beeinflusst, den er persönlich getroffen haben soll, trat der algerischen Unabhängigkeitsbewegung bei und wurde deswegen sogar verhaftet. Außerdem sympathisierte Schariati in Paris mit der Konföderation iranischer Studenten, der Freiheitsbewegung und der Nationalen Front und gab eine Zeitschrift in persischer Sprache heraus, *iran-e azad* (Freies Iran).

Als Schariati 1965 nach Iran zurückkehrte, nahm man ihn sofort in Haft. Nach seiner Freilassung, wenige Monate später, wurde er Assistenzprofessor für islamische Geschichte an der Universität Maschhad. Ab 1968 wirkte Schariati, der inzwischen Vater von vier Kindern war, in Teheran an der *hoseyni-ye erschad*, dem von Motahhari gegründeten religiösen Zentrum. Dort sollte er bis zur Schließung dieser Institution 1972 Tausende späterere Revolutionäre in seinen Bann ziehen.

In einem berühmt gewordenen Vortrag erklärte Schariati in dem religiösen Zentrum, die Schia sei einst eine revolutionäre Ideologie gewesen, habe sich jedoch im Laufe der Jahrhunderte zu einer Religion der demütigen Büßer gewandelt. Hierfür macht er die schiitische Geistlichkeit verantwortlich. Sie sei schuld daran, dass das schiitische Denken sich nicht mehr weiterentwickelt habe, zum Stillstand gekommen sei, keine innovative Kraft mehr besessen habe. Er wirft dem Klerus vor, aus eigennützigen Motiven das revolutionäre Potential des Islams zu unterdrücken – zum Beispiel um an den religiösen Festtagen Geld zu verdienen, wenn die Geistlichen ihre Zuhörer zum Weinen bringen. In seiner Beschreibung der Schia unterscheidet er zwischen zwei Arten derselben: Die rote Schia sei die wahre, revolutionäre Schia des Imam Ali und vertrete einen Islam der Kämpfer und Märtyrer, während die schwarze Schia mit den Herrschern kooperiere, reaktionär und eine Religion der Klageweiber sei.

Mit vielen dieser Ideen ging Khomeini konform, er teilte Schariatis Kritikpunkte am Klerus inhaltlich durchaus. Allerdings hielt er sich weitestgehend mit einer öffentlichen Kritik an seinen Berufskollegen zurück, um nach außen hin Einigkeit zu demonstrieren. Schariati hatte diesbezüglich weniger Hemmungen, war er doch, anders als Khomeini, nicht Teil dieser Schicht.

Auf die Generation der späteren Revolutionäre übte Ali Schariati einen kaum zu überschätzenden Einfluss aus. Und ironischerweise war vermutlich er es, der der Geistlichkeit, als deren größter Kritiker er hervorgetreten war, durch seine Betonung des Imamats zu ihrer Rolle in der Revolution verhalf. Indem die Geistlichen, so Schariati, nur für sich die Autorität beanspruchten, den Willen Gottes interpretieren zu können, stellten sie sich zwischen den Menschen und Gott. Doch gerade die Abwesenheit eines Mittlertums mache den Islam aus, darin unterscheide er sich in seiner Reinform von den anderen Religionen. Im gegenwärtigen schiitischen Islam würde diese Intention jedoch pervertiert. Die Geistlichen hielten die Menschen von der Lektüre und dem eigenständigen Verstehen der religiösen Texte – vor allem des Korans – ab:

> Ein Koran, der weder gelesen noch verstanden wird, ist ein Buch wie jedes andere, ein unbeschriebenes Blatt. Daher gibt man sich so viel Mühe, uns davon abzuhalten, ihn zu lesen, zu verstehen und darüber nachzudenken. Wir würden ihn nicht verstehen, weil er so kompliziert sei, die rationale Interpretation des Korans sei verboten. (Schariati 1991, 40)

Deshalb propagierte Schariati einen *Islam ohne Mullahs*, wie er ihn nannte. Doch mit Mehdi Bazargan meint einer der bedeutendsten Akteure der Islamischen Revolution, es sei trotzdem Schariati zu verdanken, dass sich ein Geistlicher an die Spitze der revolutionären Bewegung habe setzen können. Erst durch seinen wohl revolutionärsten und explizitesten Vortrag *Islamische Gemeinde und Imamat*, den er Ende März 1969 an vier aufeinanderfolgenden Abenden mit durchschlagendem Erfolg in der *hoseyni-ye erschad* hielt, habe die religiöse Führung einer Bewegung eine positive Bedeutung bekommen.

Dem Iranisten Michael Fischer zufolge wurde Khomeini später, während und nach der Revolution, nur deshalb als Imam tituliert, weil Schariati in diesem Vortrag von einem Imam sprach, der die islamische Gemeinde anführen solle. Hierzu sei angemerkt, dass der Titel Imam normalerweise im Persischen, anders als im Arabischen, nicht verwendet wird, auch wenn Vorbeter durchaus im Persischen als Imame bezeichnet werden können. Aber man versteht Imam anders als im Arabischen nicht als Ehrentitel. Bis heute lautet der gängigste Name für Ayatollah Khomeini Imam Khomeini, weshalb die Vermutung naheliegt, dass der Revolutionsführer bewusst als Imam inszeniert wurde. Auch seine Rückkehr aus dem Pariser Exil nach Teheran wurde so in Szene gesetzt, wie sich das einfache Volk die Rückkehr des zwölften Imams vorstellen würde.

Das alles hatte Schariati, der meinte, Al-e Ahmad habe das Problem richtig erkannt, doch keine praktische Lösung vorzuschlagen gewusst, wohl nicht vorausgesehen. Allerdings sah er sich als denjenigen, der zu Ende brachte, was Al-e Ahmad, den er sehr bewunderte, begonnen hatte. Anders als dieser kannte Schariati zudem den Westen aus eigener, langer Anschauung und war geprägt durch Denker wie Georges Gurvitch (1894–1965), Carl Gustav Jung (1875–1961), Claude Lévi-Strauss (1908–2009), André Malraux (1901–1976) und Jean-Paul Sartre – und mit ihnen durch die Selbstzweifel des Westens.

Für ihn lag die Lösung, die die iranische Kultur und Identität vor dem Zugriff des Westens bewahren sollte, in der Rückkehr zu sich selbst, *bazgascht be chischtan*, eine Idee, die sich bei Al-e Ahmad schon angedeutet hatte. In einer Replik auf Frantz Fanon, der von der Rückkehr der Unterdrückten gesprochen hatte, entwickelte Schariati die Idee von der Rückkehr zu den eigenen kulturellen Wurzeln.

Mit diesen meinte er natürlich die ursprünglichen islamischen Wurzeln, die jedoch erst neu entdeckt werden müssten, da das Erbe von den reaktionären Geistlichen verfälscht worden sei. Mit dieser Aussage machte sich Schariati zwar viele Feinde im religiösen Establishment, doch die junge Generation – Geistliche wie religiöse Laien – zeigte sich davon unbeeindruckt und nahm sie begeistert auf. Denn der charismatische, mitreißende Redner, der in seinen Vorträgen alles wegließ, was nicht in seine Konzeption passte, hatte eine gewaltige Wirkung, die nicht einmal durch ein großes Maß an inhaltlicher Inkohärenz geschmälert wurde. Auch wenn viele ältere Gelehrte ihm feindlich gesinnt waren, so gab es doch auch solche wie Khomeini, die manchen seiner Ideen zugetan waren.

Ali Schariati: Imamitische Führung statt demokratischer Regierung

Nicht nur seine Forderung, das revolutionäre Potential der Religion zu nutzen, hat eine ganze Generation geprägt, Schariati war zudem einer der wichtigsten Demokratiekritiker Irans. Auch hier scheint ein großer Einfluss auf Khomeini gegeben. Darüber hinaus haben seine Argumente entscheidend dazu beigetragen, dass die Idee von der *velayat-e faqih* sich durchsetzen konnte und nicht die der Demokratie. Ihm zufolge behaupte der Westen zwar, die Demokratie sei diejenige Staatsform, die die Menschenrechte am meisten achtet, doch nehme er die Menschenrechte nur für sich selber in Anspruch.

> Als in Europa der Ruf der Humanisten nach Demokratie, Liberalismus, individuellen Freiheiten und Menschenrechten laut wurde, das Fieber des Humanismus anstieg und die schönsten Wortschöpfungen, so wunderbare und scharfsinnige Gedichte hervorbrachte, Meisterwerke der Musik, des Theaters, des Schrifttums, der Malerei; als Lobeshymnen auf die Freiheit und den Liberalismus die unbehausten Intellektuellen und die ehrenhaften und naiven Humanisten in Erregung versetzten, erklärte die demokratisch gewählte Regierung Frankreichs, die nach der Großen Französischen Revolution von der Mehrheit gewählt worden war, in einer Verlautbarung: Meine Damen und Herren, Bürger Frankreichs: wer die Bombardierung von Algier aus der Nähe beobachten will, kann sich am Tage X des Jahres 1812 am Ort Y einfinden, den die französische Armee für die französischen Zuschauer errichtet hat, um die Militäraktionen aus der Nähe zu beobachten.
>
> Ja, die liberale Regierung, die aus demokratischen Wahlen hervorgegangen ist, verkündet die Bombardierung einer Großstadt und den Massenmord an einem Volk, dessen einzige Schuld es ist, schwach zu sein. Diese demokratische und liberale Regierung, Erbin der Errungenschaften der Großen Französischen Revolution, lässt an einem Tag 45 000 Menschen in Madagaskar töten. Diese Verbrechen fanden nicht im Mittelalter und zur Zeit Ludwigs, des Schlossherrn von Versailles, statt. Wir verdanken den Kolonialismus, der Massenmord an Völkern, Vernichtung der Kulturen, Reichtümer, Geschichten und Zivilisationen der nicht-europäischen

> Menschen mit sich brachte, den Regierungen, die demokratisch gewählt wurden, Regierungen, die an Liberalismus glaubten. Diese Verbrechen wurden nicht von Priestern, Inquisitoren und Cäsaren begangen, sondern im Namen der Demokratie und des westlichen Liberalismus. Wann? Im 19. und 20. Jahrhundert – d. h. in den Jahren, als Liberalismus, Demokratie, Humanismus und Brüderlichkeit von den Europäern in der Welt verkündet wurden; als Kunst, Literatur, Poesie, Kultur und Philosophie von dieser neuen Welle mitgerissen wurden und als sich die Intellektuellen der ausgeplünderten Länder der Dritten Welt, die selbst hilflose und nicht wissende Opfer dieser verlockenden Worte geworden waren, dafür begeisterten. (Schariati 1980, 163)

Schariatis Kritik gilt jedoch nicht nur den Regierungen, sondern vor allem den Intellektuellen der westlichen Länder. Auch sie hätten der Idee des Kolonialismus gegenüber keinen Widerstand geleistet und ihre Regierungen nicht kritisiert, auch sie hätten sich nicht für die Kolonialisierten eingesetzt.

> Welcher Denker, Humanist, Sozialist und Kommunist hat in Europa Einspruch erhoben, als der Kolonialismus und der Kapitalismus – demokratisch und liberal maskiert – dieses Feuer in der Welt entfachten; als Millionen hilfloser Muslime und Inder, schwarze und gelbe Völker ausgeraubt und zerstört wurden. Ich kann es Marx, Engels, Proudhon und den anderen Sozialisten und Revolutionären nicht verzeihen, dass sie sich im Westen nur für die gerechte Verteilung dessen starkmachten, was im Osten geraubt wurde – gerechte Verteilung unter Kapitalisten und Arbeitern. Das nannten sie dann das Recht der Arbeiter, ihr Recht auf die Ware, die sie produzierten. Marx nannte die westliche Ware konzentrierte Arbeit. Ich als Orientale wurde Zeuge davon, dass sie konzentrierte Verbrechen und konzentrierter Raub waren. (Schariati 1980, 165)

Allerdings fragt Schariati auch, ob die Demokratie überhaupt grundsätzlich die passende Regierungsform für die Länder der Dritten Welt sei. Er meint, revolutionäre Veränderung sei mit ihr in diesen Ländern nicht zu erreichen. Er betrachtet also nicht nur die westlichen Demokraten kritisch:

> Man fragt sich, ob es in einer Gesellschaft, in der der Fortschritt und die Führung einer Gesellschaft, die unbeweglich und ignorant ist, die erklärten Grundsätze sind, nicht die Führung und den Fortschritt selbst verhindern würde, wenn man das Votum der Bürger beachten würde? (Schariati 1980, 149)

Um wirklich etwas zu verändern, müsse nicht eine demokratische Regierung, sondern eine sogenannte imamitische Führung an der Spitze des Staates stehen. Nur so seien radikale Veränderungen realisierbar. Auch die Anwendung von Zwang und Gewalt wird von Schariati in diesem Zusammenhang gerechtfertigt: Das Ziel rechtfertigt die Mittel. Dem Führer der revolutionären Bewegung, dem Imam, wird somit eine fast unbeschränkte Macht zugesprochen. Volkes Wille ist irrelevant. Dieser totalitäre imamitische Führer erinnert sehr an Khomeinis *vali-ye faqih*, der diesen als Vormund des unmündigen Volkes sieht.

Ein totalitäres Verhalten des Staates hält Schariati also vor allem wegen der Unfähigkeit des Volkes, sein Schicksal selbst in die Hand zu nehmen, für gerechtfertigt und erklärt das Volk in dem Moment für unmündig, in dem er ihm die Unfähigkeit zur positiven Veränderung attestiert: «Denn die Bürger einer Gesellschaft würden kaum jemandem ihre Stimme geben, der gegen die Traditionen, Gewohnheiten, Überzeugungen und Sitten aller Bürger dieser Gesellschaft ist, sie verändern, bekämpfen und durch fortschrittliche Traditionen ersetzen möchte.» (Schariati 1980, 149)

Eine aufgeklärte Gruppe hätte somit gegen die Kräfte des Bestehenden keine Chance. Schariati sieht gerade in der Tatsache, dass in der Demokratie die Regierung Mehrheiten beschaffen muss, einen großen Nachteil für den Fortschritt: «Die Stimmenmehrheit bekommen nur diejenigen, die als Bewahrer des herrschenden Zustands auftreten. Also wird die Regierung, die mit den Stimmen des Volkes bzw. den Stimmen der Mehrheit gewählt wird, die Ansichten der Mehrheit bewahren.» (Schariati 1980, 150)

Schon hier fällt auf, dass er – wie nach ihm viele iranische Denker – das Volk mit unmündigen Kindern vergleicht, die nicht erkennen, was gut für sie ist, daher zu ihrem Besten gezwungen werden müssen und dazu einen Oheim brauchen: «Kinder bevorzugen das Kindermädchen, das sie sich vergnügen lässt und das ihnen viel Freiheit lässt; das Kindermädchen, das streng zu ihnen ist, sie zur Ordnung ermahnt und ihnen neue Ansichten und ein anderes Verhalten aufzwingt, wird nicht geschätzt.» Ähnlich einem Kind gilt Schariati das Volk als nicht fähig zu vernünftigen Entscheidungen. Schon gar nicht könne es entscheiden, was die beste Führung ist: «Hat jemals die Mehrheit zu erkennen vermocht, was für sie das Beste ist?» (Schariati 1980, 151) Das iranische Volk sieht er auf der Entwicklungsstufe von einer primitiven zu einer zivilisierten Gesellschaft. Um das Ziel zu erreichen, bedürfe es aber einer Entwicklungsdiktatur, keiner Demokratie. Denn die Demokratie stehe im Widerspruch zu Entwicklung und Fortschritt:

> Bezüglich der Demokratie stellt sich also heute die Frage, ob die ruhige und bleibende Glückseligkeit und die Bewahrung der herrschenden Traditionen die Grundprinzipien des Regierens sind. D. h., ob die Staatsführung gemäß der altgriechischen politischen Auffassung die Fortführung der Stadtverwaltung ist. Dann ist die beste Regierungsform diejenige, die mit der Mehrheit der Stimmen gewählt wird. Denn diese Regierung wird schließlich von der Mehrheit gewollt. Solch eine Regierung wird aber nicht das Ziel haben, das Volk recht zu leiten oder die gesellschaftlichen Verhältnisse sowie die bestehenden Traditionen auf das Beste zu verändern. Sondern sie wird sich zum Ziel setzen, auch weiterhin gewählt zu werden. (Schariati 1980, 152)

Ein weiteres Argument gegen die Demokratie sieht Schariati in der Freiheit. Die Menschen in den Entwicklungsländern könnten nichts mit ihr anfangen. Als Beispiel zitiert er einen Afrikareisenden, der dort mit der Frage konfrontiert wird, wie lange «diese Unabhängigkeit, die vor einem Jahr gekommen und überall verbreitet worden ist, dauern wird? Wird sie von Dauer sein oder wird sie einmal wieder zu Ende gehen?» (Schariati 1980, 155) Freiheit sei nichts für die Menschen in den Entwicklungsländern, meint Schariati, sie seien mit ihr völlig überfordert. Wie kleine Kinder eben, muss der Leser dieser Passage denken, denen keine Grenzen gesetzt und die vor große Entscheidungen gestellt werden, die sie noch nicht überblicken können.

Die Demokratie hält aber in Schariatis Augen noch weitere Schrecken bereit. So zählt er die Verbrechen auf, die im Jahr 1962 an einer Straßenkreuzung von Paris begangen wurden. 1700 waren es an der Zahl, und er erklärt, wie und warum es dazu kommen konnte: «Warum? Der Glaube daran, dass jeder Bürger sein Leben gestalten kann, wie er es für richtig hält, hat dazu geführt, dass der Kapitalismus diesen Grundsatz ausnutzte und jede Art von Laster und Verletzung der sozialen und moralischen Tugenden für erlaubt erklärt.» (Schariati 1980, 157)

Hier begegnen wir einem weiteren entscheidenden Topos der islamischen Demokratiekritik: Weil sie dem Bürger alle Freiheiten lässt, führt die Demokratie zwangsläufig zu Unmoral. Der ideale islamische Staat soll jedoch von Moral und sozialer Gerechtigkeit geprägt sein. Und es ist Aufgabe des Staates, diese durchzusetzen: zum Wohle seiner Bürger und somit vollkommen in ihrem Sinne. Auch diesen und den nächsten Ansatz finden wir später bei Khomeini wieder: Denn Schariati kritisiert auch, wie jemand in einer Demokratie die Mehrheit für sich gewinnt.

> So bekommen diejenigen ein Mandat, die sich in den Köpfen der Menschen und in ihren Herzen einen Platz erobert haben. Das ist natürliche und legale Verfälschung! […] Wie kommt denn sonst Meinungsbildung zustande? Bei der Beurteilung der gesellschaftlichen, besonders der politischen Fragen wäre es sehr naiv und illusorisch anzunehmen, dass die Masse des Volkes, die die Mehrheit bildet […], durch eigene, auf soziologische und philosophische Überlegungen gestützte Untersuchung und wissenschaftliche Forschung zu einer Meinung gelangt wäre und sich dann entschieden habe, zur Wahlurne zu gehen. (Schariati 1980, 160)

Als Argument gegen die Demokratie führt Schariati natürlich auch das Verhalten der gewählten Vertreter an, was ihm – so meint er – in seiner Einschätzung recht gebe, dass in einer Demokratie eben gerade nicht die Besten an die Regierung kommen. Genau deren Herrschaft fordert er aber. Seine Argumentation weist viele Ähnlichkeiten mit dem Platonschen Ansatz und dem der *velayat-e faqih* auf.

Schariati will Veränderung, und um eine gerechte und aufgeklärte Gesellschaft herbeizuführen, tritt er für eine starke Herrschaft, eine Art

Entwicklungsdiktatur, ein. Da das Volk zu dumm und zu rückwärtsgewandt für den fortschrittlichen Wandel sei, müsse ein revolutionärer Führer an die Spitze des Staates. In seiner Terminologie heißt diese Person Imam. Wer dieser Imam genau ist, ergibt sich bei Schariati quasi automatisch, indem er sich in der Revolution, die Schariati als eine Variante zur Änderung des Regierungssystems bezeichnet, als der bedeutendste Führer erweise.

Was Legitimation und Befugnisse dieses Führers angeht, nimmt Schariati die Position des *vali-ye faqih* der iranischen Herrschaftsdoktrin vorweg. Sein Herrschaftskonzept wird von Ervand Abrahamian als eine Diktatur der Intelligenziya bezeichnet. Allerdings ist Schariatis Imam nicht notwendig ein Geistlicher. Für ihn stellt Shahrough Akhavi zufolge Imam Ali, der in der Schia das Muster des aufgeklärten Denkers und nicht des Geistlichen ist, den Prototyp des Führers dar.

Zwar spricht sich Schariati ziemlich deutlich für eine Entwicklungsdiktatur unter der Führung eines gerechten Führers aus. Als der Klerus-Kritiker, der er war, dürfte er jedoch mitnichten eine *velayat-e faqih*, wie sie Khomeini im Sinn hatte, favorisiert haben. Allerdings war Khomeini nicht einer von den Klerikern, wie sie Schariati so negativ zeichnet. Er taucht jedoch auch nicht als positives Rollenmodell in Schariatis Schriften auf.

Tatsache ist aber, dass auch in den Augen dieses wohl wichtigsten islamischen Ideologen sich die Demokratie nicht als eine Alternative zum herrschenden System anbot. Natürlich gibt es große Unterschiede, was die Ideen von Khomeini und Schariati angeht, aber sie teilten eine wichtige gedankliche Grundlage: dass Religion und Herrschaft auf das Engste miteinander verknüpft sind. Beider Denken bildet die Schule der Islamischen Revolution, *maktab-e enqelab-e eslami*. Und Ali Schariatis Ansichten scheinen auch eine große Rolle bei Khomeinis Politisierung und Radikalisierung gespielt zu haben, der beispielsweise Schariatis berühmten Slogan «Jeder Tag ist *aschura*, jeder Ort ist Kerbela» übernommen hat.

Dieser selbst sollte die Revolution jedoch nicht mehr erleben. Seine Frau Puran sagte einmal, er wäre in der Islamischen Republik wohl als einer der Ersten im Gefängnis gelandet. Heute versucht man eher, die

Erinnerung an ihn auszulöschen, als sie aufrechtzuerhalten. Zwar ist ein Highway in Teheran nach ihm benannt, die meisten seiner Bücher jedoch sind verboten oder nur zensiert erhältlich.

Schariatis Tod ist bis heute nicht aufgeklärt: Er war 1973 verhaftet und erst 1975 auf Intervention der algerischen Regierung von der Schah-Regierung wieder freigelassen worden. Nachdem er im Mai 1977 nach London ausreisen durfte, starb er dort am 19. Juni 1977. Viele vermuteten, dass der SAVAK involviert war.

8

Khomeinis Vorlesungen über den islamischen Staat

Eine antiimperialistische Kampfschrift?

Die Forderung nach der Herrschaft des Rechtsgelehrten erhob Ayatollah Khomeini trotz aller selbst verschriebenen Abstinenz dann doch von seinem Exilort Nadschaf aus. Im «Schlangennest» hielt er vom 21. Januar bis zum 8. Februar 1970 eine Vorlesungsreihe über die islamische Regierung. Das später erschienene Buch basiert auf Mitschriften seiner Studenten, die unter drei verschiedenen Titeln schnell im Umlauf waren: *Die Führungsbefugnis des Rechtsgelehrten*, *Die islamische Regierung* und *Ein Brief von Imam Musavi Kaschif al-Ghita*. Speziell der letzte Titel sollte wohl die iranischen Zensoren in die Irre führen. Im Herbst 1970 soll dann eine durch Khomeini autorisierte Fassung in Beirut gedruckt worden sein; Kopien wurden von seinen Leuten nach Iran geschickt, aber ebenso nach Europa und in die USA. Unter dem Titel *Ein Brief von Imam Musavi Kaschif al-Ghita* wurde das Buch erstmals 1977 in Iran gedruckt. Sein Besitz war unter dem Schah verboten, und der US-amerikanische Islamwissenschaftler Hamid Algar (geb. 1940) schreibt im Vorwort zu seiner Übersetzung, dass viele Menschen inhaftiert und gefoltert worden seien, weil sie das Buch veröffentlicht, besessen oder gelesen hatten.

Uneinigkeit besteht in der Frage, in welcher Sprache die Vorlesung gehalten wurde. Während Hamid Algar als Verfasser der einzig autorisierten Übersetzung ins Englische davon ausgeht, sie sei auf Persisch gehalten worden, meint der Iranist Gregory Rose, es müsse Arabisch gewesen sein, da dies auf dem *charisch*-Level in den *houze* so üblich gewesen sei. Es gibt jedoch anderslautende Berichte sowohl von Khomeinis Sohn Ahmad als auch von irakischen Studenten, denen zufolge sie nicht teilnehmen konnten, weil sie kein Persisch verstanden.

Khomeini verwirft in seiner Vorlesungsreihe über den islamischen Staat bzw. die islamische Regierung ausdrücklich die iranische Verfassung von 1906/07 und bezeichnet die konstitutionelle Monarchie als unislamisch. Damit steht seine Haltung in vollkommenem Gegensatz zu der von ihm in *Kaschf al-asrar* formulierten Auffassung, nach der die Regierung des Schahs lediglich von einem Rechtsgelehrten überwacht werden sollte. Die Ursache für diese Radikalisierung seiner Ansichten dürfte in den sich ständig verschlechternden Beziehungen zwischen dem sozialrevolutionären Teil der Geistlichkeit um Ayatollah Khomeini und dem Pahlavi-Regime zu suchen sein.

Khomeinis Vorlesungsreihe enthält seine Grundgedanken über die Weisungen des Islams – speziell seiner schiitischen Richtung – zum islamischen Staat, zur Notwendigkeit, einen solchen Staat zu schaffen, seiner Führung, Zielsetzung und Aufgabenstellung. In weiten Teilen gleichen seine Ausführungen jedoch einer anti-imperialistischen Kampfschrift, haben den Charakter eines Pamphlets: Die einzig wahre iranische Identität sei die islamische, deshalb könne nur die Rückbesinnung auf den Islam das Land vor dem Untergang retten. Die Verantwortung für sämtliche Probleme Irans schiebt Khomeini dem Westen in die Schuhe sowie den Juden und beider Handlanger, dem Schah. Mohammad Reza Pahlavi kaufe Flugzeuge, während das Volk hungere, wirft er ihm vor. Er mischt zudem das religiös begründete, traditionell durchaus vorhandene, wenn auch nicht allzu ausgeprägte antijüdische Feindbild mit dem modernen europäischen Antisemitismus, wenn er schreibt: «Von Anfang an waren die Juden ein Problem für die islamische Bewegung.» (Khomeini 1971, 6) Hier spielt er an auf die Unterstützung, die dem Schah-Regime von Israel gewährt wurde. Deshalb wurde Israel von den Schah-Kritikern ähnlich negativ gesehen wie die USA.

Noch nirgendwo geht er auf die Details des islamischen Regierungssystems ein. In seiner Vorlesungsreihe zeigt er zwar auf, wie er den Führungsanspruch der Rechtsgelehrten herleitet, aber sie ist kein Entwurf eines islamischen Staatskonzepts, mangelt es den Ausführungen doch an Präzision und konkreter Ausgestaltung. Khomeini begründet den Führungsanspruch der Geistlichen mit dem Koran und mit dem Reden und Handeln des Propheten, der seinen Schwiegersohn und Cousin Ali, wie die Schiiten sagen, zu seinem Nachfolger bestimmte, sowie mit den Überlieferungen der Imame und vor allem mit der schieren Existenz des islamischen Rechts. Bis heute werfen ihm seine Gegner vor, dass seine Interpretationen nicht nachvollziehbar und die von ihm zitierten Überlieferungen aus dem Kontext gerissen seien. Selbst Khomeinis zentrales Argument wird heute von seinen Kritikern vehement bestritten: dass der Islam einen ganzheitlichen Anspruch habe und alles im Koran detailliert geregelt sei. Anders als seine Gegner ist er der folgenden Ansicht, die seiner Argumentation zugrunde liegt: «Es gibt keine lebenswichtige Frage, für die der Islam keine Regel aufgestellt und zu der er kein Urteil gefällt hätte.» (Khomeini 1971, 11)

Heute wie früher und bis in alle Ewigkeit hinein, so Khomeini, müssten die Muslime handeln, wie Gott es ihnen im Koran verordnet hat. Der Koran sei schließlich die Rechtleitung der Muslime. Er kommt schnell zu seiner zentralen These: Nicht allein die Tatsache, dass der Koran ein ganzheitliches System der Rechtleitung darstellt, sondern auch das Handeln des Propheten beweise die Notwendigkeit, einen islamischen Staat zu schaffen. Denn auch der Prophet selbst habe einen Staat gegründet. Im Gegensatz zu anderen Gelehrten leitet Khomeini daraus eine generelle Handlungsanweisung für die muslimische Gemeinschaft ab. Er bestreitet, was von seinen ideologischen Gegnern behauptet wird, dass nämlich die weltliche Herrschaft des Propheten nur ihm selbst vorbehalten bzw. ein historischer Zufall war. Diesen ideologischen Gegnern widmet er sich sehr ausführlich, indem er über Seiten hinweg die Gelehrten attackiert, die sich von der Politik fernhalten. Im *houze* werde heute ein falscher Islam vorgestellt und gelebt. Deshalb hätten die Menschen keine Ahnung vom Islam, sagt Khomeini. Dies erinnert sehr an die von Schariati an der Geistlichkeit vorgebrachte Kritik. Auch Khomeini meint, die Achtung, die den Gelehrten der Religion entgegengebracht würde, hätten diese nicht verdient, lehnten sie sich doch nicht gegen die Unterdrückung und die Ungerechtigkeit auf. Dies indes sei ihnen geboten, der wahre Islam schreibe die Auflehnung gegen den Unterdrücker vor. Die meisten Gelehrten hätten jedoch eine kolonialistische Haltung angenommen und glaubten inzwischen selbst, was die Ausbeuter und Unterdrücker ihnen weismachen wollten: Dass sie zur Auflehnung unfähig und nicht in der Lage seien, etwas zu bewegen. Die Kolonialisten hätten den Klerus dahingehend manipuliert, dass man Islam und Politik trennen sollte. Dagegen behauptet Khomeini: Es bestehe seit Molla Ahmad Naraqi ein Konsens unter den schiitischen Gelehrten, dass die Rechtsgelehrten die Aufgaben des Propheten und der Imame in der Politik übernehmen müssten.

Khomeini stellt als allgemeinen Konsens hin, was allerdings nur unter Schiiten unumstritten ist. Dieser Punkt macht im Übrigen die *velayat-e faqih*, die aus seiner Argumentation resultiert, zu einem rein schiitischen Phänomen. Es geht um das schiitische Dogma, dass der Prophet auf Gottes Geheiß einen Nachfolger bestimmt habe, nämlich Ali. Aus der für die Schiiten unverrückbaren Tatsache, dass Gott durch den Propheten selbst und ausdrücklich einen Nachfolger ernannt hat, schließt Khomeini:

> Erstens: Es ist historisch belegt, dass der Prophet einen Staat begründet hat. […]
> Zweitens: Er hat auf Befehl Gottes für die Zeit nach seinem Ableben einen Herrscher bestimmt. Wenn Gott, der Erhabene, für die Gesellschaft nach dem Propheten einen Herrscher bestimmt, bedeutet das, dass der Staat auch nach dem Ableben des Propheten notwendig ist. Und da der Prophet die Anweisung Gottes testamentarisch mitteilt, erklärt er damit die Notwendigkeit der Gründung eines Staates. (Khomeini 1971, 28)

Er bestreitet also, dass Mohammeds Position als politischer Führer einer Gemeinde lediglich ein historischer Zufall war. Dies jedoch wird von den quietistischen schiitischen Gelehrten behauptet, nach deren Ansicht die Schaffung eines islamischen Staates bis zur Wiederkehr des zwölften Imams keine Notwendigkeit ist. Laut Khomeini hingegen muss aufgrund der göttlichen Designation auch schon in der großen Verborgenheit eine islamische Regierung eingesetzt werden. Dass dies allzu bald geschehen könne, hatte allerdings anscheinend auch er, als er seine Vorlesungsreihe über den islamischen Staat hielt, nicht angenommen. Khomeini schreibt jedenfalls, dass er und die Gelehrten der Religion nur die Grundsteine legen und diesen, wenn auch langwierigen Prozess einleiten sollten.

Der Koran als Richtschnur

Eine weitere Ebene in Khomeinis Vorlesungen über den islamischen Staat ist seine Auseinandersetzung mit der sunnitischen Ansicht im Hinblick auf die Nachfolgeregelung. Dass Ali der legitime Nachfolger Muhammads gewesen und von diesem ernannt worden sei, wird in Khomeinis Argumentationskette als absolute Selbstverständlichkeit ausgegeben. Und in der Tat ist es dies ja unter Schiiten auch: «Wir glauben, dass der Prophet einen Nachfolger bestimmen muss, und er hat ihn auch bestimmt.» (Khomeini 1971, 21)

Den Sunniten wirft Khomeini daher vor, den Koran an vielen Stellen falsch und manipulativ auszulegen. Mit ihrer falschen Auslegung hätten sie Ali wissentlich und bewusst um das Kalifat betrogen. Denn dass Ali der Nachfolger Mohammeds hätte werden sollen, sagt nach Ansicht aller Schiiten und auch nach Meinung Khomeinis der Koran selbst. Auf dieser Auffassung, die natürlich von den Sunniten vehement zurückgewiesen wird, fußt die gesamte Theologie, Dogmatik und Heilserwartung der Schia.

Als koranischer Beleg für die Annahme, nur Ali sei der auserwählte Nachfolger des Propheten Muhammad gewesen, gilt den Schiiten Vers 5:55 und sein Kontext: «Siehe, euer Freund ist Gott, sein Gesandter und die Gläubigen – die das Gebet verrichten, die Armensteuer geben und sich beugen.» Und Vers 5:3: «[…] Heute habe ich euch eure Religion vollständig gemacht und meine Gnade an euch vollendet und habe daran Gefallen, dass der Islam eure Religion ist. […].» Diese Verse sollen im Anschluss an Mohammeds Abschiedswallfahrt an der Wasserstelle von Chum offenbart worden sein. Mohammed habe Alis Hand hochgehalten, als er die Offenbarung vernahm, und dann hinzugefügt: «Für alle, denen ich Führer und Autorität bin, für die ist auch Ali Führer und Autorität. Oh Gott! Sei gut zu den Freunden Alis und sei der Feind seiner Feinde.» Während Schiiten hier eine eindeutige Aufforderung sehen, Ali als dem Führer der Gemeinde zu folgen, weisen die Sunniten diese Interpretation zurück.

Bis hierher bewegt sich Khomeini also noch im innerschiitischen Konsens, wenn er argumentiert, der Prophet habe seinem Schwiegersohn und Cousin Ali die Nachfolge übertragen, und Gott habe diesen somit für führungsbefugt erklärt. Er geht jedoch weiter, wenn er behauptet, diese Führungsbefugnis sei von den Imamen auf die Rechtsgelehrten übergegangen. Seine Beweisführung setzt bei der Tatsache an, dass ein islamisches Recht existiert. Da es dieses Recht gibt, muss es auch angewandt werden, meint Khomeini. Erklären muss er zudem, wer autorisiert ist, das islamische Recht durchzusetzen, um die ideale islamische Gesellschaft bereits in der Zeit der großen Verborgenheit, während der zwölfte Imam entrückt ist, zu verwirklichen:

> Zur Zeit des Propheten war es nicht so, dass die Gesetze nur verkündet und erläutert wurden. Sie wurden auch ausgeführt. Der Prophet setzte die Gesetze um. Zum Beispiel wandte er das Strafgesetz an: Er hackte Dieben die Hände ab, er verhängte die *hadd*-Strafen, er steinigte. Auch der Kalif ist für diese Angelegenheiten bestimmt. (Khomeini 1971, 21)

Für Khomeini liegt es also vor allem an der schieren Existenz dieser Strafen, also ihrer Erwähnung im Koran, wie er mehrfach ausführt, dass auf jeden Fall eine islamische Regierung gebildet werden muss. Dies gibt er als Gottes Willen aus. Unerwähnt bleibt bei ihm, dass die Durchführung dieser Strafen nach Ansicht anderer Gelehrter, wie beispielsweise Achund Chorasani oder Scheich Ansari, zu den Vorrechten des Imams zählt und daher in der Zeit der großen Verborgenheit ausgesetzt werden soll. Wie dargelegt, gelten diesen anerkannten Autoritäten der schiitischen Jurisprudenz diese Vorrechte als ruhend.

Khomeini hingegen erklärt, als sei dies nie anders gesehen worden: «Keiner kann sagen, dass es nicht mehr notwendig ist, [...] die Steuern, die Kopfsteuer, den Fünft und die Almosensteuer zu zahlen oder einzunehmen, und dass das Strafrecht, das Blutgeld und das Recht auf Vergeltung ausgesetzt werden.» (Khomeini 1971, 31) Eine Aussetzung der Strafen in der Zeit der großen Verborgenheit, die das islamische Recht vorsieht, kommt für Khomeini nicht infrage. Er geißelt diesen seit Jahrhunderten gepflegten Umgang mit dem islamischen Recht gar als unislamisch. Ähnlich argumentiert er in Bezug auf den Fünft. Während beispielsweise Chorasani ausführt, diese Steuer sei in der großen Verborgenheit nur für den Lebensunterhalt der Prophetennachkommen bestimmt und zudem nicht mehr als eine freiwillige Abgabe, die nicht von Staats wegen eingezogen wird, behauptet Khomeini: «Die islamischen Steuergesetze sind ein Hinweis auf die Gründung eines Staates, und ihre Ausführung ist nur durch die islamischen Institutionen möglich.» (Khomeini 1971, 37)

Aufgrund seiner angeführten Argumente, so Khomeini, müsse der islamische Staat schon jetzt gegründet und seine Realisierung nicht, wie von der orthodoxen Schia seit Jahrhunderten propagiert, auf die Zeit nach der Wiederkehr des zwölften Imams verschoben werden. Im Koran sei alles enthalten, was zur Gründung eines islamischen Staates notwendig sei. Er enthalte beispielsweise alle notwendigen Steuergesetze und auch ein Straf-, Personenstands- und Erbrecht. Allein diese bzw. ihre Anwendung könne einen Staat perfekt islamisch machen, auch wenn diesem nicht der ersehnte Mahdi vorstehe. Hinzu kommt: Nur weil die Gläubigen in der Vergangenheit nicht auf den Koran gehört hätten – und dabei bedient sich Khomeini eines klassischen, altgedienten Arguments islamischer rückwärtsgewandter Erneuerer –, sei es in der islamischen Welt zu Verfall und Niedergang gekommen und zum Machtverlust gegenüber der westlichen Welt.

Eines seiner wichtigsten Argumente für die Anwendung des islamischen Rechts im Hier und Heute und die Schaffung eines auf seiner Grundlage beruhenden islamischen Staates hatte jedoch bereits bei der Auseinandersetzung über die Konstitutionelle Verfassung der Jahre 1906/07 die größte Rolle gespielt: Es kann kein von Menschen gemachtes Recht und Gesetz geben. Recht und Gesetz ist nur, was im Koran steht. Khomeini verehrte Scheich Nuri, den Mann, der seine Einwände gegen die konstitutionelle Verfassung mit dem Leben bezahlte, sehr und erklärt ganz in seinem Sinne: «Im Islam hat nur Gott das Recht zur Gesetzgebung.» (Khomeini 1971, 53)

Khomeini zufolge obliegt gemäß dem Koran die Regierung Ali und danach den Mitgliedern seiner Familie. So weit, so unbestritten. Doch dann fährt er fort: Nur die Rechtsgelehrten könnten den in die Verborgenheit entrückten zwölften Imam vertreten, weil nur sie das Gesetz Gottes, das dazu bestimmt ist, Gerechtigkeit zu schaffen, kennen und aufgrund dieser Kenntnis selbst auch die gerechtesten unter den Fehlbaren seien.

In seiner Vorlesungsreihe betont Khomeini immer wieder diesen Punkt. Das Ziel von Regierung müsse sein, Gerechtigkeit herzustellen, die Schia habe schon immer gegen die Ungerechtigkeit gekämpft. Nur deshalb habe Ali sich überhaupt zur Regierung überreden lassen; es sei ihm einzig um die Herstellung von Gerechtigkeit gegangen. Und nun müssten die Rechtsgelehrten sich der Aufgabe annehmen, das Gesetz Gottes umzusetzen.

Außerdem sei es unbedingt notwendig, endlich so zu handeln, wie der Koran es gebiete, nur dann könne das Laster bekämpft und dem Islam zu neuer Herrlichkeit verholfen werden. Der Koran sei eben eine Richtschnur für das Leben und kein Buch, das man lesen und dann ad acta legen könne: «Wer sagt, dass die Schaffung des islamischen Staates nicht notwendig ist, hat gleichzeitig die Durchführung der islamischen Gesetze geleugnet. Und ebenso die Allgemeingültigkeit und die Ewigkeit des Islams.» (Khomeini 1971, 31) Ziel und Pflicht der Propheten seien gewesen, eine gerechte Ordnung zu schaffen, indem sie die Gesetze Gottes anwandten. Sie redeten nicht nur, sondern handelten auch. Der Islam sei nicht nur Gebet und nicht nur für das Jenseits. «Der Islam ist gekommen, um den Menschen eine Ordnung zu geben.» (Khomeini 1971, 87)

Auch hier zitiert Khomeini wieder den Koran zur Bestätigung. Als Beleg gilt ihm der Vers 57:25: «Wir sandten unsere Gesandten mit den klaren Beweisen und sandten mit ihnen das Buch und die Waage, damit die Menschen Gerechtigkeit schaffen sollten […].» Und 8:41: «Und wisst, wenn ihr Beute macht, dann gehört ein Fünftel davon Gott und dem Gesandten, den Verwandten, Waisen, Armen und dem ‹Sohn des Weges› […].» Und außerdem 9:103: «Nimm von ihrem Besitz eine Almosengabe […].»

Dass die Anwendung dieser Gesetze die Aufgabe des Propheten war, ist unstrittig. Doch wie es mit der Zeit danach steht, ist die eigentliche Frage. Kann und darf auch jemand außer ihm und nach ihm, jemand, der nicht der Familie des Propheten entstammt, dieses Gesetz zur Anwendung bringen? Khomeinis Antwort darauf ist klar.

Zugegebenermaßen wohnt seiner Argumentation eine nicht zu leugnende Logik inne. Wozu sollte das Buch Gottes offenbart worden sein, wenn das darin formulierte Gesetz nicht angewandt und seine Befolgung nicht von Staats wegen angeordnet und durchgesetzt wird? Diese Frage hat zu seiner Zeit nicht nur Khomeini umgetrieben – vor allem angesichts der Tatsache, dass die islamischen Staaten gegenüber den westlichen immer mehr ins Hintertreffen gerieten und im Vergleich zu ihnen und zu ihrer eigenen, vormals erlebten Größe schlicht zurückgeblieben waren. Khomeinis Bestürzung darüber, dass «der Koran beiseite gelegt wird», wurde ja von vielen seiner Zeitgenossen, die für andere schiitische Subsysteme standen, ebenso geteilt wie die Ansicht, dass der Koran ein vollständiges System zur Lebensführung, ein Leitfaden, eine ganze Ideologie sei. Und vielleicht lag es ja tatsächlich nur an der Missachtung dieses Leitfadens, dass man so zurückgeblieben war?

Die «Herrschaft des Rechtsgelehrten»

Viele Gelehrte seiner Zeit waren durchaus auch der Meinung, dass dem Koran ein größerer Stellenwert in den islamischen Gesellschaften zukommen müsse. Doch daraus folgte längst nicht für alle zwingend die Führung der Gemeinde durch die Rechtsgelehrten. Wie also kommt Khomeini zu der Ansicht, dass in der großen Verborgenheit nur die Rechtsgelehrten diese Aufgaben des Propheten und der Imame zu übernehmen hätten? Er argumentiert mit Vers 4:59, dem berühmten *ulu-l-amr*-Vers: «O, ihr, die ihr glaubt! Gehorcht Gott, und gehorcht dem Gesandten und denen unter euch, die Befehlsgewalt besitzen!.» Der Gehorsam gegenüber denen, die zu befehlen haben, ist unbestritten die Pflicht jedes Muslims, hier ist kein Zweifel erlaubt. Doch wer sind diejenigen, die zu befehlen haben?

> Nach dem Propheten sind diejenigen, die zu befehlen haben, die reinen Imame, denen gleichzeitig mehrere Aufgaben und Ämter obliegen: 1. Die Erläuterung und die Darlegung der Glaubensinhalte, der Gesetze und Vorschriften des Islams für das Volk. Dies ist gleichzusetzen mit der Kommentierung und Erklärung des Korans und der Sunna. 2. Die Durchführung der Gesetze und die islamische Ordnung in der Gesellschaft der Muslime sowie die Verbreitung der islamischen Glaubensinhalte und Ordnung unter den anderen Völkern der Welt. (Khomeini 1971, 27)

So weit ist dies auch Konsens in der Schia, wenn auch nicht unter den Muslimen: Mit den *ulu-l-amr* sind nach schiitischer Auffassung die Imame gemeint. Dann schließt Khomeini jedoch wie selbstverständlich folgenden Satz an, der so klingt, als herrsche auch hier vollkommene Übereinkunft unter den schiitischen Gelehrten: «Nach den Imamen übernehmen die gerechten *foqaha* diese Aufgabe.» (Khomeini 1971, 27)

Das ist allerdings keineswegs Konsens, Achund Chorasani und Scheich Ansari beispielsweise sind hier gänzlich anderer Auffassung. Zu denen, die wie diese beiden bestritten, dass der Vers so ausgelegt werden müsse, wie von Khomeini behauptet, gehört mit Allame Tabatabai zudem immerhin der Verfasser des wichtigsten schiitischen Korankommentars des 20. Jahrhunderts. Tabatabai, der grundsätzlich – im Gegensatz zu Chorasani und Ansari – ein Verfechter der Führungsbefugnis des Rechtsgelehrten war, aber eben diesen Vers nicht als Beweis ansieht, schreibt:

> Es würde keinen Sinn machen, den Vers *wa ulu-l-amr minkum* auf die Leute des Bindens und Lösens *(ahl al-hall wa-l-aqd)* im Sinne einer sozialen Einheit – gleich in welcher Bedeutung – zu beziehen. Deshalb sind diejenigen, die zu befehlen haben, Individuen aus der islamischen Gemeinde, die in ihren Aussagen unfehlbar sind und denen man gehor-

> chen muss. Es bedarf der ausdrücklichen Anweisung Gottes und seines Gesandten, sie zu erkennen. Und dies stimmt überein mit den Überlieferungen der Imame, die sich als diejenigen, die zu befehlen haben, bezeichnet haben. (Tabatabai 1960, 250)

Und er fährt fort:

> Aber was die Behauptung angeht, dass die *ulu-l-amr* die rechtgeleiteten Kalifen oder die Befehlshaber oder die Geistlichen seien, deren Meinungen und Aussagen zu akzeptieren sind, so wären darauf zwei Antworten zu geben: Erstens lässt der Vers auf die Unfehlbarkeit der *ulu-l-amr* schließen, und zweifellos gibt es in diesen Kategorien von Menschen keine Unfehlbaren – ausgenommen Ali, nach Ansicht der Imamiten. Und zweitens gibt es keinen Beweis, der eine der drei Meinungen unterstützt. (Tabatabai 1960, 251)

Es gibt also gerade für den Fall einer Heranziehung von Koranversen zur Begründung viele Möglichkeiten für eine divergierende Meinung. Das ist im Gelehrtenstreit durchaus üblich und ein weiteres Zeichen dafür, dass Khomeini mit seiner Interpretation keinen allgemeinen Wahrheitsanspruch vertreten konnte. Im Übrigen hat er dies auch weniger getan als heutige radikale Anhänger der *velayat-e faqih*, die sogar behaupten, diese gehöre zu den unumstößlichen Glaubensdogmen der Schia. Khomeini dürfte sich weit mehr als sie bewusst gemacht haben, dass die *velayat-e faqih* nur eine unter vielen schiitischen Theorien zur Herrschaft ist, eine mögliche, aber nicht die unbedingt wahre.

Seine weitere Begründung des Führungsanspruches der Geistlichen kleidet er in eine Reihe rhetorischer Fragen:

> Seit dem Beginn der kleinen Verborgenheit sind tausend und einige hundert Jahre vergangen, und es ist auch möglich, dass noch weitere hunderttausend Jahre vergehen, ehe sich die Notwendigkeit ergibt, dass der Imam wiederkehrt. Sollen so lange die islamischen Gesetze ausgesetzt und nicht angewendet werden und jeder tun, was er will, und ein Chaos

> entstehen? Waren die Gesetze, für deren Erklärung und Verbreitung sich der Prophet 23 Jahre abgemüht hat, nur für eine begrenzte Zeit bestimmt? Hat Gott die Ausführung seiner Gesetze nur auf 200 Jahre beschränkt? Und nach der kleinen Verborgenheit hat der Islam alles auf sich beruhen lassen? Wer das denkt, tut schlimmer, als den Islam ganz aufzugeben. (Khomeini 1971, 30)

Eigentlich ist die Exekutive, derer die Scharia bedarf, also das Imamat. Dessen Funktionen müssen aber während der großen Verborgenheit die Rechtsgelehrten ausüben. Denn nur sie haben durch ihre Kenntnis des göttlichen Rechts Anteil an der Autorität der Imame. Nur sie wissen, was Recht und Unrecht und Gottes Wille ist. Hierdurch zeichnen sie sich vor allen Menschen aus, die deshalb als Statthalter und Herrscher weder allein (Monarch) noch in ihrer Gesamtheit (Parlament) infrage kommen. Zwar erklärt dies nicht unbedingt hinreichend, warum die Rechtsgelehrten auch die exekutive Gewalt übernehmen und nicht nur, wie von Khomeini selbst in seinem Werk *Kaschf al-asrar* gefordert, die Judikative überwachen sollen. Allerdings kann ihm zufolge der Rechtsgelehrte einen islamischen Staat ebenso perfekt führen wie der Prophet und die Imame. Hier geht er zwar nicht so weit, die Rechtsgelehrten und die Imame auf exakt dieselbe Stufe zu stellen. Aber in seiner herrschaftlichen, wenn auch nicht in seiner spirituellen Funktion ist der Rechtsgelehrte dem Propheten und den Imamen gleichgestellt.

Neben dem *ulu-l-amr*-Vers wird auch Vers 9:71 von Khomeini zur Begründung des Führungsanspruches der Rechtsgelehrten herangezogen: «Die Gläubigen, die Männer wie die Frauen, die stehen einander bei. Sie gebieten das Rechte und verbieten das Verwerfliche [...].» Khomeini erläutert sein Verständnis des koranischen Prinzips vom Gebieten des Guten und Verbieten des Verwerflichen:

> Gott beginnt damit, das Rechte zu gebieten und das Unrechte zu verbieten. Dies hält er für verpflichtend, denn Er weiß, wenn in der Gesellschaft das Rechte geboten und das Unrechte verboten würde, würden alle leichten und schweren Probleme gelöst werden können. Denn das Gebieten

des Rechten und das Verbieten des Unrechten bedeutet nichts anderes als den Aufruf, sich zum Islam zu bekehren, sowie die Wiederherstellung der Rechte der Unterdrückten und der Kampf gegen die Unterdrücker. (Khomeini 1971, 139)

Alles also wird gut, wenn die koranische Aufforderung, das Gute zu gebieten und das Schlechte zu verbieten, befolgt wird. Einziger Grund, warum diese Aufgabe ausgerechnet nur die Rechtsgelehrten übernehmen können und dürfen, scheint für Khomeini zu sein, dass sie am besten wissen, was in Gottes Sinne Recht und Unrecht ist. Um zu begründen, warum die Rechtsgelehrten dann aber nicht nur die Judikative überwachen, sondern auch die Exekutive übernehmen sollen, führt Khomeini Sure 5:70 an: «Den Bund der Kinder Israel nahmen wir entgegen und schickten zu ihnen Gesandte [...].»

Diesen Vers versteht er als eindeutige Aufforderung an die Rechtsgelehrten, die Gemeinde anzuführen. Und in Vers 5:81 sind laut Khomeini die Rechtsgelehrten mit den Frevlern unter den Kindern Israels gemeint. Die Kinder Israels beziehungsweise die Rechtsgelehrten werden verflucht, weil sie nicht eingeschritten und ihrem Führungsauftrag gerecht geworden sind. Sie haben sich also schuldig gemacht, lautete doch der ihnen von Gott bestimmte Auftrag, die Gemeinde zu führen und rechtzuleiten. Vor allem aber ist es Vers 5:63, der begründet, warum es die Pflicht der Geistlichen ist, in das politische Geschehen einzugreifen: «Warum verbieten ihnen denn nicht die Rabbinen und Schriftgelehrten, dass sie Sündiges sprechen und Unrechtmäßiges verzehren? Ja, wie schlimm ist, was sie anrichteten!»

Khomeini, der diese Aussage auf den Islam und die von Gott zur Führung und Rechtleitung beauftragten Rechtsgelehrten überträgt, erklärt, Gott tadle die Rabbiner und Lehrer dafür, dass sie als Gelehrte des Judentums die Unterdrücker nicht von sündiger Rede und sündigem Handeln abgehalten haben. Dieser Tadel gelte nicht nur den Gelehrten des Judentums, sondern beziehe sich auch auf die Gelehrten der islamischen Gesellschaft und generell auf alle Theologen. Wenn die Gelehrten, egal welcher Religion, zu Politik und Praxis der Unterdrücker schweigen, würden sie von Gott getadelt. Und er führt weiter aus, dass Gott mit diesem Vers auf einen gewichtigen Punkt habe hinweisen wollen: Die Nachlässigkeit der Religionsgelehrten bei der Erfüllung ihrer Pflicht richte mehr Schaden an als die Nachlässigkeit anderer. Wenn ein Basarhändler seinen Pflichten nicht nachkomme, schade er sich selbst. Wenn aber die Rechtsgelehrten ihre Pflichten nicht wahrnähmen, erleide der Islam Schaden. Es ist daher ganz klar Gottes Wille, so Khomeini, dass die Geistlichen für die Einhaltung der Gesetze Gottes Sorge tragen und Unrecht und Ungerechtigkeit bekämpfen. Folglich machen sich die Geistlichen, die nicht eingreifen, vor Gott schwerer Vergehen schuldig. «Zu schweigen angesichts des Unrechts ist Unrecht.» (Khomeini 1971, 162)

Khomeini begründet den Führungsanspruch der Rechtsgelehrten aber nicht nur mit dem Koran, sondern auch mit den *revayat*, den Überlieferungen der Imame. Aus diesen schließt er, dass die Rechtsgelehrten die Erben zweiter Hand des Propheten sind. Die Aufgaben, die den Imamen von den Propheten aufgetragen worden sind, obliegen auch ihnen.

So also verstand Ayatollah Khomeini den Auftrag seines Berufsstandes. Als Konsens der schiitischen Gelehrten in Geschichte und Gegenwart kann seine Ansicht zwar kaum bezeichnet werden, dazu unterscheidet sich sein Konzept zu stark von der klassischen Doktrin. Allerdings ist sein Ansatz auch nicht vollkommen inkonsistent, denn immerhin haben manche schiitische Gelehrte schon seit Jahrhunderten die Idee von einer absoluten, legitimen Autorität der Rechtsgelehrten vorbereitet und verbreitet.

Der geistige Antipode: Abolqasem Choi

Zur Genese der Khomeini'schen Vorlesungsreihe über die islamische Regierung und den Führungsanspruch der Rechtsgelehrten trug sein größter Konkurrent in Nadschaf nicht unbeträchtlich bei. Groß-Ayatollah Abolqasem Choi, der nach dem Tode al-Hakims 1970 der ranghöchste und einflussreichste Gelehrte Nadschafs, soll Ende der 1960er Jahre auf die Frage eines Studenten nach der politischen *velayat* der Rechtsgelehrten erwidert haben, eine solche gebe es nicht. Und wer die gegenteilige Meinung vertrete, liege falsch. Dass die beiden Gelehrten Khomeini und Choi in dieser Frage miteinander konkurrierten und unversöhnliche Ansichten vertraten, war grundsätzlich bekannt, doch nun wurde ihre Meinungsverschiedenheit auch vor den Studenten offenbar. Durch den Disput mit Choi wurde Khomeini gezwungen, seine Meinung über die Rolle der Geistlichkeit zu durchdenken.

Seine Reaktion auf die Äußerung Chois bestand darin, dass er die später berühmt gewordene Vorlesungsreihe abhielt. Diese sollte den Autoritäts- und Führungsanspruch der Rechtsgelehrten belegen und seiner Meinung stärkeres Gewicht verleihen. So jedenfalls wurden die Umstände dem Islamwissenschaftler Gregory Rose von mehreren der Studenten, die damals an der Vorlesungsreihe teilgenommen hatten – unter anderem von Khomeinis Sohn Ahmad –, geschildert.

Zeit seines Lebens blieb Choi der geistige Antipode Ayatollah Khomeinis und diesem gegenüber mehr als kritisch eingestellt. Khomeini, der, seit er sich in Nadschaf aufhielt, mit der kritischen Haltung der dort angesiedelten Kleriker gegenüber seinem eigenen politischen Engagement konfrontiert war, hatte sich seinerseits ablehnend gegenüber der Sorte von Geistlichen geäußert, die in einer Ecke in Nadschaf oder Qom säßen und Fragen der Menstruation und der rituellen Reinheit studierten, anstatt sich mit Politik zu beschäftigen. Diese Aussage soll sich vor allem auf Ayatollah Choi bezogen haben.

Abolqasem Choi, der in der westiranischen Stadt Choi geboren wurde, der er seinen Nachnamen verdankt, ging im Alter von dreizehn Jahren nach Nadschaf, begann ein Studium der schiitischen Theologie und blieb bis zu seinem Tod im Irak. Die Themen, mit denen er sich beschäftigte, waren vielfältig: von der islamischen Jurisprudenz über die Mathematik bis hin zur Astronomie. Als Schüler von Mohammad Hosein Naini war seine politische Haltung stark von diesem geprägt.

Nachdem Choi Mitte der 1940er Jahre zum Ayatollah aufgestiegen war, wurde er mit dem Tod Muhsin al-Hakims für einige Jahre die unumstrittene Quelle der Nachahmung der schiitischen Welt. Vorausgegangen war ein kurzer Konflikt mit Khomeini, der zuerst auch für sich die Nachfolge al-Hakims beansprucht hatte. Khomeini erkannte jedoch schnell, dass ihm sogar die politisch aktiven Geistlichen wie Muhammad Baqir as-Sadr (1935–1980), der ihm sehr nahestand und politisch mit ihm auf einer Linie lag, die Gefolgschaft versagen würden. Daraufhin forderte er seine Anhänger auf, seinen Namen nicht mehr ins Gespräch zu bringen. So avancierte Choi zum obersten *mardscha at-taqlid* der schiitischen Welt. Erst nach der Revolution wurde Ayatollah Khomeini ihm zu einem ernsthaften Konkurrenten. Allerdings wandten sich auch gerade viele von der Revolution enttäuschte Menschen wiederum Choi zu.

Chois Enkel, Yousif al-Choi, ist aus Gründen, über die in alle Richtungen spekuliert werden kann, sehr darum bemüht, das Verhältnis der beiden in einem guten Licht erscheinen zu lassen. In seiner Darstellung hebt er hervor, dass auch sein Großvater im Jahr 1963, als Khomeini in Iran Strafverfolgung und sogar die Todesstrafe drohten, zu den Geistlichen gehörte, die sich, um ihn zu schützen, für dessen Erhebung in den Rang der Quelle der Nachahmung stark gemacht hatten. Außerdem habe Choi den Exilierten in Nadschaf nach allen Regeln der Höflichkeit begrüßt und willkommen geheißen, als dieser seines Heimatlandes verwiesen wurde und sich im Irak niederlassen musste, behauptet sein Enkel.

Laut Baqer Moin, dem Verfasser einer ausführlichen Biographie Khomeinis, waren die Beziehungen allerdings weit schlechter. So soll Groß-Ayatollah Choi während der Revolution von 1978/79 sogar den iranischen Schah Mohammad Reza Pahlavi gegen Khomeini unterstützt haben. Als Kaiserin Farah Diba (geb. 1938) Choi im Dezember 1978 aufsuchte, um ihn um Hilfe und Unterstützung im Konflikt mit der revolutionären Gefolgschaft Khomeinis zu bitten, habe Choi ihr, so behauptet Baqer Moin, als Zeichen seiner Hochachtung einen Ring als Geschenk für den Schah mitgegeben.

Tatsache ist jedenfalls, dass sich Choi, als Khomeini im Irak lebte, dezidiert gegen dessen politisches Engagement und vor allem gegen die *velayat-e faqih* als theologisch-juristische Idee aussprach.

Choi stand der *velayat-e faqih*, auch nachdem sie offizielle Herrschaftsdoktrin Irans und Grundlage des Regierungssystems geworden war, weiterhin kritisch bis ablehnend gegenüber und bezeichnete sie sogar als Abweichung oder unerlaubte Erneuerung, als *bida*. Seine Studenten drängte er offen, Khomeini zu ignorieren. Manche meinen, dass nach der Revolution nur noch Chois Macht Khomeinis uneingeschränkten Einfluss in der schiitischen Welt abgebremst habe.

Choi spricht die *velayat-e faqih* in seinen eigenen Schriften nur kurz an. Schon die Grundlage von Khomeinis Argumentation verwirft er, daher bedarf es aus seiner Perspektive wohl keiner ausführlichen Widerlegung der weiteren Argumentationsschritte. Choi erklärt, es ließen sich in den grundlegenden Schriften der Schiiten, d. h. im Koran und in den Überlieferungen des Propheten und der Imame, keinerlei Beweise im Sinne des amerikanischen *proof* oder *evidence* für die *velayat-e faqih* finden. Im Deutschen fehlt uns für den arabischen/persischen Begriff *hodschat* ein treffendes Wort. Es seien keinerlei Überlieferungen von Imamen vorhanden, die sich dafür ausspráchen, formuliert jedenfalls Choi. Bei denjenigen, die immer angeführt würden, um einen Führungsanspruch der Geistlichen zu belegen, gebe es entweder einen Fehler in der Überliefererkette *(isnad)* oder in der Begründung *(dalil)*. (Choi 1996, 16)

Zur Erläuterung: In der schiitischen Jurisprudenz ist es üblich, rechtswissenschaftliche Thesen aus den Äußerungen des Propheten oder/und der Imame herzuleiten. Dafür müssen die Überlieferungen zuerst verifiziert werden, indem nachvollzogen wird, ob eine bestimmte Aussage überhaupt von der betreffenden Person stammen kann, der sie zugeschrieben wird. Wichtig sind in diesem Zusammenhang die Überliefererketten, die überprüft werden müssen. Manchmal liegt ein Fehler in der Überlieferung vor, und solch einen will Choi in der Beweisführung Khomeinis ausgemacht haben.

Mit einem sogenannten Fehler in der Begründung ist gemeint, dass die Argumentation an sich nicht stimmig ist. Auch das befand Choi im Falle von Khomeinis Beweisführung. Denn die einzige Führungsbefugnis, die sich für die Rechtsgelehrten begründen und nachweisen lasse, gelte, so Choi, für den Bereich der Rechtsfindung und -sprechung und für das Erstellen von Rechtsgutachten. Auch die Theorie, dass den

Rechtsgelehrten eine Vormundschaft über alle Menschen zukomme, sei unrichtig. Sie gelte nur für die Waisen und Witwen und lasse sich nicht auf die politische Sphäre übertragen: «Es findet sich kein Grund für die Annahme einer absoluten Führungsbefugnis des Rechtsgelehrten *(velayat-e motlaq-e faqih).*» (Choi 1996, 16)

Auf der Homepage der Imam al-Choi-Foundation www.alkhoei.org finden sich lediglich zwei kurze Antworten auf Nachfragen, welche die *velayat-e faqih* betreffen. In der ersten heißt es, es gebe keine einhellige Meinung unter den Gelehrten, und die zweite Frage, ob es unter unseren früheren und späteren Gelehrten einen Konsens über die *velayat-e faqih* gebe, wird folgendermaßen beantwortet:

> Was die Führungsbefugnis *(velayat)* in Bezug auf *hisba*-Angelegenheiten wie die Aufsicht über das Vermögen des Abwesenden und der Waisen betrifft, so steht diese Aufgabe dem alle Voraussetzungen erfüllenden Rechtsgelehrten zu, wenn kein Vormund oder dergleichen da ist, der diese Aufgabe übernimmt. Das Gleiche gilt für die Angelegenheiten der Stiftungen, für die kein Bevollmächtigter vom Stifter oder vom Gericht eingesetzt worden ist. Was aber darüber hinausgeht, so steht ihm nach allgemeiner Auffassung diese Aufgabe nicht zu. (www.alkhoei.org)

Außerdem sei, so argumentierte Choi, wenn überhaupt, die Autorität der Imame in der Zeit der großen Verborgenheit nicht einem oder mehreren Rechtsgelehrten vorbehalten, sondern der Geistlichkeit als Ganzem.

Choi glaubte also nur an die Führungsbefugnis in besonderen Fällen, nämlich dann, wenn Menschen nicht für sich selbst sorgen könnten und eines Vormunds bedürften. Mit diesen Personen sind im Allgemeinen in der schiitischen Jurisprudenz die Waisen gemeint, und der Rechtsgelehrte ist Vormund für den, der keinen hat. Die Führungsbefugnis des Rechtsgelehrten in diesen Fällen gilt weitestgehend – mit Ausnahme von Achund Chorasani, der auch die Führungsbefugnis in diesen besonderen Fällen ablehnt – als Konsens unter den Rechtsgelehrten.

9

Ein Herrscher ist angezählt (1971–1979)

Die 2500-Jahr-Feier der persischen Monarchie

Im Jahr 1971 inszenierte der Schah die 2500-Jahr-Feier der persischen Monarchie. Dies wird gemeinhin als der Anfang vom Ende seiner Herrschaft gesehen. Dabei war es das Ziel der Propagandaveranstaltung gewesen, durch Anknüpfung an die Dynastie der Achämeniden, vor allem an Kyros den Großen, und die vorislamische Geschichte Irans die Legitimation von Mohammad Reza Pahlavi als Herrscher zu stärken. Außerdem wollte man zeigen, wie modern Iran war. Als Gäste wurden zu dieser prunkvollen Zeremonie ausländische Würdenträger geladen, die eigene Bevölkerung hingegen war ausgeschlossen. Es wurde ein immenser Aufwand betrieben. Persepolis, einst Hauptstadt des Achämenidenreiches und in der wüstenartigen Hochebene Zentralirans gelegen, gab den Rahmen für das Fest. Neben den Ruinen der alten Hauptstadt ließ der Schah mehr als fünfzig Wohnzelte für seine Gäste aufstellen. Jedes Zelt verfügte über mindestens zwei Schlafzimmer, zwei Badezimmer, ein Büro und einen Wohnraum für zwölf Personen. Dieser war pompös eingerichtet und ausgestattet mit einem Teppich, den das eingewobene Bild des jeweiligen Staatsoberhauptes zierte. So wird das Fest auf der website *alimentarium.org* beschrieben, die Details über das Spektakel zusammentrug:

Mehr als zwölf Monate dauerte es, die Zeltstadt aus 37 Kilometer Seide zu errichten. Diese lag an fünf neu gebauten Avenuen, in deren

Schah Mohammad Reza Pahlavi und seine Frau Farah Diba begrüßen am 15. Oktober 1971 in Persepolis die hochrangigen Gäste der 2500-Jahr-Feier der iranischen Monarchie.

Mitte sich eine riesige Wasserfontäne befand. Es wurde ein neuer Flughafen errichtet, eine 80 Kilometer lange Autobahn kam dazu. Die verschwenderische Oase verfügte über frisch gepflanzte Wälder und Blumen sowie 50 000 aus Europa importierte Singvögel, die für Atmosphäre sorgen sollten. 25 000 Flaschen Wein mussten gekühlt werden. Das französische Restaurant Maxim's schloss zwei Wochen lang, um für das Catering zu sorgen. Kaviar, Foie Gras sowie gefüllte Wachteln wurden gereicht. «Das Milliarden-Camping» titelte die *Schweizer Illustrierte*. «Das Fest des Jahrhunderts» fand die amerikanische Zeitschrift *Life*. «Die Mutter aller Partys» hieß es im *Stern*.

Eindrucksvoll war auch die Gästeliste: 69 Staatsoberhäupter erschienen persönlich oder schickten ihre Stellvertreter. So sandte etwa US-Präsident Richard Nixon seinen Vize Spiro Agnew. Fast alle europäischen Königshäuser waren in Persepolis zugegen: König Juan Carlos,

Prinzessin Sophia von Griechenland, Fürst Rainier und Fürstin Gracia Patricia. Anstelle der britischen Königin reisten Prinz Philip und Prinzessin Anne nach Iran. Unter den Gästen fanden sich viele Diktatoren, so beispielsweise Mohamed Suharto, das Ehepaar Broz Tito, die Ceausescus sowie Ferdinand und Imelda Marcos. Bundespräsident Gustav Heinemann zog es vor, nicht selbst zu kommen, sondern schickte Bundestagspräsident Kai-Uwe von Hassel. Das dürfte in erster Linie innenpolitischen Gründen geschuldet gewesen sein. Nach seiner zunächst erfolgten Zusage war Heinemann mit Protesten der deutschen Linken überschüttet worden. So wurde er termingerecht krank. Der Staatsbesuch des Schahs in Deutschland hatte kurz zuvor, 1967, zu großen innenpolitischen Friktionen geführt. Auf die Proteste, die sich Bahn brachen, hatte der iranische Geheimdienst mit Attacken auf die Protestierenden reagiert. Bei einer Demonstration wurde am 2. Juni der Student Benno Ohnesorg erschossen, ein Ereignis, das als Initialzündung für die sogenannte Außerparlamentarische Opposition, kurz APO, und damit als Beginn der 68er-Revolte angesehen wird.

Die iranischen Sicherheitskräfte hatten anlässlich der Feierlichkeiten von Persepolis viel zu tun. Nach Angaben von General Nasiri, dem Chef des SAVAK, des iranischen Geheimdienstes, wurden im Vorfeld 1500 Personen «vorsorglich» verhaftet, nach den Feierlichkeiten angeblich aber wieder freigelassen. Verhängnisvollere Folgen hatte das Fest für die 25 000 Singvögel, wie *alimentarium.org* zynisch berichtet. Sie starben nach drei Tagen, weil sie das Wüstenklima nicht vertragen hatten.

Die enorme Verschwendung provozierte Kritiker des Schah-Regimes über alle ideologischen Grenzen hinweg. Doch Mohammad Reza Pahlavi zeigte sich unbeeindruckt: «Was verlangt man von mir – soll ich den Staatsoberhäuptern Brot und Radieschen servieren?» Die Kostenschätzungen variieren: Während das Regime behauptete, die Feier habe 16,8 Millionen US-Dollar gekostet, lagen ausländische Schätzungen bei bis zu 300 Millionen US-Dollar, schweizerische Zeitungen nannten sogar die Zahl von 2 Milliarden Franken. «Er brachte jeden gegen sich auf», erinnert sich Abolhasan Bani Sadr. «Die Opposition war vereint in ihrer Ablehnung dieser Feier. Wirklich jeder – von den Linken bis hin zu Khomeini in seinem Exil.»

Bei der 2500-Jahr-Feier der iranischen Monarchie fand am 15. Oktober 1971 vor den Ruinen der altpersischen Residenzstadt Persepolis ein historischer Festzug statt: Vertreter aller Völkerschaften, die im Achämenidenreich gelebt hatten, wurden von Schauspielern dargestellt und zogen an den geladenen Gästen vorbei.

Der äußerte sich lautstark, bezeichnete die Feier als «Festival des Teufels» und erklärte die Teilnehmer an dieser Feier zu Feinden des Islams. Der Schah sei ein Verbrecher, der das iranische Volk ausraube: «Die Welt soll wissen, dass dieses Fest nichts mit Iran zu tun hat und dass die, die an diesem Fest teilgenommen haben, Verrat am Islam und dem iranischen Volk begangen haben.» Die Herrschaft des Schahs sei schlecht, weil sie ungerecht sei.

In seiner Analyse eines Schreibens, das Khomeini anlässlich der Feierlichkeiten verfasste, zeigt Hamid Dabashi, was genau für Khomeini eine gerechte Herrschaft ausmachte, die für ihn gleichbedeutend war mit islamischer Herrschaft: Kein Herrscher dürfe zu Bett gehen, wenn einer seiner Untertanen hungrig wacht. Es geht also hier zuvorderst um *soziale* Gerechtigkeit. Und diese Gerechtigkeit ist die Basis akzeptabler, wenn schon nicht legitimer Herrschaft. Ein ungerechter Herrscher hingegen gibt, in Khomeinis Augen, Millionen von Dollar für eine Feierlichkeit aus, während Millionen seiner Untertanen in Armut leben. Wie schon den Verfechtern der konstitutionellen Revolution gilt auch Khomeini die Gerechtigkeit und eben nicht die Freiheit als das wesentlichste und wichtigste Kennzeichen von *good governance*. Die Islamwissenschaftlerin Vanessa Martin vermutet, dass Khomeinis Prioritäten die seiner Basar-Gefolgschaft widerspiegelten. Dieser war mehr an einer gerechten Besteuerung und einem gerechten Gesetz gelegen als an individuellen Freiheiten oder der Freiheit der Wahl.

Unter dem ersten Imam der Schia, Imam Ali, habe es, so Khomeini, eine solche gute Regierung gegeben. Nur sein Staat, also die Gemeinde, der er von 656 bis 661 vorstand, gilt Khomeini als Ideal – eine Auffassung, die in der Schia allgemein anerkannt und verbreitet ist. Hier zeige sich der Islam, wie er wirklich ist, sei er doch angetreten, Gerechtigkeit zu verbreiten. Indem er sie an die wahre islamische Regierung Alis erinnerte, hoffte Khomeini, seine Kollegen mobilisieren zu können. Alle Geistlichen sollten erkennen, dass sie um der Gerechtigkeit willen den Kampf aufnehmen müssten, widersprächen doch die Feierlichkeiten auch ihrem Verständnis von Moral.

Geldverschwendung, Korruption, Inflation: Die letzten Jahre des Schahs

In dem Jahr, in dem der Schah sein großes Fest feierte, nahm die marxistisch-leninistische Guerillaorganisation *fedaiyan-e chalq*, die eine anti-imperialistische Agenda verfolgte, ihren bewaffneten Guerillakampf gegen das Regime auf. Wenig später wurden auch die Volksmudschahedin verstärkt aktiv. Da sie islamisches Gedankengut mit marxistischem zu verbinden suchten, hatten für sie die Kubanische Revolution und Ernesto Che Guevaras (1928–1967) Konzept des Guerillakampfes Vorbildcharakter, demzufolge der Guerillakampf der Revolution vorausgeht und diese auslöst und die Bevölkerung sich dann anschließt. In den folgenden Jahren starben bei zahllosen Angriffen

Hunderte von Volksmudschahedin, und Tausende ihrer Mitglieder saßen in den Gefängnissen ein. Bis 1978 vermochte der iranische Geheimdienst SAVAK zwar, die Organisationen zu schwächen, nicht aber, sie zu vernichten. Der allmächtige SAVAK war in den 1970er Jahren neben der Armee die zweite und vermutlich wichtigste Säule der Machtsicherung des Regimes. Mithilfe beider Organisationen wurden Zentralisierung und Modernisierung gegen alle Widersacher und Widerstände durchgesetzt. Dabei nahm die brutale Repression des SAVAK gegen jegliche Opposition so grauenerregende Ausmaße an, dass *amnesty international* Mitte der 1970er Jahre zu dem Schluss kam: «Kein anderes Land in der Welt steht, was die Wahrung der Menschenrechte betrifft, schlechter da als Iran.»

Im Herbst 1973 führte der Ölboykott der arabischen Staaten gegen die Länder, die Israel im Yom-Kippur-Krieg beistanden, zum explosionsartigen Anstieg der Ölpreise. Iran beteiligte sich nicht an dem Boykott und profitierte von der Vervielfachung der Ölpreise. Der Schah verkündete, dass Iran innerhalb kürzester Zeit zu den führenden Industriestaaten der Welt gehören werde, und investierte den neuen Reichtum in großspurige Projekte und die Rüstung. Doch war das Land von der wirtschaftlichen Entwicklung überfordert. Die Wirtschaft hatte sich überhitzt. Es gab nicht genug Häfen und Straßen, der Verwaltungsapparat war überfordert, ebenso die Arbeits- und Fachkräfte. Trotzdem erhöhte der Schah im Fünfjahresplan 1973–1978 die Staatsausgaben von 23 auf 70 Milliarden Dollar. Die Folge war, dass es zu kostspieligen Engpässen, Geldverschleuderung, Korruption, Investitionsruinen sowie einer galoppierenden Inflation von über 50 Prozent kam, die vor allem die untersten Einkommensschichten traf. Nie zuvor war Einkommen in Iran so ungleich verteilt gewesen. Seit den 1950er Jahren waren die Städte rasant gewachsen. Es gab eine riesige Kluft zwischen Arm und Reich, und vor allem die Jugend, der es an Studien- und Ausbildungsplätzen fehlte, zeigte sich unzufrieden.

1975 ersetzte der Schah alle Parteien durch die Einheitspartei *rastachiz* (Partei der Auferstehung). Damit wurde das bestehende Zweiparteiensystem durch ein Einparteiensystem abgelöst, wobei vorher auch keine Mitsprachemöglichkeit existiert hatte. Die beiden Marionettenparteien, die es bis dahin gegeben hatte, die Nationalistenpartei und die Volkspartei, trugen die Spitznamen Yes-Partei und Yes-Sir-Partei. Dennoch kam mit der Gründung der *rastachiz*-Partei eine neue Dimension ins Spiel. Im Nachhinein gab selbst der Schah zu, damit einen großen Fehler gemacht zu haben. So scheiterte dieses Projekt nicht nur, sondern es bildete einen wichtigen Meilenstein in der Destabilisierung des politischen Systems. Denn der Schah erklärte, die Bürger hätten die Wahl zwischen Parteimitgliedschaft oder Auswanderung, und mit der Volljährigkeit, so wurde festgelegt, war man als Iraner und Iranerin automatisch Parteimitglied. Man brauchte also nicht einzutreten, musste aber gegebenenfalls seinen Austritt veranlassen. Das schien fast allen zu gefährlich, die austreten wollten. Die Menschen hatten von nun an das Gefühl, sie müssten, um in Sicherheit leben zu können, Parteimitglied sein. Und hier geschah, was es bisher im iranischen Staat nicht gegeben hatte. Zuvor konnte man in Frieden leben, wenn man den Status quo nicht herausforderte und nicht politisch aktiv war. Mohammad Reza Schah hatte bis dahin nicht in einer Weise Loyalität gefordert, die sonst nur aus den totalitären Staaten des 20. Jahrhunderts bekannt war. Das änderte sich jetzt. Immer stärkere Unzufriedenheit machte sich breit, und viele Bürger und Bürgerinnen, besonders die Studenten und Studentinnen, forderten Mitbestimmung sowie die Abschaffung der Zensur und verlangten Meinungs- und Pressefreiheit und vor allem: einen Rechtsstaat.

Die wirtschaftliche Situation beruhigte sich nicht. Der Schah hielt die anhaltende Inflation für das Werk von Spekulanten und stieß daher im Sommer eine Kampagne gegen hohe Preise an: Im Auftrag der *rastachiz* fielen Tausende junger Leute in die Basare ein und verhängten Geldbußen und Haftstrafen. Damit allerdings brachte der Schah den Basar gegen sich auf, der von nun an eine große Gefahr für das Regime darstellte. Wenn der Basar schließt, steht die Wirtschaft still. Und der Basar war mehr und mehr verärgert, fühlte sich durch die korrupten Preiskontroll-Bürokraten schikaniert und ohnedies schon seit Längerem von dem neuen Bankensystem übergangen.

Von seinem Nadschafer Exil aus erließ Ayatollah Khomeini als Reaktion auf die *rastachiz*-Partei eine Fatwa. Die Gründung der Partei, so formulierte er, bedeute das Eingeständnis des Schahs, dass die Weiße Revolution – oder, wie Khomeini sie nannte, die verdammte schwarze Revolution – gescheitert war. Der Partei beizutreten sei verboten, da sie dem Islam, der Verfassung und internationalen Normen widerspreche. Drei Monate später, am 5. Juni, anlässlich des 12. Geburtstags des Aufstandes vom 15. *chordad*, der Khomeini ins Exil gebracht hatte und ihm als eigentlicher Beginn der Revolution galt, folgte eine weitere Erklärung Khomeinis, und eine dritte Fatwa kam ein Jahr später im September 1976. Darin verbot er den Gebrauch des kaiserlichen Kalenders, den der Schah kurz zuvor im Rahmen seiner Rückbesinnung auf die altiranische Größe als Ersatz für die islamische Zeitrechnung eingeführt hatte. Dieser neue Kalender war ein Politikum und bedeutete einen massiven Affront gegen die Geistlichkeit. Zudem trug er zur weiteren Entfremdung des Schahs von seinem islamisch geprägten Volk bei.

Davon abgesehen, war diese rege Fatwaproduktion Khomeinis ungewöhnlich, hatte er doch seit seiner Ankunft in Nadschaf nur wenige Botschaften an seine Gefolgsleute adressiert. Für viele war er zu einer weit entfernten Figur geworden, die zwar wegen des Aufstands von 1963 ein Symbol der Opposition gegen den Schah war, deren Agieren aber die wenigsten verstanden, auch nicht die religiös orientierten Menschen. Vielleicht hatte Khomeini tatsächlich einen Plan, vielleicht war es aber auch nur Zufall, dass er sich so verhielt, wie er sich verhielt – und sich dann letztlich doch alles für ihn fügte.

Khomeini widmete sich in seiner Nadschafer Zeit jedenfalls intensiv seinen Studien und verbesserte sein Standing. Langsam war er wirklich zum Groß-Ayatollah avanciert, obschon er seinerzeit, 1963, bereits aus politischen Gründen von seinen Kollegen befördert worden war. Er hatte also, weil er in Nadschaf an seinem Emporkommen in der Hierarchie arbeitete, gar nicht die Zeit, um auf all die politischen Verwerfungen, mit denen sich Iran herumschlug, und die diversen religiösen Gruppierungen zu antworten. Links-islamische Ideen hatte er zwar schon früh als verderblich bezeichnet, weil sie ihm wirklich widersprachen, meistens jedoch pflegte er in den Jahren vor der Revolution öffentliches Stillschweigen in diesen Fragen. Allerdings machte er einer

Khomeini bei der Zubereitung von Tee im französischen Exil

begrenzten Anzahl von Individuen durchaus seinen Standpunkt klar und schaffte es so, den Eindruck aufrechtzuerhalten, alle Formen des islamischen Radikalismus anführen zu können. Er wollte sich wohl nicht von einer Richtung vereinnahmen lassen, sondern sich alle Optionen offenhalten.

Khomeini und die Volksmudschahedin

Khomeinis Umgang mit den Volksmudschahedin illustriert diese Haltung anschaulich. In ihren früheren Jahren hatten die Volksmudschahedin ihn offen bewundert. In einem ihrer Pamphlete wurde er als Held bezeichnet, als Symbol des iranischen anti-imperialistischen Kampfes. Hinzu kam, dass sie ihre wichtigste soziale Basis mit ihm teilten. Auch sie wurden finanziell von Basarfamilien unterstützt, und viele ihrer Mitglieder stammten aus diesen Familien, deren religiöse Kultur sie teilten. Sogar manche der klerikalen Unterstützer Khomeinis wie beispielsweise Akbar Rafsandschani sympathisierten zwischenzeitlich mit den Volksmudschahedin. Khomeini agierte sehr geschickt, indem er die recht beliebte Organisation niemals öffentlich attackierte, aber immer Distanz wahrte. Anfang des Jahres 1972, als die Führung der Gruppe in Iran vor Gericht stand, besuchten ihn einige ihrer Vertreter in Nadschaf, um seine Unterstützung zu gewinnen. In sieben ausführlichen Gesprächen befragte er die Gruppe über ihre Glaubensinhalte, quasi als Vorbedingung für sein Engagement. Gemäß einem Bericht über die Gespräche, der Ende 1980 von den Volksmudschahedin veröffentlicht wurde, fanden beide Seiten heraus, dass sie nichts gemein hatten. Khomeini verurteilte den Anti-Klerikalismus der Gruppe auf Schärfste, sogar ihre Diskreditierung der apolitischen Pro-Regime-Geistlichkeit, die so oft das Objekt seiner eigenen Polemik gewesen war. Er forderte die Organisation auf, solche Kritik aus ihren Schriften zu streichen, und sagte ihnen außerdem, dass er gegen den bewaffneten Kampf sei. Da der Zeitpunkt nicht der richtige sei, würden sie keinen Erfolg haben. Das Regime, so erklärte ihnen Khomeini, werde nur fallen, wenn der Klerus als Ganzes mit der Opposition zusammenarbeite. Er verweigerte den Volksmudschahedin die politische Unterstützung, um die sie gebeten hatten, half aber den Familien der politischen Gefangenen aus ihren Reihen mit Mitteln seines Fonds. Damit sicherte er sich ihre Unterstützung, die ihm später, während der Revolution, zugutekommen sollte.

Ähnlich ging er vor, was die Werke und den Einfluss von Ali Schariati anging. Dessen Biograph Ali Rahnema zitiert Belege, denen zufolge um das Jahr 1970 und nochmals 1972 einige Geistliche auf Khomeini zugekommen seien, die von ihm eine explizite Verurteilung der Schriften Schariatis wollten. Bei beiden Gelegenheiten verweigerte Khomeini sich dem Wunsch, und beim zweiten Treffen erklärte er, dass er Schariatis Arbeiten nicht unbedingt befürworte, dieser aber viele Unterstützer habe und einen guten Dienst leiste. Anfang des Jahres 1977 war seine Haltung immer noch distanziert, aber scheinbar tolerant. Er habe Schariatis Bücher gelesen, sagte er zu einem Helfer, doch für dessen Aussagen sei es zu früh. Dies habe er Schariati auch in einer Botschaft mitgeteilt.

Wenig später, nach Schariatis plötzlichem Tod, wurde Khomeini von Ebrahim Yazdi aufgesucht, damals ein wichtiges Mitglied der Nordamerikanischen Islamischen Studentenorganisation. Dieser wollte, dass der Groß-Ayatollah sich den trauernden Studenten anschloss, indem er ihren Helden als Märtyrer bezeichnete. Khomeini aber verweigerte sich der Bezeichnung Märtyrer und schrieb lediglich einen kurzen Brief, in dem er den Verlust Schariatis anerkannte. Daraufhin verließ Yazdi Nadschaf zutiefst getroffen, ohne das Schreiben Khomeinis mitzunehmen. Das wiederum hatte einen Rüffel Khomeinis zur Folge, der Yazdi fragen ließ, allerdings nunmehr in einem deutlich freundlicheren Ton, warum er denn so wütend geworden und ohne den Brief abgereist sei. Habe er denn kein Recht auf seine eigene Meinung?, fragte er weiter. Yazdi könne seiner Nachricht nach Gutdünken jedes x-beliebige Wort hinzufügen, aber nicht das Wort Märtyrer.

Kurz darauf erhielt Khomeini einen Brief von Motahhari, in dem dieser seiner Besorgnis über einige ideologische Trends in der Studentenschaft Ausdruck gab. Der Einfluss, dem die Seminaristen ausgesetzt seien, sei eine Mischung aus Schariati, den Volksmudschahedin und marxistischen Gruppen der iranischen weltlichen Universitäten. Sogar unter den Seminaristen, die Khomeini nahestünden, schrieb Motahhari, sei dieser Einfluss mehr und mehr spürbar. Die Volksmudschahedin seien dabei, eine eigene Sekte zu werden und die Autorität des Klerus massiv zu untergraben. Auch er selbst habe ja, schrieb Motahhari, den Klerus kritisiert, aber nur um ihn zu reformieren, während die Volksmudschahedin und Schariati ihn mit dem Ziel kritisierten, ihn abzuschaffen.

Hierauf kam die Antwort Khomeinis schnell und unmissverständlich. Damit zeigte er im Übrigen auch, wie sehr er Motahhari und seinen Einschätzungen der komplexen politischen, religiösen und gesellschaftlichen Szene in Iran vertraute. Er drückte seine Verachtung gegenüber diesen Gruppen aus, die – egal ob kommunistisch, marxistisch oder unter welchem Namen auch immer – vom schiitischen Glauben abwichen, und erklärte sie zu Verrätern des Landes, des Islams und der Schia.

Letztlich wurde Khomeini – anders als die von ihm kritisierten Gruppen und Personen – schlicht und ergreifend mit seinen Einlassungen und Fatwas zur rechten Zeit aktiv. Er hatte eindeutig ein besseres Timing. Im Verlauf des Jahres 1976 zeigte sich nämlich, dass der Schah auch die in ihn gesetzten wirtschaftlichen Hoffnungen nicht erfüllen konnte, weil er sich wirtschaftlich übernommen hatte. Um die Gemüter zu beruhigen, reduzierte das Regime die Repression. Diese Verbesserung der Lage schrieb die iranische Bevölkerung allerdings vor allem der Wahl des Demokraten Jimmy Carter zum US-Präsidenten im November 1976 zu. Dieser hatte im Wahlkampf die Frage der Menschenrechte thematisiert. Allerdings war der Schah schon lange nicht mehr nur Befehlsempfänger Washingstons. Außerdem machte Carter in Bezug auf seine Menschenrechtsagenda im Falle des Schahs, den er brauchte, gerne eine Ausnahme. Doch Mohammad Reza Pahlavi wollte Jimmy Carter auch nicht vor den Kopf stoßen: Er brauchte amerikanische Waffen und machte sich Sorgen um die reibungslose Übergabe des Throns an seinen Sohn, zumal er bereits seit 1974 von seiner Krebserkrankung wusste. Außerdem sorgte er sich um sein Image in der Welt. In den vorangegangenen Jahren hatten internationale Menschenrechtsorganisationen die Lage in Iran verstärkt kritisiert.

Verzweifelte Aktionen eines Despoten

Im August 1977 ersetzte der Schah Premierminister Amir Abbas Hoveyda (1919–1979) durch Dschamschid Amuzegar (1923–2016). Damit wollte er zeigen, dass er zu Veränderungen bereit sei. Doch Amuzegar fehlte das politische Geschick, um die zunächst nur vereinzelt auftretenden Proteste unter Kontrolle zu bekommen. Zur selben Zeit begann der SAVAK wieder, die Opposition zu terrorisieren, was allerdings nur dazu führte, dass diese sich radikalisierte. Nachdem im Juni 1977 bereits Ali Schariati im Londoner Exil unter mysteriösen Umständen gestorben war, fand im darauffolgenden Oktober Khomeinis ältester Sohn Mostafa den Tod. Für viele Iraner gilt als sicher, dass der SAVAK beide ermordet hatte.

Der Tod Mostafas führte zu einer neuerlichen Medienpräsenz Khomeinis, dreizehn Jahre nachdem er ins Exil geschickt worden war. Als die Nachricht Qom erreichte, begaben sich Hunderte von Menschen zu Khomeinis Bruder Morteza Pasandide, um ihm und der Familie zu kondolieren. Lautsprecher übertrugen Koranverse, und hastig wurde eine Trauerzeremonie arrangiert. Am 26. Oktober informierte eine große Anzeige in den Zeitungen, dass die Trauerfeierlichkeiten in einer zentral gelegenen Teheraner Moschee allen offenstünden. Die Organisatoren, Motahhari und Mohammad Reza Mahdavi Kani (1931–2014), die zusammen mit Beheschti 1977 die Gruppe der sogenannten *Vereinigung der kämpfenden Geistlichkeit* gegründet hatten, überzeugten sowohl säkulare als auch religiöse Gruppen, dem Ereignis beizuwohnen. Erstmals nach langer Zeit wurden wieder Segenswünsche für Khomeini gerufen. Die Anwesenden gingen sogar noch einen Schritt weiter und nannten Mostafa einen Märtyrer, der vom SAVAK ermordet worden sei.

In seinen Antworten auf die Kondolenztelegramme nutzte Khomeini den Moment, um dem Ganzen eine weitere Dimension zu geben. So sagte er in einer Dankesbotschaft an das iranische Volk, alle seien mit einem großen Unglück konfrontiert, persönliche Tragödien daher nicht der Erwähnung wert. Er warnte davor, sich spalten und blenden zu lassen durch die kurz davor erfolgte Lockerung der Pressezensur, deren Ziel es lediglich sei, den Schah von seinen Verbrechen reinzuwaschen.

Ab diesem Zeitpunkt wurde Khomeinis Name wieder in Predigten genannt, und in Qom fanden nicht nur Demonstrationen zu seiner Unterstützung statt, sondern es wurde auch seine Rückkehr gefordert. Den Tod seines Sohnes bezeichnete er als Gottes versteckte Vorsehung und zögerte nicht, ihn für seine Anti-Schah-Kampagne zu nutzen. Sein Camp war zu dieser Zeit dabei, das Netzwerk Khomeinis zu reaktivieren und auszuweiten, das im Innern eine Reihe von Institutionen, Büros sowie urbanen und ländlichen Zentren umfasste und sich im Ausland über den Irak, Syrien, den Libanon, Kuwait und die iranischen Studentenverbände in den westlichen Staaten erstreckte.

Am 15. November 1977 reiste der Schah in die Vereinigten Staaten. Das gesamte Spektrum der Opposition nutzte diese Möglichkeit, die Welt über die Menschenrechtsverletzungen des Monarchen zu informieren. Demonstrationen vor dem Weißen Haus, organisiert von der Konföderation der Iranischen Studenten, erzählten in Wort und Bild von seinen Missetaten. Wohl einem Versehen geschuldet, wurden sogar im iranischen Fernsehen Aufnahmen vom Schah gezeigt, wie er, aufgrund des Tränengases weinend, vor dem Weißen Haus steht. Auf einmal wirkte der Monarch gar nicht mehr so mächtig.

Dass sich Jimmy Carter, als er Ende 1977 in Teheran am Silvesterbankett teilnahm, demonstrativ hinter den Schah stellte, war für Mohammad Reza Pahlavi angesichts der in ihrer Amerikakritik geeinten Opposition auch nicht unbedingt eine Hilfe. «Der Iran ist dank der großartigen Staatsführung des Schahs eine Insel der Stabilität in einer der problemreichsten Regionen der Welt», sagte Carter: «Dies, Eure Majestät, ist eine große Anerkennung für Ihre Staatsführung und den Respekt und die Liebe, welche Ihnen das iranische Volk erweist.»

Der nächste strategische Fehler des Schahs ließ nicht lange auf sich warten: Am 7. Januar 1978 erschien in einer der Regierung nahestehenden Zeitung ein Schmähartikel über Ayatollah Khomeini mit dem Titel «Iran und der schwarze und rote Kolonialismus», in dem dieser als reaktionärer Geistlicher bezeichnet wurde, der sich von ausländischen Mächten habe bestechen lassen, um die Wohltaten der Weißen Revolution zu verhindern. Des Weiteren wurde er als politischer Opportunist hingestellt, der die feindlichen Pläne kommunistischer Verschwörer und iranischer Großgrundbesitzer, die durch die Weiße Revolution enteignet worden waren, habe umsetzen wollen: «Damals versuchte er, die Pläne des roten und schwarzen Kolonialismus durchzusetzen», hieß es in dem Artikel: «Er revoltierte gegen die Verteilung des Bodens, gegen die Freiheit von Frauen, die Nationalisierung der Wälder und opferte dabei unschuldige Menschen.»

Die Urheberschaft des Artikels ist bis heute nicht geklärt, der Autor dürfte aber im Umkreis des kaiserlichen Hofes zu finden sein. Der Artikel erwies sich als sehr dummer Schachzug. Jahrelang hatte der Propagandaapparat des Schahs die pure Existenz Khomeinis geleugnet, damit er in Vergessenheit geraten sollte. Für Khomeini war der Schmähartikel daher ein Geschenk des Himmels, denn nun kam er erneut ins Gespräch. Jetzt äußerten sich sogar die Granden Qoms, die

Der amerikanische Präsident Jimmy Carter und Schah Mohammad Reza Pahlavi prosten sich beim Neujahrsempfang in Teheran 1978 mit einem Glas Champagner zu.

sich bisher raushalten wollten und Khomeini in den 1960er Jahren kritisch gegenübergestanden hatten, zu seinen Gunsten: Die Groß-Ayatollahs Schariatmadari, Mohammad Reza Golpayegani und Schahabaddin Maraschi Nadschafi verurteilten den Artikel aufs Schärfste. Mit einer wirkmächtigen Rede bezog Schariatmadari Position für Khomeini. Kassettenkopien dieser Rede wurden im ganzen Land verteilt. Zudem sandte Schariatmadari eine Botschaft an die Regierung, in der er auf eine Entschuldigung drang. Die kam nicht. Stattdessen stürmten Sicherheitskräfte das Haus und die Schule des Groß-Ayatollahs, verprügelten die Studenten und verletzten zwei von ihnen so schwer, dass sie ihren Verletzungen erlagen.

Daraufhin kam es in Qom zu Protesten, die sich schnell zu Unruhen ausweiteten. Durch Schüsse in die Menge löste das Militär die Demonstrationen am 9. Januar gewaltsam auf. Über die Zahl der Toten und Verletzten liegen unterschiedliche Angaben vor. Sie variieren zwischen 7 (Regierung) und 80 Toten sowie 300 Verletzten (Opposition). Mit diesen Protesten setzte jedenfalls die Phase der landesweiten Demonstrationen ein, die schließlich in den Sieg der Revolution mündete. Die entscheidende Wende brachte der Artikel über Khomeini.

Im Folgenden wurde die religiöse Opposition deutlich aktiver, die im Vergleich zur säkularen den Vorteil hatte, dass sie besser organisiert war und auf ein landesweites Netz aus Moscheen und religiösen Zirkeln zurückgreifen konnte. Mit Ayatollah Khomeini hatte sie noch dazu einen Führer, der sich im Ausland befand und auf den die Regierung keinen Zugriff hatte. Seine Anhänger suchten Khomeini in seinem Exilort auf, empfingen seine Anweisungen und nahmen seine Reden und Predigten auf Kassetten auf, die im ganzen Land verbreitet wurden. Noch dazu waren die Moscheen als angestammte Versammlungsorte dem Zugriff der Staatsgewalt weitestgehend entzogen. Anders als bei größeren Treffen von säkularen Oppositionellen fielen die Zusammenkünfte hier nicht weiter auf. Deshalb schlossen sich die anderen oppositionellen Strömungen den Gefolgsleuten Khomeinis an.

Obwohl dieser Aufstand als Islamische Revolution in die Geschichte eingehen sollte, waren es keineswegs nur die religiösen Kräfte, die zu ihrem Erfolg beitrugen; der Anteil der bürgerlich-nationalistischen Opposition daran war beträchtlich. Die Massen jedoch wurden von Khomeini und seinen Gefolgsleuten mobilisiert, deren Sprache – etwa mit religiösen Bildern, um Unterdrückung anzuprangern – besser verstanden wurde als Vokabeln wie Proletariat, Klassengesellschaft und Klassenkampf, Bourgeoisie oder auch Demokratie und Rechtsstaat. Zum Motto der Revolution wurde der Satz: «Erhabener Prophet Mohammed, du hast gesagt, ein Volk kann nicht ohne Gerechtigkeit sein» – simpel, doch jedem Schiiten, der mit den Bildern von *aschura* und Imam Husein sozialisiert worden war, vertraut. Voller politischer Sprengkraft, wurde er in jeder Demonstration tausendfach wiederholt. Noch einen anderen Satz hatte Khomeini seinen Gefolgsleuten mit auf den Weg gegeben: *Schah bayad beravad*, der Schah muss gehen. Der revolutionäre Geistliche kannte keine Kompromisse, seine Position war die radikalste von allen. Alle Vermittlungsversuche, Zwischenlösungen, Angebote der Schah-Regierung wies er zurück mit dem einen Satz: *Schah bayad beravad*!

Khomeini-Verehrung in einem der Slums von Teheran, 1979:
Die dort lebenden Verlierer der Weißen Revolution zählten zu den größten Anhängern des Revolutionsführers.

Nach schiitischem Brauch gedenkt man der Toten am vierzigsten Tag nach ihrem Ableben. Die religiöse Opposition nutzte diesen Brauch, um zu Protesten aufzurufen, die am 18. Februar in mehreren Städten ausbrachen. In Täbris wurden während der Unruhen Büros der *rastachiz*, Banken und Kinos attackiert, wobei viele Menschen umkamen. Der Schah reagierte mit der üblichen Verdammung aller Demonstranten und ihrer Anliegen. Am 29. März, nach weiteren vierzig Tagen, gedachten die Menschen der Toten vom 18. Februar. In 55 Städten kam es zu Protesten, in deren Verlauf die Armee in die Menge schoss und es viele Opfer zu beklagen gab. Die Demonstrierenden stellten sich den Soldaten – mit dem Koran und einer Tulpe in der Hand – unbewaffnet entgegen. «Wenn Ihr uns tötet, tötet Ihr Euch selbst», riefen sie. Die Unruhen wiederholten sich von nun an zyklisch.

Der Geheimdienst reagierte mit Bombenanschlägen auf Vertreter der gemäßigten Opposition, auf Groß-Ayatollah Schariatmadari beispielsweise. Erste Anzeichen sprachen dafür, dass der SAVAK die Lage nicht mehr unter Kontrolle hatte. Bei einem Brand des Rex-Kinos in Abadan am 19. August kamen mindestens 420, möglicherweise bis zu 600 Menschen ums Leben. Khomeini und mit Mehdi Bazargan und Karim Sandschabi (1904–1995) auch zwei führende Politiker der Freiheitsbewegung und der Nationalen Front beschuldigten die Regierung, für die Brände verantwortlich zu sein. Die Brände sollten die Opposition «in ein schlechtes Licht zu rücken». Ein weiterer Wendepunkt war erreicht: Roy Mottahedeh beschreibt in seinem Buch *Der Mantel des Propheten*, dass viele Iraner, die sich neutral verhalten und gedacht hatten, der Kampf spiele sich nur zwischen dem Schah und den Anhängern der Mullahs ab, nun spürten, dass sie selbst betroffen waren. Sie fürchteten, so beschreibt Mottahedeh ihre veränderte Haltung, die Regierung könne alle opfern, um sich selbst zu retten. Hunderttausende betrachteten die Bewegung deshalb jetzt als ihre ureigene Angelegenheit.

Nun geriet die Lage vollends außer Kontrolle, der Schah hatte offensichtlich kein Konzept, wie sie noch zu beruhigen war. Premierminister Amuzegar reichte seinen Rücktritt ein, sein Nachfolger wurde Dschafar Scharif Emami (1910–1998). Im Folgenden kamen zu den Demonstrationen noch Streiks hinzu, insbesondere in der Ölindustrie, sodass das Land quasi lahmgelegt wurde. Der Geheimdienst musste tatenlos zusehen. Am 8. September, der als der Schwarze Freitag in die iranische Geschichte einging, verübte die Armee in Teheran auf dem Jaleh-Platz ein Massaker an Demonstranten. Im Oktober stellte sich auch die Nationale Front aus taktischen Erwägungen hinter Khomeini als Revolutionsführer, da sie ihm zutraute, die Massen zu mobilisieren. Dass er die Herrschaft anstrebte, konnte sich keiner vorstellen. Von nun an trat die Opposition, säkular und religiös, geschlossen auf.

Die iranische Regierung übte unterdessen Druck auf den irakischen Präsidenten aus, der den unliebsamen Geistlichen zum Schweigen bringen sollte. Doch dieser hatte schon beschlossen, eher das Land zu verlassen, als seine Anti-Schah-Statements einzustellen. Im Herbst 1978 wurde der Botschaft Kuwaits ein Pass vorgelegt mit dem Namen

Ein Geistlicher, dekoriert mit Fotos von Khomeini, während einer Demonstration in Teheran, 1979. Insgesamt 17 Millionen Menschen sollen an den Demonstrationen teilgenommen und die Rückkehr von Ayatollah Khomeini gefordert haben.

Ruhollah Musavi, denn so hieß Khomeini nach wie vor offiziell und bis zu seinem Tode. Die entsprechende Abteilung stellte ein Visum aus, ohne zu realisieren, dass es sich bei der unter diesem Namen geführten Person um Khomeini handelte. Als die kuwaitischen Grenzbeamten dann ihm und seiner Entourage gegenüberstanden, schickten sie ihn zurück.

In Wartestellung in Paris

Khomeini wusste selbst nicht genau, was er tun sollte. Schließlich fragt er einen Helfer, wie es mit Syrien aussehe, ob es von dort direkte Telefonverbindungen nach Iran gebe, aber es gab keine. In dieser Situation machte Frankreich das Angebot, ihn aufzunehmen, was sich letztlich als Glücksfall erwies. Hier konnten ihn seine Anhänger aufsuchen, und er konnte frei mit den Medienvertretern der westlichen Welt reden. Begleitet von seinem Sohn Ahmad und Ebrahim Yazdi, der

Khomeini betritt den Garten des Hauses in Neauphle-le-Château.

aus den USA nach Irak geflogen war, sowie einigen Freunden kam der 67-jährige Geistliche am 12. Oktober in Paris an. Khomeini konnte kein Französisch und hatte wenig Verständnis und schon gar keine Sympathie für den westlichen Lebensstil. Seit seiner Jugend hatte er ausländischen Einfluss als Quelle des Unglücks gesehen. Auch während seines nun folgenden Aufenthalts hatte er wenig Möglichkeiten, etwas von der französischen Kultur mitzubekommen, gar seine Meinung zu ändern. Ab dem Moment, in dem Khomeini französischen Boden betrat, war er nie allein. Zuerst wurde er zum Haus von Bani Sadr gebracht, woraufhin sofort Bewunderer und Schmeichler dessen Wohnung im vierten Stock belagerten. Nachdem sich die Nachbarn über den Krach beschwert hatten, den die Menschenansammlungen verursachten, suchten Khomeinis Leute eine neue Unterkunft. In dem 21 Kilometer von Versailles entfernten Dorf Neauphle-le-Château fanden sie ein passendes Haus.

Die bescheidene Villa, in der Khomeini mit seiner Entourage lebte,

Khomeini unter dem Apfelbaum in Neauphle-le-Château.
In der westlichen Presse machte das Bild vom „heiligen Greis unter dem Apfelbaum" die Runde.

war organisiert wie ein königlicher Hof. Bani Sadr, Qotbzade, Yazdi, Khomeinis Schwiegersohn Schahabeddin Eschraqi und Ahmad, sein einzig verbliebener Sohn, waren seine Minister. Für westliche Korrespondenten, von denen Hunderte sich in dem kleinen Dorf zu versammeln begannen, blieb er eine rätselhafte Figur. Von Smalltalk, auf Persisch oder in einer anderen Sprache, hielt er nichts, und solange es nicht besonders hohe Würdenträger oder Ayatollahs waren, die ihn besuchten, blieb er auf dem Boden sitzen, im Schneidersitz, ohne zur Begrüßung aufzustehen. Zudem hatte er die Gewohnheit, den Menschen, die zu ihm kamen, ihm die Hand küssten und ihm ihre Probleme schilderten oder ihm Fragen stellten, während er zuhörte, kurz seine Meinung zu sagen. Reporter, die normalerweise ihren Interviewpartner trafen und eine Warm-up-Session abhielten, um Hintergrundinformationen zu bekommen, bevor sie das Gespräch aufzeichneten, waren frustriert. Denn Khomeini akzeptierte nur Interviews, bei denen die Fragen am Vortag schriftlich eingereicht worden waren. Und er antwortete nicht auf Nachfragen. Dennoch stand er in Frankreich monatelang im Zentrum der internationalen Aufmerksamkeit. Die Presse gierte nach seinen Äußerungen, und so schaffte er es, die Verbreitung seiner Reden in Iran mittels Tonbandaufzeichnungen zu forcieren. Buchautor Amir Taheri zählt in den wenigen Monaten von Khomeinis Aufenthalt in Neauphle-le-Château 132 Rundfunk-, Fernseh- und Presseinterviews.

Seinem Haus gegenüber befand sich ein weiteres Haus mit einem offenen Garten, in dessen Mitte ein Apfelbaum stand. Als die Anzahl der Besucher und Presseleute anstieg, wurde dem Revolutionsführer auch dieses Haus zur Verfügung gestellt. Er empfing daraufhin seine Besucher oft unter dem Apfelbaum sitzend. Als es Winter wurde, stellte man an der Stelle ein Zelt auf. Das Bild des «heiligen Greises unter dem Apfelbaum» machte die Runde in der westlichen Presse, die ein verklärendes Bild von Khomeini zeichnete. Dass er selbst sich als Sprecher des entrechteten iranischen Volkes inszenierte, nährte in der westlichen Öffentlichkeit die Vorstellung, Khomeini sei eine Art Gandhi des Iran.

Haschem Sabaghian (geb. 1937), heute Mitglied der liberalen Opposition, war 1979, nach dem Sturz des Schahs, erster Innenminister der Islamischen Republik. Er erklärte das Phänomen Khomeini in einer Arte-Dokumentation mit den Worten:

> Grundsätzlich war Herr Khomeini von einer höheren Intelligenz. In jeder sozialen Bewegung spielt die Wahl der Parolen eine zentrale Rolle. Die Losung, die er in jenen Tagen ausgab, war: Sturz des Pahlavi-Regimes, eine Reformierung lehnte er kategorisch ab. Das Volk hatte so lange Jahre unter der Herrschaft der Pahlavi gelebt, und viele hatten am eigenen Leib die Unfreiheit, Ungerechtigkeit und Verschwendungssucht erfahren. Daher stellte diese Losung alle anderen politischen Losungen in den Schatten.

Und er fügte hinzu: «Ein Interview, das er in Paris der Zeitung *Le Monde* gab und das auch hier verbreitet wurde, hatte eine große Wirkung. Man hatte bisher, in der Geschichte der Schia, keinen Geistlichen erlebt, der so tolerant war und solch freie Anschauungen vertrat.»

Sabaghian erklärte, viele hätten geglaubt, dass er es ernst meine. Man habe sich einfach nicht vorstellen können, dass ein Geistlicher die Führung des Landes übernehmen wolle. Und er fuhr fort:

> Wie schön wäre es, wenn alle Inhalte dieses Interviews verwirklicht worden wären, was zum Beispiel die Freiheit der Parteien und die Freiheit der Meinungen betrifft und die Erklärung, dass die Geistlichkeit keine politische Rolle spielen, sondern die Führung des Landes den Technokraten übergeben will. … Dass jemand so viel von Freiheit sprach, hatte bei den Intellektuellen einen großen Effekt. Gerade weil es ein Geistlicher war, der solche Auffassungen vertrat. Das und die Parole «Sturz des Schahregimes» machten seine Anziehungskraft aus, sodass er zum Bannerträger des Kampfes wurde.

Entscheidend war aber offenbar auch Khomeinis persönliche Ausstrahlung. Zwar flößte er westlichen Beobachtern oft Furcht ein mit den dichten, nach oben gewölbten Augenbrauen, den stechenden Augen und dem starren, emotionslosen Blick, aber viele Iraner, auch seine späteren innenpolitischen Gegner, sprechen bis heute bewundernd von Khomeinis Charisma. Akbar Gandschi (geb. 1960) beispielsweise, inzwischen einer der bekanntesten Dissidenten des Landes, sagte: «Wir sahen in Imam Khomeini einen Heiligen. Natürlich war er ein politischer Mensch, das war uns allen klar. Aber Imam Khomeini war ein göttlicher Mensch. Er war ein Heiliger. Wir hatten das Gefühl, er sei mit Gott eins geworden.»

Nur wenige hingegen sahen in ihm so früh schon eine Gefahr für eine demokratische Entwicklung Irans. Einer von ihnen war Mehdi Bazargan, der Gründer der Freiheitsbewegung und spätere erste Premierminister der Islamischen Republik Iran. Nach seinem ersten Besuch bei Khomeini soll er gesagt haben: Das ist ein Schah mit Turban.

Wichtige Leute empfing Khomeini in seiner Villa, aber am Mittag ging er immer zum Zelt, um eine Rede zu halten und das Gebet zu leiten. Als er eines Tages recht lange nicht von dem Raum zurückkam, in dem er die vor dem Gebet obligatorische Waschung vollzog, machte sich seine Frau Sorgen. Nach einer Viertelstunde erschien er schließlich mit aufgerollten Ärmeln und einem Eimer in der Hand. Zu seiner

Khomeini leitet das Gebet in Neauphle-le-Château.

erstaunten Frau sagte er, die Menschen, die hierherkämen, seien seine Gäste, es sei seine Pflicht, diesen Ort sauber zu halten.

Khomeini folgte einer täglichen, strapaziösen Routine: Um elf ging er zu Bett, schon um drei Uhr morgens hörte man ihn mit Papieren rascheln und seine Schriften durchgehen, denn dazu hatte er am Tag keine Zeit. Zudem las er Briefe und Übersetzungen der ausländischen Presse, die man am Tag zuvor für ihn vorbereitet hatte. Dann folgte das Morgengebet und um sieben sein Frühstück, bis neun beschäftigte er sich mit Nachrichten aus Iran. Zwischen neun und zehn kümmerte er sich um persönliche Angelegenheiten. Zwischen zehn und zwölf betete Khomeini, danach aß er zu Mittag, und um zwei Uhr folgte ein einstündiger Mittagsschlaf. Ab drei widmet er sich dann den Angelegenheiten der *nehzat*, der Bewegung. So regelte er zum Beispiel, wann und wo die Protestkundgebungen stattfinden sollten. Er befahl den Arbeitern der Ölraffinerien zu streiken und sagte ihnen, wann sie die Arbeit wieder aufnehmen sollten. Ebenso befahl Khomeini über die Beamten der kaiserlichen Ministerien und ließ Kinos, Banken, Kneipen und Spielkasinos schließen. Die Journalisten, die ihre Arbeit verloren hatten oder gegen die Zensur streikten, wurden von ihm bezahlt. Er verfügte über immense Finanzmittel, da er täglich von seinen Anhängern Millionenbeträge an Spenden erhielt.

Im Anschluss an diese Organisation der revolutionären Aktivitäten begab sich Khomeini um fünf zum Abendgebet und um neun Uhr zum Abendessen mit der Familie. Danach hörte er die persischsprachigen Nachrichten der ausländischen Radiosendungen, vor allem jene der BBC, eine Angewohnheit, die er auch noch als Staatsführer beibehalten sollte. Zeit seines Lebens galt ihm der Sender der einstigen quasi Kolonialherren als der verlässlichste.

Im Herbst 1978 sendete der britische Rundfunk vermehrt verheißungsvolle Nachrichten aus Iran: Nach einem Tag schwerer Krawalle und dem Rücktritt von Premier Scharif Emami wurde im November eine Militärregierung ernannt. Doch sein Nachfolger war genauso hilflos wie Scharif Emami. Im Dezember, als der Trauermonat Muharram begann, zogen Millionen Iraner landesweit durch die Straßen und forderten das Ende der Diktatur. Ende des Jahres stand fest, dass auch die Militärregierung gescheitert war. In seinem Bemühen, eine Koalitionsregierung zu bilden, fand der Schah keinen Kandidaten für den Posten des Premierministers, der seine Bedingungen akzeptiert hätte. Schließlich erklärte sich Schapur Bachtiar (1914–1991), Mitglied der Nationalen Front, bereit, der Regierung vorzustehen. Zwar bestand er darauf, dass der Schah das Land verließ, forderte aber nicht dessen Abdankung. Die durch die Ernennung Bachtiars erhoffte Spaltung der Opposition trat indes nicht ein. Die Proteste gingen weiter, und auch den neuen Ministern gelang es nicht, ihre Ministerien unter Kontrolle zu bringen.

Westliche Beobachter der Lage bezogen in jenen Monaten viele Informationen aus den Reportagen Michel Foucaults, der im September und November 1978 im Auftrag der italienischen Zeitung *Corriere della Sera* in den Iran reiste. Foucault schrieb, dass es einen «einfachen politischen Willen des Volkes» gab, der darin bestand, dass das bisherige Regime verschwinden müsse – und der fraglos durch Khomeini repräsentiert wurde. Man hat Foucault später vorgeworfen, mit diesen Einschätzungen die revolutionäre Bewegung im Iran idealisiert zu haben. Er habe den reaktionären und autoritären Charakter Khomeinis unterschätzt und somit die Gefahr, die ein islamischer Staat unter seiner

Khomeini mit seinem Sohn Ahmad und den Enkeln Yasar und Hasan in Neauphle-le-Château bei Paris, 1978

Führung für alle Freiheitsrechte, insbesondere aber die Rechte der Frauen, bedeuten würde. Es ist zwar wahr, dass Foucault in seinen Reportagen nichts zu den Aussichten der Frauen in einem künftigen islamischen Staat sagte. Aber diese Kritik geht, so der Zürcher Historiker Philipp Sarasin, an der Substanz seiner Analysen aus Iran vorbei. Das gelte besonders für Foucaults Begriff der «politischen Spiritualität», jene Formulierung, die ihm am meisten Kritik eintrug, obwohl er sie nur als analytische Kategorie verwendete. Ihn interessierte Sarasin zufolge daran weniger der religiöse Gehalt als vielmehr, wie Foucault schreibt, die «Form, die der politische Kampf annimmt, wenn er breite Volksschichten erfasst. Aus tausenderlei Unzufriedenheit, Hass, Elend und Hoffnungslosigkeit macht sie eine Kraft.»

Diese Kraft zwang das Regime des einst unverwundbar scheinenden Herrschers schließlich in die Knie. Mit den Worten «Ich bin müde und brauche eine Pause» verließ Mohammad Reza Pahlavi am Mittag des 16. Januar 1979 das Land Hals über Kopf. Er steuerte die Boeing

727 mit Namen *Schahin*, Königsfalke, selbst. Und brachte neben seiner Frau Farah seine zwölf Rennpferde auf der Elefanten-Insel nahe der ägyptischen Stadt Assuan vor dem Volkszorn in Sicherheit.

Der Bevölkerung drängten sich zunächst Parallelen zu den Geschehnissen von 1953 auf: Auch damals floh der Schah, wurde jedoch wenig später von den Amerikanern wieder eingesetzt. Dass die Amerikaner der Absetzung ihres Klienten so einfach zusehen würden, schien den Iranern undenkbar. Doch die USA griffen nicht ein, sie reagierten gar nicht. Während der vom 4. bis 7. Januar 1979 stattfindenden Konferenz von Guadeloupe hatten der französische Präsident Valéry Giscard d'Estaing, der britische Premierminister James Callaghan, Bundeskanzler Helmut Schmidt und US-Präsident Jimmy Carter beschlossen, dem Schah ihre Unterstützung zu entziehen und Khomeini die Rückkehr nach Iran zu ermöglichen.

10

Die neue Verfassung: Ein demokratischer Meilenstein?

Rückkehr nach Iran und Abkehr von der Demokratie

Aller Augen richteten sich auf Khomeini, nachdem der Schah am 16. Januar 1979 das Land fluchtartig verlassen hatte. Teheran befand sich in diesen Tagen im Ausnahmezustand, aber eines war deutlich: Die Angst war geschwunden. Davon berichtet Bahman Nirumand, der in Deutschland lebende Schriftsteller und ehemalige politische Aktivist, in seiner Rückschau der Ereignisse: Noch kurz zuvor verbotene Bücher wurden zum Verkauf angeboten, kritische Zeitungen erlebten Traumauflagen, die Zensur war faktisch außer Kraft gesetzt. Überall, an jeder Ecke standen die Menschen in Gruppen zusammen und diskutierten über die neuesten Ereignisse. Unzählige Gerüchte, ermutigende, aber auch beängstigende, waren im Umlauf. Der Tag, an dem Khomeini dann in die Heimat zurückkehrte, der 1. Februar 1979, sei ein schöner Tag gewesen, schreibt Nirumand, mit einem hellblauen Himmel über der Hauptstadt. Millionen Menschen hatten sich zur Begrüßung des Revolutionsführers versammelt.

Vielen in Iran erschien Khomeini wie der erwartete Mahdi, der verborgene Imam, der nun aus der Entrückung des Exils zurückkehrte. Jeder erwartete die Erfüllung seiner Wünsche und Träume. «Du bist meine Seele, Khomeini», hallte es durch die ganze Stadt. Der Heimgekehrte selbst zeigte keine solchen großen Emotionen. Auf die Frage des BBC-Reporters John Simpson, was er empfinde angesichts seiner

Khomeini verlässt am 1. Februar 1979 die Air France Maschine, die ihn nach fünfzehn Jahren des Exils zurück nach Iran bringt. Die Frage, was er empfinde angesichts seiner Rückkehr, beantwortete er mit *Hitschie*, nichts.

Rückkehr nach 15 Jahren des Exils und der Millionen, die ihn erwarteten, soll er geantwortet haben: *Hitschie*, nichts.

Peter Scholl-Latour berichtete im Jahr 2009 in einem Gespräch mit dem DLF zum Jahrestag der Revolution von Khomeinis Rückkehr. Der Nahost-Journalist hatte damals im selben Flugzeug gesessen.

> Ich hatte ja schon länger Kontakt mit der Verschwörergruppe oder der revolutionären Gruppe, die bei Paris saß, und kannte einige von ihnen sehr gut, darunter auch einen Verwandten Khomeinis, Ahmed [sic] Tabatabai, und es war selbstverständlich, dass ich mit im Flugzeug sein würde. Nur war es so: der Imam startete und wusste nicht genau – Imam wird er in Persien genannt –, Khomeini startete und wusste nicht genau, was passieren würde bei seiner Ankunft, denn Shapo Bahtiyar [sic], der damals nach der Flucht des Schahs das Land offiziell regierte, war ein Gegner Khomeinis. Während des Fluges wurde ich dann von Tabatabai gebeten, hinaufzukommen. Es war ein Jumbo, und oben in der Kapsel saß Khomeini alleine und verrichtete sein Morgengebet, und er forderte uns auf, ihn dabei zu filmen, was ganz ungewöhnlich war. Und vor allem: Er machte einen sehr

> entspannten, beinahe lächelnden Eindruck, was ich sonst nie gesehen habe, als ob er, was ja sehr schiitisch wäre, sich freuen würde in der Perspektive des Martyriums. Dann geschah etwas Ungewöhnliches auch. Er übergab Tabatabai eine gelbe Mappe, die dann Tabatabai mir übergeben hat, und er sagte mir, wenn wir verhaftet werden, wenn wir getötet werden bei der Ankunft, dann verstecken Sie diese Mappe gut, und wenn alles gut geht, wie wir es erhoffen, dann geben sie mir die Mappe zurück. Zwei Millionen Menschen standen da und jubelten Khomeini zu, und ich habe die Mappe abgegeben. Acht Monate später habe ich erfahren, was drin war. Das war die Verfassung der islamischen Republik Iran.

Es handelte sich jedoch nicht um die Verfassung der späteren Islamischen Republik, sondern vielmehr um einen Entwurf, der dem Klerus keine spezielle Rolle zugestand. Denn trotz seiner Nadschafer Vorlesung über die Herrschaft der Rechtsgelehrten hatte Khomeini im französischen Exil in Interviews mit der internationalen Presse betont, keine Ämter für sich oder die Geistlichkeit zu beanspruchen, sondern sich aus der Politik heraushalten zu wollen. Dies mag allerdings bloße Taktik gewesen sein, zu der ihn der spätere iranische Präsident Bani Sadr angehalten hatte. In einem Interview mit *Le Monde Diplomatique* gab Bani Sadr im Jahr 2020 zu:

> Ja, da er [Khomeini] keine Erfahrung mit den Medien hatte, habe ich eine Liste von Antworten auf mögliche Fragen der Journalisten erstellt und zu ihm gesagt: «Wenn Sie in Paris den Journalisten das sagen, was Sie in Nadschaf über den islamischen Staat oder die absolute Herrschaft der Geistlichkeit gesagt haben, werden Sie für lange Zeit im Pariser Exil bleiben. Wenn Sie aber die Chance haben wollen, nach Iran zurückzukehren, müssen Sie das sagen, was ich auf dieser Liste vorgeschlagen habe.» Er willigte ein. So wurden diese Antworten zu den Botschaften, die er aus Paris an das iranische Volk und an die Menschen in aller Welt richtete. (Interview 2020)

Alle, die ihn im Exil besuchten, waren deshalb davon überzeugt gewesen, dass Khomeini keine politischen Ämter übernehmen wolle. Diese Auffassung hatten sie bestätigt gefunden, als er dem ersten demokratischen Entwurf der Verfassung in Frankreich zustimmte, der von

Ein Kind trägt das Bild Khomeinis in der Stadt Qom, 1979.

Hasan Habibi (1937–2013), damals Mitglied der Freiheitsbewegung, ausgearbeitet worden war. Auch mit dem erweiterten Verfassungstext, der ihm in Teheran vorgelegt wurde und ebenfalls eine demokratische Ordnung festschrieb, war Khomeini einverstanden. Die einzige Änderung, die er wünschte, war, Frauen nicht zum Richter- und Staatspräsidentenamt zuzulassen. Überdies hatte er noch am Tag seiner Rückkehr in Bezug auf die Verfassung versprochen: «Ich werde eine islamische Regierung bilden und eine bereits ausgearbeitete, aber noch nicht veröffentlichte Verfassung für eine islamische Republik dem Volk in einem Referendum vorlegen.»

Bei der Volksabstimmung, bei der die Bevölkerung zwischen Monarchie oder islamischer Republik wählen konnte, fiel am 30. März 1979 das Votum für die «Islamische Republik» als neue Staatsform Irans mit 98,2 Prozent der Stimmen deutlich aus. Über Gestalt und Aufbau waren sich die meisten Wähler allerdings im Unklaren, kannte man das Phänomen einer islamischen Republik doch nur aus Pakistan, einem Land, in dem die Geistlichen keine politische Rolle haben. Informationen über den tatsächlichen Inhalt der ominösen Verfassung waren nach wie vor nicht zugänglich. Da Khomeini sich darüber ausschwieg oder sich unklar äußerte, wandten sich viele an seinen wichtigsten Schüler, um Genaueres zu erfahren.

Motahhari, der, was den rechten islamischen Staat anging, weitgehend die Position Nainis vertrat und nicht so weit ging wie Khomeini in seinen Vorlesungen, erklärte auf die Nachfragen, dass mit islamischer Republik nur eine spezifische Form der Demokratie gemeint sei und diese Staatsform nicht im Widerspruch zu einem demokratischen System stehe. Damit widersprach er Khomeini allerdings und trug so nur zur weiteren Verwirrung bei. Denn dieser hatte sich im Vorfeld der Abstimmung über die zukünftige Regierungsform durchaus explizit gegen den Namen *Demokratische Islamische Republik Iran* gewandt und gesagt, die Nation wolle eine *islamische* Republik, nicht nur *irgendeine* Republik, nicht eine *demokratische* Republik, nicht eine *islamische demokratische* Republik. Er forderte das Volk auf, das Wort demokratisch nicht zu benutzen, weil es sich um eine westliche Begrifflichkeit handele.

Frauen im Tschador während einer Pro-Khomeini-Demonstration im Februar 1979

Khomeinis Gesinnungswandel in Bezug auf das Procedere kam kurz nach der Volksabstimmung. Unversehens machte er den Vorschlag, eine relativ kleine, vom Volk gewählte Expertenversammlung den Verfassungsentwurf weiter ausarbeiten zu lassen, und begründete dies damit, Zeit sparen und den Normalisierungsprozess beschleunigen zu wollen. Dabei hatte er ursprünglich versprochen, den Verfassungsentwurf möglichst bald von einer Konstituierenden Versammlung aus möglichst vielen Volksvertretern billigen zu lassen, was eine größere Stimmenvielfalt ermöglicht hätte.

Zudem forderten Khomeinis Gefolgsleute jetzt, die *velayat-e faqih*, die Herrschaft des Rechtsgelehrten, in der Verfassung zu verankern, und Khomeini selbst bezeichnete plötzlich die demokratisch gesinnten Kräfte als Kommunisten und Konterrevolutionäre und behauptete, aus der ursprünglich geplanten Verfassung spreche nicht der Geist der Scharia, sondern der liberale Ungeist des Westens. Außerdem wirkte er auf die Bevölkerung ein, bei den Wahlen zur Expertenversammlung am 3. August 1979 den Geistlichen ihre Stimme zu geben. Das Ergebnis fiel daraufhin ganz im Sinne Khomeinis aus: Von den 72 Mitgliedern waren 55 Geistliche. Die Nationale Front wie auch zahlreiche andere politische Gruppierungen protestierten gegen die Wahl. Die Namen ihrer Kandidaten hätten nicht auf den Wahlzetteln gestanden.

Als dann feststand, dass die *velayat-e faqih* in die iranische Verfassung inkorporiert werden würde, orientierten sich viele, die diesbezüglich Fragen hatten, weiterhin eher an den Aussagen Motahharis, den viele als Sprachrohr Khomeinis wahrnahmen. Denn dieser selbst äußerte sich nach wie vor nur unzureichend dazu, was mit *velayat-e faqih* konkret und in der Praxis gemeint war. Motahhari wiederum versuchte jene zu beruhigen, die einen Rechtsgelehrten mit Führungsbefugnis fürchteten. Er erklärte, *velayat-e faqih* bedeute nicht, dass der Rechtsgelehrte an der Spitze der Regierung stehen und tatsächlich regieren werde. Die Rolle des *faqih* in einer islamischen Gesellschaft sei die eines Ideologen, der die Implementierung der islamischen Ideologie überwache. Da die Demokratie nicht per definitionem die Abwesenheit einer Ideologie impliziere und darüber hinaus der *faqih*-Ideo-

Ein Angestellter ersetzt im Niavaran-Palast, der Sommerresidenz des Schahs im Norden Teherans, das Portrait Mohammad Reza Pahlavis durch das von Khomeini.

loge vom Volk gewählt werde, widerspreche die *velayat-e faqih* nicht der Demokratie. Die *velayat-e faqih* impliziere keine Hierokratie, also Herrschaft des Klerus:

> Grundsätzlich wählt das Volk den Rechtsgelehrten, und die Pflicht des Rechtsgelehrten besteht nur darin, dass er die richtige Ausführung der Ideologie überwacht. Er überwacht die Rechtmäßigkeit dessen, der das Recht ausführt, und dessen, der der Führer der Regierung sein soll. […] Die Vorstellung der Menschen war zur Zeit der verfassunggebenden Revolution nicht, dass die Rechtsgelehrten regieren und die Verwaltung des Landes übernehmen sollen. Auch unsere Vorstellung von der *velayat-e faqih* war das nicht. Vielmehr war über die Jahrhunderte hinweg die Vorstellung der Menschen von der Herrschaft des Rechtsgelehrten die, dass – weil die Gesellschaft eine islamische ist und weil die Menschen der islamischen Religion verbunden sind – die Rechtmäßigkeit des Herrschers, der ja die islamischen Gesetzte ausführen muss, von den Rechtsgelehrten festgestellt und bestätigt werden muss. (Motahhari o. J. b, 86)

Doch nachdem der ursprüngliche Verfassungsentwurf beiseite gelegt worden war, eliminierte die Expertenversammlung auch die vorher festgelegte Trennung von Religion und Staat. Das Prinzip der *velayat-e faqih* wurde dem eigentlich säkularen Entwurf übergestülpt, und Khomeini stand über allen Gewalten und war keiner Instanz gegenüber verantwortlich. Allerdings kam es tatsächlich nicht zu einer Hierokratie, einer Priesterherrschaft, sondern zu einer Biarchie, einer Doppelherrschaft. Zwar wurde die Herrschaft des Rechtsgelehrten in der Verfassung festgeschrieben, doch die Verfassung sah durchaus auch demokratische Verfahrensweisen wie Urnengänge vor.

«Denn die Basis des Islams ist Gehorsam, nicht Freiheit»

Die wesentlichsten Argumente, die Khomeini gegen eine Ordnung, in der sich alle Macht vom Volk ableitet, vorgebracht hatte, waren die Existenz des göttlichen Rechts und die Souveränität Gottes gewesen. Ihm galt die Demokratie als ein rein westliches Konzept, das unvereinbar mit dem Islam sei, da in beiden Systemen unterschiedliche Entwürfe von Souveränität vertreten würden. Damit war er exakt der gleichen Ansicht wie sein Vorbild Scheich Nuri, dass nämlich allein Gott und «nicht irgendwelche Gemüsehändler und Parlamentarier» Gesetze machen könnten. In einem Interview hatte der Politologe Said Amir Arjomand ihn 1979 auf Nuri und dessen Aussage angesprochen, dass die Gesetzgebung durch Menschen grundsätzlich dem Islam widerspreche, da hier das Gesetz göttlich, heilig sei und nur der Interpretation durch qualifizierte Juristen des islamischen Rechts bedürfe.

Khomeini hatte damals geantwortet, so die Schilderung Arjomands, dass dies auch seine Meinung sei. Zwar gebe es einige spezielle Fragen wie Stadtplanung und Verkehrsregeln, die nichts mit dem Islam zu tun hätten, aber darüber hinaus gebe es im Islam keinen Raum für die Gesetzgebung durch Menschen. Sollte eine Versammlung eingesetzt werden, so wäre diese nicht gesetzgebend, sondern überwache die Regierung. Sie werde sich mit Exekutivangelegenheiten befassen, aber keine Gesetze verabschieden. Einer Legislative bedürfe es daher nicht, höchstens einer Art Planungsbehörde, welche die Regularien entwirft für Sachverhalte wie beispielsweise Verkehrsregeln, die die Scharia nicht betreffen.

Daraus und aus seiner Lektüre der Nadschafer Vorlesung, in der das Wort Republik nicht ein einziges Mal fällt, schließt Arjomand, dass Khomeini die Republik nur für eine Übergangsphase als die passende Regierungsform angesehen habe. Im letzten Stadium werde dann die Souveränität einzig der Geistlichkeit zukommen, stellvertretend für Gott und ganz genau so, wie Scheich Nuri es schon Anfang des 20. Jahrhunderts gesehen hatte. Das ist eine Möglichkeit, den Verlauf der Ereignisse zu interpretieren. Fakt ist: Nach Scheich Nuri ist heute eine der größten durch Teheran führenden Schnellstraßen benannt, und Khomeini hat ihn, den größten Widersacher der konstitutionellen Sache, in jeder möglichen Weise rehabilitiert. So bezeichnete er Nuri in seiner Kritik an der ersten Verfassung Irans immer als sein Vorbild, und dessen Andenken wird in der Islamischen Republik bis heute hochgehalten.

Dieser ständige Rekurs auf Nuri hätte also möglicherweise schon

1979 Anlass zu Zweifeln an Khomeinis demokratischer Gesinnung geben können. Denn Nuris Ansichten waren bekannt. In seiner 1907 publizierten Serie von Propaganda-Flugblättern gegen die konstitutionelle Sache hatte Nuri die Verfassung mit einem Begriff der islamischen Rechtswissenschaft als unerlaubte Neuerung, *bida*, bezeichnet. Stattdessen plädierte er für eine mit dem islamischen Gesetz konforme Verfassung. Grundlage seiner Argumentation bildete Koran 5:3, wo erklärt wird, die Religion sei «vervollständigt». Außerdem, so Nuri, sei der Prophet Mohammed das Siegel des Prophetentums. Wer also an den Propheten glaube, könne nicht wollen, dass Menschen Gesetze machen, da Religion und Gesetz ja vollendet seien. Darüber hinaus sind laut Nuri Gleichheit und Freiheit Prinzipien, welche die Basis des göttlichen Gesetzes zerstören: «Wenn sie das islamische Gesetz anwenden und wenn sie die Verfassung auf islamischen Prinzipien gründen wollten – wie sie behaupten –, wieso haben sie sie auf Gleichheit und Freiheit gegründet, Prinzipien, die die Grundlagen des göttlichen Gesetzes zerstören würden? Denn die Basis des Islams ist Gehorsam, nicht Freiheit; und die Basis seiner Vorschriften ist die Unterschiedlichkeit der gesellschaftlichen Gruppen und nicht ihre Gleichheit.» (Nuri 1983, 59)

Nuri forderte stattdessen von den Muslimen, dem Koran zu gehorchen: Dann müssten sie als gleich behandeln, was als gleich im göttlichen Recht behandelt wird, und als ungleich jede Gruppe, die von der anderen unterschieden werde. Damit meinte er die Frauen und die religiösen Minderheiten. Als unvereinbar mit dem göttlichen Gesetz galten Nuri auch Presse- und Meinungsfreiheit, die durch die neue Verfassung garantiert werden sollten. Denn mit ihrer Hilfe könnten die Ungläubigen ihre blasphemischen Ansichten verbreiten, die Gläubigen beleidigen und «Zweifel säen […] in ihren Herzen». (Nuri 1983, 83) Außerdem stehe das repräsentative System, *vekalat*, das die Verfassung festlege, grundsätzlich im Widerspruch zum schiitischen Konzept der Führungsbefugnis, *velayat*. Laut Nuri kann es keine Bevollmächtigten vonseiten der Menschen und für die Menschen geben: «In den allgemeinen Angelegenheiten des Volkes ist Bevollmächtigung verboten. Denn es handelt sich hierbei um eine Kategorie der religiösen Führungsbefugnis. […] Denn das Reden über die allgemeinen Interessen des gesamten Volkes ist Sache des Imams oder seiner Generalstellvertreter.» (Nuri, 1983, 67)

Die Einwände Nuris sind in der iranischen Verfassung von 1979 manifest geworden. So ist uneingeschränkte Presse- und Meinungsfreiheit darin nicht garantiert. Beide finden ihre Grenzen, wo sie den Islam und islamisches Recht antasten. Dasselbe gilt für die Rechte von Frauen und religiösen Minderheiten. Auch diese sind genau den Grenzen unterworfen, die schon Nuri gefordert hatte. Somit dürfte Scheich Nuri als einer der wesentlichen Ideengeber der Islamischen Republik Iran und ihres Staatsgründers Khomeini gelten.

Es ist viel darüber spekuliert worden, ob Khomeini die Verankerung der *velayat-e faqih* von Anfang an geplant hatte und dem ersten Verfassungsentwurf nur zustimmte, um die anderen Gruppen der Anti-Schah-Koalition zu beruhigen. Allerdings hat Ali Rahnema überzeugend dargelegt, dass die *velayat-e faqih* zwar von Beginn an Khomeinis favorisierte Option war, er sich aber den Umständen gebeugt, also auch eine weit demokratischere Verfassung akzeptiert hätte. Erst das Gerangel um die Einberufung einer verfassunggebenden Versammlung, um die Dauer dieses konstitutionellen Prozesses und über weitere Inhalte der Verfassung habe ihn davon überzeugt, dass Iran möglichst schnell eine Verfassung haben müsse, die das System stabilisiere. Rahnema zitiert Rafsandschani, den späteren Staatspräsidenten und Vertrauten Khomeinis, dem zufolge Khomeini es seinen Getreuen offen gesagt hätte, wenn er von Anfang an die *velayat-e faqih* als Regierungssystem hätte etabliert haben wollen. Die These, dass erst die durch den Teheraner Rechtsprofessor Naser Katouzian angestoßene und von säkularen Journalisten und Intellektuellen aufgenommene Diskussion ihn dazu gebracht hätte, die *velayat-e faqih* zu favorisieren, wird im Übrigen auch von Said Amir Arjomand in seinem einschlägigen Artikel in der *Encyclopaedia Iranica* vertreten, mit dem er sich scheinbar selbst widerspricht. Allerdings mag es auch so gewesen sein, dass Khomeini annahm, nach einer Übergangsphase in einer Republik werde die Bevölkerung von selbst zu einem Gottesstaat finden.

Trotz manch ablehnender Aussage Khomeinis enthält die Verfassung der Islamischen Republik Iran jedenfalls eindeutig demokratische

Khomeini mit Akbar Rafsandschani, 1979, dem späteren Parlamentspräsidenten und langjährigen Staatspräsidenten (1989–1997)

Elemente. Nach einer bloßen Betrachtung des Verfassungstextes ist tatsächlich nicht klar zu beantworten, wem die Souveränität von Gott, dem einzigen Souverän, übertragen worden ist. In Artikel 6 heißt es zwar, dass «in der Islamischen Republik Iran [...] die Angelegenheiten des Landes in Übereinstimmung mit dem durch Wahlen bestätigten Volkswillen geregelt werden [müssen]». (Botschaft 1980, 27) Vergleicht man jedoch die Machtbefugnisse des vom Volk gewählten Präsidenten mit denen des vom Expertenrat ernannten Rechtsgelehrten, wird deutlich, dass dem Volk nicht die Souveränität übertragen worden ist. Außerdem heißt es in Artikel 5: «In der Islamischen Republik Iran steht während der Abwesenheit des entrückten Imams [...] der Führungsauftrag (Imamat) und die Führungsbefugnis (velayat-e amr) in den Angelegenheiten der islamischen Gemeinde dem gerechten, gottesfürchtigen […] Rechtsgelehrten zu.» (Botschaft 1980, 27)

Der Rechtsgelehrte allerdings muss «von der Mehrheit der Bevölkerung als islamischer Führer anerkannt werden». Damit wird wieder die Rolle des Volkes betont, ebenso in Artikel 56. Zwar wird auch hier erklärt, dass Gott der einzige Souverän ist, aber dies ist im Kontext islamischer Herrschaft mehr als üblich. Die Frage ist, wem die Souveränität übertragen wird, und das ist hier ganz eindeutig das Volk und nicht ein Rechtsgelehrter. «Das absolute Recht zur Regierung über die Welt und den Menschen gebührt Gott, und er hat den Menschen zur Regierung über sein eigenes soziales Schicksal befugt» (Botschaft 1980, 47).

Schariatmadari: Demokratie mit islamischer Ausrichtung

Diese Ungereimtheiten wurden schon bald thematisiert. Als Erster stellte sie mit Mohammad Kazem Schariatmadari der vor der Revolution einflussreichste in Iran lebende Groß-Ayatollah zur Diskussion. Schariatmadari war in den Anfangsjahren der Islamischen Republik der größte Kritiker dieser Verfassung. Seiner Meinung nach standen die Artikel 5 und 110, die die Macht des Rechtsgelehrten festschreiben, und die Artikel 6 und 56, die auf die Macht des Volkes verweisen, im Widerspruch zueinander. Die Gewalt des Rechtsgelehrten widerspreche vor allem Artikel 56 der Verfassung. Danach dürfe niemand dem Volk die Souveränität streitig machen, denn dieses Recht sei gottgegeben. Die Machtfülle des Rechtsgelehrten beschnitt laut Schariatmadari eindeutig die Volkssouveränität.

Grundsätzlich hielt Schariatmadari die *velayat-e faqih* auch nicht für zwingend islamisch. Im Islam gebe es keine Vorschrift, die den Klerus zur Intervention in die Staatsangelegenheiten verpflichte, es sei denn, das Parlament stelle eine islamfeindliche Gesetzgebung auf. Während Khomeini allein den Islam als Quelle der Gesetzgebung akzeptierte, trat Groß-Ayatollah Schariatmadari nur für eine Ordnung ein, in der die Prinzipien des Islams respektiert würden. Eine islamische Regierung hielt er bis zur Wiederkehr des zwölften Imams für eine Utopie, nicht jedoch eine islamische Republik. Diese unterscheide sich formal von einer anderen Republik lediglich in der Hinsicht, dass Muslime in ihr lebten.

Tatsächlich ähnelt Schariatmadaris Konzeption einer islamischen Republik stark der Definition westlicher Demokratien, allerdings mit einer islamischen Ausrichtung, wie er es nannte. Es gebe keine Diktatur und keinen Despotismus, das Volk sei der Souverän des Staates. Nur das Volk entscheide, welchen Weg es gehen wolle. Schariatmadari zufolge war es das Hauptziel der Oppositionsbewegung gegen den Schah, die diktatorische Herrschaft zu beenden und eine Demokratie zu etablieren, basierend auf dem Willen des Volkes, aber im Lichte des islamischen Rechts. Für ihn bedeutete Gerechtigkeit die Implementierung der Demokratie: «Die Regierung Gottes ist die Regierung des Volkes durch das Volk.» (*Keyhan* vom 19. 5. 1979) Und: «Ein islamisches Regime ist ein demokratisches Regime, das auf dem Willen des Volkes fußt. Es ist die Regierung des Volkes, für das Volk und gegen Tyrannei und Diktatur.» (*Keyhan* vom 24. 1. 1979)

Zwischen Schariatmadari und Khomeini kam es nicht nur darüber, sondern auch in Bezug auf die Pressefreiheit schon sehr bald zu Differenzen. Khomeini schränkte sie ein, während Schariatmadari meinte, Kritik müsse erlaubt sein. Zudem war der Groß-Ayatollah gegen die weitere Einschränkung der Freiheitsrechte, die bald nach der Machtübernahme eingesetzt hatte, und wollte überdies, dass Minderheitenrechte in der Verfassung festgeschrieben würden. Dabei wusste er die Partei der Muslimischen Volksrepublik (MPRP) hinter sich, die im März 1979 durch eine Gruppe aus Kaufleuten des Teheraner Basars, bürgerlichen Politikern der Mittelschicht und ihm nahestehenden Geistlichen gegründet worden war.

Im November 1979 wurde die MPRP zum Sammelbecken der Gegner der Verfassung, die von Khomeinis Parteigängern vorgeschlagen worden war, und boykottierte im Dezember 1979 das entsprechende Referendum. Die Muslimische Volkspartei bestand vor allem aus Azeris, denen ihr Landsmann Schariatmadari Quelle der Nachahmung und spiritueller Führer war, aber vertreten waren in ihr auch all jene bürgerlich-nationalen Kräfte, die für weniger Einflussnahme der Geistlichen in der Politik eintraten. Kritisiert wurden von der MPRP vor

Anhänger von Ayatollah Schariatmadari, Mitglieder der Muslimischen Volkspartei, protestieren im Dezember 1979 in Täbris gegen die Monopolisierung der Macht durch die Khomeini-Fraktion.

allem der autokratische Führungsstil von Groß-Ayatollah Khomeini und die Radikalität der islamischen Revolutionsgerichte. Die MPRP machte sich für die Zusammenarbeit mit säkularen politischen Organisationen stark und forderte, dass allen Parteien ungehinderter Zugang zum staatlichen Rundfunk ermöglicht werde. Die Zahl ihrer Mitglieder wird für die damalige Zeit auf neun Millionen beziffert.

In Täbris, der Hauptstadt der Provinz Ost-Aserbaidschan, hatte die Opposition ihre Basis, um sich gegen den weiteren Machtzuwachs der Anhänger Khomeinis zu wehren. Dort kam es im Dezember 1979 zu Massenprotesten. Die Fernsehstation von Täbris wurde besetzt, die Demonstranten teilten der Öffentlichkeit ihre Forderungen mit. Schariatmadari gebot den Protesten schließlich Einhalt, um weiteres Blutvergießen zu verhindern, da Khomeini damit gedroht hatte, Täbris bombardieren zu lassen. Ende Januar 1980 stellte die MPRP ihre politische Tätigkeit ein.

Schon bald kam es zum endgültigen Zerwürfnis zwischen Scha-

Khomeini mit Sadeq Qotbzade, der am 29. November 1979 Außenminister der Islamischen Republik werden sollte. Neauphle-le-Château, 1978

riatmadari und Khomeini: Zwar hatte Schariatmadari das Regime im Krieg gegen den Irak unterstützt, der 1980 durch den Einmarsch Saddam Husseins in Iran begonnen hatte. Doch er kritisierte die Fortführung des Krieges, nachdem iranisches Territorium im Jahr 1982 vollständig zurückerobert worden war und der irakische Diktator einen einseitigen Waffenstillstand verkündet hatte. Das Regime allerdings sah die Chance, die islamische Revolution in das Nachbarland zu tragen. Nachdem Schariatmadari, der dieses Vorgehen für falsch hielt, seinen Anhängern erklärt hatte, dass er für einen Waffenstillstand sei, sprachen diese sich im Parlament gegen den Krieg aus. Das müssen die Khomeini-Getreuen als Gefahr wahrgenommen haben, denn kurz darauf wurde der ehemalige Außenminister Sadeq Qotbzade verhaftet. Unter der Folter gab er zu, einen Umsturz geplant zu haben, für den Schariatmadari, den Qotbzade als seinen geistigen Mentor bezeichnete, ihm Unterstützung zugesagt habe. Kurz danach wurde auch Schariatmadari festgenommen.

Er entschuldigte sich schließlich in einem Fernsehgeständnis mit der kryptischen Aussage «für jede Sünde, die ich begangen haben könnte». Daraufhin erklärte der Staatsanwalt gegenüber der Presse, Schariatmadari habe seine Verwicklung in den Umsturz gestanden. Beobachter nahmen seinerzeit an, er habe diese Erklärung abgegeben, um seinem Schwiegersohn das Leben zu retten, dem für seine Verwicklung in den angeblichen Umsturzversuch mit der Todesstrafe gedroht worden war. Die Regime-Presse beschimpfte Schariatmadari als Liberalen, warf ihm vor, Verbindungen zum SAVAK, den Monarchisten und den Saudis zu haben, Luxus zu lieben und Aserbaidschan von Iran abspalten zu wollen.

Doch das Geständnis stellte letzlich noch einmal die Findigkeit Schariatmadaris unter Beweis und führte damit zu einer Steigerung seines Ansehens. Der freundliche Greis hinterließ beim Zuschauer einen Eindruck, der gänzlich anders als der intendierte war: Haltung und Auftreten ließen keinen Zweifel daran, dass dieses Geständnis erzwungen war. Zudem gab er kein Fehlverhalten zu.

Nach seinem Fernsehgeständnis wurde der wichtigste sowie namhafteste Kritiker und Konkurrent Khomeinis unter Hausarrest gestellt. Den Turban durfte er nicht mehr tragen, und der Titel Groß-Ayatollah wurde ihm aberkannt – ein bis dato im schiitischen Kodex unter Klerikern nie dagewesener Akt, der seither allerdings oft Anwendung gefunden hat. 1986 starb Schariatmadari an Krebs, und viele mutmaßten, dass ihm in einem letzten Akt der Rache die Behandlung seiner Krankheit verweigert worden sei. Das Regime schaffte seine Leiche im Dunkel der Nacht aus dem Krankenhaus und ließ aus Furcht vor einem Massenauflauf keine öffentliche Beisetzung zu.

Der Umgang mit Schariatmadari macht deutlich, wie Khomeini mit denen verfuhr, die sich ihm in den Weg stellten. Er zeigte nicht einmal Gnade gegenüber dem Mann, der ihn seinerzeit vor der Strafverfolgung durch den Schah und eventuell vor der Exekution gerettet hatte. Denn es war Schariatmadari gewesen, der seine Kollegen überzeugt hatte, Khomeini zur Quelle der Nachahmung zu erheben, mithin als Groß-Ayatollah anzuerkennen, um ihn zu schützen. Doch dieser war nicht bereit, Kritik zuzulassen und den gesellschaftlich-politischen

Der asketisch lebende Khomeini in seinem Haus in Teheran, 1980

Raum für Mitsprache zu öffnen. So wurden nicht nur gewichtige Andersdenkende ausgeschaltet, sondern auch die oppositionelle Presse: Dabei wird allgemein das Verbot der Zeitung *ayandegan* im August 1979 als Einschnitt gewertet. Dieses Blatt hatte schon zu Schah-Zeiten bestanden, war jedoch während der Revolution von den Redakteuren übernommen und in eine pluralistische Plattform für alle Gruppierungen umgewandelt worden. Nachdem sich Khomeini öffentlich gegen die Zeitung ausgesprochen hatte, ließ der Generalstaatsanwalt von Teheran sie verbieten. Denn anstatt sich – wie von vielen erwartet – nach Qom zurückzuziehen, war Khomeini in Teheran geblieben und mischte sich in Ansprachen, die er von seinem Haus aus hielt, rege in die Politik ein.

Mit *ayandegan* wurden auf einen Schlag auch fast alle anderen oppositionellen Zeitungen und Zeitschriften ausgeschaltet, da der gleichnamige Verlag die modernste Druckerpresse Irans besaß, mit der die meisten Presseerzeugnisse gedruckt wurden. Am 8. August, einen

Tag nach dem Verbot von *ayandegan*, verabschiedete die Übergangsregierung ein restriktives Pressegesetz, welches das einst vielbeklagte Pressegesetz des Schahregimes kopierte.

Zukünftig konnte man sich, was dies betraf, auch auf die Verfassung berufen, die Pressefreiheit nur gewährt, wenn die Grundlagen des Islams nicht beeinträchtigt werden. Nur unter dieser Bedingung werden auch die anderen Freiheitsrechte eingeräumt. So sind Parteien, Verbände, politische und berufliche Organisationen, islamische Vereine und Zusammenschlüsse der anerkannten religiösen Minderheiten frei – vorausgesetzt, dass sie die islamischen Prinzipien und die Grundlagen der Islamischen Republik nicht verletzen, eine sehr vage Formulierung. Ähnlich ausgedrückt sind die Abschnitte über die Gleichheit von Mann und Frau sowie die Versammlungs- und Demonstrationsfreiheit.

Der Umgang mit den religiösen Minderheiten

Was genau islamische Prinzipien und Grundsätze waren, definierten Khomeini und seine Getreuen mehr oder minder nach Gutdünken und je nach den Umständen. Dabei setzten sie ihre restriktive Interpretation des Islams allen Widerständen zum Trotz durch. Systematisch schalteten sie alle Gegner aus: angefangen bei den Vertretern linker Ideologien wie der kommunistischen *tude* über die islamisch-marxistischen Gruppierungen bis hin zu den bürgerlich-liberalen Kräften der Nationalen Front und der Freiheitsbewegung. Mit der Zeit wurden alle gesellschaftlichen Bereiche, vom Schulsystem über die Universitäten bis hin zum Rechtswesen, in ihrem Sinne islamisiert. Kritik an Khomeini und seiner Lesart des Islams galt fortan als Abfall vom Glauben. So sahen es nicht nur die Schlägertrupps, die – allen Kritikern den Tod wünschend – durch Teherans Straßen zogen, sondern auch die iranische Justiz. In den Jahren seit der Revolution hat sich diese als Speerspitze in der Verfolgung Andersdenkender hervorgetan. Relativ in Ruhe gelassen wurden diejenigen Andersgläubigen, die den Status einer anerkannten religiösen Minderheit haben.

Laut Artikel 13 der Verfassung sind iranische Bürger zoroastrischen, christlichen oder jüdischen Glaubens «als offizielle religiöse Minderheiten anerkannt, die völlig frei ihre religiösen Pflichten im Rahmen des Gesetzes ausüben können». (Botschaft 1980, 30) Ausgeschlossen sind hier die Bahais, für die mit der Islamischen Republik schlimme Zeiten anbrachen. In Iran, dem Ursprungsland dieser Religion, leben heute schätzungsweise 350 000 Bahais. Sie stellen nach den Christen die größte religiöse Minderheit des Landes. Anders als Juden, Christen und Zoroastrier gelten sie laut Verfassung jedoch nicht als sogenannte Schutzbefohlene.

Immer wieder wurde seit der Gründung der Islamischen Republik von internationaler Seite die Sorge geäußert, den iranischen Juden, deren Zahl heute ca. 10 000 beträgt, drohe ein neuer Holocaust. Doch im Gegensatz zu den Bahais genießen sie Schutz als religiöse Minderheit. Das heißt nicht, dass sie vollkommen gleichberechtigt sind, doch in den vierzig Jahren seit der Revolution wurden sie nie aus Glaubensgründen verfolgt. Das liegt daran, dass im Koran die Religionen, die bereits vor dem Islam vorhanden waren, akzeptiert werden, um sie aufzunehmen und zu vervollkommnen. Religionsgeschichtlich betrachtet ist dies ein bekanntes Phänomen; nicht anders verfuhr das Christentum mit dem Judentum.

Offizielles Argument war für die Muslime, dass auch Juden und Christen *ahl al-kitab*, Leute des Buches, sind und im Koran anerkennend erwähnt werden. Als sich der Islam im 7. Jahrhundert nach Iran ausbreitete, zählte man im Analogieschluss auch den Zoroastrismus zu den Religionen, deren Schutz geboten ist, dabei wird er nicht explizit im Koran genannt. Genauso wurden die Hindus später als Angehörige einer Religion akzeptiert, die es zu schützen gilt, obwohl sie streng genommen nicht über eine Offenbarungsschrift verfügen. Der Grund für diese großzügige Auslegung dürfte gewesen sein, dass ein Umgang gefunden werden musste mit den vielen Millionen Hindus, die nach der Eroberung des indischen Subkontinents Bewohner des islamischen Herrschaftsgebietes wurden. Während man hier pragmatisch vorging, galten dem Islam die Religionen, die nach ihm kamen, aus ihm hervorgingen und den Anspruch vertraten, ihn zu vervollkommnen, als Häresie, wie beispielsweise die Bahai-Religion. Seit ihrem Aufkommen vor anderthalb Jahrhunderten werden die Bahais in Iran daher mal mehr, mal weniger verfolgt.

Nach ihrer Auffassung ist der von den Schiiten erwartete Mahdi, der religionsgeschichtlich dem Messias vergleichbar ist, bereits in der Person ihres Religionsstifters Bahaullah erschienen, was aus ihnen in den Augen der Schiiten Häretiker macht. Hervorgegangen ist die Bahai-Religion aus dem Babitum. Einfluss auf ihre Entstehung hatte aber auch die Bewegung der Scheichis. Diese erwarteten 1844 die Rückkehr des zwölften Imams, der nach schiitischer Auffassung dann kommt, wenn die Welt ihn am nötigsten hat: Nach einer Phase schrecklicher Kriege und großer Not erscheint er als der Erlöser von Ungerechtigkeit und Unheil. Als die Scheichis die Zeit gekommen sahen, erklärte sich Ali Muhammad Schirazi, der sich Bab, das Tor, nannte, zum erwarteten Imam. Neben dieser Vorwegnahme der endzeitlichen Vorstellung waren es jedoch der sozialrevolutionäre Charakter der Bewegung und die von ihr gepredigte Gleichberechtigung zwischen Mann und Frau, die damals sowohl der herrschenden Qadscharen-Dynastie als auch der Geistlichkeit Sorge bereiteten und sie zu Gegnern der Bewegung werden ließ. Daher wurde der Bab 1850 hingerichtet.

Nach einem angeblichen Anschlag auf den Schah wurde ein weiterer Anhänger des Bab, Mirza Ali Nuri, in das damalige Osmanische Reich verbannt. In Bagdad offenbarte er einigen seiner Getreuen, er selbst sei der verheißene zwölfte Imam, und warb von nun an offen für seine Religion. Dies war der Anlass für die iranische und osmanische Regierung, Bahaullah, wie sich Nuri inzwischen nannte, 1868 erneut in die Verbannung zu schicken, und zwar in die Gefängnisstadt Akkon im heutigen Israel. Dort verfasste er das *Kitab al-Aqdas*, das Allerheiligste Buch, das den Koran und die Heilige Schrift des Bab ablösen bzw. sich inkorporieren sollte. Die letzte Ruhestätte des 1892 verstorbenen Bahaullah liegt in der Nähe von Haifa. Im israelischen Haifa befindet sich auch das zum Weltkulturerbe zählende Grab des Bab sowie das geistige und administrative Weltzentrum der Bahai-Gemeinde.

Obwohl der Bahaismus also im schiitischen Islam wurzelt, hat er sich von diesem gelöst. Mohammad wird von den Bahais zwar als Prophet anerkannt, jedoch nicht als Siegel des Prophetentums; vielmehr glauben sie, dass mit Bahaullah, der als Manifestation Gottes gilt, die göttliche Offenbarung in eine weitere Phase getreten sei. Bekanntlich ist der Glaube an die Wiederkehr des Mahdis zentrales Glaubensdogma des schiitischen Islams. Wenn die Bahais erklären, der Mahdi sei bereits in Gestalt ihres Religionsgründers zurückgekehrt, stellt dies in dogmatischer Hinsicht für die Schiiten die größtmögliche Herausforderung dar – was ihre Verfolgung nicht rechtfertigen soll.

Diese setzte in Iran bereits 1874 ein, hörte auch unter dem Schah nicht auf, nahm mit der Islamischen Revolution jedoch drastisch zu. Da sich das größte Heiligtum der Bahais in Israel befindet, haben sie zudem eine enge Verbindung zu dem Staat, der nach offizieller iranischer Staatsideologie als die inakzeptable zionistische Entität gilt. Dies wurde vom jetzigen iranischen Regime immer wieder zum Anlass genommen, die Bahais der Spionage zu bezichtigen. Die Islamische Republik Iran, in der der Anti-Zionismus zur Staatsideologie gehört, diskreditiert diese seit jeher als fünfte Kolonne des Feindes – ein Vorwurf, der gefährlicher nicht sein könnte.

Khomeini hatte den Bahais in seiner Vorlesung über den islamischen Staat vorgeworfen, die Muslime in die Irre führen und von ihren Glaubensüberzeugungen abbringen zu wollen. Dabei erkannte er das Bahaitum gar nicht erst als Religion an. Nicht einmal in Frankreich, wo er in Interviews fast bei allen Themen versöhnliche Töne anschlug, war er ihnen gegenüber konziliant. So wurde er von James Cockroft, Professor der Rutgers University, gefragt, ob die Bahais unter einer islamischen Regierung mit politischer Freiheit und Religionsfreiheit rechnen dürften. Die Antwort lautete: «Nein, sie sind eine politische Fraktion. Sie sind schädlich, sie werden nicht akzeptiert werden.» (Martin 1984, 31) Auch die Nachfrage Cockrofts, ob ihnen Freiheit der Religionsausübung gewährt werde, beschied er abschlägig. In diesem Sinne wird der Vorwurf, man gewähre den Bahais keine Religionsfreiheit, bis heute mit dem von Khomeini vorgegebenen Argument gekontert, es handle sich nicht um eine Religion, sondern um eine politische Gruppe. 1983 antwortete der Staatsgründer auf die Aufforderung Ronald Reagans, den Bahais gleiche Rechte zu geben, mit den Worten:

> Herr Reagan sagt, dass diese Bahais, die Armen, leise und still seien. Sie beteten alleine für sich und folgten ihrer eigenen religiösen Ordnung, und Iran habe sie verurteilt, weil ihr Glaube dem schiitischen Glauben widerspreche. Aber wenn sie keine Spione wären, hätten Sie jetzt Ihre Stimme gar nicht erhoben, Herr Reagan. Sie verteidigen die Bahais, denn sie sind etwas Besonderes für Sie. Wir kennen die Vereinigten Staaten. Ihre humane Einstellung ist nicht plötzlich für 22 Bahais ausgebrochen, die, wie sie behaupten, in Iran gefangen genommen worden sind. Nun plötzlich machen sie so ein Geschrei, schreien nach Menschlichkeit und flehen die ganze Welt an, ihrer Bitte Aufmerksamkeit zu schenken. Die Menschen kennen Sie. Hätten wir keinen Grund gehabt anzunehmen, dass sie Spione sind, so beweist Reagans Verteidigung es jetzt. Wir haben keinen Zweifel, dass Bahais Spione und Verräter sind. (*New York Times* vom 29. 5. 1983)

Auch die iranischen Juden wurden und werden immer mal wieder als israelische Handlanger bezeichnet. Kurz nach der Revolution wurde Habib Elghanian (1912–1979), der Vorsteher der jüdischen Gemeinde von Teheran, als israelischer Spion hingerichtet. Dann aber fand die Islamische Republik durch das Diktum ihres Staatsgründers im Großen und Ganzen zu einem Modus Vivendi mit den in Iran lebenden Juden.

Das war nicht unbedingt zu erwarten gewesen, bildete die israelisch-iranische Kooperation unter dem Schah doch schon im Jahr 1963 einen zentralen Kritikpunkt Khomeinis. In seinen Reden bezeichnete er seinerzeit Mohammad Reza Pahlavi als einen verkappten Juden und Befehlsempfänger Israels: «Israel will nicht, dass der Koran in diesem Land überlebt. Es vernichtet uns. Es vernichtet euch und die Nation. Es möchte die Wirtschaft übernehmen. Es will unseren Handel und die Landwirtschaft zerstören. Es will den Wohlstand des Landes an sich reißen.» (Fürtig 2003, 77) Auch in seinem Exil in Nadschaf hatte Khomeini den Staat Israel angegriffen und sich dabei nicht nur auf antiisraelische Polemik beschränkt, sondern auch immer wieder von *den* Juden gesprochen, die das und das getan hätten in der Geschichte.

Aussagen wie diese und die Hinrichtung Elghanians waren für die iranischen Juden Anlass zu größter Sorge. Zehntausende Iraner jüdischen Glaubens verließen während der Revolution aus Angst vor der unsicheren Zukunft das Land. Dies beschreibt Roya Hakakian anschaulich in ihrem Buch über ihre «jüdische Jugend in Iran»: Als sie an der Mauer ihres Hauses ein «verunglücktes Pluszeichen, ein dunkles Reptil mit vier hungrigen Klauen» und darunter die Aufforderung «Juden raus» entdeckt, beschließt die Familie, das Land zu verlassen. Von den ehemals 60 000 (andere Schätzungen sprechen von 80 000 bis 100 000) in Iran lebenden Juden blieben ca. 20 000 im Land.

David Menashri zufolge begann das offizielle Iran bald nach der Revolution, zwischen dem der Staatsideologie immanenten Anti-Zionismus und den in Iran lebenden Juden zu unterscheiden. Menashri, der in Iran geboren wurde und in den 1950er Jahren als Kind nach Israel kam, ist emeritierter Professor für *Iranian Studies* am Dayan Center der Universität von Tel Aviv und Präsident der *Central Organization of Iranian Immigrants in Israel.* Er sagt:

> Nach dem Sieg der Revolution wurden solche Aussagen zugunsten ausgeglichenerer und toleranterer Stellungnahmen aufgegeben. Sofort nach Khomeinis Rückkehr gingen Führer der jüdischen Community zu ihm und bezeugten ihre Loyalität. Sie betonten, dass das Judentum und der Zionismus zwei gänzlich unterschiedliche Themen seien. Khomeini akzeptierte die Formel. Diese offizielle Unterscheidung ist weiterhin allgemein gültig, wenn es um die Formulierung der Grundhaltung gegenüber den Juden geht. Khomeini konnte weder die neu begründete Loyalität der jüdischen Minorität ignorieren noch die Verantwortung der muslimischen Herrscher gegenüber den Dhimmis übergehen. Ein radikaler Wandel in seinen Stellungnahmen wurde festgestellt. (Interview)

«Wir sehen unsere Juden als verschieden an von diesen gottlosen Zionisten.» So lauteten Khomeinis entscheidende Worte, als eine Abordnung der jüdischen Gemeinde Teherans ihn besuchte, um etwas über ihr Schicksal zu erfahren. Für die Sicherheit der iranischen Juden waren diese Worte so wichtig, dass sie noch an dem Tag, an dem sie gesprochen wurden, an die Wand jeder einzelnen Synagoge in Iran geschrieben wurden.

Damit wurde die Legitimität jüdischer Existenz in Iran anerkannt.

Juden werden in dem Maß diskriminiert wie die anderen offiziell anerkannten religiösen Minderheiten auch, also die Christen und Zoroastrier. Sie sind frei in der Ausübung ihrer Religion, und das Regime der Islamischen Republik gewährt ihnen eine begrenzte Autonomie So haben sie ihre eigenen Gotteshäuser, es gibt jüdische Krankenhäuser, Schulen und Restaurants. Ein ansehnlicher Teil des Geldes zum Betrieb des jüdischen Altersheims kommt vom Staat. Und sie haben einen Vertreter im Parlament, der ihre Belange vertritt. Allerdings können sie nicht gleichberechtigt am politischen und gesellschaftlichen Geschehen teilhaben, weil ihnen einige Positionen verwehrt bleiben, und auch im Recht werden sie benachteiligt. Zudem sind sie mit einer anti-zionistischen und anti-israelischen Rhetorik konfrontiert, die oft in Antisemitismus abgleitet und eine Unterscheidung, wie sie Khomeini mit seinem Diktum postulierte, unmöglich macht.

In der westlichen Politik und in den Medien wird oft geäußert, dass die Feindschaft Irans gegenüber Israel mit der Islamischen Revolution von 1978/79 begonnen habe und ideologisch begründet sei. Einige Experten bestreiten dies und weisen vielmehr auf das Ende des Kalten Krieges sowie die Niederlage Saddam Husseins im Zweiten Golfkrieg 1991 als den entscheidenden Wendepunkt im iranisch-israelischen Verhältnis hin. Trita Parsi, Gründer des Iranian-American Council, sieht hinter der Gegnerschaft der beiden Staaten ausschließlich geostrategische und keinesfalls ideologische Gründe. Das post-revolutionäre Iran strebe wie einst der Schah die regionale Vorherrschaft an und sehe in Israel hierbei einen entscheidenden Rivalen. Deshalb arbeiteten beide Länder zusammen, sobald sie einen gemeinsamen Gegner hatten. Israel war einer der wenigen Staaten, der Iran im Ersten Golfkrieg Waffen verkaufte. Iran und Israel wurden erst zu Gegnern, nachdem Saddam Hussein kaltgestellt und die Sowjetunion als potentieller Sponsor der arabischen Staaten weggefallen war. Es kann hier nicht der Ort sein, das vielschichtige politische Verhältnis zwischen Israel und Iran der letzten 40 Jahre nachzuzeichnen. Hierzu sei auf Trita Parsi verwiesen und auf den israelischen Iranisten Haggai Ram, der sich in seinem Buch *Iranophobia* dem Verhältnis aus einer psychologischen Perspektive nähert.

Die Polemik Mahmud Ahmadinedschads, der von 2005 bis 2013 iranischer Präsident war, gegen Israel ließ jedenfalls die Vermutung aufkommen, dass Antisemitismus und Judenfeindlichkeit tiefe Wurzeln in der iranischen Gesellschaft und Geschichte haben. Dies wird von vielen Experten bestritten, obwohl mancher Traktat eines Geistlichen und auch Zeugnisse der persischen Literatur den gegenteiligen Schluss nahelegen. Wahrscheinlich sind Ahmadinedschad auf der einen und der Diplomat Abdolhosein Sardari (1895–1981) auf der anderen schlicht die beiden Seiten einer Münze. Sardari rettete als iranischer Diplomat in Paris in den 1940er Jahren in Frankreich lebende iranische Juden mit dem Argument, diese würden sich zwar zur mosaischen Lehre bekennen, seien im Grunde aber Arier. Erstaunlicherweise akzeptierten die Deutschen diese Argumentation, sodass über 2000 Juden vor der Deportation gerettet wurden. Sardari gilt deshalb als der «iranische Schindler». Er und Mahmud Ahmadinedschad stehen für ein Iran, das beides war und ist: Heimat und Zufluchtsort Zehntausender Juden und ebenso ein Land, dem die Diskriminierung von Juden aus religiösen, politischen und rassischen Motiven keineswegs fremd ist. Roya Hakakian erzählt eine Geschichte über ihren Vater, die die Situation veranschaulicht. Es geht darin um die Tatsache, dass Juden das Haus nicht verlassen durften, wenn es regnete, da sie als unrein galten und man fürchtete, sie könnten das Grundwasser verunreinigen.

> Als es acht Tage hintereinander regnete, stürmte meine Großmutter in das Büro des Schulleiters, um dagegen zu protestieren, dass die jüdischen Schüler bei Regen zu Hause bleiben mussten. Ergriffen vom Appell meiner Großmutter, begleitete der Schulleiter meine Großmutter ins Klassenzimmer, ließ meinen Vater einen Schluck Wasser aus einem Glas trinken, nahm dann das Glas und trank den Rest des Glases aus. Dann wandte er sich an die Klasse und sagte: «Wenn dieses Wasser für mich gut genug ist, dann ist es auch gut genug für euch. Hakakian wird von nun an bei jedem Wetter in die Schule kommen.» Mehr als jede religiöse Unterweisung prägte diese Geschichte mein Wissen darüber, was es bedeutet, ein iranischer Jude zu sein: In Persien, dem Land von Königin Esther, deren Tugend das Böse besiegte, konnte man jeden Eiferer bezwingen. (Hakakian 2006)

Allerdings kennt die iranische Verfassung einen Abschnitt, der aufgrund seiner Vagheit Tür und Tor öffnet für Missbrauch; wirkliche Rechtssicherheit haben die religiösen Minderheiten also nicht. In Artikel 14 heißt es:

> Die Regierung der Islamischen Republik Iran und die Moslems sind gemäß dem würdigen Koranvers *Gott verbietet euch nicht, gegen diejenigen pietätvoll und gerecht zu sein, die nicht der Religion wegen gegen euch gekämpft haben und euch nicht aus euren Heimatländern vertrieben haben. Gott liebt diejenigen, die gerecht handeln* verpflichtet, gegenüber Nichtmoslems nach bester Sitte, mit Anstand und unter Wahrung islamischer Gerechtigkeit zu handeln und ihre Menschenrechte zu achten. Dieser Grundsatz gilt nicht gegenüber denen, die sich gegen den Islam und die Islamische Republik Iran verschwören und betätigen. (Botschaft 1980, 31)

Insgesamt enthält die iranische Verfassung viele Widersprüche, Einschränkungen und Formulierungen dieser Art, die im Bedarfsfall gegen Kritiker und Andersdenkende eingesetzt werden können. Die größten Widersprüche enthält sie jedoch hinsichtlich der Frage, wem die Souveränität von Gott übertragen wurde, den Menschen als Ganzes oder dem Rechtsgelehrten, der in der Abwesenheit des zwölften Imams die Regierung übernimmt.

11

Die Ära Khomeini (1979–1989)

Der Kampf um die Macht und die Konsolidierung des Regimes

Vor allem die ersten Jahre der Ära Khomeini, die auch als erste Republik bezeichnet wird, waren von weiterer Machtsicherung und Stabilisierung des Systems geprägt. Eines seiner dafür bestimmten Instrumente war der Revolutionsrat, den Khomeini bereits im französischen Exil gegründet hatte. Der innere Zirkel bestand aus folgenden Geistlichen: Abdolkarim Musavi Ardabili (1926–2016), der später verschiedene einflussreiche Posten erhalten sollte, etwa den Vorsitz der Stiftung der Entrechteten, der umbenannten vermögenden Pahlavi-Stiftung, sowie die Position des Vorsitzenden der Justiz; Mohammad Beheschti, der von 1965 bis 1970 Leiter der Imam Ali Moschee in Hamburg gewesen war; sowie Morteza Motahhari, Akbar Rafsandschani und Mohammad Reza Mahdavi Kani, dem späteren Innenminister. In Paris hatte der Revolutionsrat die Aufgabe gehabt, den Aufstand zu koordinieren, zum Beispiel mit Diffamierungskampagnen gegen den Schah.

Nachdem Khomeini am 1. Februar 1979 zurückgekehrt war, wurde der Revolutionsrat zu einem geheim gehaltenen 13-köpfigen Gremium erweitert. Neben den Genannten sollen ihm Ali Khamenei, der spätere Premierminister Mohammad Dschavad Bahonar (1933–1981), Hosein Ali Montazeri sowie die bürgerlich-liberalen Politiker Mehdi Bazargan, Sadeq Qotbzade und Ezatollah Sahabi (1930–2011), einer der wenigen Nicht-Kleriker in der Expertenversammlung, angehört haben. Nominell

Khomeini mit Mehdi Bazargan in Qom, März 1979, nachdem er diesen als Premierminister eingesetzt hatte

stand Bazargan seit Februar 1979 einer provisorischen Revolutionsregierung vor, doch statt Bazargan traf der Revolutionsrat und hier vor allem Beheschti im Folgenden alle Entscheidungen zum Aufbau des neuen Systems. Wichtige Regierungsämter in Justiz, Militär und Kultur wurden von Schah-Anhängern gesäubert und an Gefährten Khomeinis vergeben. Auch die meisten politischen Entscheidungen der provisorischen Regierung Bazargans konnten nur mit Zustimmung des Revolutionsrates getroffen werden. Außerdem überprüften dessen Mitglieder die Kandidaten der am 3. August 1979 anstehenden Wahl für die Expertenversammlung auf ihre Regimetreue.

Nachdem die Regierung Bazargan am 5. November 1979 aufgrund der Geiselnahme in der US-Botschaft zurückgetreten war, übernahm der Revolutionsrat bis zur Wahl des gemäßigten Abolhasan Bani Sadr zum ersten Präsidenten der Islamischen Republik Iran am 25. Januar 1980 sämtliche Regierungsgeschäfte. Am 12. Juli 1980 wurde der Revolutionsrat offiziell aufgelöst, seine Aufgabe galt als erfüllt. Der Rücktritt

Bazargans verschaffte den radikalsten unter den Islamisten neuen Auftrieb, die von da an langsam aber sicher alle Rivalen ausbooteten.

Die Geiselnahme war eines der beiden Ereignisse, die in außerordentlichem Maße zum Erhalt des Systems führten und jedwede Opposition schwer, wenn nicht unmöglich machten. Die Studenten der sogenannten Linie des Imams, die die Botschaft am 4. November 1979 stürmten, handelten zwar nicht im Auftrag Khomeinis, aber im Nachhinein versagte er ihnen seine Unterstützung nicht. Im Gegenteil: Die Geiselnahme kam ihm sehr gelegen, nicht nur wegen der Dokumente, die die Studenten aus den Reißwölfen klaubten und in mühsamer Kleinarbeit zusammensetzten. Mit ihnen und von nun an konnten alle Oppositionellen als Handlanger der Amerikaner denunziert werden. Über Kritiker, die man ausschalten wollte, wurde behauptet, dass belastendes Material über sie in der Botschaft gefunden worden sei. Außerdem hatte die Geiselnahme die gesamte Strömung um Bazargan, die mäßigend gewirkt hatte, zum Rückzug gezwungen.

Die Frage ist, warum sich diese Fraktion überhaupt mit Khomeini zusammengetan hatte. Zwar kamen gerade Bazargan offensichtlich schon früh Zweifel an Khomeinis Absichten, doch hatte sich die Gruppe um ihn anscheinend nicht vorstellen können, dass es so weit kommen könnte, dass sie trotz ihrer revolutionären Vergangenheit und ihres Rückhalts in der Bevölkerung derart ausgebootet würden. Noch dazu verstand es Khomeini, Menschen um den Finger zu wickeln. Davon ließen sich viele einnehmen. So sagt Dariusch Foruhar (1928–1998), der in der provisorischen Regierung das Amt des Arbeitsministers innehatte und 1998 vom iranischen Geheimdienst ermordet wurde: «Khomeini war wortkarg, aber wenn jemand ihm widersprach und seine Überzeugungen und Grundsätze infrage stellte, war er unerbittlich. Zugleich war er freundlich, und dadurch gelang es ihm, die verschiedensten Leute um sich zu sammeln und für sich zu gewinnen.»

Unerbittlich ging Khomeini in der Tat gegen Widerspruch vor. Meist brauchte er nur seinen Missmut oder seine Bedenken zu äußern, und schon setzten andere um, was er wollte, oder was sie zu wissen meinten, dass er wollte. Dies traf sowohl bei der Geiselnahme als auch bei den Universitäten zu. So wurden am 4. Juni 1980 sämtliche Univer-

Iranische Demonstranten stehen am 24. Oktober 1980 auf der Mauer der US-Botschaft und verbrennen die amerikanische Flagge, fast ein Jahr nach Beginn der Geiselnahme, die am 4. November 1979 begann und erst nach 444 Tagen am 20. Januar 1981 endete.

sitäten Irans durch den Revolutionsrat geschlossen. Zuvor hatte Khomeini seine Sorge vor mangelnder Unterstützung und konterrevolutionären Aktivitäten durch Studenten und Lehrende mit den Worten ausgedrückt: «Wir haben keine Angst vor militärischen Angriffen, wir haben Angst vor kolonialen Universitäten.» Hintergrund war die Tatsache, dass Studenten im April 1980 in der medizinischen Fakultät eine Rede Rafsandschanis mit Protestrufen gestört hatten. Die Universitäten galten als Basis der Volksmudschahedin, der wichtigsten politischen Widersacher Khomeinis.

Die Jahre bis 1982 waren von heftigen inneren Machtkämpfen geprägt. Wilfried Buchta argumentiert, die Tatsache, dass die Radikalisierung des Regimes 1981 einen Höhepunkt erreichte, sei in seinem Überlebenskampf gegen die iranischen Volksmudschahedin begründet gewesen, da diese ursprünglich mit Khomeini verbündete islamischmarxistische Organisation zum gefährlichsten Rivalen der Führungsriege um Khomeini geworden sei. Die Volksmudschahedin hatten nach der Absetzung von Präsident Abolhasan Bani Sadr im Juni 1981 den bewaffneten Kampf aufgenommen. Ihr Verbündeter Bani Sadr war aufgrund seiner zunehmenden Oppositionshaltung gegenüber Khomeini sowie seiner Konkurrenz zu Mohammad Beheschti, der zu diesem Zeitpunkt oberster Richter Irans war, abgesetzt worden. Vom Parlament, das ihn scheinbar auf direkte Order von Khomeini seines Amtes enthob, wurde ihm dagegen seine mangelnde Kompetenz in der Kriegsführung vorgeworfen.

Nach der Absetzung Bani Sadrs bekämpften die Volksmudschahedin das Regime durch Terroranschläge auf seine wichtigsten Vertreter. Am 23. Juni 1981 kam es zu einem Anschlag auf Ali Khamenei, der damals Khomeinis Vertreter im Nationalen Verteidigungsrat war. Fünf Tage später folgte ein Bombenanschlag auf das Parteigebäude der Islamisch-Republikanischen Partei (IRP), der 70 Menschen das Leben kostete, darunter Parteiführer Ayatollah Mohammad Beheschti. Die Islamisch-Republikanische Partei war 1979 nach der Rückkehr Khomeinis gegründet worden, um die zersplitterte islamistische Oppositionsbewegung zu einen. Kern der Partei, zu deren Gründungsmitgliedern neben Mohammad Beheschti, der als stärkster Mann hinter Khomeini galt, auch Ali Khamenei und Akbar Haschemi Rafsandschani gehörten, sollte Beheschtis *Vereinigung der kämpfenden Geistlichkeit* sein. Die weiteren Mitglieder rekrutierten sich aus der *Gesellschaft der Dozenten der religiösen Seminare*, die die Lehrer der theologischen Hochschule repräsentierte, der *Vereinigung der Islamischen Koalition*, die in der Hauptsache von den Kaufleuten aus dem Basar getragen wurde, und der *Islamischen Gesellschaft der Ingenieure*, zu der die Technokraten zählten, denen die Politik des Schahs zu westlich orientiert war.

Dabei vertraten die Parteimitglieder durchaus nicht immer dieselben Positionen wie Khomeini bezüglich der *velayat-e faqih*. Über Beheschti wie auch über Ayatollah Motahhari, der am 3. Mai 1979 einem Anschlag der radikal-islamischen Gruppierung *furqan* zum Opfer gefallen war, heißt es bis heute in vielen Veröffentlichungen, sie hätten die

Entwicklungen in Iran nach der Revolution zum Positiven beeinflussen können, hätten sie länger gelebt.

Wenige Wochen nach dem Anschlag auf die Parteizentrale der IRP wurden am 30. August 1981 bei einem Bombenanschlag Staatspräsident Mohammad Ali Radschai (1933–1981), der zum Nachfolger Bani Sadrs gewählt worden war, und Premierminister Mohammad Dschawad Bahonar getötet, auf den dann Ali Khamenei folgte.

Auch dieses Attentat ging vermutlich auf das Konto der Volksmudschahedin (MKO). Wilfried Buchta schreibt:

> Doch das Kalkül der MKO ging nicht auf. Das Regime stürzte nicht. Stattdessen radikalisierte und brutalisierte der Terror der MKO das politische Klima Irans in einer nie gekannten Weise. Angestachelt zu brachialem Gegenterror und blinden Vergeltungsmaßnahmen, tötete das Regime bis Ende 1982 mehrere Tausend gefangen genommener Sympathisanten und Untergrundkämpfer der MKO und anderer militanter linker Oppositionsgruppen. Bis Frühjahr 1982 hatten die Sicherheitskräfte Irans die MKO militärisch besiegt, ihre Untergrundzellen zerschlagen und ihre Militärkader getötet. Die politische Führung der MKO unter Mascud Rajavi hatte bereits im Juli 1981 Zuflucht im Exil genommen, erst in Frankreich und ab 1986 schließlich im Irak. Fortan gewährte Iraks Diktator Saddam Hussein den MKO massive politische, militärische und finanzielle Hilfe und instrumentalisierte sie für seine Ziele. (Buchta 2004)

Der Kampf im Innern hatte nicht nur eine Konsolidierung des Regimes zur Folge, sondern schloss auch die Reihen innerhalb der revolutionären Geistlichkeit, des Kreises um Khomeini. In den ersten Jahren trat sie deshalb einig auf, zu Konflikten in ihren Reihen kam es erst später. Das zweite Ereignis, das übermäßig systemstabilisierende Wirkung hatte, war der Krieg, angesichts dessen das Militär geschlossen hinter Khomeini stand. Der Krieg veranlasste zudem viele regimekritische, aber patriotisch gesinnte Iraner und Iranerinnen, Khomeinis Führung um der Verteidigung des Vaterlands und der nationalen Einheit willen anzuerkennen. Dies trug entscheidend zur Konsolidierung des Regimes bei.

Nach erfolgter Konsolidierung gab sich das Regime gemäßigter. Als

Khomeini mit Ali Khamenei *(Mitte)* und seinem Sohn Ahmad *(links)* am 9. Oktober 1981, dem Tag der Einsetzung Khameinis als dritter Präsident der Islamischen Republik durch Khomeini

Zeichen dafür interpretiert Wilfried Buchta das Acht-Punkte-Sonderdekret Khomeinis vom Dezember 1982, welches an Revolutionsgerichte, Justizapparate, Revolutionskomitees und revolutionäre Streit- und Sicherheitskräfte gerichtet war und seiner Ansicht nach sukzessive die revolutionären Exzesse in Form von willkürlichen Beschlagnahmungen von Privateigentum, Verhaftungen und illegalen Hinrichtungen von vermeintlichen Konterrevolutionären beendete. Doch nun zeichneten sich immer deutlicher Konfliktlinien unter den Khomeinitreuen Parlamentariern ab.

Es begann ein Streit zwischen den sogenannten Linksislamisten, die eine stärkere Regulierung des Marktes durch den Staat forderten, und den konservativen Islamisten, die das Gegenteil wollten. Beide Flügel beriefen sich hierbei auf den Islam: die konservativen Islamisten auf das Eigentumsrecht, das der Islam garantiere, die Linksislamisten auf die soziale Gerechtigkeit, die der Islam schaffen wolle. Khomeini schlichtete oft zwischen den Gruppierungen und schlug sich nicht abschließend auf eine Seite. Auch der Wächterrat trug als Gegenspieler des Parlaments zu der Konfliktsituation bei. Immer öfter blockierte er Gesetze des Parlaments als unislamisch, die diesem vor allem in Kriegszeiten notwendig erschienen, wie zum Beispiel die Aufgabe des Zinsverbots. Auch im Hinblick auf die notwendige Agrarreform konnte keine Einigung erzielt werden.

Am 7. Januar 1988 erließ Khomeini deshalb eine Fatwa, in der es hieß, dass eine islamische Regierung jede gesetzliche Bestimmung überstimmen dürfe, wenn dies dem Interesse des Islams und des Staates diene. Er berief sich damit auf das im islamischen Recht verankerte Prinzip der *maslaha*, des Nutzens. Ein Beispiel, das er anführte, verdeutlicht, wie umfassend diese Entscheidungsgewalt ist: So dürfe der Rechtsgelehrte sogar die Pflicht der Pilgerfahrt nach Mekka suspendieren und Moscheen zertrümmern. Denn die Führungsbefugnis des Rechtsgelehrten sei absolut, *motlaq*. In der Direktive heißt es weiter, die Regierung gehöre zu den primären Bestimmungen des Islams und sei all den sekundären wie dem Gebet, dem Fasten und der Pilgerfahrt vorangestellt. Islamisches Recht sei, was im Interesse des islamischen Staates liege, und die Bestimmungen der Scharia könnten außer Kraft gesetzt werden, wenn dies dem Bestand der Gemeinde diene. Solange eine Regierung islamisch sei, dürfe sie Gesetze erlassen, die dem islamischen Recht widersprächen.

Institutionell umgesetzt wurde dieses Rechtsgutachten durch die Schaffung des sogenannten Schlichtungsrats, der eigentlich den Namen Rat zur Feststellung des Nutzens der islamischen Ordnung trägt. Er vermittelt seitdem zwischen Parlament und Wächterrat und kann beide überstimmen. Mit seiner Etablierung im Februar 1988 war ein weiterer Schritt in Richtung Säkularisierung des Systems getan. Hier zeigt sich Khomeinis Einsicht, dass das System nur eine Chance auf Überleben hatte, wenn die Führung pragmatisch auf die Erfordernisse reagierte. Ideologische Engstirnigkeit wurde zugunsten einer großen Flexibilität aufgegeben. Das wurde keineswegs von allen positiv gesehen. Kritiker empfanden diese neue Ausrichtung als illegitime Neuerung und Aufgabe des revolutionären Dogmas.

Vom Wunschnachfolger zur Persona non grata: Montazeri

Im April 1989 initiierte Khomeini dann per Dekret eine Verfassungsänderung. Grund dafür war vor allem die Festschreibung des Schlichtungsrates als Verfassungsorgan sowie der sich anbahnende institutionelle Konflikt zwischen *mardschaiyat* und *velayat*, das heißt zwischen den künftig ranghöchsten Geistlichen im Lande und dem künftigen *vali-ye faqih*. Denn im März 1989 hatte Khomeini seinen designierten Nachfolger, Groß-Ayatollah Hosein Ali Montazeri, abgesetzt. Der Öffentlichkeit wurde nur mitgeteilt, dies sei zum Wohle der islamischen Ordnung geschehen. Montazeri war jahrzehntelang im Kampf gegen das Schah-Regime aktiv gewesen und galt als einer der engsten Vertrauten des späteren Revolutionsführers. Da Khomeini schon bei seiner Rückkehr nach Iran als sehr krank galt, wurde Montazeri ab 1980 stillschweigend zum Nachfolger aufgebaut. Nachdem 1983 zunächst Ahmad Khomeini mitgeteilt hatte, dass Montazeri der Wunschkandidat Khomeinis sei, wurde dieser 1985 vom Expertenrat dann offiziell zum Nachfolger Khomeinis bestimmt.

Montazeri war ein einfacher Mann. Wegen seines Akzents galt er immer als *dehati*, als einer vom Lande, zumal im Vergleich mit dem charismatischen Khomeini. Machten sich zu Beginn der Revolution noch viele über ihn lustig, wurde er doch über die Jahre zum Gewissen der Republik. Wegen seines Gewissens kam es auch zum Zerwürfnis mit Khomeini. Montazeri hatte der Regierung die Schuld an der von den Staatsorganen ausgehenden Unterdrückung, dem Ausbleiben der Investitionen und der Rückkehr emigrierter Iraner sowie an den anhaltenden wirtschaftlichen Schwierigkeiten gegeben. Überdies hatte er die Menschenrechtsverletzungen und Misshandlungen der Gefangenen kritisiert, vor allem die Hinrichtungen im Jahr 1988. Zunächst war seine Kritik auf fruchtbaren Boden gefallen. So übertrug Khomeini ihm 1983 die Verantwortung für die Gefängnisse, woraufhin sich die Situation merklich besserte. Im Folgenden waren sehr viel weniger willkürliche Todesurteile zu verzeichnen, zudem wurde ein Berufungs-

Hosein Ali Montazeri war der designierte Nachfolger Ayatollah Khomeinis, fiel jedoch in Ungnade. Danach wurde er zum Gewissen der Nation.

gericht eingesetzt, und Montazeri setzte ein Verbot der Hinrichtung von Frauen durch. Gefangene wurden nach dem Verbüßen ihrer Gefängnisstrafe auch tatsächlich entlassen, was vorher oft nicht der Fall gewesen war. In ihren 1996 in Schweden erschienenen Gefängnismemoiren berichtet die Schriftstellerin Shahrnush Parsipur (geb. 1946): «Es zeigte sich, dass die kürzlich eingetretenen Gefängnisreformen durch das Büro von Ayatollah Montazeri eingeleitet worden waren. In den letzten anderthalb Jahren, seit seine Leute (die Aufsicht über die Gefängnisse) übernommen haben, hat sich die Situation um 180 Grad verbessert.» (Parsipur 1996, 355)

1988 jedoch verlor Montazeri die Kontrolle über die Gefängnisse an seine politischen Gegner. Er schrieb daraufhin mehrere sorgenvolle Briefe an Khomeini und bat diesen um Intervention. Anfang Februar 1989 erreichte seine Kritik einen neuen Höhepunkt, als er in einer Rede zum 10. Jahrestag der Revolution erklärte, «dass kein einziges Ziel der islamischen Revolution verwirklicht wurde». Einige Tage später sagte er dann bei einer Massenveranstaltung in Qom, die Staatsführung habe sich oft stur und unnachgiebig verhalten und Parolen ausgegeben, «die die Welt in Angst und Schrecken» versetzt hätten. Seinen verblüfften Zuhörern gestand er: «Die radikalen Fundamentalisten sind daran schuld, dass wir im Ausland so einen schlechten Ruf haben. Wir brauchen eine Vielfalt von Meinungen und nicht nur eine einzige Meinung, die von einer einzigen politischen Linie monopolisiert wird.» Montazeri vermittelte seinen Zuhörern einen unverblümten Einblick in die Machtverhältnisse: «Die Diktatur einer einzigen Meinung» sei «schon so weit» vorangeschritten, dass «ich jede Erklärung von mir erst der Zensur vorlegen muss. Da kann man sich leicht vorstellen, wie andere Stimmen noch viel leichter und bequemer zum Schweigen gebracht werden können.» (Spiegel, 27. 2. 1989)

Außerdem hatte Montazeri sich geweigert, der Rushdie-Fatwa Khomeinis zuzustimmen. Am Valentinstag des Jahres 1989 hatte dieser den britischen Autor Salman Rushdie in einem Rechtsgutachten zum Apostaten erklärt, weil er durch die Schilderungen in seinem Buch *Die Satanischen Verse* den Propheten beleidigt habe. Eine iranische Stiftung setzte ein Kopfgeld von mehreren Millionen Dollar auf Rushdie aus. Theoretisch besteht die Fatwa bis heute fort, auch wenn einem rechtswissenschaftlichen Grundsatz zufolge Tote nichts zu sagen haben. *La qaula li-l mayyit* heißt, dass die Fatwa eines Verstorbenen für seine Anhänger nicht mehr bindend ist. Bei Khomeini wurde jedoch nach dessen Ableben eine Ausnahme gemacht. Mehrere Personen, die mit dem Buch zu tun hatten, Verleger und Übersetzer, wurden ermordet, Rushdie musste sich jahrzehntelang verstecken, und es stellt sich die Frage nach Khomeinis Motivation.

Längst wird nicht mehr angenommen, ihn habe religiöse Wut oder Inbrunst getrieben. Khomeini mag hier eine Chance gesehen haben, zum wichtigsten Verteidiger des Islams zu avancieren. Schon die Revolution, die ganz bewusst nicht schiitische, sondern islamische genannt wird, sollte ihn quasi zum islamischen Papst machen. Er wollte als Befreier aller Muslime von ihren usurpatorischen Regimen wahrgenommen werden. Dahingehend sind die Bestrebungen zum Revolutionsexport ebenso zu deuten wie seine Bemühungen für eine innerislamische Ökumene, die sich beispielsweise in Institutionen wie der Gesellschaft zur Annäherung der Konfessionen oder in der Fatwa zeigte, in der Schiiten erlaubt wird, auch hinter einem sunnitischen Vorbeter zu beten. Doch obwohl die Revolution von 1978/79 auch von vielen Sunniten bewundert wurde, sahen die wenigsten in ihr eine gesamtislamische Sache.

Mithilfe der Empörung, die Rushdies Buch bei vielen muslimischen Gläubigen hervorgerufen hatte, wollte sich Khomeini wieder an die Spitze einer in seinen Augen gesamtislamischen Sache setzen. Alle anderen muslimischen Staatsoberhäupter und religiösen Würdenträger hatten sich von der Wut vieler Gläubiger über das Buch unberührt gezeigt. Allerdings konnte auch die Entrüstungsbewegung Khomeinis Status als islamischer Papst nicht festigen. Den meisten erschien der iranische Staatsgründer nach wie vor zu sehr als der Schiit, der er war. Montazeri kommentierte dessen Vorgehen mit den Worten: «Die Menschen weltweit glauben, dass Töten unsere einzige Aufgabe in Iran ist.» Daraufhin wurde Montazeri zum Rücktritt aufgefordert.

Doch es fand sich kein Ersatz für ihn. Die Geistlichen mit den nötigen Voraussetzungen waren nicht willens, das Amt zu übernehmen, und den Willigen mangelte es an der juristischen Qualifikation, sie waren keine Quelle der Nachahmung, *mardscha*. Grundsatz 109 der iranischen Verfassung von 1979 nannte als Punkt 1 der Voraussetzungen und Eigenschaften, die der Führer besitzen muss, wissenschaftliche und moralische Eignung für die Erteilung von Rechtsgutachten *(efta)* und für die Bekleidung der Position einer Quelle der Nachahmung *(mardschaiyat)*. Diese Bindung der Führung an die Bedingungen der *mardschaiyat* entsprach der Logik, auf deren Grundlage die Herrschaft des Rechtsgelehrten ursprünglich legitimiert wurde, wie Asghar Schirazi, dem wir neben Silvia Tellenbach die gründlichsten Untersuchungen zur iranischen Verfassung zu verdanken haben, herausgearbeitet hat. Wenn das islamische Recht und dessen immanentes Lösungspotential die Basis für die Legitimation dieser Staatsform bildete, musste demjenigen die Führung des Staates zukommen, der sich am besten damit auskannte und am ehesten in der Lage war, neuen und veränderten Umständen Rechnung zu tragen und Rechtsfortbildung zu betreiben. So kam grundsätzlich niemand anderer als ein Groß-Ayatollah für das Amt infrage. Aber mit der Absetzung Montazeris stand keiner mehr zur Verfügung.

In der 1989 veränderten Verfassung lautet die wichtigste Qualifikation für das oberste Amt des Landes daher *agah budan be zaman*. Übersetzen kann man diesen Terminus etwas frei mit Johannes Reissner als «politisch auf der Höhe der Zeit sein und die ideologischen Grundlagen und Ziele der Revolution vertreten können». Das Herunterschrauben der Qualifikation wurde damit begründet, dass für die Ausübung dieses Amtes politischer Scharfblick ausschlaggebender sei als religiöse Gelehrsamkeit. Fakt ist jedoch, dass die Wahl eines einfachen Ayatollahs oder sogar Hodschatoleslams zum *faqih* eine deutliche Verschiebung in der Legitimationslogik der *velayat-e faqih* darstellt.

Mit der Verfassungsänderung wurde auch der Terminus von der absoluten Führungsbefugnis des Rechtsgelehrten *(velayat-e motlaq-e faqih)* festgeschrieben, den Groß-Ayatollah Khomeini erstmals anlässlich seiner *maslaha*-Fatwa mit Inhalt gefüllt hatte. Ob er selbst dies so veranlasst hat, ist allerdings umstritten, findet sich doch in seinem Dekret zur Verfassungsänderung kein Hinweis darauf, dass diese Idee in die Verfassung aufgenommen werden sollte. Dasselbe gilt für die Qualifikationsminderung, die durch die Verfassungsänderung festgelegt wurde. Es gibt lediglich einen Brief Khomeinis vom 29. April 1989 an den Vorsitzenden des Expertenrats. Darin heißt es, dass *mardscha* zu sein keine Bedingung für das Amt sei, vielmehr brauche man für «unsere islamische Ordnung einen Sachverwalter». Und weiter: «Dazu müssen wir jemanden aussuchen, der in der Lage ist, unsere islamische Würde in der Welt der Politik und der List zu verteidigen.» (Schirazi 1991, 112) Ein gerechter Mudschtahid würde hierzu ausreichen. Von verschiedenen Fraktionen wurde der Brief als Fälschung bezeichnet, da er eine zu große Abweichung von Khomeinis ursprünglicher Auffassung darstelle. Denn immerhin hatte er vorher den Anspruch vertreten, dass allein der Herausragende unter den Rechtsgelehrten fähig sei, die muslimische Gemeinde zu leiten. Die Frage ist

Khomeini beim Gebet

also, ob Khomeini aufgrund der herrschenden Notwendigkeiten seine Meinung geändert hat oder ob man sich schlicht über seine Maßgaben hinweggesetzt hat.

Die zur Revision der Verfassung ins Leben gerufene Versammlung hatte ihre Arbeit bereits am 26. April 1989 aufgenommen, zwei Tage nachdem Khomeini das entsprechende Dekret erlassen hatte und drei Tage vor dem angeblich von ihm verfassten Brief. Sie war noch nicht weit vorangekommen, als Khomeini am 3. Juni starb.

Da es noch keine neue Verfassung gab, hätte nach der noch gültigen Verfassung der «zur Führung befähigte Rechtsgelehrte, der von der Mehrheit der Bevölkerung als islamischer Führer anerkannt und bestätigt wurde», also eine Quelle der Nachahmung und Groß-Ayatollah war, zum Nachfolger gewählt werden müssen. Alternativ hätte gemäß der Verfassung von 1979, «falls kein islamischer Rechtsgelehrter eine solche Mehrheit findet», ein Führungsrat von islamischen Rechtsgelehrten die Leitung des Staates übernehmen müssen. (Botschaft 1980, 27)

Kurzerhand setzte man sich jedoch über die noch geltende Verfassung hinweg, und der Expertenrat wählte den Nachfolger Khomeinis nach der noch gar nicht existenten Verfassung. Der verfassungswidrige Akt wurde folgendermaßen gerechtfertigt: Groß-Ayatollah Azari Qomi (1925–1999) erklärte, diese Entscheidung entspreche, wenn auch nicht dem Wortlaut, so doch dem Geist der Verfassung. Hodschatoleslam Khamenei habe, fügte Rafsandschani hinzu, die Eignung zum Ayatollah, zudem sei Montazeri, als er von Khomeini zum Nachfolger auserwählt wurde, auch noch kein Groß-Ayatollah gewesen. Die Befähigung Khameneis für dieses Amt sei von Khomeini mehrfach herausgestellt worden, und sein Wort stehe sowieso über der Verfassung. Der Rat, der ihn zum Nachfolger gewählt habe, so Azari Qomi weiter, bestehe aus Experten der Religion, die ohnedies die religiöse Eignung Khameneis besser feststellen könnten als die Bevölkerung oder das bisherige Procedere der klerikalen Hierarchie. Ein Mudschtahid, der zum Revolutionsführer gewählt werde, steige automatisch zur Quelle der Nachahmung auf. Der Expertenrat habe das Recht, Khamenei die Würde eines Groß-Ayatollahs zu verleihen, so wie er das Recht habe, ihm das Amt des Revolutionsführers zu übergeben, meinte Azari Qomi, der in seinen späteren Lebensjahren zu einem der größten Kritiker Khameneis werden sollte und diesen 1997 aufforderte, sich auf seine politische Autorität zu beschränken und die juristische Montazeri zu überlassen, da er in diesem Bereich über eine nur unzureichende Qualifikation verfüge.

Wahl und Verfassungsänderung hatten in der Tat zur Folge, dass Ali Khamenei, der ab dem Zeitpunkt seiner Wahl zum Nachfolger Khomeinis mit dem Titel Ayatollah und schon bald auch in offiziellen Verlautbarungen mit dem des Groß-Ayatollahs angesprochen wurde, als Revolutionsführer nicht mehr die beiden höchsten Ämter in sich vereinigt. Neben ihm gibt es Autoritäten in den schiitischen Gelehrtenzentren Qom und Nadschaf, die eine beträchtlich höhere rechtswissenschaftliche Kompetenz haben. Dadurch büßten Position und Inhaber an Ansehen und Einfluss ein.

Literarische Abrechnung

Nachdem Montazeri abgesetzt worden war, lebte er zurückgezogen. Allmählich wurde sein Hausarrest gelockert. Weiterhin massiver Verfolgung ausgesetzt waren jedoch seine Schüler und Anhänger. Allein bis 1995 sollen 600 von ihnen hingerichtet worden sein. Montazeri trat erstmals wieder 1997 nach dem Amtsantritt Mohammad Khatamis (geb. 1943) an eine breite Öffentlichkeit. Er forderte den neugewählten Präsidenten auf, sich nicht von Khamenei in seine Politik hineinreden zu lassen, nur weil dieser meine, über der Verfassung zu stehen.

Prompt wurde eine Diffamierungskampagne gestartet. Das iranische Parlament verlas den Brief, den Khomeini an Montazeri geschrieben hatte, um ihn zum Rücktritt aufzufordern. Er sei dumm und einfältig, stand in dem Brief, schade der Revolution und dem Islam und sei somit nicht mehr tragbar. Montazeris Reaktion ließ nicht lange auf sich warten. Er hielt einen Vortrag, der – als Kassette verbreitet und teilweise in der iranischen Presse wiedergegeben – weitreichende Resonanz fand.

Die Verfassungsväter, zu denen auch er selbst gehört habe, erklärte Montazeri, hatten niemals im Sinn gehabt, ein System wie das herrschende zu etablieren. Dem Rechtsgelehrten sollte nicht mehr als eine Aufsichtsfunktion zukommen, er sollte in dieser Funktion dafür sorgen, dass die drei Staatsgewalten nicht gegen islamisches Recht verstießen, aber nicht in die aktuelle Tagespolitik intervenieren. Man habe sich schließlich damals bewußt für eine Republik, also die Herrschaft des Volkes, entschieden. In dieser seien Parteien vorgesehen gewesen und eine freie Presse. Doch diese Intentionen der Verfassung seien pervertiert worden, der herrschende Rechtsgelehrte habe in Iran eine Diktatur errichtet.

Daraufhin stürmten Schlägertrupps Montazeris Schule und nannten sie ein Spionagenest, ein Begriff, der bis dahin für die US-Botschaft reserviert war. Wieder wurde der Groß-Ayatollah unter verschärften Hausarrest gestellt. Erstaunlich ist es daher nicht, dass die iranische Öffentlichkeit von Montazeris Sicht der Ära Khomeini erst spät und vermutlich nur aufgrund der neuen Informationstechnologien erfuhr. Ende des Jahres 2000 stellte Montazeri seine Biographie ins Internet. Schon bald war klar, dass bestimmten Kreisen nicht gefiel, was dort zu lesen war: Die Website wurde immer wieder gestört, und Montazeris Sohn Said, der sie erstellt hatte, kam ins Gefängnis. Inzwischen ist sie im Ausland auch in Buchform erschienen. Bei den Memoiren dürfte es sich um die informierteste und integerste Darstellung und Hinterfragung der Ära Khomeini handeln, stand Montazeri doch über Jahre entweder im Zentrum der Macht oder ihr nahe. Nicht umsonst galt er als Gewissen des Landes und wurde dafür zum spirituellen Führer der Grünen Bewegung auserkoren, die 2009 entstand.

Im Original hat die Biographie 1200 Seiten und ist in Interviewform verfasst. Auf die Fragen, die ihm zu seinem Leben, seinem Werk und vor allem zu den politischen Ereignissen der ersten Jahre nach der Revolution gestellt werden, antwortet Montazeri in einfachem, wenig verschnörkeltem Persisch. Seine Sätze sind kurz, er predigt nicht, sondern formuliert knapp und deutlich. Das Buch enthält auch zahlreiche Dokumente, seinen Briefwechsel mit verschiedenen Personen sowie Aufzeichnungen und Mitschriften von wichtigen Gesprächen. Die Fragen, die Montazeri gestellt werden, zeigen, dass die Interviewer eine gute Kenntnis von Geschichte und Politik der Islamischen Republik haben und ihm nahestehen. Sie verschonen ihn auch nicht mit unangenehmen Fragen und wollen wissen, warum er mit seiner Kritik nicht gewartet habe, bis er alles hätte anders machen können.

Seinen Ausführungen stellt Montazeri die Bemerkung voran, dass das Volk endlich die Wahrheit erfahren müsse. Dann revidiert er erstmals die offizielle iranische Geschichtsschreibung über den iranisch-irakischen Krieg und erklärt, dass Iran eine große Mitschuld am Einmarsch des Iraks trage. Durch die Parolen, die das Land nach der Revolution ausgegeben habe, sei der Einmarsch provoziert worden. Anstatt den Nachbarn gegenüber seine guten Absichten zu bekunden, habe das Regime sie mit der Revolutionspolemik und der Behauptung in Angst und Schrecken versetzt, dass Khomeini der Führer der gesamten islamischen Welt sei. Montazeri positioniert sich also gegen die herrschende Lesart vom sogenannten aufgezwungenen Krieg.

Tenor seiner weiteren Ausführungen ist, dass in seinen letzten Lebensjahren nicht Khomeini die Geschicke Irans bestimmt habe, sondern in erster Linie Akbar Rafsandschani, der in seiner Zeit als iranischer Parlamentspräsident von 1980 bis 1989 als heimlicher Regierungschef Irans galt. Als Beispiel nennt Montazeri den Kriegsverlauf. Naivität, Inkompetenz und Dummheit der politisch Verantwortlichen hätten den Krieg unnötig verlängert. Bereits nach der Rückeroberung von Choramschahr 1982, als man den Aggressor auf sein Staatsgebiet zurückgedrängt hatte und dieser vorschlug, den Krieg zu beenden, sei von allen Generälen einstimmig die Meinung vertreten worden, die iranische Armee sei zu schwach, um den Krieg fortzusetzen. Schließlich endete die Auseinandersetzung in der Katastrophe, die das Militär vorausgesagt hatte. Montazeri benennt die für das Fiasko verantwortlichen Politiker. Obwohl das Oberkommando über die Streitkräfte laut Verfassung dem Revolutionsführer obliege, also in den Aufgabenbereich Khomeinis fiel, habe statt seiner Parlamentspräsident Rafsandschani die Truppen befehligt, und zwar auf fatal dilettantische Art und Weise, wie Montazeri erklärt: Anstatt sich jeweils vor Ort über die Verhältnisse zu informieren, habe er seine Befehle vom Telefon aus gegeben. Der gesamte Krieg sei von Rafsandschani geführt worden, weder Präsident noch Premierminister noch Staatsführer Khomeini hätten Möglichkeiten zur Einflussnahme gehabt. Er selbst habe schon früh an Khomeini geschrieben, dass es ein Fehler sei, die Kriegsführung in einer Hand zu konzentrieren. Zudem habe er angemahnt, mehr auf die Kritiker, die Soldaten und die Generäle, zu hören, und Khomeini deren Kritik an der Kriegsführung mitgeteilt. Doch Khomeini habe zu sehr unter dem Einfluss von Rafsandschani gestanden. Montazeri sagt, Khomeini sei über den Verlauf des Krieges vollkommen falsch informiert worden.

Ahmad Khomeini, der in den letzten Lebensjahren Khomeinis Sprachrohr zur Außenwelt war, bestätigt Montazeris Erzählung: «Der Imam wollte den Krieg nach der Befreiung Choramschahrs beenden», schreibt er: «Aber die Verantwortlichen sagten, wir sollten bis zum Schatt al-Arab vorrücken, dann seien wir in einer besseren Verhandlungsposition, um Reparationen zu fordern.» (Khomeini, A., 1996, 716)

Er zitiert seinen Vater mit den Worten: «Wenn ihr den Krieg fortführt und keinen Erfolg habt, wird dieser Krieg niemals enden. Jetzt ist die beste Zeit, den Krieg zu beenden.» (Khomeini, A., 1996, 716)

Auch die Affäre Haschemi, ein sehr undurchsichtiger Teil der iranischen Geschichte, erscheint bei Montazeri in einem Licht, das Khomeini nicht mehr als Entscheidungsträger zeigt. Mehdi Haschemi (1943–1987) war ein Vertrauter und Mitarbeiter Montazeris, vergleichbar etwa mit einem Büroleiter. Zusammen mit Montazeris Sohn leitete er eine vom Groß-Ayatollah protegierte Sondereinheit für den Revolutionsexport. Über dieses Büro lief die Unterstützung für die Hizbollah und für andere, als Befreiungsbewegungen bezeichnete Gruppen. Die Idee, die Revolution zu exportieren, indem man militante Gruppierungen unterstützte, fand auch Khomeinis Wohlwollen. Aufgrund der zunehmenden Isolierung Irans in der Region wollte Rafsandschani allerdings einen pragmatischeren Kurs einschlagen und sich auf revolutionäre Propaganda beschränken. Und tatsächlich strebte Khomeini im Juni 1985 einen außenpolitischen Kurswechsel an, als er anordnete, den Revolutionsexport zu beschränken und das Verhältnis zu den Nachbarn und zum Westen zu verbessern.

So positiv man diese versuchte Annäherung an den Westen sehen mag, so handelte es sich hierbei doch um eine überaus erstaunliche Kehrtwende in der revolutionären Ideologie. Fakt ist: Rafsandschani war mehrfach der Protagonist einer bis zum Rande der Verleugnung revolutionärer Prinzipien reichenden pragmatischen iranischen Außenpolitik, die sich nur schwer mit Khomeinis ursprünglicher Ideologie in Einklang bringen ließ. So fädelte er auch ein Abkommen mit der amerikanischen Regierung ein, das Waffenlieferungen für die Iraner vorsah, wenn Teheran seinen Einfluss auf die Hizbollah und damit auf die Entführer mehrerer amerikanischer Staatsbürger geltend machen würde. Nachdem eine Geisel freigekommen war, erhielt Iran die Waffen, und Washington unterstützte mithilfe dieses in den USA illegalen und politisch höchst brisanten Waffengeschäfts die Contras in Nicaragua. Deshalb ging der Deal als Iran-Contra-Affäre in die Geschichte ein. Er löste in den USA einen Skandal aus, in Iran hingegen wurde er kaum thematisiert. Das lag daran, dass Khomeini sich erstaunlicherweise kaum zu dem Verstoß gegen eines seiner Dogmen äußerte. Er nahm einfach hin, dass das revolutionäre Dogma an Glaubwürdigkeit verlor.

Den Deal aufgedeckt und Rafsandschani in der Öffentlichkeit dafür kritisiert hatte Montazeris Vertrauter Haschemi. Entsprechend schlecht war der Parlamentspräsident auf diesen zu sprechen. Auch Khomeinis Sohn Ahmad und Geheimdienstminister Mohammed Reishahri wollten Haschemi schon lange loswerden, wie dieser recht freimütig in seinen Memoiren berichtet. Ohne Haschemi, so nahmen sie an, könne man Montazeri leichter kontrollieren. Der Perspektive auf den Groß-Ayatollah als Revolutionsführer in spe sahen sie sorgenvoll entgegen. Montazeri trat im Innern für Mäßigung ein und wollte neben der besseren Behandlung der politischen Gefangenen mehr Partizipation und weniger Repression. Im Oktober 1986 ließ das Geheimdienstministerium Haschemi verhaften, ein Akt, der sehr rätselhaft anmutete, richtete er sich doch auch gegen Montazeri, den designierten Nachfolger für das höchste Amt im Staat. Damit wurde Montazeris Machtstellung in Irans Nomenklatura ein schwerer Schlag versetzt.

Ein Triumvirat entscheidet

Zudem nutzte Rafsandschani die Gelegenheit, um Montazeri in ein schlechtes Licht zu rücken. So behauptete er, dass dieser – wie der von ihm als Mitglied der Volksmudschahedin denunzierte Haschemi – unter massivem Einfluss der linksislamischen Gruppierung stünde. Haschemi wurde wegen diverser konterrevolutionärer Vergehen nach einem unter Folter erpressten Geständnis im September 1987 hingerichtet. In seinen Memoiren nennt Montazeri die Iran-Contra-Affäre und den Umgang mit Mehdi Haschemi als weiteren Beleg dafür, wie stark Rafsandschani die iranische Politik in den letzten Lebensjahren Khomeinis kontrollierte und diesen praktisch kaltgestellt hatte. Der wichtigste Beweis dafür ist ihm jedoch die Geschichte der Massenexekutionen des Jahres 1988 und seine eigene Absetzung.

In der Endphase des Ersten Golfkrieges versuchte der im Irak stationierte militärische Arm der Volksmudschahedin, die sich inzwischen in Nationaler Widerstandsrat umbenannt hatten, vom Irak aus über Kermanschah nach Teheran vorzustoßen. Nahezu im Alleingang besetzten sie im Juli 1988 nach erbitterten und auch für die Regierungstruppen verlustreichen Kämpfen die Provinz Ilam und Teile der Provinz Kermanschah, wobei die Stadt selbst nicht eingenommen werden konnte. Zu diesem Zeitpunkt hatte Khomeini bereits erklärt, dass er die Waffenstillstandsresolution der Vereinten Nationen annehmen werde. Nach dem irakisch-iranischen Waffenstillstand im August 1988 mussten sich die Volksmudschahedin wieder in den Irak zurückziehen. Sie gaben ihre eigenen Verluste mit 2000 Toten, Verwundeten und Gefangenen an und diejenigen der iranischen Regierungstruppen mit 55 000.

Als Reaktion auf diesen Angriff ordnete Khomeini die Hinrichtung Tausender in Iran bereits inhaftierter politischer Gefangener an, die als Anhänger der Volksmudschahedin einsaßen. Dem Gerücht, der Brief, der diese Massenexekutionen anordnete, stamme gar nicht von Ayatollah Khomeini, sondern von seinem Sohn Ahmad, spricht Montazeri eine gewisse Glaubwürdigkeit zu. Er könne sich nicht vorstellen, dass Khomeini solch einen Brief geschrieben hätte. Dieser sei immer darauf bedacht gewesen, dass niemandem Unrecht widerfahre, und er habe sich stets für die Rechte der Inhaftierten eingesetzt und alle Verantwortlichen davor gewarnt, Rache an den Inhaftierten zu nehmen. Sollte Khomeini diesen Brief doch geschrieben haben, so Montazeri, dann ließe sich das nur auf falsche Berichte zurückführen, die er von seinem Sohn Ahmad bekam. Nur sie hätten Khomeini dazu verleiten können, eine derart unversöhnliche und radikale Haltung einzunehmen.

Montazeri selbst wollte diese Hinrichtungen oder zumindest ihr Ausmaß verhindern. In zwei Briefen geißelte er sie als unislamisch, unrechtmäßig sowie politisch unklug und berichtete Khomeini genauer von den Vorgängen in den Gefängnissen: Es würden Häftlinge hingerichtet, die bereits zu einer Haftstrafe verurteilt worden seien, andere Gefangene, die schon rehabilitiert und entlassen worden seien, würden erneut in Gewahrsam genommen und zum Tode verurteilt. Zum Teil würden junge Menschen hingerichtet, die irgendwann einmal ein Flugblatt aufgehoben hatten, ebenso wie etliche, die sich nie zu den Volksmudschahedin bekannt, und solche, die ihnen längst abgeschworen hätten. Damals, so schreibt Montazeri, habe er zu Khomeinis Vertrauten gesagt: Ich bin bereit, mit dem Imam an den Rand der Hölle zu gehen, aber ich bin nicht bereit, mit ihm in die Hölle zu gehen. Und die Strafe für das, was hier im Namen des Islams geschieht, ist die Hölle.

Da auf seine Briefe keine Reaktion von Khomeini kam, mutmaßt Montazeri, sie hätten ihn nie erreicht, sondern seien von seinem Sohn Ahmad abgefangen worden. Im Licht seiner These, dass Khomeini von seinem Sohn und Rafsandschani manipuliert worden sei, interpretiert der Groß-Ayatollah auch seine Absetzung als designierter Nachfolger Khomeinis. Die beiden und der damalige Staatspräsident Khamenei hätten ihn gemeinsam systematisch demontiert und beim Revolutionsführer schlecht gemacht.

Den entscheidenden Wendepunkt brachte dann die Tatsache, dass Montazeris Briefe an Khomeini im März 1989 von der BBC verlesen wurden. Weniger ihr Inhalt als der Umstand, dass ausgerechnet eine ausländische Radiostation sie an die Öffentlichkeit brachte, besiegelte offenbar Montazeris Schicksal. Denn die Briefe wurden sofort als Zeichen einer Spaltung innerhalb der iranischen Führung interpretiert, und erstmals lagen für die internationale Öffentlichkeit Beweise vor, dass die Hinrichtungen in den Gefängnissen von oberster Stelle angeordnet worden waren. Montazeri zufolge können die Briefe nur von Ahmad an die BBC weitergegeben worden seien. Kurz danach jedenfalls wurde der Groß-Ayatollah von Khomeini per Brief zum Rücktritt aufgefordert. Seither ist oft gemutmaßt worden, dass es sich bei dem Brief um eine Fälschung handle. Auch Montazeri weist darauf hin, dass Ahmad Briefe geschrieben und sie als die des Vaters ausgegeben habe.

Ihm zufolge habe in den 1980er Jahren das Triumvirat aus Ahmad Khomeini, Rafsandschani und Ali Khamenei den Revolutionsführer fast vollständig kontrolliert. Dieser sei falsch informiert und über die Stimmung und die Probleme im Lande im Unklaren gelassen worden – sei es, weil sie ihn nicht erzürnen oder nicht verletzen wollten. Zudem seien Befehle nicht beachtet worden: So habe Khomeini gar nicht gewollt, dass Mehdi Haschemi hingerichtet werde. In seinen letzten

Lebensjahren, als er schon sehr krank war, habe aber nicht Khomeini das Land geführt, sondern sein Sohn. Mit der Macht, die Ahmad Khomeini sogar ohne offiziellen Posten hatte, erklärt Montazeri auch seine eigene Absetzung. Es bestand wohl die Befürchtung, über ihn nicht die Kontrolle ausüben zu können, zu der man im Falle von Ayatollah Khomeini gelangt war. Denn das Triumvirat wollte statt der *velayat-e faqih*, der Führung des Rechtsgelehrten, eine *velayat bar faqih*, die Führung über den Rechtsgelehrten, so Montazeri. Deshalb habe man seine Absetzung auch lange geplant. Schon seine Designation im Jahre 1983, die sowohl er selbst als auch Khomeini missbilligt hätten, sei Teil dieses Plans gewesen. Damit habe man ihn unter Zugzwang gesetzt, denn nur wer so hoch oben sei, könne so tief fallen. Einen Gefallen habe man ihm nicht getan, er wäre ohnedies Nachfolger geworden. In der Tat hatte Montazeri 1985 einen Protestbrief an den Expertenrat geschrieben.

Nun könnte man das alles als die späte Rache eines Mannes lesen, der seines Postens enthoben wurde. Doch Montazeris Behauptungen wurden von einem hochkarätigen, inzwischen verstorbenen Zeugen bestätigt: In einem Interview mit der Zeitschrift *Omid* machte Ahmad Khomeini 1994 Andeutungen, die damals keiner ernst nahm. Er habe Montazeri zusammen mit Rafsandschani und Khamenei beseitigt, weil die beiden versprochen hätten, ihn zum Nachfolger seines Vaters zu machen. Kurz darauf, am 17. März 1995, starb Ahmad Khomeini im Alter von 49 Jahren in einem Teheraner Krankenhaus, nachdem er am 12. März einen Herzinfarkt erlitten hatte. Sofort kamen Gerüchte auf, dass sein Tod keine natürliche Ursache hatte.

Hinzu kommt, dass Rafsandschani und Khamenei die größten Gewinner der Entwicklung waren, zu der es kommen sollte: Khamenei wurde Khomeinis Nachfolger, Rafsandschani Präsident. In der Zeit, in der Khamenei Präsident war, also bis 1989, hatte dieses Amt, was Kompetenzen und Aufgaben anging, kein großes Gewicht. Verstärkt wurde dies durch die Person des eher blassen und weichen Khamenei. Dem Politikwissenschaftler Mohsen Milani zufolge soll Khamenei, als man ihn 1981 fragte, ob er Präsident werden wolle, geantwortet haben, wegen seiner schwachen Gesundheit könne er nicht genug Energie auf dieses Amt verwenden. Daraufhin soll Rafsandschani erwidert haben, dass man es ihm genau deswegen anbiete. Ähnliches passierte, als es darum ging, wer Nachfolger Khomeinis werden sollte. Rafsandschani sprach sich für Khamenei aus, obwohl man sich damit über die Verfassung hinwegsetzte. Zudem erwirkte er eine umfassende Ausweitung der Machtbefugnisse des Präsidenten, als er 1989 das Amt des Premierministers im Rat zur Überarbeitung der Verfassung abschaffen ließ. Damals war bereits klar, dass er selbst Präsident und Khamenei Revolutionsführer werden würde. Rafsandschani wollte Khamenei als Revolutionsführer, weil er dachte, dieser sei leicht zu dominieren. Das stellte sich dann allerdings als Irrtum heraus.

Montazeris Darstellung der post-revolutionären Geschichte erscheint in vielen Details plausibel, und wichtig ist seine Version der Geschichte ohnehin, weil er unbestritten an einer zentralen Stelle im Staate saß. Wenn Montazeri über Ereignisse wie den Krieg, den Umgang mit den politischen Häftlingen 1988 oder die Festschreibung der Herrschaft des Obersten Rechtsgelehrten berichtet, beantwortet er zahlreiche Fragen, die von der offiziellen Geschichtsschreibung nie beantwortet und zum Teil auch nie gestellt worden sind. Mit vielen seiner Aussagen rüttelt er am Selbstverständnis und an den staatstragenden Dogmen der Islamischen Republik. Und eine politische Bombe ist allemal die These, dass Revolutionsführer Khomeini wesentliche politische Entscheidungen der Islamischen Republik in seinen letzten Lebensjahren gar nicht mehr selbst fällte.

12

Die «Herrschaft des Rechtsgelehrten» nach Khomeinis Tod

Ein Staatsbegräbnis außer Kontrolle

Khomeini starb am 3. Juni 1989 an seinem zweiten Herzanfall. In einem Teheraner Krankenhaus hatte er sich elf Tage zuvor einer Darmoperation unterzogen. Seine letzten Worte, gesprochen zu seiner Frau und seinen Kindern, sollen gewesen sein: «Ich habe nichts mehr hinzuzufügen. Jene, die bleiben wollen, sollen bleiben, jene, die gehen wollen, sollen gehen. Macht das Licht aus, ich möchte schlafen.» (Moin 1999, 299) Die Nachricht von seinem Tod wurde der Öffentlichkeit einen Tag später mitgeteilt. Das Staatsbegräbnis, dessen Vorbereitung einige Tage dauerte und somit später stattfinden musste als traditionell unter Muslimen üblich, geriet außer Kontrolle. Millionen versuchten den Sarg zu erreichen, Dutzende sollen im Gedränge ums Leben gekommen sein. Die Trauernden zerrten so sehr an dem Leichentuch, dass der Leichnam zu Boden fiel. Er wurde dann per Hubschrauber zum Friedhof Behescht-e Zahra transportiert. Noch Tage nach Khomeinis Tod zählte man Tausende am Grab, wo später das Mausoleum errichtet wurde.

Schon allein aufgrund ihrer Monumentalität ist die Grabstätte von Staatsgründer Khomeini zu einem Wahrzeichen des post-revolutionären Teheran geworden. Der rechteckige Hallenbau wird von einer goldenen Kuppel gekrönt. Er ist Bestandteil weitläufiger arkadengesäumter Hofanlagen. In der Seitenmitte der Innenhöfe finden sich hohe Portalnischen. Das macht die Ähnlichkeit des Grabkomplexes mit den bedeutendsten schiitischen Heiligtümern des Landes aus, der Grabstätte des Imams Reza in Maschhad und der seiner Schwester Fatima in Qom. Das Innere des Mausoleums ist ebenfalls ähnlich gestaltet wie diese beiden Grabstätten. Der Sarkophag aus Marmor ist von einer baldachingedeckten Gitterkonstruktion umschlossen, er befindet sich unter der mächtigen Kuppel. In Erfüllung eines Gelübdes oder als Dank für die Erhörung eines Herzenswunsches werfen Besucher Geldscheine durch die Öffnungen. Und sie berühren und küssen das Metallgitter.

Der Revolutionsführer war zu Lebzeiten als Imam Khomeini tituliert worden, ein Privileg, das in der Islamischen Republik Iran, anders etwa als der Titel Groß-Ayatollah, allein ihm vorbehalten blieb. Denn im schiitischen Kontext verweist das Wort Imam, das in der Grundbedeutung den Vorbeter bezeichnet, auf die einzigen legitimen Führer der muslimischen Gemeinde nach dem Tod des Propheten Mohammed. Allerdings haben weder Khomeini selbst noch seine glühendsten Anhänger je behauptet, er sei dieser herbeigesehnte zwölfte Imam. Seine Rolle als ideologischer Wegbereiter und schließlich als Führer der Islamischen Republik Iran haben ihm jedoch in den Augen eines Großteils seiner Anhänger die Züge eines Heilsbringers verliehen. Auch wenn das Wort Imam in Bezug auf ihn nur als Ausdruck der Hochachtung, gleichsam in Anführungszeichen, verwendet wurde, so schwang die heilsgeschichtliche Bedeutung des Ehrentitels dabei doch stets mit. Durch den starken Bezug, den das Mausoleum Khomeinis zu anderen Gräbern herstellt, die es quasi zitiert, übersetzt es den Imamtitel in die Sprache der Architektur.

Doch was ist geblieben von seinem Werk? Ganz offensichtlich ist dem politischen System die Bevölkerung schon lange abhandengekommen: Die Mehrheit der Iraner und Iranerinnen ist unzufrieden, und die Menschen wenden sich in Scharen ab von dem Staatsmodell Khomeinis, das die Herrschaft der Geistlichkeit postuliert. Nicht nur die Wahlen – wenn sie denn nicht gefälscht werden – belegen dies, sind doch fast immer die Kandidaten erfolgreich, die für Reformen werben.

Sehr gut illustriert das ein 2004 in Iran gezeigter Kinofilm mit dem Titel *Marmulak*. Er handelt von einem Ganoven, der in Mullah-Kluft aus dem Gefängnis flieht. Als er eine Predigt halten muss, spricht er über einen Islam der Liebe, einen Islam der Gleichberechtigung und der Freiheit. Vor der Revolution hätte eine Satire, in der der Mullah ein Ganove ist, bei den einfachen Gläubigen große Proteste ausgelöst, galt der Klerus damals doch als *poscht-o panah-e mardom*, als Rückhalt und Zuflucht der Menschen. Hier sieht man den Bewusstseinswandel. So werden heute sogar jene Autoritäten und Dogmen relativiert und hinterfragt, die früheren Generationen heilig waren.

Schah bayad beravad. Der Schah muss gehen. Der Allianz, die sich gegen Mohammad Reza Pahlavi zusammengeschlossen hatte, war nicht mehr gemein als dieses Ziel. In der Folge wurden dann nach und nach die linken, säkular-liberalen und moderat-islamistischen Gruppierungen der revolutionären Bewegung von der politischen Bühne verdrängt. Übrig blieben diejenigen, die besonders eng mit Revolutionsführer Khomeini verbunden waren. Sie bildeten zwar eine Allianz, wenn es darum ging, den gemeinsamen Gegner auszuschalten, einig in der Vorstellung von der Zukunft der Islamischen Republik Iran waren sie sich jedoch nicht. Es bestand unter ihnen nicht einmal ein Konsens, wie das von Khomeini in Iran eingeführte Herrschaftsmodell, die *velayat-e faqih*, im Detail aussehen sollte. Und mitnichten hatten sie eine Vorstellung davon, wie sich das von ihm durchgesetzte Modell nach seinem Tod in der Praxis würde bewähren können.

So wurden nach dem Tod Khomeinis gleich zwei weiterführende Varianten der Theorie von der Führungsbefugnis des Rechtsgelehrten entwickelt: zum einen die sogenannte *nasb*-Theorie, nach der der Rechtsgelehrte von Gott bestimmt wird, und zum anderen die *entechab*-Theorie, der zufolge dieser vom Volk gewählt wird. Für letztere stand Groß-Ayatollah Montazeri, für die erste Ayatollah Mesbah Yazdi.

Absolute Führungsbefugnis hat nur Gott

Während seiner Gefängnisaufenthalte zwischen 1971 und 1974 sowie von 1975 bis 1978 beschäftigte sich Montazeri in seinem auf Arabisch verfassten Werk *Dirasat fi wilayat al-faqih wa-fiqh ad-dawla al-islamiya* (Studien über die Führungsbefugnis des Rechtsgelehrten und die Rechtswissenschaft des islamischen Staates) ausführlich mit dem Konzept einer islamischen Regierung. Schon hier, in seinem *opus magnum*, mit dem er seine Qualifikation zum Groß-Ayatollah erlangen wollte, weist er auf einen Punkt hin, der auch in seinen Memoiren breiten Raum einnehmen sollte. So betonte Montazeri bereits in den *Dirasat*, dass der Rechtsgelehrte vom Volk *gewählt* werden müsse.

In seinen bereits erwähnten Memoiren erklärte er dann, dass die Idee der *velayat-e faqih* nach dem Tod Khomeinis ad absurdum geführt worden sei. Ursprünglich einmal dahingehend gedacht, dass der gelehrteste unter den Rechtsgelehrten über den Staat wache, wurde diese Voraussetzung bekanntlich jedoch fallengelassen. Durch die erfolgte Neudefinition sei eine Parallelinstitution zu der des Präsidentenamtes entstanden. Doch was unterscheidet den Inhaber dieser Position, so fragt Montazeri, der Qualifikation nach vom Präsidenten? Beide müssen über politische Weitsicht und Kompetenz verfügen. Für den *faqih* fordert dies die Verfassung, im Falle des Präsidenten versteht es sich von selbst, schreibt der Groß-Ayatollah. Aber wozu brauche man diese Parallelinstitution, wenn sie sich von der des Präsidenten nicht unterscheide?

Die Anhänger Khameneis behaupten, der Rechtsgelehrte verfüge über eine göttliche Legitimation, da er von Gott direkt bestimmt würde. Montazeri dagegen erklärt, dass nach schiitischem Recht ausschließlich die zwölf Imame von Gott bestimmt würden, niemand sonst. Die Souveränität liege beim Volk, und alle Macht gehe vom Volke aus. Auch der Rechtsgelehrte müsse deshalb durch den Volkswillen legitimiert werden, er sei dem Volk verantwortlich und dürfe von ihm kritisiert und abgesetzt werden. Zwischen Rechtsgelehrtem und Volk müsse es eine Art *contrat social*, einen Gesellschaftsvertrag, geben. Das islamische Prinzip der *baya*, der Akklamation des Herrschers durch das Volk, interpretiert Montazeri als eine Vorform des uns bekannten Gesellschaftsvertrages. Dass darauf die islamische Regierung gründen müsse, hatte er bereits in seinem Buch *Die juristischen Grundlagen der islamischen Regierung* gefordert.

Es geht ihm also vor allem darum, dass die Menschen in der Zeit der großen Verborgenheit das Recht haben, sich einen obersten Rechtsgelehrten zu *wählen*. Dieser hat dann die Aufgabe, die Regierung zu kontrollieren – allerdings nur für eine bestimmte Zeit, denn auch die *Abwahl* des Rechtsgelehrten ist in Montazeris System vorgesehen. Während die Herrschaft allein Gott zukomme, habe der *faqih* die von der Verfassung für ihn vorgesehenen Aufgaben und dürfe keine darüber hinausgehenden Zuständigkeitsbereiche beanspruchen. Selbst was die ihm durch die Verfassung zugeteilten Aufgaben angehe, dürfe der Rechtsgelehrte nicht schalten und walten wie er wolle, sondern müsse sich – wie schon der Prophet – beraten. Der Auslegung Montazeris zufolge hat die Herrschaft des Rechtsgelehrten lediglich die Bedeutung einer Supervision – und zwar sowohl über die Regierung als auch über die Parteien eines Mehrparteiensystems.

Der Rechtsgelehrte dürfe sich also nirgendwo direkt einmischen, sondern habe nur die Aufgabe, zu überwachen, dass nichts geschieht, was dem islamischen Recht widerspricht. Von Anfang an seien die Verfassungsväter der Meinung gewesen, dass das Volk herrschen müsse. Laut Montazeri müsste der *faqih* in die Regierungsgeschäfte überhaupt nicht eingreifen, wenn die Regierenden ihre Arbeit ordentlich machten. Bei der Revision der Verfassung im Jahr 1989 seien dem Rechtsgelehrten allerdings zahlreiche weitere Kompetenzen gegeben worden, und damit sei die ursprüngliche Idee der Verfassungsväter verfälscht worden.

Zwar argumentiert Montazeri weitgehend wie Khomeini und zitiert dieselben Suren und Verse, wenn es darum geht, eine islamische Regierung zu fordern, sein inhaltlicher Fokus liegt jedoch auf der Frage, warum der Rechtsgelehrte vom *Volk gewählt* werden muss. Damit unterscheidet er sich maßgeblich von Khomeini, der sich dieser Frage nie widmete, sondern davon ausging, dass sich der fähigste unter den Rechtsgelehrten quasi automatisch auf das Votum des Volks stützen könne, wie es in seinem Fall war. Auch in der iranischen Verfassung heißt es, der Rechtsgelehrte müsse von der Mehrheit der Bevölkerung anerkannt werden.

Montazeri beschäftigt sich konkreter mit dem Procedere, der Frage, wie und warum überhaupt ein Rechtsgelehrter zum obersten Rechtsgelehrten wird. Ihm zufolge haben die Imame die Rechtsgelehrten insgesamt zu ihren Vertretern bestimmt und sie in ihrer Abwesenheit mit der Ausübung des eigenen Amtes beauftragt. Dieser Auftrag galt aber nicht einem Einzelnen, sondern den Rechtsgelehrten in ihrer Gesamtheit. Deshalb müsse das Volk einen von ihnen zum *faqih* wählen.

Wie allgemein im Disput unter Gelehrten des islamischen Rechts üblich, begründet auch Montazeri seine Haltung mit dem Koran. Er deutet die Offenbarung dahingehend, dass die Imame keineswegs die Rechtsgelehrten beauftragt hätten, die politische Leitung der Gemeinde im Sinne einer Vormundschaft zu übernehmen, sondern dass die Menschen selbst für ihr Schicksal verantwortlich seien. Die Existenz des Jüngsten Gerichts, vor dem sich die Menschen für ihr Verhalten verantworten müssen, spräche für ihre gottgegebene Freiheit, also auch die Freiheit, sich eine Herrschaft wählen zu dürfen. Denn würde Gott für das Volk eine Herrschaft bestimmen, wäre es ungerecht, das Volk für die Verfehlungen der Regierenden zur Rechenschaft zu ziehen und zu bestrafen.

Die von ihm zitierten Suren sowie die Überlieferungen der Imame lassen sich laut Montazeri auf keinen Fall dahingehend deuten, dass die Imame selbst den Rechtsgelehrten ernennen. Hier verwirft er die sogenannte *nasb*-Theorie, die nach dem Tod Khomeinis von Montazeris Gegenspieler Mesbah Yazdi propagiert wurde. Montazeri geht noch weiter: Es bestehe ein Vertrag zwischen dem Herrscher und dem Volk, und beide müssten den Vertrag erfüllen. Vor allem sei der Herrscher seinem Volk gegenüber rechenschaftspflichtig. Da er speziell letztere Auffassung schon in seinem in den 1970er Jahren verfassten und in den 1980er Jahren erschienenen Buch über die *velayat-e faqih* formuliert hat, kann man kaum behaupten, sie sei Montazeris persönlicher Abneigung gegenüber dem Amtsinhaber entsprungen. Im Gegenteil: Das Beschriebene war schon immer seine Meinung.

Aus aktuellem Anlass wandte er sich 1998 in einer Artikelserie sehr deutlich gegen die *velayat-e motlaq-e faqih*, die *absolute* Führungsbefugnis des Rechtsgelehrten, und gegen ihre Festschreibung in der veränderten Verfassung. Dieser Umstand habe alles verändert. Denn eine absolute Führungsbefugnis habe nur Gott, weder der Prophet noch die Imame verfügten über sie. Selbstverständlich werde auch der Rechtsgelehrte durch den Rahmen des göttlichen Gesetzes eingeschränkt und könne nur in seinem Rahmen handeln und regieren. Aus verschiedenen Suren zieht Montazeri den Schluss, dass der Prophet die gesellschaftlichen und öffentlichen Angelegenheiten der Menschen überwachen solle, nicht aber Wächter über ihre persönlichen Angelegenheiten und schon gar nicht über ihren Besitz, ihr Haus und ihre Ehre sei. Genau dies jedoch, so behaupten seine Gegner, zähle durchaus auch zu den Aufgaben des Rechtsgelehrten mit absoluter Führungsbefugnis. Doch wenn, so Montazeri, nicht einmal der Prophet über eine derartige Führungsbefugnis verfügt habe, hätten die Rechtsgelehrten sie erst recht nicht. Sie münde nämlich in Despotie.

Weil der Rechtsgelehrte nur diese Aufsichtsfunktion hat, werden alle Detailaufgaben des gesellschaftlichen Lebens den Spezialisten überlassen. Der Rechtsgelehrte mischt sich nicht ein, er stellt nur sicher, dass die generelle Linie der Politik nicht gegen die Vorschriften des Islams verstößt. In wenigen Einzelfällen kommt ihm dann die Rolle zu, eine abschließende Entscheidung zu fällen. Allerdings kann der *faqih*, so Montazeri, der sich hier ganz im Rahmen der *maslehat*-Direktive Khomeinis bewegt, zuweilen auch das Interesse der islamischen Gemeinde über die Detailvorschriften des Glaubens stellen. Diese Doktrin akzeptiert auch Montazeri, aber ganz wichtig ist ihm: Der Rechtsgelehrte hat dennoch keine grenzenlosen Kompetenzen und Machtbefugnisse. Deshalb ist der Groß-Ayatollah auch gegen den Begriff *velayat-e motlaq*, absolute Führungsbefugnis. Allein dieser Name klinge schon nach Tyrannei: «Gott hat nicht einem Menschen, der nicht unfehlbar ist, sondern Fehler machen kann, solch eine Führungsbefugnis übertragen, und er wäre damit auch nicht einverstanden. (Montazeri, 21. 8. 1998, 13)

Die Artikel 6, 56, 60 und 117 betonen, so Montazeri, dass das Volk sein Schicksal selbst bestimme, heben dessen Souveränität also hervor. Gemäß Artikel 117 sei nach dem Rechtsgelehrten der Staatspräsident die höchste Autorität des Landes. Die Machtbefugnisse des Rechtsgelehrten würden durch Artikel 110 festgelegt, aber eben auch eingeschränkt. In der gegenwärtigen Situation jedoch, in der behauptet werde, dass der Rechtsgelehrte eine absolute Führungsbefugnis habe und über der Verfassung stehe, würden sämtliche staatlichen Institutionen, die sich über den Volkswillen legitimieren – wie Parlament, Kabinett und Präsident –, ihres Sinnes entleert.

Um die ursprüngliche Intention der Verfassung zu erfüllen, sei es daher notwendig, das Volk sowohl den Präsidenten als auch den Rechtsgelehrten wählen zu lassen, nur dann könnten die Menschen hinter ihnen stehen. Zudem legten die Wähler die Machtbefugnisse des Rechtsgelehrten fest. Kurz: «Eine absolute Führungsbefugnis des obersten Rechtsgelehrten ist unsinnig.» (Montazeri 21. 8. 1998, 13) Des Weiteren kritisiert Montazeri im Detail zahlreiche Verfassungsänderungen von 1989. So wurde etwa dem Präsidenten die Richtlinienkompetenz in der Politik entzogen. Trotzdem sei er aber laut Artikel 122 dem Volk, dem Rechtsgelehrten und dem Parlament gegenüber für seine Handlungen verantwortlich. Wie kann es angehen, fragt Montazeri, dass jemand verantwortlich gemacht wird, der keine Richtlinienkompetenz hat und dem in der Praxis sogar die Minister aufgezwungen werden?

Ihm zufolge ließen seine Gegner sämtliche Paragraphen, die die Rolle des Volkes betonten, außer Acht, aber: «Das Volk und Khomeini und wichtige Quellen der Nachahmung haben einer Verfassung ihre Stimme gegeben, die die Rolle des Volkes betont – und nicht der *velayat-e motlaq-e faqih*.» Khomeini selbst habe kurz nach der Revolution nicht einmal vorgehabt, die *velayat-e faqih* überhaupt festzuschreiben, erbost sich Montazeri: «Und dann kommen die Herren und schreiben ein Wort, *motlaq* (absolut), in den Artikel 57 hinein, und ich weiß nicht, sind sie sich überhaupt nicht im Klaren darüber gewesen, welchen Widerspruch dies zu den zitierten Paragraphen aufwirft?» (Montazeri 30. 8. 1998, 11) In ihrer ursprünglichen Form habe die Verfassung den islamischen Charakter des Staates dadurch sichergestellt, dass verschiedene Kontrollen der staatlichen Institutionen durch den *faqih* festgeschrieben gewesen seien. Die Führungsbefugnis sei jedoch nicht als absolut gedacht gewesen, und schon gar nicht in dem Sinne, dass der oberste Rechtsgelehrte über dem Gesetz stehe. Dies besage schließlich schon Paragraph 107. Da die *mardschaiyat* als Voraussetzung für die Ausübung dieses Amtes gestrichen worden sei, habe der Amtsinhaber aber sowieso jede religiöse Legitimation verloren.

Erst die Verfassungsänderung von 1989, so Montazeri, habe den Despotismus, der jetzt in Iran herrsche, festgeschrieben – durch die Hinzufügung dieses einen Wortes: *motlaq*. Hinzu komme, dass auch der bestehende Verfassungstext immer noch mehr republikanische Elemente aufweise, als von den aktuell Regierenden in die Praxis umgesetzt würden.

Eine Klerikerphobie habe deshalb das Volk befallen, seit die Geistlichen nach der Revolution die Macht übernommen haben. Er äußert viel Verständnis für den Vorwurf der Bevölkerung, die Kleriker hätten die Versprechungen, die sie während der Revolution gegeben hatten, nicht erfüllt, sondern sich nur um ihre eigenen Privilegien gesorgt und nur zu ihrem eigenen Vorteil gehandelt. Und es scheint ihn zu schmerzen, wie das Volk heute ihn und seine Kollegen im geistlichen Stand sieht, und er fragt: «War es nicht ihre Aufgabe, ‹das Böse zu verbieten›? Aber sie schweigen über die willkürlichen Verhaftungen, die Zensur, die Probleme, die die Familien haben, die Folter und das Unrecht. Und deshalb verurteilt uns das Volk.» (Montazeri 30. 8. 1998, 11) Wenn die «Herrschaften» dieses Verhalten nicht änderten, werde es ihnen selbst zum Schaden gereichen. Und er zitiert Naini: Religiöse Tyrannei ist schlimmer als politische Tyrannei. Nun sei es so weit gekommen, dass der islamische Charakter des Landes, das eigentliche Ziel der Revolution, gefährdet sei.

Mesbah Yazdi: «Der *faqih* ist der Repräsentant des unfehlbaren Imams»

Mohammad Taqi Mesbah Yazdi steht genau auf der Montazeri entgegengesetzten Seite des gegenwärtigen politischen Spektrums in Iran. Wenn Montazeri als der liberalste Interpret der Theorie der *velayat-e faqih* zu gelten hat, ist Mesbah Yazdi sicher der radikalste. Der 1934 geborene Ayatollah hat vermutlich die meisten Bücher verfasst, die in den letzten Jahren über die *velayat-e faqih* in Iran erschienen sind. Dabei handelt es sich sowohl um theologisch-juristische Abhandlungen als auch um mehr oder minder populärwissenschaftliche Werke, die allgemeinverständliche Antworten zu Fragen der iranischen

Regierungsform geben sollen. Außerdem äußert er sich darüber regelmäßig in den Medien und erklärt sich und seine Deutung. Mesbah ist nicht nur einer der führenden Theoretiker der Radikalen und einer der mächtigsten Freitagsprediger von Teheran, sondern auch Mitglied im Expertenrat und Leiter des *Imam Khomeini Institut – Zentrum für Islamische Bildung und Wissenschaftliche Studien*, kurz *Qabas* genannt (www.qabas. org), dessen Ziel es ist, anti-islamischer Propaganda zu begegnen.

Mesbah ist streng anti-westlich orientiert und befürwortet selbstmörderische Märtyreroperationen. Aufrufe zur Teilnahme an solchen Aktionen, die für großen Aufruhr weltweit sorgten, sind im Herbst 2006 in seiner Zeitschrift *Partou* (http://partosokhan.ir/) erschienen. Er selbst hat keine revolutionäre Vergangenheit vorzuweisen, da er nie zum engen Zirkel um Khomeini gehörte – ein Makel, unter dem er erheblich leidet, weil er seiner Glaubwürdigkeit als Nachlassverwalter des Revolutionsführers schadet. Umso mehr hat er es sich zum Ziel gesetzt, sich allen Reformströmungen zu widersetzen. Die Anhänger der Reform, so die 22 Millionen Iraner, die 1997 und 2001 den moderaten Khatami wählten, nannte er seinerzeit einen Haufen Schnaps trinkender Lumpen. Als in der Zeitung *Neschat* ein Artikel erschien, der für die Abschaffung der Todesstrafe plädierte, forderte er, jeden, der die Grundsätze der Religion infrage stelle, auf der Stelle, ohne Verzögerung und ohne Gerichtsverfahren hinrichten zu lassen.

Mesbah Yazdi befürwortet nicht nur die *velayat-e motlaq-e faqih*, die absolute Führungsbefugnis des Rechtsgelehrten, sondern zudem eine Lesart dieses Konzepts, die dem Amtsinhaber maximale Vorrechte einräumt und die absolute Macht gewährt. Ob er damit in der Tradition Khomeinis steht oder weit über diesen hinausgeht, ist nicht leicht zu ermitteln, da beide Fraktionen der Verteidiger der *velayat-e faqih*, Mesbah auf der einen Seite des Spektrums und Montazeri auf der anderen, behaupten, dass ihre Deutung der des Staatsgründers entspreche.

Laut Mesbah ist der Terminus *motlaq* so zu verstehen, dass der derzeitige Rechtsgelehrte weit mehr Rechte für sich beanspruchen kann, als in der Verfassung explizit genannt sind. Allerdings gibt das die Verfassung so nicht her, auch nicht seit ihrer Änderung im Jahr 1989. Laut Artikel 112 und 107 ist der Rechtsgelehrte nämlich trotz *velayat-e motlaq-e faqih* vor dem Gesetz allen Menschen gleichgestellt. Mesbah sieht das anders: Die Rechte, die die Verfassung festschreibt, hat der Rechtsgelehrte auf jeden Fall, aber er kann sich noch andere nehmen, wenn es ihm beliebt, weil seine Führungsbefugnis absolut ist.

Der Rechtsgelehrte hat laut Mesbah absolute Rechte, weil er von Gott selbst ausgewählt wurde. Nur wer von Gott ausgewählt werde, habe das Recht zu regieren, und dies treffe auf den *faqih* zu. Dass die *velayat-e faqih* deshalb die einzig wahre schiitische Herrschaftsform ist, wird von Mesbah als eine unumstößliche Wahrheit ausgegeben. Den Überlieferungen der Imame zufolge soll der *faqih* den Mahdi bis zu seiner Wiederkehr vertreten. Auf Mesbahs Homepage findet sich unter den *Frequently Asked Questions* die Frage, was es zu bedeuten habe, dass die *velayat-e faqih* die Fortführung des Imamats sei. Darauf erwidert Mesbah:

> Mit der Aussage, dass die Führungsbefugnis des Rechtsgelehrten die Fortführung des Imamats der reinen Imame ist, ist gemeint, dass die Imame selbst diese Führungsbefugnis für gültig befunden haben und sie für den Fall, dass der unfehlbare Imam nicht erreichbar ist, befohlen haben, dem *faqih* zu gehorchen. (http://www.mesbahyazdi.org/farsi/index.htm)

Auch bestehe allgemeiner Konsens unter allen Geistlichen darüber, dass in der Zeit der großen Verborgenheit die Geistlichen bzw. der *primus inter pares* die Herrschaft innehaben müsste. Gewisse kleinere Unstimmigkeiten gebe es nur hinsichtlich der Befugnisse. Im Interview erklärt er: «Nach dem, was uns seine Eminenz der Imam [Khomeini] gesagt hat und was auch die Ansicht der schiitischen Rechtsgelehrten seit der großen Verborgenheit ist, ist der *faqih* der Repräsentant des unfehlbaren Imams, möge Gottes Segen mit ihm sein. Das ist inzwischen Teil der schiitischen Kultur.» (*ILNA* news agency, 17. 10. 2005) Doch dass Gott den Geistlichen zweifelsfrei das Recht zu regieren übertragen habe, ist ebenso eine vollkommen ahistorische Behauptung wie diejenige, dass darüber in der Geschichte ein Konsens unter den schiitischen Geistlichen bestanden habe. Dennoch ist Mesbah Yazdi zufolge das der Grund, warum in der Zeit der großen Verborgenheit die Regierung durch Gott legitimiert wird und nicht durch das Volk:

> Wenn Sie nur einen Gelehrten finden seit Anbeginn des Islams, der sagt, dass die Legitimität des *faqih* von den Stimmen des Volkes abhängt, dann will ich meinen gesamten Besitz diesem Gelehrten geben. Wie es gesagt wurde, der *faqih* ist der Repräsentant des unfehlbaren Imams, deshalb hängt seine Legitimität von Gott ab. Und dies ist in der schiitischen Kultur der Unterschied zwischen einem weisen Herrscher und einem ignoranten Herrscher. (*Entechab*, 28. 9. 2006)

Dass der Gelehrte, der genau dies behauptet, in der Person Montazeris zu finden wäre, unterschlägt er. Allerdings gilt ihm Groß-Ayatollah Montazeri auch nicht als Gelehrter, sondern als «der naive Scheich», als den er ihn immer bezeichnet. Mesbah unterscheidet grundsätzlich drei mögliche Arten der Legitimierung eines Herrschers: 1) der Wille des Volkes; 2) die Tatsache, dass der Herrscher absolute ethische Werte vertritt; oder 3) dass es sich um eine von Gott auserwählte Herrschaft handelt. Letzteres sei in Iran der Fall und selbstverständlich die bestmögliche Variante, da das Volk, ließe man es denn, möglicherweise eine schlechte Regierung wählten würde. Aber Gott, so Mesbah, suche den Besten für die Regierung aus.

Er nennt auch die Kriterien, nach denen Gott den Rechtsgelehrten auswählt: Voraussetzung ist, dass man den Idschtihad-Grad erreicht hat, also als schiitischer Geistlicher befähigt ist zur Erstellung von Rechtsgutachten. Hinzu kommen Frömmigkeit und Rechtschaffenheit. Der oberste aller Rechtsgelehrten solle jedoch nicht nur die Eigenschaften eines frommen Gelehrten mitbringen, sondern müsse auch um die Probleme der Gesellschaft wissen, sich auf dem internationalen Parkett auskennen und Freunde von Feinden unterscheiden können. Und er müsse die religiösen Gesetze interpretieren können. Er ist also «derjenige, der sich am besten im Recht auskennt, er ist der beste Exeget, und er ist derjenige, der das islamische Recht am besten anwendet». Nachteile, wenn jemand nicht abgewählt werden kann, gebe es nicht, da der *faqih* gerecht und fromm sein müsse, um überhaupt von Gott für dieses Amt erwählt zu werden. Außerdem ist laut Mesbah der *faqih* «so gut wie unfehlbar», obwohl in der Schia eigentlich nur die Imame, Fatima und der Prophet als unfehlbar gelten. Dies ist ein weiterer Grund, warum er in der großen Verborgenheit den Staat leiten soll: Weil er den vierzehn Unfehlbaren am nächsten kommt.

Zwar ist diese Aussage erstaunlich, aber auch nicht vollkommen neu für die schiitische Herrschaftstheorie. Galten doch die Safawidenkönige in der Dogmatik ihrer Zeit ebenfalls als fast unfehlbar und von Gott ernannt. Deshalb verpflichteten die Geistlichen dieser Zeit das Volk zu absolutem Gehorsam ihnen gegenüber. Die Ähnlichkeiten zwischen dem König des Mittelalters als dem Schatten Gottes auf Erden und dem obersten Rechtsgelehrten, wie Mesbah ihn sich vorstellt, sind groß. Allerdings scheint diese Aussage auch bei seinen Anhängern Verwunderung auszulösen, gehört doch die Frage nach ihr ebenfalls zu den *Frequently Asked Questions*. In der Rubrik heißt es: «Aber der *faqih* ist doch nicht wie die Imame unfehlbar und hat sicherlich Fehler? Ist dem so?» Darauf erwidert Mesbah Yazdi einlenkend und diplomatisch:

> Der Rechtsgelehrte ist, obschon er nicht unfehlbar ist und die Möglichkeit besteht, dass er Fehler macht, gleichzeitig die beste und nächste Person, die die Ziele der unfehlbaren Imame verwirklichen kann. Oder waren etwa Malik al-Aschtar oder Muhammad ibn Abi Bakr oder die anderen Stellvertreter, die der Fürst der Gläubigen ernannt hat, unfehlbar? Und war etwa nicht der Gehorsam ihnen gegenüber dem Gehorsam gegenüber dem Fürsten der Gläubigen gleichzusetzen? (http://www.mesbahyazdi.org/farsi/index.htm)

Da Mesbah zufolge der Rechtsgelehrte sowohl Vertreter des zwölften Imams als auch direkt von Gott ernannt und fast unfehlbar ist, braucht er für seine Legitimierung nicht die Zustimmung des Volkes. Ob das Volk den obersten Rechtsgelehrten akzeptiert, ist dementsprechend vollkommen irrelevant. Er verliert seine Legitimität nicht – auch wenn das Volk ihn nicht akzeptiert. Umgekehrt ist die Regierung nicht etwa schon deshalb legitim, weil sie vom Volk gewählt ist.

> Die säkularen Regierungen beziehen ihre Legitimation von den Menschen, aber bei der islamischen Herrschaft ist das anders, denn die absolute Führungsbefugnis ist gottgegeben. In der göttlichen Herrschaft kann nur der an der Spitze stehen, den Gott vorgesehen hat. Gibt es keinen göttlichen Segen, ist die Regierung nicht legitim, auch wenn die Bevölkerung hinter ihr stehen sollte. (*Mizan*, 30. 8. 2007)

Allerdings widerspricht diese Aussage Mesbah Yazdis eindeutig dem Text der iranischen Verfassung, heißt es in Artikel 5 doch ausdrücklich, dass die Statthalterschaft des abwesenden zwölften Imams dem «zur Führung befähigten Rechtsgelehrten» übertragen wird, «der von der Mehrheit der Bevölkerung als islamischer Führer anerkannt und bestätigt wurde». (Botschaft 1980, 27) Um seine Aussage zu untermauern, dass die Regierung nicht ihre Legitimität verliere, wenn sie vom Volk nicht mehr akzeptiert werde, nennt Mesbah das Beispiel des vierten Kalifen und ersten Imam der Schia, Ali: «Er musste auch 25 Jahre warten, obwohl er der einzig legitime Herrscher war.» So erging es vielen Imamen, dennoch blieb ihre Legitimität erhalten. Sie konnten eben nur ihren Herrschaftsanspruch nicht durchsetzen. Streng genommen sei nicht einmal der Staatspräsident durch das Volk legitimiert – obwohl dieser in gleichen und direkten Wahlen gewählt werde.

Doch laut Mesbah Yazdi schlägt das Volk dem Rechtsgelehrten den Präsidenten lediglich vor. Die übergeordnete Entscheidungsgewalt obliege immer noch dem religiösen Führer, und jede Wahl erhalte nur durch seine Bestätigung Gültigkeit. Zur Bestätigung seiner Position zieht er Ayatollah Khomeini mit einem Beispiel heran: Als dieser im Februar 1979 den ersten Premierminister der Islamischen Republik einsetzte, habe er das Wort *nasb kardan* (ernennen) benutzt. Er hätte aber, wenn es tatsächlich Sache des Volkes wäre, den Premierminister zu bestimmen, nur das Recht zu *tanfiz kardan* (vollziehen) gehabt. Das Beispiel, das Mesbah Yazdi hier gibt, trifft allerdings den Sachverhalt nicht, denn zu diesem Zeitpunkt hatte es noch gar keine Wahlen gegeben, aus denen ein Premierminister hätte hervorgehen können. Mehdi Bazargan war lediglich Premierminister einer Übergangsregierung, denn die Islamische Republik Iran gibt es erst seit dem 1. April 1979.

Doch selbst der Bezeichnung Republik widerspricht Mesbah Yazdi: Anlässlich der Wahlen zum Expertenrat vom Dezember 2006, bei denen die Debatte aufkam, ob Iran eine Republik sei, sagte Mesbah Yazdi in einer Predigt in der Stadt Qom: «Die Republik ist nur eine Schale, die damals bei der Gründung der Islamischen Republik in die Bezeichnung des neuen Staates aufgenommen wurde. Diese Schale ist nicht echt, sie ist bar jeden Inhalts.» (*Scharq* 7. 1. 2006) Eine *res publica*, eine Sache des Volkes, ist die Regierung ihm zufolge also nicht. Auch hier widerspricht er eindeutig dem Text der Verfassung mit seiner Behauptung, der geistliche Herrscher könne dem Volk befehlen, eine bestimmte Person zum Staatspräsidenten zu wählen, und die Wahl sei nur gültig, wenn sie vom geistlichen Führer akzeptiert werde. Denn in der Verfassung heißt es im Artikel 56, dass das absolute Recht zur Regierung über die Welt und den Menschen Gott gebühre, der den Menschen zur Regierung über sein eigenes soziales Schicksal befugt hat. Niemand könne dieses göttliche Recht dem Menschen nehmen oder bestimmten Einzel- oder Gruppeninteressen dienstbar machen.

Möglicherweise veranlasste dieser Widerspruch zwischen seiner Meinung über die Teilhabe des Volkes an den politischen Entscheidungsprozessen und dem Verfassungstext sowie zahlreichen anderslautenden Äußerungen von Groß-Ayatollah Khomeini Mesbah Yazdi zu der Aussage, Khomeini habe bei der Gründung der Islamischen Republik den Begriff Republik nur aus taktischen Erwägungen aufgenommen, nicht aus wirklicher Überzeugung. Er sei nur für eine Übergangszeit und als Gegenbegriff zu dem der Monarchie gedacht gewesen. Überhaupt sei die Revolution das Werk Khomeinis und nicht etwa des Volkes.

Auch mit dieser Äußerung will Mesbah wohl jeglichen Beitrag des Volkes zur Revolution und ein daraus resultierendes Anrecht auf die Früchte der Revolution zurückweisen. «Die islamische Revolution war ein Wunder, das durch die Person Khomeinis vollbracht wurde.» (*Scharq*, 7. 1. 2006) Diese Tatsache müsse der Jugend mitgeteilt werden, damit sie nicht dem Irrtum verfällt, die Revolution sei durch nationalistische Strömungen zustande gekommen. Eine solche Behauptung würde das Wunder leugnen, das Gott durch Khomeini vollbracht habe.

«Ursprünglich hieß die Parole der Revolution: ‹Unabhängigkeit, Freiheit, Islamische Republik›. Aber im Grunde ging es um eine islamische Staatsordnung.» (*Scharq*, 7.1.2006) Diese Staatsordnung sei in Iran etabliert worden, und sie sei vollkommen. Alle anderen Parolen, eben Unabhängigkeit, Freiheit, Islamische Republik, erweckten den Anschein, als sei die islamische Staatsordnung nicht vollkommen genug und müsse durch andere Ziele ergänzt werden. Eine solche Einstellung wäre eine Beleidigung von Gottes Willen und eine Beleidigung Khomeinis, der den Willen Gottes ausgeführt habe: «Nein, es gibt nichts anderes als den islamischen Staat. Als Individuen sind wir bestrebt, mit unseren Taten Gott zu dienen, und als Mitglieder der Gesellschaft wollen wir die islamische Staatsordnung.» (*Scharq*, 7.1.2006)

Ganz klar nimmt Mesbah auch zur Position seiner ideologischen Gegner Stellung und spricht sich explizit gegen eine Republik aus:

> Manche Leute, die von einer verderblichen Kultur beeinflusst worden sind, sprechen von zwei sich ergänzenden Systemen. Andere sind noch dreister und sagen, sollten die beiden Systeme einander widersprechen, müssen wir der Republik den Vorzug geben. Diese Leute haben vom Islam keine Ahnung. (*Scharq*, 7.1.2006)

Dass eine Republik, also eine westliche Staatsordnung, in der Demokratie herrsche und alles nach Lust und Laune des Volkes bestimmt werde, habe Khomeini niemals gewollt: «Freiheit heißt für uns, Freiheit von jenen Mächten, die uns unterdrücken wollen, nicht Freiheit von dem Willen Gottes, vom Glauben und der Vernunft. Für uns gibt es ein einziges Ziel: Das ist der Islam.» Dennoch wird – und das ist erstaunlich in diesem Kontext – der Revolutionsführer vom Expertenrat, das heißt von einer Gruppe Delegierter, *gewählt*, also letztendlich doch von Menschen. Man könnte fragen, und Intellektuelle wie der Reformdenker Abdolkarim Soroush tun genau dies, ob es damit nicht doch Menschen sind, die den *faqih* legitimieren. Aber die Konservativen wissen auch auf diese Frage eine Antwort. Laut Mesbah Yazdi wird der Rechtsgelehrte gar nicht von dem Gremium der Experten gewählt – sondern von ihnen entdeckt. Und dieses Entdecken basiert auf einer Botschaft, die Gott ihnen sendet.

Diese Erklärung beantwortet allerdings nicht die Frage, warum der Expertenrat jemanden bestätigen muss, der von Gott ernannt wurde. Dies nämlich sieht die Verfassung so vor, zuletzt kam es dazu im Jahr 2001. Zudem wird nicht beantwortet, warum – zumindest in der Theorie – der Expertenrat die Macht hat, den Rechtsgelehrten aus dem Amt zu entlassen. Was soll das bedeuten? Dass Gott den Experten eine Nachricht gesandt und ihnen seinen Wunsch mitgeteilt hat, dieser bestimmten Person, dem Rechtsgelehrten, die Souveränität und die Legitimität zu entziehen?

Auch wird nicht klar, warum der Bevölkerung, die alles in allem relativ wenig zu sagen hat nach dieser Auslegung der *velayat-e faqih*, auf einmal das Recht zugesprochen werden sollte, Delegierte zu wählen. Wie ist es möglich, dass Menschen, denen unterstellt wird, sie seien unfähig, einen herausragenden Mudschtahid unter einigen wenigen auszuwählen, in der Lage sein könnten, unter Hunderten von Klerikern 86 Personen für den Expertenrat auszuwählen? Doch wieder einmal hat Mesbah eine Antwort. Auf die Frage, warum es überhaupt immer noch Wahlen in Iran gebe, wenn es doch Gott sei, der den Führer bestimmt, erwidert er: «In den Zeiten, in denen wir leben, und vor allem, weil der Druck des Westens so stark ist, wäre es schwierig, eine Tradition wie Wahlen einfach abzuschaffen.» (Gandschi 2000, 108) Außerdem habe das Volk dann das Gefühl, sagt Mesbah, Anteil an der Regierung zu haben. Zudem habe Khomeini es so gewollt.

Abdolkarim Soroush zufolge, der die gegenteilige Position vertritt, könne der Rechtsgelehrte, da er ja von Wahlmännern, also Menschen, bestimmt werde, ebenso gut direkt vom Volk gewählt werden. Deshalb steht für ihn der Rechtsgelehrte auch nicht über dem Gesetz. Vielmehr geht er sogar noch einen Schritt weiter und leitet aus dem Recht zur Kontrolle auch das Recht auf Herrschaft ab: Da das Volk den *faqih* kontrollieren dürfe, dürfe es auch wirklich regieren, denn moralisch gesehen stünde das Kontrollrecht über dem Recht auf Regierung. Die Idee, den Rechtsgelehrten zu wählen oder ihm nur eine repräsentative Funktion zu verleihen, während das Volk regiere, ist für Mesbah allerdings abwegig:

> Gegen Ende des Lebens des Imams [Khomeini] sprach einer der Rechtsgelehrten eine andere Möglichkeit an: Dass es zwei Varianten der *velayat-e faqih* geben könne. Die eine, dass er der Repräsentant des unfehlbaren Imams sei, und die andere, dass er gewählt sei, dass er seine Legitimität vom Volk beziehe. Einige seiner Schüler akzeptierten den zweiten Standpunkt, dass der *faqih* gewählt werde. Zuvor waren wir nie auf diesen Standpunkt gestoßen, dass der *faqih* vom Volk legitimiert werde. Aber in jedem Fall glauben wir an das, was der Imam [Khomeini] und die anderen zeitgenössischen Rechtsgelehrten über die *velayat-e faqih* gesagt haben. (*ILNA news agency*, 17.10.2005)

Hier zielt Mesbah auf Montazeri ab und behauptet, Khomeini stimme seiner eigenen Meinung zu, was jedoch nicht erwiesen ist. An anderer Stelle erklärt er, wieder in Anspielung auf Montazeri:

> Nach der Revolution hat eine Person, die euch allen bekannt und besonders naiv und besonders beeinflusst ist von Pseudo-Intellektuellen und der Freiheitsbewegung, die Möglichkeit formuliert, dass der *faqih* durch die Stimme des Volkes legitimiert werde. Er schrieb in seinem Buch, dass es zwei Theorien gebe. Die eine, dass der *faqih* ernannt werde. Und die andere, dass er gewählt werde. Wenn ihr jemanden findet, der diese Behauptung vor ihm aufgestellt hat, dann werde ich klein beigeben. Aber solch eine Theorie existiert nicht. Dass er ernannt wird, ist Teil der schiitischen Kultur. (*Entechab*, 28.9.2006)

Darüber hinaus würden die Menschen, so Mesbah Yazdi, wenn sie den Rechtsgelehrten selbst gewählt hätten, seinen Befehlen gar nicht Folge leisten:

> Als das Volk die Truppen des Schahs herausforderte, indem es ihnen sagte, dass es bereit sei zu sterben, erklärte es sein Handeln damit, dass es den Befehl der Quelle der Nachahmung befolgen würde. Hätte der Imam [Khomeini] solch einen Befehl nicht gegeben, hätte das Volk dann so gehandelt? War es, weil es ihn gewählt hatte? Es ist Teil der Kultur des Volkes, dass es die Befehle des Repräsentanten des Imams beachten muss. (*Entechab*, 28.9.2006)

Gerade die Tatsache, dass der Rechtsgelehrte nicht gewählt wird, sei das wichtigste und positivste Charakteristikum dieses Amtes und entspreche der Kultur der Schiiten weit mehr als fremde Konzepte wie eine demokratische Wahl.

> Wenn jemand daherkommt und sagt: «Nein, mein Herr! *Velayat* ist eine irdische Angelegenheit, deshalb sollte der *faqih* mittels der Stimmen des Volkes erwählt werden, sonst ist die *velayat* bedeutungslos.» Sollen wir uns demgegenüber still verhalten?! Würden sie dies erlauben? Gibt es einen besseren Weg für Amerika, uns zu infiltrieren? Angenommen diese Person ist so sicher in Bezug auf ihre Theorie … Ist es ratsam, dass jemand kommt und sagt: Lasst uns zu einem Kompromiss kommen. Was für ein Kompromiss? Es ist eine Frage von Leben und Tod! (*Entechab*, 28. 9. 2006)

Mesbah Yazdi, der eine große Gefahr in Leuten wie Montazeri mit dessen Forderung einer direkten Wahl des Rechtsgelehrten sieht, fühlt sich als der ausgewiesene Autor von Werken über die *velayat-e faqih* berufen, deren «neue» Interpretation wie eine Krankheit zu bekämpfen:

> Seit der Revolution hat es nur ein paar Leute gegeben, die so viel wie ich über die *velayat-e faqih* gesagt, debattiert und geschrieben haben. Wenn ich eine Nische in Bezug auf das Thema *velayat-e faqih* erkenne, durch die der Feind uns infiltrieren könnte, soll ich sprechen oder nicht?! Wenn zum Beispiel ein Arzt weiß, was AIDS verursacht, während die anderen nicht wissen, wodurch es verursacht wird, sollten wir dem Doktor sagen: «Bitte sagen Sie nichts, es könnte den Menschen Ungemach bereiten»? Wenn ein Arzt die Menschen nicht informiert, ist er ein Verräter. Grundsätzlich ist es meine Philosophie, die Menschen zu warnen, wann immer ich die Bedrohung einer Krankheit irgendwo wahrnehme. (*Entechab*, 28. 9. 2006)

Denn gerade die Tatsache, dass der *vali-ye faqih* nicht gewählt wird, mache die Revolution islamisch und setze sie von der Demokratie ab, die Mesbah Yazdi für den Islam nicht würdig und nicht nachahmenswert hält. Im Islam gehe es schließlich in erster Linie um Gerechtigkeit.

> Ich habe einen weißen Bart bekommen, weil ich 50, 60 Jahre über dieses Thema nachgedacht habe. Wenn ich still bleibe, dann wird Gott am Jüngsten Tag zu mir sagen: Warum hast du 60 Jahre lang das Brot des Herrn gegessen, aber dich entschieden zu schweigen? Grundsätzlich: Was hätten wir für ein System, wenn wir die *velayat-e faqih* nicht hätten? Was für eine islamische Revolution wäre es gewesen? Es wäre eine Art demokratischer Revolution, wie von der Freiheitsbewegung vorgeschlagen. [Die *velayat-e faqih*] ist es, die sie islamisch macht, denn Wahlen gibt es überall auf der Welt. Dann wäre niemand mehr bereit, Opfer zu bringen und vier seiner Kinder an die Front zu schicken. (*Entechab*, 28. 9. 2006)

Zusammengefasst lautet Mesbahs Auffassung: Weil er fast unfehlbar ist, sind alle Menschen verpflichtet, dem Rechtsgelehrten zu gehorchen. Es ist der Rechtsgelehrte, der die Handlungen der Menschen legitimiert, und nicht umgekehrt. Das bedeutet, dass ein Gesetz nur deswegen rechtmäßig ist, weil der oberste Rechtsgelehrte es akzeptiert, und nicht, weil es von einem demokratisch gewählten Parlament verabschiedet worden ist. Ihm zufolge hat die Volksvertretung und damit das Volk eigentlich keine Funktion, und das Parlament kann sofort aufgelöst werden, wenn der oberste Rechtsgelehrte nicht einverstanden ist mit seiner Arbeit. Das Gleiche gilt für die Verfassung. Was sie aussagt und besagt, sei eigentlich hinfällig. Diese Aussage ist umso interessanter, als die Verfassung ja schließlich von Ayatollah Khomeini unterschrieben worden ist, dessen Erbe Mesbah Yazdi meint hochzuhalten. Wie dem auch sei: Offensichtlich ist der Streit um die Frage, was der Staatsgründer wollte, nicht so einfach zu beantworten. Das gilt nicht nur für die *velayat-e faqih*.

13

Khomeinis Frauenbild im Wandel

Männer in den öffentlichen, Frauen in den privaten Raum?

Besonders erstaunlich scheint im Nachhinein, dass sich auch so viele Frauen Khomeini anschlossen. Das mag zum Teil daran gelegen haben, dass seine Meinung zu Frauen nicht allzu bekannt war, aber auch an der Widersprüchlichkeit seiner Aussagen. Khomeini modifizierte seine Haltung zu Frauen und Frauenrechten meist nach den herrschenden Umständen und machte sie abhängig von politischen Gegebenheiten und Machtverhältnissen. Seine Äußerungen und Rechtsgutachten zu diesem Thema unterlagen zwischen den 1960er Jahren, als er das fortschrittliche Gesetz zum Schutz der Familie verwarf, und den 1980er Jahren, als er an der Macht war und auf die Forderungen islamistischer Frauen reagieren musste, einem immensen Wandel. Deutlich nachzeichnen kann man dies anhand der etwa 610 Dekrete, Predigten, Interviews und politischen Erklärungen, die zwischen 1962 und 1989 entstanden. So instrumentalisierte er Frauen und Frauenfragen, um diese gegen den Schah einzusetzen. Später jedoch musste er sich den Forderungen islamistisch orientierter Frauen beugen, die aktivere Rollen für sich beanspruchten in einer Gesellschaft, die von Modernisierung und Urbanisierung geprägt war. Die religiösen Anweisungen, die er zum Thema Frauen herausgab, zeigen ebenso wie seine Einlassungen nach der Revolution vor allem den Pragmatismus eines Mannes an der Macht, der mehr mit dem beschäftigt ist, was in politischer Hinsicht in Betracht gezogen werden muss, um das Regime zu konsolidieren, als mit dem Respekt für religiöse Traditionen.

Der rechtliche Status von Frauen hatte sich in den 1960er Jahren im Zusammenhang mit dem landwirtschaftlichen Reformprogramm des Schahs, der sogenannten Weißen Revolution, grundlegend verändert. Zu den damit verbundenen Maßnahmen gehörte auch das Wahlrecht für Frauen. In Qom führte diese Entscheidung zu einem Aufschrei, vor allem unter den führenden Geistlichen, wobei Khomeini nur der lautstärkste, aber längst nicht der einzige war.

Er bezeichnete die Maßnahmen als skandalös und beleidigend und schickte dem Schah ein Telegramm, um seiner Missbilligung Ausdruck zu verleihen: Am 9. Oktober 1962 nannte er die Einbeziehung von Frauen in die Politik unislamisch. Indem sie Frauen das Wahlrecht gebe, argumentierte Khomeini, setze die Regierung den Islam herab. Sorge und Besorgnis seien daher unter den Geistlichen und den Muslimen ausgelöst worden. Um seinen Punkt deutlicher zu machen, verwies er auf das islamische Recht und die Verfassung von 1906, nach denen die Zulassung von Frauen zu Senat, Repräsentantenkammer sowie Stadträten und Räten der Kommunen dem islamischen Recht zuwiderliefe. Darüber hinaus würde der zweite Artikel des Verfassungszusatzes (von 1906) verletzt, wenn Frauen das Wahlrecht garantiert werde und sie kandidieren dürften. Damit werde gegen die Bedingungen verstoßen, die der Islam den Wählern und den Gewählten auferlege.

Eine weitere Maßnahme des Schahs im Rahmen der Agrarreform, die den Unmut Khomeinis und des Klerus provozierte, war die sogenannte Armee des Wissens. Sie sah vor, junge Männer und Frauen in die Dörfer zu schicken, um den Kindern, aber auch den nicht alphabetisierten Erwachsenen das Lesen und Schreiben beizubringen. Dies konnten die jungen Männer und Frauen als Alternative zum regulären Armeedienst tun, der auch für Frauen Pflicht war. Somit war der Ersatzdienst für beide Geschlechter durchaus attraktiv. Iran war in den 1960er Jahren in erster Linie eine Agrarnation, die Mehrheit der Bevölkerung, über 65 Prozent, lebte in ländlichen Gegenden. Daher hatte das Land eine sehr hohe Analphabetenquote. 85 Prozent aller Frauen und 65 Prozent der Männer konnten nicht lesen und schreiben.

Für die Traditionalisten war die Idee der Koedukation inakzeptabel. Dementsprechend erklärte Khomeini, der Schah führe die Bevölkerung in die Irre, wenn er Frauen an den Wahlen teilnehmen ließe, ihnen auch das passive Wahlrecht gäbe und sie am öffentlichen Leben beteilige, brächten diese Neuerungen doch nur Unglück und Elend. Es sei, als zwinge man gute Muslime, sich an Orte zu begeben, wo Prostitution praktiziert werde, wenn man 18 Jahre alte Mädchen zum Wehrdienst verpflichte. Wie viele andere traditionalistische Geistliche unterschied er strikt zwischen dem öffentlichen Raum, der allein Männern vorbehalten war, und dem privaten. Frauen gehörten seiner Meinung nach in den privaten Raum und hatten in der Öffentlichkeit nichts zu suchen, sah Khomeini sie doch ausschließlich als Mütter und Ehefrauen. Hinzu kam, dass unter Schah Mohammad Reza Pahlavi Frauen, die in der Verwaltung arbeiteten, kein Kopftuch tragen durften. Dies war ein weiterer Grund, warum er gegen Frauen in der Administration war. Auch dafür kritisierte er das Reformprogramm des Schahs. Dieser habe die Verwaltung des Landes paralysiert, denn wenn Frauen in eine Institution einträten, sorge ihre schiere Anwesenheit für Chaos.

So wurde Khomeini zum Sprachrohr desjenigen Teils der Bevölkerung, der das neue Frauenbild kritikwürdig fand, welches die Medien und Teheraner Reklamewände zeichneten und der Schah ihrer Meinung nach förderte: Frauen in Miniröcken und Stöckelschuhen, in Bars und Diskos, schamlos und wild. Besonders die optische Modernisierung fand bei der Mehrheit der Bevölkerung keine Akzeptanz. Menschen aus ländlichen Gegenden, die von den großen Städten angezogen wurden, bereitete die Nähe von Mann und Frau auf Straßen, in Geschäften, am Arbeitsplatz und auf dem Universitätscampus Unbehagen. Zwar brachten arbeitende Frauen ein zusätzliches Gehalt, aber ihr Eintritt ins Berufsleben bedeutete eben auch, dass sie jeden Morgen das Haus verließen, mit fremden Männern zusammenkamen und in der Gesellschaft sichtbarer waren.

In *Fundamentalismus als patriarchalische Protestbewegung* hat Martin Riesebrodt gezeigt, dass die Frauenfrage für die islamischen Fundamentalisten, die mit der Revolution in Iran an die Macht kamen, nicht nur einer von vielen Punkten auf ihrer Agenda war. Nach einem Vergleich von protestantischem Fundamentalismus in den USA und islamischem in Iran kommt Riesebrodt zu dem Schluss, dass beiden die Frauenfrage das zentrale Anliegen ist. «Die zentrale These dieses Buches ist es», so schreibt er, «dass es sich beim Fundamentalismus um eine städtische Bewegung handelt, die primär gegen die Auflösung personalistisch-patriarchalischer Ordnungsvorstellungen und Sozialbeziehungen sowie deren Ersetzung durch versachlichte Prinzipien gerichtet ist.» (Riesebrodt 1990, 11) Er versteht deshalb den Fundamentalismus «als eine unter dem Eindruck dramatisch empfundener sozialer Umwälzungsprozesse formulierte und praktizierte Reinterpretation der religiösen Tradition.» (Riesebrodt 1990, 19)

Khomeinis Meinung, wie sie in vielen öffentlichen Äußerungen jener Jahre hervortritt, ist allerdings umso erstaunlicher, als er von einer Mutter großgezogen wurde, der eine starke Persönlichkeit nachgesagt wird und die sich durchaus nicht scheute, den öffentlichen Raum zu betreten, als es zum Beispiel darum ging, Gerechtigkeit für ihren Mann zu fordern. Hinzu kommt das Vorbild seiner resoluten Tante, und auch vor seiner Ehefrau soll er großen Respekt gehabt haben. Er betete sie an, wie zahlreiche Liebesbriefe bezeugen, die von der iranischen Presse veröffentlicht wurden.

Dass diese Briefe, die viel aussagen über Khomeinis Verhältnis zu seiner Frau, publiziert wurden, ist erstaunlich, erfährt man normalerweise doch wenig über die Beziehungen von Geistlichen zu ihren Frauen. Es handelt sich in der Tat um eine Ausnahme, dass das Institut, dem die Herausgabe der Werke Khomeinis obliegt, auch die Liebesbriefe an seine Frau der Allgemeinheit, sogar der nicht-iranischen, zugänglich macht. Auf den Seiten des Instituts findet sich unter: http://en.imam-khomeini.ir/en/key/institute sogar eine englische Übersetzung des folgenden Briefes. Als er diese Zeilen schrieb, im Jahre 1933, war Khomeini in Beirut, auf dem Weg nach Mekka zur Pilgerfahrt:

> Meine geliebte Frau,
>
> ich denke die ganze Zeit an Dich; seit ich von Dir, meiner Liebsten und meinem Quell der Zuversicht, getrennt bin. Deine schöne Erscheinung wurde im Spiegel meines Herzens gezeichnet. Mein Liebling. Möge Gott Dich schützen. (…) Ich wünschte so sehr, Du wärst hier. Die Stadt und das Meer sind wunderschön, doch leider ist meine Geliebte nicht hier mit mir, wie schön wäre es erst dann. (…). Ich vermisse Dich wirklich neben mir.
>
> Dein Dich liebender Ruhollah

Außerdem ist ein Video in Umlauf, das ungewöhnlich viel Persönliches preisgibt und in dem es heißt:

> Unser Vater hätte niemals angefangen zu essen, bevor unsere Mutter am Tisch saß, auch wenn alle anderen da waren. Er wartete und begann erst zu essen, sobald sie da war. So wird über Imam Khomeini von seinen Kindern berichtet. Und seine Frau sagte zudem: Der Imam respektierte mich sehr, auch wenn er wegen etwas ärgerlich war, behandelte er mich nie geringschätzig. Den Boden zu putzen, die Teller zu spülen oder das Kopftuch des Babys zu waschen, sah er nicht als meine alleinigen Pflichten an. (…) Sogar wenn ich zur Tür hereinkam, sagte er nicht, schließ die Tür. Er wartete, bis ich mich hingesetzt hatte und stand selbst auf und schloss die Tür. Der Imam mischte sich nicht in meine Privatangelegenheiten ein, auch nicht in meine Freundschaften. Ich konnte leben, wie ich es für richtig hielt. (http://ijtihadnet.com/video-imam-khomeinis-respect-toward-his-wife/)

Ob es wirklich so war oder nicht, ist zwar schwer einzuschätzen, aber aussagekräftig ist zumindest, dass es publik gemacht wird. Offensichtlich soll/will Khomeini nicht als jemand gelten, der Frauen als niedere Wesen ansah und sie wie Bedienstete behandelte – was speziell unter den Männern seiner Generation nicht ungewöhnlich war und selbst heute noch nicht ist. Auch der Werdegang seiner drei Töchter scheint nicht unbedingt nahezulegen, dass Khomeini ein Verfechter der Idee war, dass Frauen hinter den Herd gehören. Zwei von ihnen sind Universitätsprofessorinnen, über die dritte ist wenig bekannt.

Die 1940 geborene Zahra Mostafavi ist Politikerin und Professorin

Khomeini mit seiner Familie

an der Universität Teheran. Sie hat einen Doktortitel der Philosophie und ist Generalsekretärin der iranischen Frauenvereinigung, die sich für die Partizipation von Frauen in der Islamischen Republik stark macht. Außerdem gilt sie als reformorientiert. Bei den Wahlen 2009 unterstützte sie den Reformer Mir Hosein Musavi. Ihre jüngere Schwester Faride Mostafavi, geboren 1943, ist eine religiöse Gelehrte, die in Qom studiert hat. Heute unterrichtet sie an der Dschamiat al-Zahra, wo Frauen zu Gelehrten des islamischen Rechts ausgebildet werden.

Die Ehe ist eine religiöse Pflicht

Da Khomeini seine Töchter offensichtlich nicht für ein Leben als brave Hausfrauen erzog, scheint er keine grundsätzlich frauenfeindliche Einstellung gehabt zu haben. Ebenso wenig war ihm im Zusammenhang mit seiner politischen Agitation gegen Mohammad Reza Pahlavi die Frauenfrage nur Mittel zum Zweck. Schon in seinem Buch

Kaschf al-asrar hatte er die Koedukation und das 1935 erfolgte Verbot des Hidschabs angeprangert und letzteres als den Zwang bezeichnet, nackt auf die Straße zu gehen. Damit gab Khomeini durchaus das Gefühl vieler Menschen wieder. Denn die meisten Frauen jener Jahre, die traditionell geprägt waren, fühlten sich in der Tat, als seien sie nackt, wenn sie sich ohne Hidschab zeigen mussten. Für ihre Ehemänner, Väter oder Brüder, die sich als Bewahrer der Tradition und als Hüter der Familienehre und der Sittsamkeit der Frauen sahen, kam das Verbot zudem einem Angriff auf ihre Ehre gleich, der ihnen die Männlichkeit nahm – zumal die Polizei angehalten war, Frauen den Hidschab mit Gewalt vom Kopf zu reißen. Khomeinis Predigten und Schriften zeigen deutlich, dass auch er sich durch die Zwangsentschleierung als religiöser Mensch in seiner Ehre angegriffen sah.

Im Übrigen ging auch Reza Schah in seinen rechtlichen Reformen nicht die männlichen Privilegien in der Institution Ehe an. Er vermied hier einen Konfrontationskurs zur islamischen Tradition, denn er war gar nicht wirklich an Gleichberechtigung von Mann und Frau interessiert. Das Kopftuchverbot war nur Makulatur. Den Mann bevorzugende Gesetze des Islams wie Polygamie, Zeitehe und die Verstoßung der Ehefrau durch den Ehemann sowie das Verbot der Ehe zwischen einem nicht-muslimischen Mann und einer muslimischen Frau blieben unter dem Personenstandsgesetz, das der Herrscher 1933 verabschieden ließ, bestehen. Reza Schah verschaffte patriarchalischer Autorität somit in beiden Sphären, der öffentlichen wie der privaten, weiterhin Geltung, und seine Gesetze waren durchaus im Einklang mit den Vorstellungen der Geistlichkeit im Hinblick auf Gender-Ungleichheit im rechtlichen und sozialen Bereich.

Erst unter seinem Sohn wurde 1967 das sogenannte Gesetz zum Schutz der Familie, eine fortschrittliche Interpretation des islamischen Rechts, vom Parlament durchgesetzt. Es gab Frauen das Recht auf Scheidung und das Sorgerecht für die Kinder, falls auch ein Gericht dem zustimmte. Außerdem wurde das Mindestalter der Mädchen für eine Heirat von 13 auf 15 Jahre erhöht. Die Verstoßung der Ehefrau durch den Ehemann wurde verboten, und obwohl die Polygamie nicht abgeschafft wurde, war sie Männern nur noch nach Zustimmung der ersten Ehefrau und des Gerichts gestattet. Zudem erfolgte die Verabschiedung weiterer Gesetze, die den Zugang von Frauen zum Arbeitsmarkt erleichterten, sogar im Justizwesen und in der Armee. 1975 wurde im Rahmen der UN-Dekade für Frauen das Heiratsalter auf 18 Jahre hinaufgesetzt.

Von seinem irakischen Exil aus attackierte Khomeini das Gesetz und erklärte, es verstoße gegen den Islam: Der Islam tadle den, der es verabschiedet, und den, der dafür gestimmt habe. Alle Scheidungsurteile, die aufgrund dieses Gesetzes gefällt worden seien, sollten annulliert werden. Die Frauen, die durch dieses Gesetz geschieden worden seien, sollten als verheiratete Frauen betrachtet und, falls sie wieder heirateten, als Ehebrecherinnen angesehen werden. Auch Männer, die solche Frauen heirateten, machten sich des Ehebruchs schuldig. Und Kinder, die unter diesen Gesetzen geboren würden, seien von der Religion nicht als eheliche Kinder anerkannt und nicht erbberechtigt.

In diesen Jahren vertrat Khomeini durchweg traditionalistische Auffassungen im Bereich Gender. Ihm zufolge ist die Ehe nicht in erster Linie eine Wahl, sondern eine religiöse Pflicht. Um zur Heirat zu ermuntern, zitierte er oft einen vermeintlichen Ausspruch des Propheten:

> Ihr jungen Leute, heiratet. Wer die Möglichkeit zu heiraten hat, aber nicht heiratet, ist keiner von uns. Die Ehe ist meine Tradition. Die Hölle besteht zum großen Teil aus Unverheirateten. Ein armer Mann, der aus finanziellen Gründen nicht heiratet, glaubt nicht wirklich an Gott. Wer nicht heiratet, lebt in Sünde. (Khomeini 1996, 330)

Khomeini war aber keineswegs der Einzige, der so dachte. Viele Geistliche glaubten, dass so manches gesellschaftliche Problem sich lösen würde, wenn die Mehrheit der Jugendlichen zu Beginn der Pubertät heiraten würde. So biete eine früh geschlossene Ehe viele Vorteile. Sie garantiere Nachwuchs, verhindere außereheliche Geburten, befriedige sexuelle Triebe und führe somit zu Stabilität und Ruhe in der Gesellschaft. Wiederholt bezog sich Khomeini auf die Tradition des Propheten und erklärte, dass die ideale Frau fruchtbar, dankbar, bescheiden und genügsam gegenüber ihrem Ehemann sei und sich seinem Willen unterordne. Sie solle sich für ihren Mann schön und anziehend machen, aber ihre Schönheit allein reiche nicht aus, um ihren Mann glücklich zu machen.

Und auch die Fortschrittsgläubigkeit des Schahs fand ihre Grenzen bei den rechtlichen Bestimmungen über die Frau: Unter Mohammad Reza Pahlavi war dem Mann immer noch erlaubt, eine unendliche Anzahl von sogenannten Zeitehen einzugehen. Diese konnten von wenigen Minuten bis hin zu 99 Jahren dauern. Hierbei handelt es sich um eine spezifisch schiitische Institution, die im Koran nicht erwähnt wird. Sie war aber unter dem Propheten erlaubt, bis sie dann von Umar, dem zweiten Kalifen, verboten wurde. Da aber die schiitischen Gelehrten die Herrschaft des zweiten Kalifen nicht als rechtmäßig anerkannten, plädierten sie dafür, die Zeitehe grundsätzlich zu erlauben. Obwohl sie im zwölfer-schiitischen Islam legal ist, unterlag sie in der Praxis allerdings starken Einschränkungen. So war beispielsweise schon unter dem siebten Imam der Schia, Imam Musa al-Kazim (745–799), die Zeitehe nur unverheirateten Männern gestattet. Verheirateten Männern war sie lediglich dann erlaubt, wenn sie sich weit weg von ihren Frauen befanden.

Khomeini äußert sich in seinen Schriften relativ detailliert zur Zeitehe und erlaubt sie grundsätzlich. Er schreibt, Männer dürften sich, solange diese Ehe währt, nicht länger als vier Monate von der Zeitehefrau entfernen, sonst sei die Ehe automatisch nicht mehr gültig. Laut Khomeini darf die Frau ihrem Mann im Rahmen eines solchen Zeitvertrages den Geschlechtsverkehr verweigern, sie hat jedoch kein Recht auf Unterhalt, auch wenn sie schwanger ist, und kann ihren Zeitehemann nicht beerben. Bei einer Zeitehe braucht die Frau anders als bei einer regulären Ehe nicht die Erlaubnis ihres Mannes einzuholen, wenn sie das Haus verlassen möchte. Sollte der Mann beschließen, die Ehe vor Ablauf zu beenden, muss er die volle vorher vereinbarte Summe zahlen, wenn er Geschlechtsverkehr mit der Frau hatte, die Hälfte, falls nicht. Wie alle anderen Geistlichen befindet auch Khomeini, dass bei einer Zeitehe keine Scheidung notwendig ist. Der Vertrag endet einfach, wenn beide Parteien das möchten, oder zum vorher festgelegten Zeitpunkt.

Diese Rechtsmeinung vertrat auch Ayatollah Motahhari, dessen Schriften auch in diesem Falle als Erweiterungen der von Khomeini verfassten Kommentare angesehen werden. Motahhari wird konkreter: Auch um die Zeitehe zu verteidigen, erklärte er als wesentlichen Unterschied zwischen dieser und einer permanenten Ehe den Umstand, dass die Frau in der Ehe auf Zeit eine weit größere Freiheit genieße als in der Dauerehe. Die Eheleute sollten sich allerdings bei dieser Form der Ehe – deren Sinn und Zweck nicht in der Fortpflanzung liege, weshalb sie auf Arabisch auch Genussehe heißt – darauf einigen, keine Kinder zu zeugen. Wenn jedoch trotzdem ein Kind geboren werde, sollte dieses dieselben Rechte haben wie die Kinder aus der Dauerehe. Nach Ablauf des Ehevertrags sollten Frauen für einen Zeitraum von zwei Monatsperioden warten, bis sie eine neue Ehe eingingen. Diese Maßnahme erlaube es, den Vater des Kindes zu identifizieren, sollte dieses gegen Ende des Vertrags gezeugt worden sein.

Auch wenn Khomeinis Ansichten über die Rolle von Frauen im öffentlichen Raum sich im Laufe der Jahre sehr veränderten, betonte er in seinen theologischen Arbeiten konsequent die rechtliche Überlegenheit von Männern und argumentierte dabei äußerst reaktionär. Seiner Meinung nach habe in einer Dauerehe die Frau nicht einmal das Recht, ohne Erlaubnis ihres Mannes das Haus zu verlassen. Sie müsse sich seinem Willen in jeder Hinsicht unterordnen, es sei denn, es gebe einen religiösen Grund, das nicht zu tun. Die Frau unterwirft sich dem Manne, dafür muss er sie versorgen. Wenn sie ihm nicht gehorcht, ist sie eine Sünderin und hat kein Recht auf Unterkunft und Kleidung. Allerdings hat auch der Mann Pflichten gegenüber der Frau, und diese hat ihm gegenüber Rechte. So darf ein Mann seine Frau nicht länger als vier Monate allein lassen. Zudem darf die Frau den Geschlechtsverkehr verweigern, wenn der Mann das Brautgeld nicht bezahlt. All dies legte Khomeini ausführlich in *Touzih ol-masael* dar, einer Fatwa-Sammlung, durch die er formal zum Groß-Ayatollah avancierte.

An anderer Stelle äußerte er sich zu den Schwierigkeiten im Falle eines Konflikts, betonte aber auch hier die Vorrechtsstellung des Mannes: Wenn der Mann die Rechte der Frau nicht respektiere, indem er zum Beispiel keinen Unterhalt zahle, habe die Frau nicht das Recht, ihn zu bestrafen. Sie könne versuchen, ihn zu überreden und zu überzeugen. Sollte dies nicht fruchten, könne sie sich an einen Richter wenden, der seinerseits versuchen werde, den Ehemann zu überzeugen. Wenn der bei seiner Weigerung bleibe, könne der Richter den Verkauf von Hab und Gut des Ehemannes verfügen, um den Unterhalt der Frau zu bezahlen.

Wie viele Geistliche seiner Zeit war auch Khomeini für Kinderreichtum. Die Anzahl und die Namen der Kinder zu bestimmen, galt ihm als weiteres Vorrecht des Mannes. Allerdings erlaubte Khomeini die Einnahme und Benutzung von Verhütungsmitteln, wenn der Mann dies wolle. Außerdem bejahte er einen Schwangerschaftsabbruch, wenn das Leben der Mutter gefährdet war, nicht jedoch nach einer Vergewaltigung.

Trotz der gesetzlichen Änderungen unter dem Schah bestand die Geschlechterungerechtigkeit aber weiterhin fort. Frauen litten unter der sozialen Ungleichheit sowie der unterschiedlichen Behandlung im Berufsleben und im Einkommenslevel. Diese Missverhältnisse sowie das Fehlen einer unabhängigen Frauenbewegung und das staatliche Monopol auf den Diskurs hemmten die Ausbildung von Solidarität zwischen den Geschlechtern und beeinträchtigten den Kampf für Gender-Gleichheit. Der Staats-Feminismus war als Teil der Politik nicht in der Lage, die patriarchalischen Sitten und Gebräuche zu verändern, zumal auch der Schah selbst tief in diesen Traditionen verhaftet war. Ganz unabhängig von ihren politischen, ideologischen oder kulturellen Bestrebungen trugen die iranischen Frauen schwer an der Last des zweischneidigen Schwerts des Patriarchats. Auf politischer Ebene wurde ihr Schicksal von einem Monarchen bestimmt, der nicht wirklich an Geschlechtergleichheit glaubte und die Frauenfrage nur für seine Zwecke instrumentalisierte. Zu Hause, bei der Arbeit und selbst innerhalb der politischen oppositionellen Bewegungen mussten sich Frauen der Autorität unterordnen, die von ihren Ehemännern, Kollegen und Kameraden ausgeübt wurde. Die Unterwerfung des weiblichen Geschlechts war einer der wenigen Punkte, auf den sich sowohl der autoritäre Herrscher als auch seine Gegenspieler, die neue gebildete Mittelschicht eingeschlossen, implizit hatten einigen können. Auf der anderen Seite verhinderte die Instrumentalisierung von Frauen, dass sich ein wirkliches Gender-Bewusstsein und eine gemeinsame Identität herausbilden konnten. Dies trug weiter zum Versagen einer säkularen Politik bei. So gelangten die Islamisten an die ihnen eigene Basis aus Frauen aus der Mittel- und Unterschicht, die im Islam die Werte fanden, die für sie mit Modernität zusammengingen.

«Fatima ist Fatima»

In den 1960er und 1970er Jahren verlangten Tausende von gebildeten Frauen, die weder traditionalistisch eingestellt waren noch westliche Vorbilder nachahmen wollten, nach einem eigenen Rollenmodell. Dieses sollte religiös sein, aber auch modern. Bei Ali Schariati wurden sie fündig, der ihnen eine progressive und politisierte Version des Islams und damit auch der muslimischen Frau anbot. Als Nicht-Kleriker sprach Schariati mit seinen Formulierungen sowohl einen Teil der dogmatischen Linken als auch religiöse Intellektuelle an. In seinem berühmt gewordenen Vortrag *Fatima ist Fatima* in der *hoseini-ye erschad*, dem Treffpunkt und Forum modernistischer islamischer Intellektueller, konstruierte er das Konzept eines neuen Typs der islamischen Frau, die sich nicht in erster Linie als Individuum versteht, sondern sich aktiv an der Lösung gesellschaftlicher Probleme beteiligt. Sie geht nicht in einer traditionell-patriarchalischen Familienrolle auf, vielmehr nimmt sie öffentliche Aufgaben als Gottes Weg wahr. Schariati nutzt für sein Konzept Fatima als islamische Mutterfigur und ihre Tochter Zainab, die nach der Schlacht in Kerbala gegen die damaligen Kalifen agitierte und sich in einer öffentlichen Rolle behauptete. Neben ihrer Tugend und Frömmigkeit betont er vor allem ihre intellektuelle Unabhängigkeit, ihren Mut und ihre Bereitschaft, für Gerechtigkeit zu kämpfen, sowie ihren politischen Einsatz im Kampf gegen Unterdrückung.

Als einzige Tochter des Propheten, die das Erwachsenenalter erreichte, und als Ehefrau des ersten Imams und Mutter des zweiten und dritten Imams der Schia war allerdings vor allem Fatima als Rollenmodell für den schiitischen Islam prädestiniert. Hier setzte Schariati an. Er argumentierte, die iranischen Frauen würden bislang nur zwei

Rollenmodelle kennen: das westliche Twiggy-Modell, das sie in Zeitschriften abgebildet sähen, und die iranische schiitische Frau, die während des Monats Muharram der Toten gedenke und Hunderte Tränen vergieße. Es gebe also nur die Alternative zwischen Bardame und Trauermädchen. Diesen beiden stellte er die europäische Wissenschaftlerin gegenüber, die ihr Leben in Afrika dem Erforschen der Sprache der Ameisen widme, in Iran aber – anders als das Twiggy-Modell, an dem sich viele leider orientierten – unbekannt sei. Dabei sei die europäische Forscherin das wirkliche Vorbild. Doch das Schah-Regime lasse es nicht zu, dass man diese Art Frau kennenlerne, die dem islamischen Ideal durchaus entspreche. Um ein eigenes, authentisches Modell für das Hier und Jetzt zu entwickeln, das dieses Ideal umsetze, griff Schariati in die schiitische Geschichte und wurde bei der Tochter des Propheten fündig.

Sein Vortrag über die Prophetentochter, den er 1971 gehalten hatte, erschien auch in schriftlicher Form. Zehntausende junger Frauen wurden durch Ali Schariati islamisch sozialisiert. Seine Rollenmodelle Fatima und Zainab prägten eine ganze Generation, die dann die Revolution herbeiführte. Für die traditionelle Geistlichkeit und auch für Khomeini ging er allerdings einen Schritt zu weit. Deshalb suchte die Geistlichkeit jemand Geeigneten, um auf Schariati zu antworten, der sich in ihren Augen immer mehr als Störenfried erwies. Motahhari schien prädestiniert zu sein, denn er lehrte an der Universität Teheran und galt daher als moderner Mullah. Überdies versuchte er auf die veränderten Umstände zu reagieren und sie in sein Denken einzubeziehen. In seiner Schrift *Nezam-e hoquq-e zan dar eslam* (Die rechtliche Stellung der Frau im Islam) beschreibt er viele Ungerechtigkeiten gegenüber Frauen, wendet sich aber gegen Analysen, die diese allein dem Islam zuschreiben und dabei soziokulturelle Aspekte patriarchaler Normen nicht genügend in Betracht ziehen. Der richtig verstandene Islam stehe Bildung, Erwerbstätigkeit und aktiver Rolle der Frau in der Gesellschaft nicht im Wege, vielmehr verteidige er die Rechte der Frauen. Motahhari untermauert seine Argumentation etwa mit dem Beispiel, dass der Prophet seiner Tochter die Entscheidung überlassen habe, als Ali um ihre Hand anhielt.

Motahhari sieht das Dilemma der Frau darin, dass früher das Menschsein der Frau missachtet wurde, während gegenwärtig, vorsätzlich oder fahrlässig, ihre natürliche und wesensbezogene Situation sowie ihre besonderen Begabungen in Vergessenheit gerieten. Der Islam sei nicht gegen gleiche Rechte von Mann und Frau. Gleichberechtigung käme dann zustande, wenn sogenannte analoge Rechte verneint und stattdessen sogenannte adäquate Rechte eingeräumt würden. Männer und Frauen hätten nach islamischer Auffassung, die von der westlichen dezidiert abzusetzen sei, nicht gleiche, sondern ähnliche Rechte und Pflichten. Zur Untermauerung seiner These von der naturgegebenen Unterschiedlichkeit der Geschlechter bezieht er sich auf antike Philosophen wie Aristoteles.

In seinen Aufsätzen und Büchern befasst sich Motahhari ausführlich mit Themen wie der Stellung der Frau in der Familie und in der Ehe, mit dem Erbrecht und dem Kopftuch sowie der politischen und gesellschaftlichen Teilhabe der Frau, auch mit ihrem Aussagerecht vor Gericht. Die monogame Ehe ist für den Gelehrten die natürlichste Form, Polygamie hingegen eine Abweichung von der Norm. Dennoch verteidigt er sie und andere überlieferte islamische Gesetze, da sie zuweilen nötig seien. So würden beispielsweise aus gutem Grund Söhne mehr erben als Töchter, seien diese doch vom Militärdienst ausgeschlossen und erhielten eine Morgengabe vom Ehemann. Grundsätzlich müsse, so Motahhari, auf die religiösen Gefühle der Bevölkerung Rücksicht genommen werden, man könne die rechtlichen Bestimmungen des Westens nicht übernehmen und Gesetze verabschieden, die dem islamischen Recht widersprächen. Außerdem verteidigt er das natürliche Recht des Mannes auf Scheidung. Das islamische Recht komme der Frau insofern entgegen, als sie unter bestimmten Bedingungen, etwa im Falle der Impotenz des Mannes, die Scheidung einreichen könne. Zudem sehe das islamische Recht die Möglichkeit vor, dass der Ehemann seiner Frau das Scheidungsrecht im Ehevertrag überträgt.

Mit dieser auf islamischen Quellen fußenden Argumentation setzte sich Motahhari als Vertreter der traditionalistischen Geistlichkeit und als Sprachrohr Khomeinis dezidiert vom Schah ab, der versuchte, seine

Modernisierungspolitik, also auch die Garantie politischer und ziviler Rechte für Frauen, dadurch zu legitimieren, dass er sich zum einen auf die Anpassung an den Westen berief, zum anderen auf Irans vorislamische Vergangenheit. Die offizielle Linie, die er propagierte, leugnete die Zugehörigkeit zur islamischen Zivilisation und versuchte, 14 Jahrhunderte islamischer Geschichte auszulöschen. Verwestlichung und Modernisierung wurden somit von vielen traditionell denkenden Menschen als Gefahr für die Rolle von Frauen als Hüterinnen der islamischen Tradition wahrgenommen.

Der Hidschab als Symbol des revolutionären Islams

Auch wenn Khomeini vor seiner Ausreise in den Irak sehr konservative Ansichten über Frauen in der Öffentlichkeit vertreten hatte, lobte er von Nadschaf aus die oppositionellen Aktivitäten links orientierter Frauen anlässlich der pompösen 2500-Jahr-Feiern des Schahs. Im Zusammenhang mit diesen Protesten wurden männliche wie weibliche Studierende inhaftiert und gefoltert, einige der Guerilla-Kämpfer linker Gruppierungen hingerichtet. Die zunehmend aktive Rolle von Frauen im politischen Kampf gegen den Schah beeindruckte Khomeini so sehr, dass er in seiner Zeit im französischen Exil mehr und mehr zu einer Interpretation gelangte, in der den Frauen von einem islamischen Staat politische und soziale Rechte gewährt werden sollten. Er pries sie für ihr Engagement in der Revolution und bezeichnete sie als die wahren Führerinnen der Revolution, denen die Männer gefolgt seien, und sich selbst als ihren Sklaven. Damit revidierte er seine früheren Ansichten und nannte den Aktivismus und das Engagement der Frauen sogar als vom Islam vorgeschrieben. Ihre politischen Rechte galten ihm fortan als religiöse Pflicht, da im Islam alles politisch sei, bis hin zum Gebet.

Außerdem sprach Khomeini in Nadschaf und Paris die Frauenfrage im Zusammenhang mit Freiheit und Demokratie an. Ihm zufolge sei die Demokratie als Konzept im Koran enthalten, die Menschen seien frei, ihre Meinungen zu erklären und zu handeln, wie sie wollten. In einer islamischen demokratischen Regierung sei einem jeden die Freiheit der Meinungsäußerung garantiert, mündlich wie schriftlich. Diese alle Menschen einschließenden Predigten wurden besonders unter säkular orientierten Frauen sehr positiv aufgenommen, da sie im Iran des Schahs mit vielen Vorurteilen vonseiten traditionell eingestellter Männer konfrontiert waren. Auch unter traditionell orientierten Frauen, die de facto ausgeschlossen waren von der Modernisierungspolitik des Schahs und seinen Änderungen im Zivilrecht, trafen diese Äußerungen natürlich auf positive Resonanz.

Nach der Revolution versuchte die konservativ eingestellte Geistlichkeit dann, die Frauen wieder ins Haus und an den Herd zu zwingen. Die Verfechter einer traditionellen Rechtswissenschaft argumentierten, dass Frau und Mann essentiell verschieden seien und sich in ihren Pflichten ergänzten. Damit lehnten sie Gleichheit ab und betonten ihre eigene Auffassung von Gerechtigkeit. In dem breit rezipierten Buch von Seyyed Dschavad Mostafavi mit dem Titel *Das Paradies der Familie* hieß es, Gott habe die Frau geschaffen, um die Hausarbeit zu machen, die Kinder zu gebären und sie aufzuziehen. Den Mann hingegen habe Gott für Aktivitäten außerhalb des Hauses bestimmt, damit er den Härten des Lebens begegne.

Demgegenüber ermutigte Khomeini Frauen zur Teilnahme am öffentlichen Leben und ging so weit, zu sagen, dass diese dadurch, dass sie in allen öffentlichen Bereichen aktiv seien, zudem aber auch Kinder aufzögen, die wiederum ebenfalls aktiv würden, in der Gesellschaft wichtiger seien als Männer. Daher sei es eine Sünde, jetzt, nachdem man den Sieg errungen habe, ihre Aktivität in der öffentlichen Sphäre zu sabotieren. Diese Einstellung zeigt sich auch an einigen Schlüsselstellen der iranischen Verfassung: So wird in der Präambel die Rolle von Männern und Frauen während der Revolution gleichberechtigt betont. Beide Geschlechter werden als Revolutionäre wertgeschätzt, da wird keine Unterscheidung getroffen. Auffallenderweise werden Frauen hier explizit genannt, denn meist ist im Text der Verfassung die Rede vom islamischen Volk oder auch nur Volk:

> Besonders Frauen waren in allen Phasen dieses großen Kampfes aktiv und in auffälliger Weise präsent. Der häufige Anblick von Müttern mit

> Säuglingen im Arm, die zum Schlachtfeld und vor die Läufe der Maschinengewehre eilten, zeigen die unentbehrliche und entscheidende Rolle, die dieser erhebliche Teil der Gesellschaft in diesem Kampf spielte. (Islamic Consultative Assembly 1989, 3)

Mit Khomeinis Unterstützung gegen die traditionalistische Geistlichkeit kamen vier Frauen in die ersten drei Parlamente nach der Revolution, 1980, 1984 und 1988. Sie nahmen damit 1,5 Prozent der Sitze ein. Indem er ihre politische Bedeutung hervorhob, wollte Khomeini die bedingungslose Verbundenheit der Frauen mit dem islamischen Staat fördern. Im Zusammenhang mit dem Referendum über die Einführung der neuen Staatsform forderte er die Frauen auf, für die Islamische Republik zu stimmen, da er davon überzeugt war, dass ihre Unterstützung es erleichtern würde, auch die Loyalität der männlichen Familienmitglieder gegenüber dem islamischen Regime zu erwirken. Deutlich sagte er, Frauen hätten mehr für die islamische Bewegung getan als Männer, weshalb Männer ihr gegenüber nicht gleichgültig bleiben könnten.

Die Widersprüche Khomeinis in der Frauenfrage verstärkten sich noch nach der Errichtung der Islamischen Republik. Auf der einen Seite erklärte er ihre Kandidatur für das Parlament für islamkonform und hielt es für richtig, dass sie als Parlamentarierinnen das Land repräsentierten. Auf der anderen Seite setzte er sie zu Hause dem Willen des Ehemannes aus, dem sie sich zu unterwerfen hatten. In ähnlicher Manier limitierte er die Rolle der Frau zwar nicht auf die der Mutter und Ehefrau, wollte aber ihre Autonomie begrenzen. So trat er zwar für die Erwerbstätigkeit von Frauen ein, sah sie jedoch immer noch als abhängig von ihrem Ehemann.

Was das Kopftuch angeht, änderte Khomeini seine Auffassung nicht. Seiner Meinung nach schreibt der Koran eindeutig vor, dass Frauen einen Hidschab tragen müssen. Da die Zwangsentschleierung der Frau unter Reza Schah im Jahr 1936 in der Geistlichkeit, aber auch unter traditionalistisch eingestellten Frauen und Männern als traumatisch wahrgenommen worden war, konnte der Hidschab zu einem Symbol oppositioneller Politik werden. In den 1960er und 1970er Jahren, als junge Frauen, beeinflusst von Ali Schariati, begannen ihn zu tragen, entwickelte er sich zum Symbol des revolutionären Islams. Sie bezeugten damit ihre distinkte politische und religiöse Identität und den Kampf für eine gerechte Gesellschaft – auch Frauen, die vorher nie einen Hidschab oder ein Kopftuch getragen hatten.

Nach der Revolution rechtfertigte Khomeini den Hidschab mit den biologischen Unterschieden von Männern und Frauen. Deshalb sollten Frauen ein Kopftuch tragen, allerdings sei ein Tschador nicht notwendig. Er sah einen Zusammenhang zwischen der Anziehungskraft von Frauen und ihrer Fruchtbarkeit und meinte, dass das Kopftuch für junge Frauen einen Schutz bedeute. Daneben werde aber auch das moralische Gerüst der Gesellschaft geschützt. Für Frauen in der Menopause sei es nicht verpflichtend, mit Ausnahme der Frauen, die vom Propheten abstammten und es tragen sollten, bis sie 60 Jahre alt seien. Der damals 50-jährigen italienischen Journalistin Oriana Fallaci, die Khomeini interviewte, sagte er, mit dem Kopftuch wolle man die jungen Frauen unter Kontrolle halten, die Make-up auftrügen, auf die Straßen gingen und denen eine Armee von Männern folge. Für diese sei das Kopftuch verpflichtend, aber nicht für Frauen im Alter von Oriana Fallaci.

Bereits einen Monat nach der Revolution begann die Islamisierung Irans mit einem systematischen Angriff auf die Rechte der Frauen, das heißt mit der Anwendung dessen, was die Machthaber als das unveränderliche islamische Gesetz ansahen. So wurde Geschlechterungerechtigkeit institutionalisiert. Die Regierung setzte das Gesetz zum Schutz der Familie aus dem Jahr 1967 außer Kraft und ergriff eine Reihe restriktiver Maßnahmen im öffentlichen wie auch im privaten Bereich. So wurde zum Beispiel ein offizieller islamischer Dresscode eingeführt und das Kopftuch überall und allgemein zur Pflicht. Dabei war zunächst nur beabsichtigt gewesen, die Frauen am Arbeitsplatz zu verpflichten, den Hidschab zu tragen. Die Frauen, die sich weigerten, bezeichnete Khomeini als korrupte Manifestationen des monarchistischen Regimes und des Westens. Zudem kündigte er eine organisierte Kampagne an, die den öffentlichen Sektor von Frauen säubern sollte, die mit der Schah-Ära assoziiert wurden. Im Ergebnis mussten Tausende von Frauen ihre Entlassung hinnehmen, weitere wurden in die Rente gezwungen oder verließen das Land.

Auch das Rechtssystem bevorzugte ganz unverhohlen schiitische heterosexuelle Männer, während den Frauen Restriktionen auferlegt wurden. So durften sie zum Beispiel keine nicht-muslimischen Männer mehr heiraten, wohingegen muslimischen Männern nach Artikel 1059 des Zivilrechtsbuches die Ehe mit nicht-muslimischen Frauen erlaubt ist. Außerdem wurde Männern fast immer das Sorgerecht für die Kinder zugesprochen. Das brachte auch die islamistisch orientierten Parlamentarierinnen auf, die Schritte unternahmen, um die Rechte von Frauen in der privaten Sphäre der Familie besser verteidigen zu können. Beispielsweise forderten sie ihre Geschlechtsgenossinnen auf, sich in Petitionen an das Parlament zu wenden. Zum ersten Mal kam bei ihnen trotz ihrer Verbundenheit mit dem islamischen Regime der Gedanke auf, dass die Lehren des Islams in der Islamischen Republik nicht so respektiert würden, wie sie es sich wünschten und wie sie den Islam verstanden hatten. Das Scheidungsrecht wurde somit zu einem besonders kontrovers diskutierten Thema der ersten Legislaturperiode (1980–1984).

Obwohl Frauen gleicher Zugang zu Bildung gewährt wurde, war es ihnen bis zum Jahr 1993 an vielen Universitäten verboten, sich für Fächer wie Ingenieurwissenschaften, Jura, manche medizinische Fächer und Management einzuschreiben. Auch die religiöse und juristische Leitung überträgt die Islamische Republik Iran nur Männern (Artikel 5, 107, 163), wobei sie bei der politischen Führung eine ambige Haltung einnimmt (Artikel 115). Denn das Wort *radschul*, das in der Verfassung die Bedingung beschreibt, unter der eine Person Präsident(in) der Republik werden kann, kann sowohl «Mann» als auch «renommierte Persönlichkeit» bedeuten. Dies führte dazu, dass 1997 acht Frauen ihre Kandidatur für die Präsidentschaft bekannt gaben. Die Zahl stieg sogar auf 47 im Jahr 2001 und auf 98 im Jahr 2005. Der Wächterrat lehnte jedoch die Kandidatur der Frauen ab und berief sich dabei auf Khomeini, der gesagt haben soll, Präsident der Republik müsse ein Mann sein.

Im Einklang mit einer Fatwa Khomeinis wurde das Mindestheiratsalter für Mädchen auf neun Jahre herabgesetzt, inzwischen hat man es wieder auf 13 Jahre erhöht. Den Männern wurden weitere Privilegien im Hinblick auf Heirat und Erbe gegeben. So ist zum Beispiel gemäß Paragraph 1105 des Zivilgesetzbuches der Mann der Haushaltsvorstand, und die Frau ist gehalten, sich ihm zu unterwerfen. Widersetzt sie sich der Autorität des Mannes, auch sexuell, ist dieser berechtigt, sie zu bestrafen, und in manchen Fällen, sich von ihr scheiden zu lassen. Gemäß Artikel 113 haben nur Männer das Recht auf Scheidung.

Dieses Zivilgesetzbuch orientiert sich stark an den Aussagen und Fatwas von Khomeini, die darauf abzielten, die Rechte der Männer gegenüber den Frauen im privaten Bereich zu stärken. Allerdings bezieht er ausgerechnet in Sachen Scheidung Position zugunsten der Frau. Anders als viele andere Geistliche stigmatisierte Khomeini Frauen nicht, die eine Scheidung einreichten. Bei der Heirat könnten sie das Recht auf Scheidung beispielsweise im Ehevertrag, der ohnedies bei jeder islamischen Ehe geschlossen werde, fordern und festschreiben.

Seine Meinung in Sachen Morgengabe fiel hingegen nicht zugunsten der Frauen aus. Im Jahr 1982 erklärte er, dass die Morgengabe nicht der Inflation angepasst werden dürfe. Gerade dieses Beispiel – wie auch die Heraufsetzung des Heiratsalters von Mädchen – zeigt jedoch auch, dass nicht jede Fatwa Khomeinis auf immer Gesetzescharakter hatte. Nachdem einige weibliche Mitglieder des Parlaments während der Legislaturperiode von 1996 bis 2000 einen Gesetzesvorschlag als Zusatz zu Artikel 1082 des Zivilgesetzbuches eingereicht hatten, der vorsah, die Morgengabe der Inflation anzupassen, wurde dieser im Sommer 1996 vom Parlament angenommen.

Der Krieg zwischen Iran und Irak, der acht Jahre währte und die Ressourcen des Landes band, verhinderte ohne Zweifel am stärksten das Aufkommen echter Debatten über die Lage der Frauen in Iran. Es wurde von diesen erwartet, ihr Commitment zum Islam und zur Islamischen Republik zu zeigen, indem sie die Regeln akzeptierten, die für ihr Geschlecht galten. Die Misere der gender-sensitiven iranischen Frau wurde noch verstärkt durch die alles dominierende Kultur der Opferbereitschaft und Hingabe, die dem schiitischen Islam immanent ist und durch die jungen Freiwilligen verkörpert wurde, die im Krieg kämpften und das Land verteidigten. Zudem schrieben die politischen und klerikalen Eliten alle Probleme und Defizite den Umständen zu.

Sie benutzten den Krieg gekonnt, um die gesellschaftlichen Probleme der Frauen als banal und unbedeutend abzutun.

Neben der aktiven Teilnahme von Frauen am Kriegsgeschehen, die er befürwortete, nährte Khomeini auch das Bild der iranischen Mutter und Ehefrau, die ihre Söhne und ihren Ehemann für die islamische Nation opfert. Sowohl das Fernsehen als auch Kinofilme spielten eine bedeutende Rolle bei der Verbreitung dieses ideologischen Bildes. Die Frau war essentiell für die heilige Verteidigung, wie der Staatsgründer sie nannte. Dabei stand seine Befürwortung der militärischen Ausbildung von Frauen in krassem Kontrast zu seiner vor der Revolution erklärten Ablehnung des regulären weiblichen Armeedienstes.

Während des Krieges verlangten Frauen vermehrt ihren Einsatz an der Front. Khomeini zufolge durften sich iranische Frauen am defensiven Dschihad beteiligen, weil zur Zeit des Propheten Frauen auch im Krieg die Verwundeten verarztet hatten. Im Iran-Irak-Krieg kümmerten sie sich um die Verletzten oder die Familien der Märtyrer, oder sie nähten Uniformen. Aber auch in einflussreichen Positionen wurden Frauen eingesetzt, wo wichtige Entscheidungen fielen. Marzie Haddidschi beispielsweise, Bodyguard und Vertraute von Khomeini sowie Mitglied des zweiten, dritten und fünften Parlaments, war Befehlshaberin der Pasdaran (Revolutionswächter) in West-Iran.

Die republikanische Komponente der Islamischen Republik lobpreist Geschlechtergerechtigkeit, ihre islamische dagegen etabliert Geschlechterungerechtigkeit. Artikel 20 der Verfassung postuliert gleichen Schutz von Mann und Frau vor dem Gesetz und ihre gleichen politischen, ökonomischen, sozialen und kulturellen Rechte. Aber diese werden durch islamische Prinzipien eingeschränkt. In Artikel 21 der Verfassung wird gefordert, den Frauen Rechte zu garantieren, allerdings nur im Einklang mit den islamischen Prinzipien. Deshalb ist die Frauenfrage in Iran auch nach wie vor ungeklärt.

14

Khomeini und der Westen: Philosophische Ablehnung und pragmatische Kooperation

Ökonomische Ausbeutung und kulturelle Invasion

Eins der zentralsten Elemente in Khomeinis Denken war seine Sicht des Westens. Diese stellte zwar keine radikale Abkehr von der Standardposition der iranischen Linken gegenüber dem dar, was als Quelle der kolonialen Vorherrschaft wahrgenommen wurde, und bot auch nicht gerade eine einzigartige und neue Interpretation, aber seine Äußerungen zu diesem Thema bildeten seinen wichtigsten Beitrag zum iranischen revolutionären Denken der 1970er Jahre. Als eine planlose politische Bewegung, die gegen den Schah opponierte, sich zu einer Revolution zu formieren begann, war Khomeini der richtige Mann zur richtigen Zeit, der die richtigen Dinge sagte.

Dass Khomeini, was seine Haltung zu grundsätzlichen politischen Fragen anging, von Anfang an konsequent geblieben war, trug in den Augen seiner stetig wachsenden Zahl von Unterstützern nur zu seiner Glaubwürdigkeit bei. Als die Revolution dann die Säulen des alten Regimes hinwegfegte und er sich in der Rolle des Anführers wiederfand, war es seine standfeste Opposition gegenüber dem, was der Westen symbolisierte, die ihm half, seine Führungsstellung zu konsolidieren. Mehr als eine Dekade lang, nach der Revolution von 1979 bis zu seinem Tod am 3. Juni 1989, verdrängte Khomeini auf diese Weise nahe und ferne Feinde, reale wie imaginierte, einfach alle, die sein revolutionäres Projekt gefährdeten.

Khomeinis Gedanken müssen in den breiteren Kontext seiner Ära gestellt werden. Letztlich hat er, obwohl er fast alles verdammte, was den Westen ausmachte, seinen Erben eine vielfältige Hinterlassenschaft auferlegt. Er verurteilte alles, was der koloniale Westen Iran und den anderen Ländern der islamischen Welt angetan hatte: die Politik, die ökonomische Ausbeutung sowie die kulturelle Invasion des Westens, *tahadschom-e farhangi*, wie es im persischen Sprachgebrauch immer noch heißt. Vor allem geißelte er die fortwährende Missachtung der Würde und Unabhängigkeit aller Iraner und der Muslime insgesamt. Im letzten Jahrzehnt jedoch war er auch ein politischer Führer, der ein Land regierte, das sich im Krieg befand, mit einer Wirtschaft, deren strukturelle Abhängigkeit vom Westen man nicht mit revolutionärem Eifer und martialischen Slogans abschütteln konnte. Man brauchte Materialien und Güter von eben jenem Westen, der von den Fußsoldaten der Revolution und ihrem Führer verdammt wurde. So ergab sich ein gemischtes Erbe aus einer ideologischen Ablehnung auf der einen und einer pragmatischen Kooperation auf der anderen Seite. Diese widersprüchliche Hinterlassenschaft charakterisiert Irans schwieriges Verhältnis zum Westen bis heute.

Khomeinis Haltung zum Westen spiegelt sich nicht nur in seinen Werken zu islamischer Philosophie und den anderen islamischen Wissenschaften wider, sondern auch in Büchern, Bekanntmachungen, Vorträgen und Predigten, die einen stärker politischen Bezug aufweisen. Vor der Revolution kamen seine Anhänger nach Nadschaf, nahmen seine Ansprachen auf Kassette auf und spielten sie dann in den iranischen Moscheen ab, wo sie dem Zugriff des iranischen Geheimdienstes weitestgehend entzogen waren. Er verfasste mindestens 42 Bücher und Monographien, die den Islam betreffen, dazu eine Gedichtsammlung (Diwan) auf Arabisch und eine auf Persisch. In den Jahren, die auf die Revolution folgten, kamen seine öffentlichen Äußerungen in seiner Eigenschaft als Revolutionsführer hinzu. Viele dieser Reden waren Antworten auf besondere Ereignisse und stellten oft eher Reaktionen auf Umstände dar, die plötzlich und unvorhergesehen eintraten, als kohärente, durchdachte Einlassungen oder philosophische Traktate.

Eines der auffälligsten Merkmale des Khomeini'schen Denkens ist seine Überzeugung, dass dem Islam die Politik quasi innewohne. Schon von Beginn seiner Karriere an versuchte er daher, die Politik erneut zu islamisieren und den politischen Aktivismus des Klerus zu beleben. In den 1960er Jahren, als die Haltung des Klerus durch einen schon lange anhaltenden Quietismus charakterisiert war, bedeutete sein Ansatz eine radikale Abkehr von der orthodoxen Lehrmeinung seiner Zeit. Schon der junge Khomeini hatte die Entpolitisierung der Religion als eine große Gefahr für den Islam und für Iran gesehen. Die Aufrufe, Religion und Politik zu trennen, hielt er für eine imperialistische Verschwörung. Obwohl er mit seiner Polemik nicht unbedingt Gefahr lief, den Zorn der älteren Geistlichen auf sich zu ziehen, riskierte er immerhin, sie vor den Kopf zu stoßen. Dabei brauchte er doch ihre politische und moralische Unterstützung. Dennoch wollte Khomeini sich dem vorherrschenden Trend des Quietismus nicht anpassen. Er meinte, es auch allein schaffen zu können, aus dem schiitischen Islam wieder eine mächtige und kompromisslose revolutionäre Ideologie zu machen. Seine Standpunkte und Einlassungen in den früher 1960er Jahren waren in der Tat revolutionär. Dass es in Iran zu diesem Zeitpunkt und später Revolutionäre verschiedenster Couleur gab und die 1978/79er-Revolution nicht als eine rein islamische Bewegung entstand, sollte nicht über die Bedeutung seiner frühen Bemühungen hinwegtäuschen, aus der iranischen Schia eine politische Kraft zu machen.

Selbstverständlich hatten die missliche Lage Irans und die Situation anderer muslimischer Staaten in der Welt während der Entwicklungsjahre Khomeinis großen Einfluss auf die Herausbildung seines Denkens. Im Laufe seines Lebens sah Khomeini verschiedene Ideologien aufkommen, bleiben oder wieder verschwinden: Liberalismus im Westen, Leninismus und Stalinismus in der früheren Sowjetunion, Faschismus, Nationalismus und Pan-Arabismus. Er wurde Zeuge eines bipolaren internationalen Systems und des Kalten Krieges, der verstärkten Überlegenheit der USA über die Sowjetunion in den 1980ern, der Herausbildung des Relativismus in den Sozial- und Humanwissenschaften, des Post-Modernismus und – gegen Ende seines Lebens – eines zunehmenden politischen Aktivismus in der arabischen Welt. Wie Iran von fremden Mächten dominiert wurde, sah und erlebte er teilweise direkt: erst von den Sowjets, dann von den Briten, schließlich von den USA. In einer seiner Schriften erklärt Khomeini, die ausländischen Mächte schon seit seiner Jugend für die Misere des Landes verantwortlich gemacht und sie bekämpft zu haben; so habe er als Teenager gelernt, eine Waffe zu bedienen. Das Konzept von Freiheit und Unabhängigkeit von den *adschaneb* – wörtlich: die Fremden, hier verwendet für die westlichen Kolonisatoren – scheint schon früh sein Denken und seinen Diskurs bestimmt zu haben.

Mohammad Hosein Dschamschidi und andere haben die Entwicklung des Khomeini'schen Denkens in mehrere Phasen eingeteilt: In Phase eins mit Höhepunkt im Jahr 1963 scheint Khomeinis erstes Ziel die Re-Politisierung des Islams und der Aufstand nicht nur gegen das Regime, sondern auch gegen den quietistischen Geist gewesen zu sein, der den Klerus in jenen Jahren ausmachte. Die zweite Phase während der schwierigen Jahre des Exils (1963–1977) war vom Schreiben bestimmt. Dies war zum Teil auf die Umstände zurückzuführen, zum Teil aber auch darauf, dass seine Bedeutung als Gelehrter zunahm bzw. er sich ein Standing als Gelehrter verschaffen musste. Auch wenn viele seiner Schriften dieser Phase mit Politik durchtränkt sind – so hat er beispielsweise seine Vorlesung über den islamischen Staat in dieser Zeit gehalten und niederschreiben lassen –, trug er doch einiges zur schiitischen Philosophie und Theologie bei. In dieser Zeit machte Khomeini sich als überragender *faqih* einen Namen und wurde zur Quelle der Nachahmung für viele in Iran, im Irak und im Libanon. In der dritten Phase erleben wir ihn auf seinem revolutionären Höhepunkt. Er befeuert die Revolution mit seiner beißenden Rhetorik. Als sich dann die Machtübernahme nähert, ist er zuweilen versöhnlich, um die Sorgen von ihm nahestehenden Beobachtern und jenen in der Ferne zu besänftigen. An diesem Punkt gewinnt seine vorherige Verdammung des Westens neue Vitalität. Während der Schah versuchte, sein strauchelndes und sterbendes Regime zu retten und die USA zu seiner Rettung eilten, traf die Rhetorik Khomeinis mit ihrer Geißelung des Westens und der USA unter den Iranern auf immer positivere Resonanz.

Diese Schuldigsprechung, aus der dann seine kompromisslose antiwestliche Haltung wurde, gewann in der vierten Phase, als die Revolution weiterging, neue und immer genauere Konturen. So wurde ein in- und ausländischer Feind nach dem anderen bekämpft und geschlagen. Der Kontext und das Timing legten viel von dem fest, was Khomeini über den Westen dachte und sagte.

Egal wie man seine Karriere als Denker und Revolutionär beurteilen mag, die Beständigkeit seiner Standpunkte in manchen Fragen ist nicht zu leugnen. Von Anfang an waren Anti-Imperialismus und die Feindschaft gegenüber Israel zwei der hervorstechendsten Themen in den Schriften und Reden Khomeinis. Seine Verachtung bezog sich sowohl auf manche Führer in seiner Region als auch auf die westlichen Regierungschefs. Oftmals warf er den Ersteren vor, Marionetten der Letzteren zu sein. Eine ähnliche Geringschätzung hatte er für den Aufstieg des Zentralstaates sowie die fortschreitende Machterosion und den Autonomieverlust des Klerus übrig. Die meisten Beobachter haben den Beginn von Khomeinis Aktivismus in seiner Opposition gegen die sogenannte Weiße Revolution gesehen, die 1963 begann. Doch entgegen dieser populären Annahme war seine Opposition gegen den Staat weniger von der Landreform und dem allgemeinen Wahlrecht genährt als von dem zunehmenden Eindringen des Zentralstaates in die Pfründe der Geistlichkeit und der Konsolidierung seiner Macht auf ihre Kosten.

Schon vor 1963 dominierten vier Themen seine Reden: die Expansion der staatlichen Macht in zivile und persönliche Angelegenheiten, die Zunahme des Säkularismus und die Erosion des Islams, die repressive Natur des Staates und der allgegenwärtige wirtschaftliche und politische Einfluss der Vereinigten Staaten. 1963 hielt Khomeini eine Reihe von Reden, die schließlich zu seinem Exil führten. In einer erklärte er, die Welt müsse wissen, dass all die Probleme, die Iran und die Welt hätten, von den Westlern und den Amerikanern herrührten. Muslime schätzen die Westler im Allgemeinen und die Amerikaner im Besonderen gering. Denn Amerika unterstütze Israel und die Zionisten. Es sei Amerika, das Israel die Macht gebe, das Leben der muslimischen Araber zu ruinieren. So ähnlich klingt es auch in seiner berühmten Rede vom 3. Juni 1963:

> Diese Regierung ist gegen den Islam gerichtet. Israel ist dagegen, dass im Iran die Gesetze des Korans gelten. Israel ist gegen die erleuchtete Geistlichkeit … Israel benutzt seine Agenten in diesem Land, um den gegen Israel gerichteten Widerstand zu beseitigen … Oh, Mr. Schah, oh, erhabener Schah, ich gebe Ihnen den guten Rat, nachzugeben und (von diesen Reformen) abzulassen. Ich will keine Freudentänze der Bevölkerung sehen, an dem Tag, an dem Sie das Land auf Befehl Ihrer Meister [gemeint sind die Amerikaner] verlassen werden, so wie alle jubelten, als Ihr Vater das Land einst verlassen hat. (Afkhami 2009, 234)

«Wer immer uns mit Respekt behandelt, ist unser Freund»

Aber zu allen Zeiten wurde das tiefsitzende anti-westliche Ressentiment Khomeinis abgemildert durch die aktuellen Erfordernisse. Es überrascht wenig, dass eine klare Entwicklung in seinen Ansichten zu sehen ist. So betonte er auf dem Weg zum Triumph der Revolution die Notwendigkeit von freundschaftlichen und humanen Beziehungen zwischen Iran und dem Rest der Welt, vor allem seinen Nachbarn. «Wir hegen niemandem gegenüber Feindschaft», erklärte er 1979. «Wer immer uns mit Respekt behandelt, ist unser Freund.» (Khomeini 2007a, 4)

Er ging sogar so weit zu erklären, dass auch mit den USA auf dieser Grundlage diplomatische Beziehungen möglich wären. In zahlreichen Interviews mit ausländischen Medien wiederholte Khomeini, dass man durchaus gewillt sei, ein freundliches Verhältnis zu den USA zu haben, solange diese sich nicht in die inneren Angelegenheiten Irans einmischten.

In der Pattsituation der 1980er Jahre im Krieg mit dem Irak und angesichts Irans internationaler Isolation nahmen Inhalt und Ton seiner Aussagen an Schärfe zu. Mit zunehmender Verschlechterung der Beziehungen zu den westlichen Staaten, insbesondere zu den USA, wurde Khomeinis Rhetorik hetzerischer. So zeigte er sich zum Beispiel im Sommer 1981 auf dem Höhepunkt der Geiselkrise kompromisslos: «Die Welt muss wissen, dass Iran auf dem Pfade Gottes schreitet und dass sein Kampf gegen Amerika, diesen globalen Feind der Entrechteten, nicht aufhören wird.» (Khomeini 2007a, 40) In einer Rede aus dem Jahr 1983 sagte er: «Wir müssen stark und fest stehen. Und wir müssen uns verteidigen gegen jene, die uns attackieren und dominieren wollen. Tausende ehrwürdige Tode sind besser, als unter ausländischer Vorherrschaft zu leben.» (Khomeini 2007a, 26)

Khomeini, der das Lexikon der Revolution meisterhaft für seine Zwecke anwandte, versorgte durch sein Denken und seine Schriften Millionen von Iranern für zwei Jahrzehnte mit wirkungsvollen Parolen und Schlagworten. So nannte er den Westen im Allgemeinen und die USA im Besonderen *estekbar*, was grob übersetzt arrogant bedeutet, die Massen hingegen bezeichnete er als *mostazafan*, die Ausgebeuteten. Die arroganten Weltmächte unterdrückten die Ausgebeuteten. Seine Ansprachen waren zwar oft provokant, aber seine Verwendung von Allegorien und Bildern durchaus fesselnd und zwingend. Dieser Rhetorik zu widerstehen war nicht leicht für ein Volk, das von dem Fieber einer lange erwarteten Revolution angesteckt worden war. Dass Khomeini Befreiung nicht nur vom einheimischen Tyrannen, sondern auch von der erniedrigenden Bevormundung durch den Westen versprach – dem scheinbar omnipotenten Hindernis aller Wünsche und jeglichen Fortschritts der Iraner –, machte seine revolutionäre Botschaft noch überzeugender. «Unsere Außenpolitik wird immer in der Wahrung unserer nationalen Interessen bestehen.» (Khomeini 2007a, 32) Freiheit und Unabhängigkeit von ausländischen Mächten waren Khomeinis zentrale Parolen und Versprechen.

Eines der Geheimnisse seines Erfolges dürfte in dem gekonnten Pendeln zwischen Beständigkeit und Flexibilität zu finden sein, das er meisterhaft beherrschte. So maß er der politischen und kulturellen Authentizität eine besondere Bedeutung bei. In der post-revolutionären Phase erinnerte Khomeini sein Publikum immer wieder daran, dass Freiheit und Unabhängigkeit die beiden göttlichen Segnungen seien, die es durch die Revolution erlangt habe. Er prangerte immer und immer wieder die westliche Kolonialisierung der Kultur an, die dazu geführt habe, dass die iranische Bevölkerung ihr wahres Selbst verloren hätte. Schon 1944 schrieb er:

> Es ist schade, dass wir uns vor den Europäern fürchten und unser Selbstbewusstsein verloren haben in der Beziehung zu ihnen. Wir sehen uns als schwach an, wo wir meisterhaft sind und ein Wissen haben, das die Europäer in tausend Jahren nicht ihr eigen nennen können. Wer Bücher hat wie Avicennas *Mantiq asch-Schafa*, Suhrawardis *Hikmat al-Ischraq* und Molla Sadras *Hikmat al-Mutaaliyyah* braucht die Philosophie und Logik der Europäer nicht. (Khomeini 1944, 56)

Iraner und Iranerinnen sowie alle Muslime und Musliminnen müssten stolz sein auf ihre Errungenschaften, aufhören, alles nachzuahmen, was aus dem Westen kommt, und sich vor allem gegen die Regime auflehnen, die als Lakaien des Westens handelten. Diese nämlich seien vom Westen abhängig geworden und hätten ihre Völker mit hohen Öleinnahmen eingelullt, während der Westen ihre Ressourcen ausbeutete. Die islamische Welt brauche eine Wiederentdeckung ihres eigenen islamischen Potentials. Laut Khomeini ist der Islam vollkommen kompatibel mit technologischem und wissenschaftlichem Fortschritt.

> Unserer Ansicht nach ist der Islam eine Religion des Fortschritts. Aber wir sind die Freunde solcher Regime, die unter dem Vorwand von Fortschritt und Modernisierung die Wege der Diktatur und der Unterdrückung einschlagen. Wir sind gegen die Unterstellung, dass Unterdrückung und Repression zum Fortschritt gehören. (Khomeini 1999a, 1–2)

Als ob er seine Landsleute auf die kommenden Schwierigkeiten vorbereiten wollte, warnte er sie vor den Folgen, die eine Zurückweisung der Einflüsse von außen nach sich ziehen könnte, und klärte sie über die möglichen Opfer auf, die zu bringen wären: «Jeder weiß, dass es extrem schwierig ist, sich dem kulturellen Angriff des Westens und der Sowjetunion zu widersetzen», sagte er gegen Ende der 1980er Jahre: «Es kann zu Hunger und Martyrium führen.» (Khomeini 1999d, 327) Iran verfolge eine islamische Agenda, die für den Westen inakzeptabel sei, die alle Häresien zurückweise und das Wiederentdecken des Eigenen unterstütze. Sie weise den Glauben an links und rechts zurück. «Unsere Logik, die Logik des Islams, sagt uns, dass es keine Vorherrschaft von Nicht-Iranern über Iraner geben sollte. Wir können uns keiner Vorherrschaft unterordnen. Unser letztes Wort ist: Es darf keine fremde Vorherrschaft geben.» (Khomeini 1999a, 91)

Um den Westen zu schlagen, bestand für Khomeini die Lösung darin, den Islam wieder richtig anzunehmen. Alle westlichen Konzepte, vor allem seine Idee der Humanität, sollten in rein islamische Gebote und Vorschriften transformiert werden. Dieses islamische Erwachen bedürfe einer genuinen Authentizität *(esalat)*, ein Begriff, den Khomeini nie wirklich definierte, von dem er aber voraussetzte, dass jeder ihn verstand. Explizit rief er zur Neubelebung des islamischen Aktivismus und einer Wiederentdeckung des revolutionären Potentials des Islams auf, vorausgesetzt, man mache sich den wahren und authentischen Geist des Islams zu eigen. Dabei hatte er den reinen mohammedanischen Islam im Auge, der im Gegensatz zum sogenannten amerikanischen Islam stehe, der seiner Ansicht nach die Trennung von Religion und Politik wolle. Khomeini zufolge gebe es zwei Krisen, die die Länder mit muslimischer Bevölkerungsmehrheit erfasst hätten: zum einen die Spannung zwischen den muslimischen Staaten untereinander und zum anderen die zwischen den Regimen und ihren Bevölkerungen. In beiden Fällen, so behauptete er, sei der primäre Übeltäter niemand anderer als der Westen, unterstütze er doch korrupte und repressive Regime überall auf der Welt und ganz besonders in der islamischen. Um dieses Dilemma der islamischen Welt zu heilen und den Westen und seine Lakaien zu bekämpfen, sei es für Iran unausweichlich, seine Revolution zu exportieren.

Diese Ankündigungen blieben aber vage und widersprüchlich. Kurz nach der Revolution wiederholte er oft, dass ein Export der Revolution nicht einen Angriff auf andere Länder bedeute. Es gehe darum, die islamische Kultur, die revolutionären und islamischen Werte zu exportieren, um die Probleme auch anderer Staaten zu lösen. 1983 erklärte er in einer Rede:

> Wenn wir sagen, dass wir den Islam exportieren wollen, dann meinen wir nicht, dass wir Flugzeuge besteigen und andere Länder angreifen. Wir haben das nie gesagt, noch haben wir die Kapazitäten dazu. Aber indem wir die Ressourcen nutzen, die wir haben, Printmedien und elektronische Medien und die Gruppen, die ins Ausland reisen, können wir

> den Islam anderen vorstellen auf eine Art und Weise, dass sie ihn akzeptieren und annehmen. (Khomeini 1999b, 547)

In der zweiten Hälfte der 1980er Jahre ging Khomeini einen Schritt weiter. «Wir können nicht sagen, dass Iran unser Land ist», sagte er 1985 in einer Rede. «Unser Land umfasst die gesamte islamische Welt, und deshalb obliegt es uns, alle Muslime zu verteidigen.» (Khomeini 2007a, 44) Später wurde sein Ton dann noch schärfer:

> Wir erklären, dass die Islamische Republik Iran auf immer ein Verteidiger und eine Zuflucht sein wird für alle muslimischen Freiheitskämpfer. Als ein defensiver und unbesiegbarer Schild wird Iran die Soldaten des Islams nähren und unterstützen und sie in die Prinzipien und Werte des Islams einführen ebenso wie in die Mittel und Ressourcen, um die unterdrückerischen und illegitimen Regime zu bekämpfen. (Khomeini 2007a, 44–45)

Hier ist auch das Thema der islamischen Einheit gemeint. In vielen seiner Schriften und Aussagen vermied es Khomeini, das historische Schisma anzusprechen, das Sunniten und Schiiten entlang theologischer, juristischer und politischer Linien trennte. Er betonte immer wieder, dass die Muslime, ungeachtet aller sektiererischen Zugehörigkeiten, im Kampf gegen die westliche Vorherrschaft vereint bleiben müssten. Das galt vor allem für die Reden in den Jahren vor der Revolution, wobei unklar ist, ob dies einer Strategie zuzuschreiben war, die seine Anziehungskraft erhöhen sollte, oder lediglich der Anti-Establishment-Qualität seines revolutionären Diskurses. Der Aufruf, sich zu politisieren und das revolutionäre Potential zu wecken, das die Religion bot, war in der Tat an alle Muslime gerichtet, Sunniten wie Schiiten. Sich gegen Israel und seine westliche Patronage zu vereinigen, galt Khomeini als Pflicht für alle Gläubigen.

Gleichzeitig betonte er die Bedeutung von Propaganda und missionarischen Aktivitäten und verwies auf die Arbeit der Botschaften anderer Länder. Auch hier fehlte der Bezug zum spezifisch schiitischen Charakter der iranischen Revolution und Theokratie vollständig. Khomeini zufolge seien der Islam im Allgemeinen und die islamische Revolution im Besonderen im Ausland missinterpretiert worden. Das negative Image, das ihm durch die westlichen Medien angeheftet worden sei, müsse korrigiert werden. Diplomatie sei der Weg des Propheten gewesen, und ganz gleich, ob durch Revolution oder durch missionarische Aktivität, bleibe sie ein wesentliches Instrument, um die Ziele des Westens zu unterminieren.

Für Khomeini bedeutet der Westen kulturelle Infiltration, politische Repression und Versklavung, wirtschaftliche Ausbeutung, Imperialismus und Neokolonialismus sowie amerikanische Arroganz. Die größten Gefahren für den Islam und Iran gingen für Khomeini vom Westen aus. In einem geheimen Einverständnis habe man sich zusammengefunden, um die Länder der Dritten Welt unterentwickelt zu halten. Aufgrund der Dominanz des Westens habe die Menschen der Dritten Welt hinsichtlich ihrer intellektuellen Schöpferkraft eine kollektive Malaise überkommen.

Laut Khomeini bestand der wesentliche Wettbewerb zwischen den Supermächten darin, die Dritte Welt zu dominieren und das Fortdauern dieser ausbeuterischen Beziehung sicherzustellen. Die muslimischen Länder der Dritten Welt hätten am meisten gelitten, da hier der Wettbewerb der Supermächte am stärksten war. «Wir gehören zu den Unterdrückten», sagte er auf dem Höhepunkt des revolutionären Aufstands im Februar 1979. «Die Supermächte wollten uns so; sie haben nicht mit uns gerechnet und dachten, wir seien ein Nichts. Diese Situation müssen wir ändern.» (Khomeini 2007b, 3) Das Einzige, was der Westen zu bieten habe, sei Betrug, der westliche Imperialismus sei nur interessiert an der Ausbeutung und Unterdrückung der mittellosen Massen: «Der Westen und seine einheimischen Lakaien wollen uns kleinhalten und haben unsere Leute unterdrückt.» (Khomeini 2007b, 4)

Khomeini klagte auch die Hypokrisie des Westens und seine doppelten Standards an. So erkläre sich der Westen selbst zum Hüter der Menschenrechte, zögere jedoch nicht, auf den Menschenrechten der Völker der Dritten Welt herumzutrampeln. In der westlichen Konzeption reichten die Menschenrechte nur so weit, wie sie Rechte westlicher Menschen seien.

Der Antiamerikanismus wurde früh zu einem zentralen Pfeiler in

Khomeinis Denken. Von Anbeginn an sei es den Amerikanern nur darum gegangen, Iran zu zerstören. Deren Landreform der 1960er Jahre zum Beispiel sieht er als Verschwörung, um den iranischen Markt für die amerikanischen Exporte zu öffnen. Seine Wut gegen die USA sollte sich verstärken, als sich das Drama der Revolution entfaltete und einen dramatischen Meilenstein nach dem anderen erreichte. Nicht weiter erstaunlich ist es daher, dass der damalige amerikanische Präsident Jimmy Carter, der in Iran als treuer Verbündeter und Unterstützer des Schahs galt, oftmals das Ziel der Attacken Khomeinis wurde. Im September 1979 sagte er: «Die arroganten Menschen sehen die Welt aus ihrer eigenen, besonders hinterlistigen Perspektive. Sie haben eine psychische Krankheit, und aufgrund dieser Krankheit meinen sie, dass der Durchschnittsbürger nicht zähle. Mr. Carter ist einer dieser Menschen.» (Khomeini 2007b, 80)

Ähnlich geringschätzig betrachtete er Israel, das er als reines Anhängsel des Westens und als Symbol westlicher Tyrannei gegenüber den Muslimen sah. 1963 hatte Khomeini dem Schah sogar vorgeworfen, sich so zu verhalten, als käme er aus Israel, nachdem seine Sicherheitsdienste jegliche Diskussion über Israel und seine Politik gegenüber den Palästinensern unterbunden hatten. Und in derselben Art und Weise, wie alle Muslime sich der Schande schuldig gemacht hätten, sich vom Westen dominieren zu lassen, werde der Kampf gegen Israel verhindert durch die Uneinigkeit der Muslime.

Trotz seiner revolutionären Rhetorik zeigte sich Khomeini jedoch ausgesprochen pragmatisch, als es darum ging, Waffen zu kaufen. Er war durchaus über die Details des Iran-Contra-Act informiert, der vorsah, dass die Amerikaner Waffen an Iran verkauften, wenn diese sich für im Libanon festgehaltene amerikanische Geiseln einsetzten. Ebenso wusste er Bescheid über die israelischen Waffenverkäufe an Iran, er muss sie sogar genehmigt haben. Konfrontiert mit einem weltweiten Embargo, war Khomeini willens, alles zu tun, was nötig war, um das Land zu verteidigen, einschließlich Waffenkäufen beim Großen und beim Kleinen Satan.

15

Die andere Seite des Revolutionärs: Philosophie, Poesie und Mystik

Die mystische Einheit mit Gott

Molla Sadra, dessen Werke Khomeini zum Missfallen der Granden des *houze* unterrichtete, ist der Begründer einer Philosophie, die von einer Wechselbeziehung von mystischer Erfahrung und logischem Denken ausgeht. Demnach ist alles Philosophieren, das nicht zu spiritueller Erkenntnis führt, ebenso nutzlos wie mystische Erfahrung, die nicht von einer strengen begrifflichen Schulung in der Philosophie untermauert ist. Gemäß dieser Auffassung können Mystik und Philosophie nur unter Zuhilfenahme des Verstandes zu endgültiger Erkenntnis gelangen.

Ihren Höhepunkt findet diese Schule der östlichen Scholastik mit Sabzevari. Aufgrund dieser Methode ist, wie der Islamwissenschaftler Josef van Ess (geb. 1934) schrieb, in Iran im Gegensatz zur arabischen Welt die Metaphysik bis in die Gegenwart lebendig geblieben. Der 1933 in Teheran geborene Philosoph Seyyed Hosein Nasr erklärte, die islamische Philosophie als lebendige Tradition habe nicht nach dem sogenannten Mittelalter aufgehört zu existieren, sondern lebe bis in die Gegenwart hin fort.

Im 20. Jahrhundert bemühten sich vor allem zwei Wissenschaftler um die Erforschung dieser speziellen iranisch-islamischen Philosophie. Dem französischen Islamwissenschaftler Henry Corbin (1903–1978) war es ein großes Anliegen, zu zeigen, dass die islamische Philosophie nicht mit dem Tod von Averroes zum Stillstand gekommen sei, wie oft in der Forschung behauptet, sondern im iranisch-schiitischen Kontext neue Vertreter hervorgebracht habe. Neben ihm war es der Japaner Toshihiku Izutsu (1914–1993), der westliche Forscher dafür kritisierte, die islamische Philosophie nach dem Einfall der Mongolen im 13. Jahrhundert für beendet erklärt zu haben. Seiner Ansicht nach entwickelte sich die islamische Philosophie sogar erst nach dieser Zeit:

> In Wahrheit liegen die Dinge so, dass wir ohne Übertreibung die Behauptung aufstellen können, dass eine Philosophie, die es verdient, typisch und charakteristisch islamisch genannt zu werden, sogar erst *nach* [Hervorhebung im Original] Averroes aufgekommen ist anstatt zuvor. Diese typisch islamische Philosophie entstand in den Zeiten nach der Mongoleninvasion und erreichte den Höhepunkt kraftvoller Kreativität in Persien in der safawidischen Zeit. Diese besondere Art der islamischen Philosophie entstand in Persien unter den Schiiten und wurde als *hikmat* (wörtl. Weisheit) bekannt, was wir dem Vorschlag von Professor Henry Corbin folgend als *theosophia* oder «Theosophie» übersetzen wollen. Die Tradition der Philosophie vom Typ der *hikmat* brachte in Persien eine lange Reihe von herausragenden Denkern und unzählige Werke von großem Wert hervor. Diese Reihe geht noch vor die safawidische Zeit bis auf Avicenna zurück und kann ohne Unterbrechung bis in das zwanzigste Jahrhundert hinein verfolgt werden. (Izutsu 1993, 67–68)

Doch es geht hier nicht darum, zu zeigen, wie bedeutsam die iranisch-schiitische Philosophie ist, sondern wie sehr Khomeini dieser Tradition zugehörig war. Ironischerweise war es allerdings er, der mit seiner Theorie der *velayat-e faqih* auf lange Sicht mehr als jeder andere dazu beitrug, Qom zu dem Ort zu machen, in dem vor allem Rechtswissenschaft studiert und gelehrt wird. Denn speziell heute eröffnet der Abschluss des Idschtihads, den man nach Beendigung der Ausbildung zum Rechtsgelehrten erhält, große Karrierechancen in Iran. Eine Reihe von bedeutenden politischen Positionen ist genau diesen Absolventen vorbehalten. So können sich etwa in den Expertenrat nur Rechtsgelehrte wählen lassen, und auch die Hälfte der Mitglieder des wichtigen Wächterrats sind Gelehrte des islamischen Rechts, ganz zu schweigen vom wichtigsten Amt der Islamischen Republik, dem *vali-ye faqih*.

Doch abgesehen von der bereits beschriebenen Tatsache, dass Khomeini bevorzugt diese islamische, mystisch geprägte Philosophie unterrichtete, gibt es in seinem Verhältnis zur Mystik noch eine andere Ebene. Ein im Bewusstsein der Öffentlichkeit weithin unbeachteter Aspekt seiner Persönlichkeit sind nämlich seine poetische Begabung und seine mystische Ader, die sich in seiner Poesie zeigte. Manchen Beobachtern zufolge sah er sich als jemand, der die mystische Einheit mit Gott erreicht hat. Mit dieser Idee hatte er sich tatsächlich detailliert schon als Mittzwanziger in seinen theoretischen Schriften beschäftigt. In seinen Arbeiten dieser Zeit, die eine fundierte Kenntnis der Schriften von Ibn Arabi und Molla Sadra erkennen lassen, verband er ihre Ideen und Gedanken mit einigen Elementen des Schiismus, sodass sie eher mit dem iranischen Milieu vereinbar schienen. Seinem Biographen Baqer Moin und anderen zufolge hat Khomeini die vier Stufen der Erleuchtung oder die vier Reisen zur Perfektion durchlaufen, was natürlich starke politische Implikationen hätte.

Sein persönlicher Bezug zur Mystik wurde überhaupt erst bekannt, als 1990 ein kleines Buch mit Versen veröffentlicht wurde, das den Einfluss von Hafiz' mystischer Poesie allzu deutlich durchscheinen lässt. In einem Brief aus dem Jahr 1986, der den Gedichten vorangestellt wurde, stritt er allerdings ab, jemals eine mystische Erfahrung durch das Studium der Werke Ibn Arabis gehabt zu haben. «Es hat sich mir nichts eröffnet durch die Eröffnungen», was eine Anspielung auf *Futuhat al-Makkiyah* ist, das Hauptwerk Ibns Arabis. Dieses wird meist als *Mekkanische Offenbarungen* ins Deutsche übersetzt, aber der Begriff *Futuhat* kann auch *Eröffnungen* bedeuten. «Und ich habe kein Wissen erlangt durch die Weisheit der Propheten», heißt es weiter in dem Brief, ein Hinweis auf Ibn Arabis Schrift *Fusus al-ḥikam.*

Khomeinis Bildersprache

Zudem legen gerade die von Khomeini verfassten Verse den Schluss nahe, dass er nie Erfüllung durch die mystische Vervollkommnung erfahren hat. Der Freund, also Gott, der die Erkenntnis ist, habe sich nie gezeigt, erst mit dem Tod werde er ihn also treffen.

Das Ende meines Lebens ist gekommen, doch der Freund nicht!
Meine Geschichte ist zu Ende, doch der Schmerz ist es nicht.
Der Kelch des Todes steht bereit, doch nie sah ich den Kelch voll Wein.

Und an anderer Stelle heißt es:

Öffne mir der Schenke Tür am Tag und in der Nacht
Müde bin ich der Moschee und der Studien.

und

Oh, du Mundschenk! Mach voll den Becher
Mit Wein, um meine Seele zu reinigen;
Denn meine Seele quillt über;
Überquellend vor Leidenschaft nach Ruhm.
Mach voll den Becher mit Wein;
Der auslöscht diese Seele;
Der den Kern der Intrige austreibt;
Und meine gut gelegten Fallen.

Doch ob erleuchtet oder nicht: Khomeini hatte eine ausgesprochen starke poetisch-mystische Ader. Und als er es vermochte, in seiner Zeit als wichtigster Mann im Staat, setzte er sich dafür ein, die Aversion zu überwinden, die man an den theologischen Hochschulen – etwa während seiner Jahre in Qom – gegenüber Philosophie und Mystik sowie der entsprechenden Dichtung hegte.

Einen Versuch, auch dem Durchschnittsbürger die Mystik nahezubringen, unternahm er nach der Revolution mit seiner Interpretation der Eröffnungssure des Korans, der Fatiha. Das iranische Fernsehen hatte zunächst Ayatollah Taleqanis Kommentierung der Sure ausgestrahlt. Als diese Vorträge nach dessen Tod von einem jüngeren Gelehrten übernommen werden sollten, meinte Khomeini, ein älterer müsse sich dem Thema widmen. Nach einigen Beratungen beschloss das Redaktionsteam der Sendung, den Revolutionsführer selbst zu bitten, über die Sure zu sprechen. Das Ergebnis sind seine Vorträge über die Fatiha, eine erstaunlich mystische Interpretation der den Koran eröffnenden Verse. Übergeordnetes Thema und Synthese seiner

Lesart ist, dass die ganze Welt ein Name Gottes sei, im Sinne der neunundneunzig schönsten Namen Gottes.

Die Philosophen, Mystiker und Dichter des Islams, so Khomeini in diesen Vorträgen, hätten lediglich unterschiedliche Terminologien und Ausdrucksweisen benutzt, um den Menschen die immer gleichen Einsichten über Gott und die Welt nahezubringen. Und er drängt seine Zuhörer, nicht abzulehnen, was von den Vertretern dieser drei Gruppen gelehrt werde, bis sie verstünden, was diese wirklich sagen wollen – auch wenn ihre Sprache und Ausdrucksweise zuweilen seltsam erschienen und heterodox klängen.

Seltsam und heterodox klingen in der Tat auch die Verse, die Khomeini selbst verfasst hat. Von manchen wird seine Dichtung, die so stark an den Stil von Hafiz erinnert, deshalb als langweilige Imitation abgetan. Khomeini verwendet nicht nur dieselben Bilder, sondern auch dieselbe Reimform, nämlich das Ghasel, die für die persische Dichtung so typische Versform. Ein Ghasel besteht aus einer Folge von jeweils zwei Versen, wobei der zweite Vers immer den Reim der ersten Strophe wiederholt.

In diesem Zusammenhang tobt ein grundsätzlicher Streit zwischen den Traditionalisten und den Verfechtern der sogenannten neuen Poesie *(scher-e dschadid)*, die von Nima Yuschidsch (1896–1960) begründet wurde. Anders als in der traditionellen Poesie geht es in seinen Gedichten um normales Alltagsgeschehen und einfache Menschen. Er verwendet Alltagssprache, Versmaß und Rhythmus sind anders. Damit revolutionierte Nima Yuschidsch die persische Dichtung.

Doch selbst die, die sich eher von Nima Yuschidschs neuer Dichtung angesprochen fühlten, räumen ein, dass viele von Khomeinis Gedichten handwerklich sehr gut gemacht sind. Und wenn seine Verse sich an Hafiz orientieren, so geschieht das auf eine Art und Weise, die ihnen durch Variationen eine weitere Dimension hinzufügt.

Während Khomeinis Gedichte für die Bewunderer von neuer Poesie hauptsächlich anachronistisch wirken, war für die Geistlichkeit und für besonders streng religiöse Menschen seine Verwendung von Metaphern, z. B. für das Weintrinken und die Liebe, schockierend. Dabei ist nicht die Bildersprache an sich das Problem, die ja aus den Ghaselen des Hafiz bekannt ist; erstaunlich ist eher, dass sie von einem Geistlichen – und speziell diesem Geistlichen – verwendet wurde.

Das gilt besonders für den Gedichtband *Bade-ye eschq*, dessen Titel allerdings nicht von Khomeini selbst stammt, hatte er doch nicht vor, seine Gedichte zu veröffentlichen. Zusammengestellt und im Februar 1990 herausgegeben wurde der Band anlässlich des elften Jahrestages der Revolution durch das Institut zur Sammlung und Herausgabe der Werke von Groß-Ayatollah Khomeini. Damals wurden 200 000 Kopien gedruckt. Seitdem sind zwei weitere Gedichtbände erschienen sowie ein Band mit Briefen, in dem mystische Themen beleuchtet werden. Offenbar existieren noch weitere nicht veröffentlichte Briefe und Gedichte, deren Menge und Inhalt bislang ein Geheimnis sind. Mohammad Gary Legenhausen (geb. 1953), ein Amerikaner, der am Imam Khomeini Forschungsinstitut in Qom westliche Philosophie und Christentum unterrichtet, und Gholamreza Avani (geb. 1943), ehemaliger Professor für Philosophie der Schahid Beheschti Universität in Teheran, haben eine Übertragung ins Englische von *Bade-ye eschq* angefertigt, welche die Grundlage für eine deutsche Übersetzung durch den Verlag *Eslamica* bildet. Die im Folgenden wiedergegebenen Übersetzungen ins Deutsche durch die Autorin basieren auf dem Gedichtband *The Wine of Love, Mystical Poetry of Imam Khomeini.*

Der von den beiden Übersetzern gewählte Titel *The Wine of Love* für *Bade-ye eschq* ist ihrer Meinung nach zwar nicht ganz exakt, aber am treffendsten. Denn mit *badeh* ist im Persischen nicht nur Wein gemeint, sondern der Begriff kann auch zur Bezeichnung anderer Alkoholika verwendet werden, ähnlich dem Englischen *spirits* bzw. dem deutschen *Spirituosen*. Allerdings kann *bade* auch mit «Kelch» übersetzt werden. Das englische Wort für *Kelch* hat aber eine stark kirchliche Konnotation, die dem Persischen fremd ist, auch das Wort *spirit* ist zu doppeldeutig. Da die Wein-Metapher für Liebe zum Standardrepertoire der islamischen Mystiker gehört und bei *Bade-ye eschq* von einem iranischen Publikum die Metapher *Wein der Liebe* assoziiert wird, entschloss sich Legenhausen zu dieser Übersetzung. Im Deutschen würde indes die Übersetzung *Kelch der Liebe* durchaus funktionieren.

Die Tröstung des Pir

Küsse die Hand des Scheichs, der mich ungläubig nennt.
Gratuliere dem Wächter, der mich in Ketten fortgeführt.
Ich lasse mich alleine behandeln
vom Mittag an den Türen des Majus.
Auf dass ich mit einem Schluck erfüllt sei
mit beider Welten Weingetränk.
Nicht trinken werde ich das Wasser von Kausar.
Nicht anzunehmen möglich ist mir diesen Gefallen Gottes.
Der Strahl auf Deinem Gesicht, oh Freund,
lässt mich die Welt erobern.
Tröste des Derwisches Herz, der um das ewig gültige Geheimnis weiss;
Der meines Schicksals gewahr mich gemacht.
So gratuliere ich dem Pir der Taverne, der selber begreift
meine Auflösung, mein Nichtssein, und der mich gefangen,
einen Diener meines Pir, der das Herz selbst tröstet,
von einem, der sich selbst vergessen und den er umgewendet.

Das Gedicht stammt vom Februar 1989, ist also wenige Monate vor seinem Tod entstanden. Khomeini spielt hier – wie in den meisten seiner Gedichte – mit den Bildern und Themen des Dichters Hafiz, des absoluten Meisters der persischen Ghasel-Dichtung. In dieser Poesie gibt es immer den Kontrast zwischen der offiziellen heuchlerischen Religion, repräsentiert durch Moschee und religiöse Seminare, und der wahren Religion, symbolisiert durch Taverne, Wein, Weinschenk, zoroastrischen Priester, Götzen oder sexuelle Liebe.

Diese Spannung wird auch in Khomeinis Dichtung erzeugt, schließlich ist er ja der Offiziellste in der offiziellen Religion. Dennoch sieht er sich in seiner ganz privaten Vision als Bilderstürmer. Man nehme die erste Zeile: *Küsse die Hand des Scheichs, der mich ungläubig nennt.* Jemanden zum Ungläubigen zu erklären, ist Aufgabe des Klerus. Ganz ähnlich hatte Khomeini Salman Rushdie verurteilt. Und vielleicht ist es nur ein merkwürdiger Zufall, dass die entsprechende Fatwa ziemlich genau zu dem Zeitpunkt veröffentlicht wurde, als dieses Gedicht geschrieben wurde.

Der verwendete Titel Scheich ist zweideutig. Während er im heutigen Iran für die Meister der Mystik verwendet wird, findet er in arabischen Ländern oft Gebrauch für einen Juristen, das heißt einen offiziellen Kleriker. Überdies wird Scheich aber auch wie das persische Pir als Respektsbezeichnung für einen mystischen Meister oder einen alten Mann gebraucht. In der persischen Poesie, vor allem in der Dichtung des Hafiz, symbolisiert der Scheich die heuchlerische Einhaltung der äußerlichen Glaubensregeln ohne die Beachtung des wahren, inneren Geistes.

Das Wort gratulieren kommt in Khomeinis Gedicht zweimal vor. Es ist keine exakte Entsprechung des persischen *benevaz*, das eher «loben» bedeutet, beispielsweise ein Kind, das ein schönes Gedicht vorgetragen hat. Ihm wird anerkennend über das Gesicht gestrichen. Das Wort, das hier als Wächter übersetzt ist, *mohtaseb*, bezeichnet im Persischen einen einfachen Regierungsangestellten, der auf die Einhaltung der islamischen Gebote achtet, beispielsweise das Wucherverbot auf dem Markt oder die sittliche Bekleidung. Auch dieser Begriff stammt aus der Zeit und den Gedichten des Hafiz.

So treffen wir in den ersten Zeilen des Gedichts auf drei Aspekte der Persönlichkeit Khomeinis: den Kleriker, den Führer der Regierung und den Mystiker. Der Mystiker ist das innerliche Selbst, die erste Person, die das Gedicht vorträgt, und er ist die Person, die als Ungläubiger von anderen verurteilt wird, während der Mystiker den Kleriker und Wächter als Autorität akzeptiert. Dieses Thema wird an der Stelle wiederholt, an der es heißt, dass er mit einem Schluck gefüllt sei von dem Wein der beiden Welten. Er ist erfüllt mit dem Wein dieser weltlichen Hingabe als Kleriker und Führer; und mit dem Wein der anderen Welt als Mystiker und Dichter. Der Majus ist ein zoroastrischer Ältester, austauschbar mit dem Pir der Taverne und dem Barmann. Das Wasser von Kausar ist eine Quelle im Paradies, die im Koran erwähnt wird (108: 1–2).

Bin ein Jäger des Wirtshauses,
so frag mich nach dem Geliebten nicht.
Bin stumm, vom Stummen und Abgelenkten,
so frag nach einer Rede nicht.

Bin beschäftigt mit meiner Blindheit und Elend.
frag doch den Blinden nach Zeichen und Vision nicht.
Deine trägen Augen haben mir Trägheit gebracht,
so frag den Befallenen nicht außer nach Irrsicht.

Begleite einen wandernden Derwisch nicht,
doch wenn jemals du es tust,
so frage ihn nie nach Weisheit, Philosophie, Schrift,
oder nach Aussprüchen des Propheten.

Bin mit dem Wein deiner Liebe trunken,
von solch einem Betrunkenen
Frag nach nüchternem Rat eines Weltenmannes nicht.

Epilog

Khomeinis Enkel

Über die Islamische Republik Iran wird schon seit Jahren mit den Füßen abgestimmt. 200 000 Iraner verlassen jährlich das Land. Mehr würden gehen, wenn sie könnten. Der weit verbreitete Unmut über das System hat auch die engste Familie des Staatsgründers erfasst. Einige seiner Enkel setzen sich heute für eine Reform des Staatswesens ein. Bezeichnend ist, wie das herrschende Regime mit ihrer Kritik umgeht, aber auch, dass sie nicht auf Distanz zum Staatsgründer, ihrem Großvater, gehen, obwohl sie eine Reform wollen und sich gegen die Islamische Republik und die ihr zugrunde liegende Herrschaftstheorie aussprechen. Vielmehr betonen sie, dass Ayatollah Khomeini dieses System nicht im Sinn gehabt habe. Nicht alle von ihnen sind politisch aktiv, doch in diesem Punkt sind sich die vier der fünfzehn Enkel und Enkelinnen einig, die an die Öffentlichkeit getreten sind. Nun mag man einwenden, es sei zu gefährlich, direkt und offen am Staatsgründer Kritik zu üben, doch kann es kaum weniger gefährlich sein, seinen Nachfolgern vorzuwerfen, sie hätten Khomeinis Erbe verraten.

Von den Enkelinnen ist Zahra Eschraqi vermutlich die bekannteste. Die 1964 geborene Tochter der Khomeini-Tochter Sediqe war in den 2000er Jahren Parlamentsabgeordnete, bis ihr der Wächterrat verbot, sich erneut zur Wahl zu stellen. Der Vorwurf lautete, Zahra Eschraqi bekenne sich nicht zu den Grundlagen des iranischen Staates und des Islams. Die studierte Philosophin tritt für Feminismus und Menschenrechte ein, kämpft gegen die Benachteiligung von Frauen und ist für die Aufhebung des Kopftuchgebots. «Unsere Verfassung besagt immer noch, dass der Mann der Boss sei und die Frau die loyale Ehefrau, die

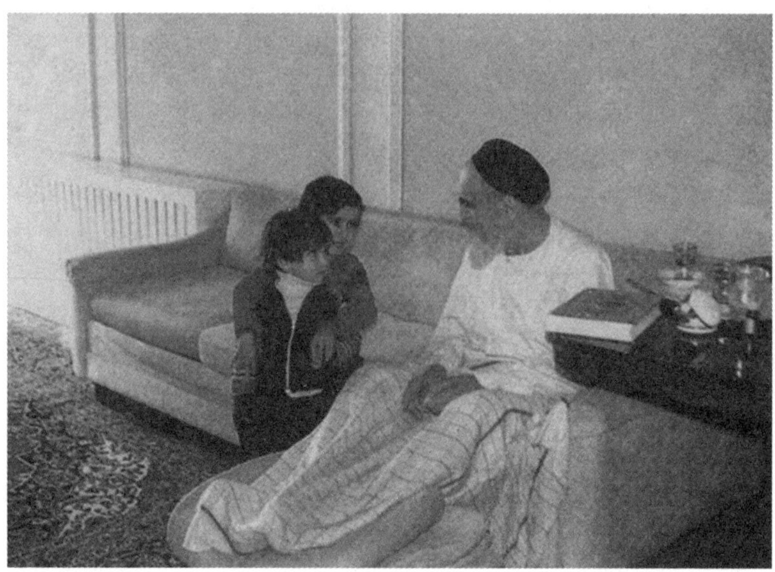

Khomeini mit zweien seiner Enkel

sich für die Familie opfert. Doch die Gesellschaft hat sich verändert, vor allem in den letzten zehn Jahren», sagte sie 2005 der britischen Zeitung *The Telegraph*: «Wäre mein Großvater noch unter uns, hätte er andere Ideen.» (*Telegraph* 19. 6. 2005)

Als Enkelin von Ayatollah Khomeini schenkt man Zahra Eschraqi natürlich automatisch Gehör. Die Politikerin, die normalerweise sehr kritikfreudig ist, bezieht in diese ihren Großvater jedoch nicht mit ein. Ruhollah Khomeini soll ein außerordentlich gutes Verhältnis zu seinen Enkeln gehabt haben. Er sei sehr warmherzig und herzlich gewesen, habe sich viel mit seinen Enkeln beschäftigt und sie verwöhnt. Außerdem spielte er gerne mit ihnen, sagt Eschraqi über ihn.

Zwar distanziert sich Eschraqi nicht von ihrem Großvater, doch hinterfragt sie seine Auffassungen durchaus. Die Formulierung, an der Ayatollah Khomeini sehr gelegen war, als die Verfassung verabschiedet wurde, nur ein Mann könne Staatspräsident werden, müsse geändert werden zu «jeder und jede». Die Diskriminierung von Frauen schlage sich jedoch nicht nur in der Verfassung nieder, sondern auch in zahlreichen Gesetzen und in der Haltung der Gesellschaft: «Wenn ich als Frau einen Pass beantragen will, um das Land zu verlassen, wenn ich eine OP machen lassen will, sogar wenn ich atmen will, brauche ich die Erlaubnis meines Mannes.» (*Telegraph* 19. 6. 2005)

Da es hier ums Prinzip geht, hilft es auch nicht, dass sie selbst mit einem Reformer verheiratet ist, der ihr diese Erlaubnis vermutlich geben würde. Eschraqis Ehemann ist Mohammad Reza Khatami, der Vorsitzende einer reformistischen Partei und Bruder des ehemaligen moderaten Staatspräsidenten Mohammad Khatami. Ganz ähnlich den Konservativen behaupten die iranischen Reformer von sich, dass nur sie die wahren Ideale Ayatollah Khomeinis vertreten. Ihren ideologischen Gegnern werfen sie vor, nur an ihren Pfründen interessiert zu sein und Khomeini zu verraten.

Nach den landesweiten Protesten vom Juni 2009 gegen die vermutete Wahlfälschung zog sich Zahra Eschraqi weitgehend zurück, da sie keine Chance mehr sah, auf die iranische Politik einzuwirken und sie zu verändern, nur einmal meldete sie sich noch kurz zu Wort und kritisierte die Menschenrechtsverletzungen bei der Niederschlagung des Aufstandes. Anfragen von Zeitungen, sich ausführlicher zu äußern, lehnte sie mit den Worten ab, sie könne derzeit nichts sagen. Das könnte auch damit zusammenhängen, dass ihr Ehemann im Zuge der Proteste festgenommen wurde.

Eine weitere Tochter von Sediqe, Naime Eschraqi (geb. 1965), eine Ingenieurin, hat sich ebenfalls in der Politik versucht. Sie geriet 2013 unter Beschuss, als sie einen Witz über die Revolutionsgarden machte, woraufhin ihr vorgeworfen wurde, ihr Verhalten sei einer Enkelin des Staatsgründers unwürdig, zumal dieser Teil des Witzes war. Naime hatte auf ihrer Facebook-Seite gepostet, sie habe mit ihrem Großvater oft darüber gewitzelt, dass die Pasdaran die Witwen der Märtyrer heiraten sollten, und Khomeini sich gewünscht habe, selbst ein Pasdar zu sein. Die Affäre nahm solche Ausmaße an, dass das Parlament eine Untersuchung einleiten wollte, und es hagelte Kritik von allen Seiten. Naime Eschraqi behauptete später, ihr Account sei gehackt worden. Zuvor war auch sie durch ihre Regimekritik aufgefallen. Sie hatte den Verantwortlichen vorgeworfen, von den Zielen der Revolution abge-

Khomeinis Enkelin Zahra Eschraqi, die im Jahr 2000 als Reformerin ins Parlament gewählt wurde

wichen zu sein und es versäumt zu haben, in Iran eine Demokratie zu errichten. Außerdem sorgte sie für Schlagzeilen, als sie erklärte, sie schicke ihre Tochter zum Studium nach Kanada, da dort eine frommere Atmosphäre für das tägliche Gebet herrsche.

Von den übrigen dreizehn Enkelkindern standen die beiden ältesten Söhne der Söhne Khomeinis am meisten im Rampenlicht, bis sie ins Abseits gedrängt wurden. Hasan Khomeini (geb. 1972), der Sohn von Ahmad, hat die Familientradition weitergeführt und ist heute Kleriker im Range eines Hodschatoleslam. Er ist Verwalter des Schreins seines Großvaters, wo auch sein Vater beerdigt ist. Anders als seine Cousine Zahra hatte er sich lange Zeit nicht in die Politik eingemischt, doch dann kritisierte er den ehemaligen Staatspräsidenten Mahmud Ahmadinedschad und gab öffentlich seiner Frustration darüber Ausdruck, dass das Regime von Fundamentalisten dominiert werde. In einem anderen Interview sprach er sich gegen die Intervention des Militärs in die Politik aus. Kurz danach wurde Hasan Khomeini in einem Ahmadinedschad nahestehenden Presseorgan der Korruption beschuldigt. Es wurde behauptet, er fahre einen BMW und unterstütze reiche Politiker, das Leiden der Armen sei ihm hingegen gleichgültig.

Es sei ein- und erstmalig in der Geschichte der Islamischen Republik, dass ein Nachkomme des Staatsgründers öffentlich beleidigt worden sei, schrieb daraufhin die iranische Tageszeitung *kargozaran*. Im Vorfeld der Wahl 2009 sprach Hasan Khomeini dem reformorientierten Präsidentschaftskandidaten Mir Hosein Musavi seine Zustimmung aus. Nach der vermutlichen Wahlfälschung unterstützte er Musavis Forderung nach einer Annullierung der Wahlergebnisse und bekundete mehrfach seine Sympathie für die Grüne Bewegung.

Seither ist Hasan Khomeini politisch kaltgestellt. 2016 wollte er als Kandidat des Reformlagers für die Wahl zum Expertenrat antreten, doch seine Kandidatur wurde durch den Wächterrat blockiert. Die Gründe sind offensichtlich: Die Radikalen befürchten, dass der Enkel des Staatsgründers sich in dem Gremium, das den nächsten Revolutionsführer wählt, mit seiner gewichtigen Stimme gegen sie stellen könnte. Da Ex-Präsident Mohammad Khatami und Präsident Hasan Rouhani zu seinen Unterstützern zählen, fürchtet die konservative Machtelite, er könnte sich mit diesen zu einer Reformerkoalition zusammenschließen. Vom Nachfolger seines Vaters höchstpersönlich wurde ihm daher geraten, den Namen seines Großvaters nicht zu diskreditieren. Doch Hasan Khomeini hat öffentlich erwidert, die Natur der Revolution werde missverstanden, er stehe daher in der Pflicht seines Großvaters.

Als Grund für die Ablehnung seiner Kandidatur wurde interessanterweise mangelnde juristische Qualifikation angegeben. Zwar hatte er tatsächlich eine Prüfung versäumt, zu der er hätte erscheinen sollen. Allerdings ist dieser Test nicht zwingend, wenn die Befähigung eines Bewerbers für das Amt ohnedies gegeben ist. Als Hodschatoleslam hat Hasan Khomeini diese wohl unter Beweis gestellt.

Hasan Khomeini ist ein Reformer innerhalb des Systems, er stellt dieses nicht grundsätzlich infrage. Anders sieht die Sache bei seinem Cousin Hosein aus, dem 1958 geborenen Sohn von Mostafa Khomeini, der ebenfalls Geistlicher, im Range eines Hodschatoleslam, ist. Er kritisiert nicht nur wie andere Enkel des Staatsgründers die herrschende

Repression oder die Politik des Regimes, sondern zweifelte ganz grundsätzlich das Prinzip der *velayat-e faqih* an, auf dem der Staat basiert. Seinen Großvater kritisierte er jedoch in dem berühmt gewordenen Interview mit dem persischen Dienst der BBC aus dem Jahr 2003 nicht. Hosein Khomeini erklärte, dass sein Großvater, wenn er noch leben würde, sich allen gegenwärtigen Machthabern wegen ihres Fehlverhaltens und ihrer Missetaten entgegenstellen würde.

Hosein Khomeini war 2003 nach der Absetzung Saddam Husseins durch die Amerikaner in den Irak gegangen und hatte sich dort für eine amerikanische Invasion ausgesprochen. Im selben Jahr forderte er bei einem Besuch in den USA den Sturz des Regimes in Teheran. Er richtete öffentlich einen Appell an Präsident Bush. Dieser solle wie der frühere britische Premierminister Winston Churchill handeln, der damals sein Volk gegen Hitler mobilisiert habe, so Hosein Khomeini vor der konservativen US-Denkfabrik American Enterprise. Bush solle das Regime in Teheran zum Teufel jagen. Auf die Frage, ob er für eine Rückkehr der Familie des 1979 gestürzten Schahs sei, sagte er, dass derjenige, der die Kraft habe, die Iraner in die Freiheit zu führen, dort sein solle. Zur Zeit der Monarchie habe es wenigstens die freie Wahl der Religionsausübung gegeben. Seit der von seinem Großvater angeführten islamischen Revolution jedoch sei Iran eine der schlimmsten Diktaturen.

Zuvor hatte Hosein Khomeini am Rande der UN-Vollversammlung an einer Tagung über «Islam und Staat in einer säkularen Gesellschaft» teilgenommen. Dort erklärte er, der Glaube entstehe im Herzen der Menschen, nicht durch staatlichen Zwang. Ein religiöser Staat widerspreche den Grundsätzen des Islams, denn die Religion müsse immer getrennt vom Staat wirken.

Auch noch im Jahr 2005 lagen die Hoffnungen Hosein Khomeinis auf den USA. In einer Reportage für *Vanity Fair* zitiert der Journalist Christopher Hitchens ihn mit den Worten: «Nur die freie Welt, geführt von Amerika, kann Iran die Demokratie bringen.» (Hitchens 2005) Und in einer vollständigen Abkehr von der Ideologie seines Großvaters erklärte er: «Ich stehe für die vollständige Trennung von Staat und Religion.» Seit er nach Iran zurückgekehrt ist, vermutlich auf Wunsch seiner Großmutter, ist jedoch nichts mehr von Hosein Khomeini zu hören.

Die Enkel des Staatsgründers sind nicht die Einzigen, die eine Abweichung von den Zielen der Revolution beklagt haben: Viele Revolutionsväter und ihre Kinder gehören heute zur Opposition. So waren 2009 mehrere Nachkommen dieser einflussreichen Vätergeneration bei den Demonstrationen gegen die vermutete Wahlfälschung, die sich zu den bisher größten Protesten gegen das iranische System ausweiteten und es als Ganzes in Frage stellten. Der Kampf um das Erbe Ayatollah Khomeinis und die Frage nach den Zielen der Revolution bestimmen die Islamische Republik jedenfalls auch noch Jahrzehnte nach seinem Tod.

Zeittafel

1902	Am 24. September wird Khomeini geboren. Seine Familie entstammt einem Geschlecht von religiösen Gelehrten und geht zurück auf den siebten Imam der Schia, Imam Musa al-Kazim.
1903	Nach der Ermordung seines Vaters Mostafa wird Khomeini von seiner Mutter Hadschie Agha Chanum großgezogen.
1909	Im Alter von sechs Jahren beginnt Khomeini seine Studien, mit Fokus auf dem Koran und mit grundlegenden Persischkenntnissen.
1920	Khomeini zieht nach Arak, um dort unter Anleitung des berühmten Abolkarim Haeri, eines führenden *mardscha*, zu studieren.
1921	Khomeini folgt seinem Lehrer Haeri nach Qom.
1929	Khomeini heiratet Chadidsche Saqafi (auch Batul, Qods-e Iran Saqafi genannt). Die beiden bekommen fünf Kinder, die das Säuglingsalter überleben: Mostafa (gest. 1977), Ahmad (gest. 1995), Zahra, Faride und Sediqe.
1937	Tod des Lehreres Haeri. Ayatollah Borudscherdi tritt seine Nachfolge als führende religiöse Autorität in Qom an.
1930er Jahre	Khomeini doziert und veröffentlicht seine Werke zu Ethik und Mystik.
1944	Khomeini publiziert seinen ersten politischen Traktat *Kaschf al-asrar*, «Die Enthüllung der Geheimnisse».
1950er Jahre	Khomeini setzt seine Publikations- und Lehrtätigkeit in Qom fort.
1961	Groß-Ayatollah Borudscherdi stirbt.
1962	Um ein Gesetz aufzuheben, das vorschreibt, in Kommunal- und Provinzräte gewählte Personen auf ein nicht näher bezeichnetes heiliges Buch zu vereidigen, drängt Khomeini die Geistlichkeit zu einem anhaltenden Protest.

1962	Im Januar setzt der Schah seine «Weiße Revolution» in Gang und bemüht sich um die Zustimmung des Volkes. Khomeini fordert die Geistlichkeit auf, das Referendum zu boykottieren.
1963	Die Wahlbeteiligung fällt am Tag des Referendums gering aus. Am 3. April erklärt Khomeini, dass die Regierung fest entschlossen sei, den Islam zu beseitigen, und dass sie Anweisungen von den Vereinigten Staaten und Israel erhalte. Anlässlich des *aschura*-Festes am 3. Juni hält Khomeini eine Rede, in der er den Schah mit dem Umayyaden-Kalifen Yazid vergleicht. Dies bringt ihn ins Gefängnis und löst die *chordad*-Bewegung bzw. den Juni-Aufstand aus.
1964	Khomeini kritisiert, dass der Schah die diplomatische Immunität auf US-amerikanische Militärberater ausdehnt. Der Schah verbannt Khomeini zunächst ins türkische Exil, ein Jahr später geht dieser nach Nadschaf im Irak.
1965–1978	Khomeini lehrt im Exil in Nadschaf (Irak) an der Scheich-Mortaza-Ansari-Medrese religiöse Rechtswissenschaft.
1970	In den ersten Monaten des Jahres hält er eine Vorlesung über die «Herrschaft des Rechtsgelehrten» (*velayat-e faqih)*.
1971	Im Oktober kommentiert Khomeini die Feierlichkeiten aus Anlass von 2500 Jahren iranischer Monarchie.
1977	Beginn der Revolution mit Demonstrationen an Schulen, Moscheen und Medresen sowie mit Streiks von Arbeitern und Gewerkschaften.
1978	Am 6. Oktober wird Khomeini aus dem Irak ausgewiesen und geht ins Exil nach Frankreich, wo er in Neauphle-le-Château bei Paris wohnt.
1979	Am 1. Februar kehrt Khomeini in den Iran zurück und wird von Millionen Menschen begeistert empfangen. Am 5. Februar erklärt Khomeini die Regierung von Schapur Bachtiar für illegitim und ernennt seinen eigenen Premierminister, Mehdi Bazargan. Bei einem Referendum am 30. und 31. März stimmen 98 Prozent der Wähler und Wählerinnen für die Abschaffung der Monarchie und für eine islamische Regierung.

Am 4. November übernimmt eine Gruppe von Studenten, die sich selbst «Studenten der Linie des Imams» nennen, die Kontrolle über die US-Botschaft in Teheran.

Im Dezember wird die neue Verfassung durch ein nationales Referendum verabschiedet.

1980 Im Februar wird Abolhasan Bani Sadr der erste gewählte Präsident der Islamischen Republik Iran.

Das US-Nachrichtenmagazin *TIME* erklärt Khomeini zum «Mann des Jahres» und beschreibt ihn als das «eigentliche Gesicht des Islams in der westlichen Kultur, ... der Mystiker, der das Feuer des Hasses entfachte».

Am 22. September, während der Geiselkrise und inmitten der Turbulenzen der Revolution erklärt Saddam Hussein Iran den Krieg. Der Erste Golfkrieg dauert acht Jahre.

1985–1986 Iran-Contra-Affäre («Irangate»): Die US-Regierung verkauft heimlich Waffen an den Iran und verwendet die Einnahmen, um den Kampf der Guerilla-Bewegung der Contras gegen die sandinistische Regierung in Nicaragua zu unterstützen.

1988 Im Juli akzeptiert Khomeini wegen wachsender wirtschaftlicher Probleme und wegen der Unterstützung Iraks durch benachbarte arabische Golfstaaten und den Westen einen Waffenstillstand.

1989 Am 14. Februar erklärt Khomeini den Schriftsteller Salman Rushdie mittels einer Fatwa als Strafe für seinen «gotteslästerlichen» Roman *Die satanischen Verse* zum Apostaten und verurteilt ihn zum Tode. Die Fatwa löst internationale Proteste aus.

Am 3. Juni stirbt Khomeini nach einem Krankenhausaufenthalt von elf Tagen. Millionen Trauernde drängen sich in den Straßen und wohnen seiner Beerdigung bei.

Glossar

Aba: Das traditionelle Gewand der Kleriker.

Adalatchane: Im Zuge der Revolution von 1906 forderte die konstitutionelle Bewegung vom Schah die Einrichtung einer neuen Institution namens *adalatchane* (Haus der Gerechtigkeit), in der alle, auch bisher nicht repräsentierte Bevölkerungsgruppen vertreten sein sollten.

Aftabe: Wasserkrug zum Waschen nach dem Toilettengang.

Allame: Islamischer Ehrentitel für Gelehrte, die sich durch umfangreiche Kenntnisse in islamischer Rechtswissenschaft und Philosophie oder allgemein als Universalgelehrte auszeichnen.

Andschoman-e mahane-ye eslam: Islamische monatliche Gesellschaft, eine reformorientierte Bewegung aus dem muslimischen Milieu, das in den sechziger Jahren für Reformen eintrat und den sehr bekannt gewordenen Band *Bahsi dar bare-ye mardschaiyat va ruhaniyat* (Eine Diskussion über die oberste Quelle der Nachahmung und die Geistlichkeit) herausgegeben hat.

Aschura: Der zehnte Tag des Monats Muharram, des ersten Monats des islamischen Kalenders, ist für Schiiten ein entscheidendes Datum und ein Tag der Trauer und Buße. An *aschura* gedenken sie des Märtyrertods von Husain, dem Sohn Ali ibn Abi Talibs und Enkel Mohammeds, der an diesem Tag im Jahre 680 zusammen mit seinen Getreuen während der Schlacht von Kerbela in einem Massaker getötet wurde. Die Gedenkfeiern umfassen u. a. Prozessionen auf den Straßen und Theaterstücke zur Nachstellung der Ereignisse von Kerbela *(taziye)*.

Ayatollah: Der religiöse Ehrentitel Ayatollah (wörtlich: Zeichen Gottes) kann einem Mudschtahid zugesprochen werden, der eine größere eigene Anhängerschaft hat und von mehreren gleich- oder höhergestellten Rechtsgelehrten als Autorität anerkannt wird.

Bahai: Anhänger des Bahaitums, eine im 19. Jahrhundert in Iran von Bahaullah (1817–1892) gestiftete Religion, die aus der Babi-Bewegung hervorging und heute weltweit etwa 8 Millionen Anhänger zählt. In

Iran sind sie nicht als religiöse Minderheit anerkannt, gelten als Abtrünnige und sind Repressionen ausgesetzt.

Bast: Das traditionelle Zufluchts- und Asylrecht bzw. konkrete Orte, die in Iran als unantastbar gelten und an denen Menschen Zuflucht vor strafrechtlicher Verfolgung suchen können, um von dort aus ihre Sache geschützt verhandeln zu können.

Beit: Entourage eines Geistlichen.

Bida: Eine aus theologischer Sicht unerlaubte Neuerung (etwa eine Denkweise oder Handlung), die im Widerspruch zu traditionellen Quellen *(usul al-fiqh)* und der Sunna des Propheten steht.

Cherad: Vernunft.

Dalil: Begründung, hier als Terminus aus der Rechtswissenschaft.

Dar at-taqrib baina al-mazahib al-islamiya: Das Institut zur Annäherung der islamischen Rechtsschulen, in den sechziger Jahren vom damaligen Leiter der Azhar, Scheich Schaltut, gegründet.

Diwan: Gedichtsammlung eines Poeten.

Dschihad: Wörtlich bedeutet *dschihad* eine zielgerichtete Anstrengung oder Bemühung und gilt als Pflicht und Dienst am Glauben. Mit *dschihad* kann je nach Kontext ein militärisch geführter Kampf, eine allgemeine Handlung für den Glauben oder eine rein geistige Bemühung zur moralischen Selbstläuterung gemeint sein. *Dschihad* im Sinne einer Kriegshandlung unterliegt bestimmten Regeln.

Erfan: Allgemeine Bezeichnung für islamische Mystik (wörtlich «Wissen») und daran angelehnte Denkströmungen, deren Positionen allerdings nicht automatisch mit Sufismus gleichzusetzen sind.

Faqih (Plural: *foqaha*): Islamische Rechtsgelehrte, d. h. Personen, die in islamischem Recht ausgebildet worden sind.

Fatwa: Die fachkundige Auskunft eines islamischen Rechtsgelehrten, die Laien bei Fragen, Unklarheiten oder bisher noch nicht behandelten Problemen in Glaubensfragen einholen können. Eine Fatwa ist nicht allgemein für alle Gläubigen bindend, sondern nur für diejenigen, die der jeweiligen Autorität folgen; sie gilt nur, solange der Mudschtahid, der sie bestätigt hat, noch lebt.

Fedaiyan-e eslam: Eine 1945 von Modschtaba Mirlouhi (später bekannt als Navvab Safavi) gegründete fundamentalistisch schiitische Gruppierung, die gezielt Mordanschläge auf hochrangige iranische Persönlichkeiten verübte, um ihr Ziel einer islamischen Regierung zu verwirklichen. Unter den Opfern der Attentate waren auch der Intellektuelle Ahmad Kasravi und die Premierminister Ali Razmara und

Hassan Ali Mansour. Zwei Anschläge auf Mohammad Reza Schah 1949 und 1965 schlugen fehl.

Fedaiyan-e chalq: Eine marxistisch-leninistische Guerillaorganisation, die eine anti-imperialistische Agenda verfolgte und ab 1971 ihren bewaffneten Guerillakampf gegen das Regime führte.

Fiqh: Religiöses Wissen im Allgemeinen, insbesondere aber die Disziplin der islamischen Rechtswissenschaft.

Fitna: Prüfung, Anfechtung. Die sogenannte erste Fitna (656–661) war ein politischer Konflikt, der durch die Wahl Uthmans zum dritten Kalifen entbrannte und im ersten Bürgerkrieg unter Muslimen gipfelte. Uthman war als Angehöriger der Banu Umaya ein ehemaliger Vertreter der alten Ordnung Mekkas, die Muhammad anfangs äußerst feindlich gegenübergestanden, später jedoch den Islam angenommen hatte. Als Uthman seine Berufung zum Kalifen schließlich dazu nutzte, wichtige Posten mit seinen Familienmitgliedern und Verwandten zu besetzen, erhob sich Widerstand und Uthman wurde ermordet, wonach Ali zum vierten Kalifen gewählt wurde.

Fünft: Zusätzlich zur auch bei Sunniten geltenden Almostensteuer *(zakat)* zahlen Schiiten den Fünft *(khums)*, ein Fünftel ihres erworbenen Vermögens, das zur Hälfte für den Imam und zur Hälfte für die Familie des Propheten bestimmt ist. In Abwesenheit des Imams, der sich nach schiitischer Lehre in der großen Verborgenheit befindet, werden beide Hälften an die Geistlichkeit entrichtet, die den Fünft wiederum in ein Netzwerk von Stiftungen und die Ausbildung ihrer Studenten investiert.

Gharbzadegi: Der Begriff «Vom-Westen-Geschlagensein» wurde in den vierziger Jahren von Ahmad Fardid und 1962 durch Jalal Al-e Ahmads gleichnamiges Buch zu einem Kampfbegriff des anti-westlichen Diskurses, der die intellektuelle Landschaft Irans im Vorfeld der Islamischen Revolution maßgeblich prägte.

Groß-Ayatollah: Hat ein Ayatollah eigene Rechtsgutachten und einen Traktat über die Glaubenspraxis verfasst, eine eigene Anhängerschaft gewonnen und wird er von höhergestellten religiösen Autoritäten anerkannt, steigt er zum Groß-Ayatollah auf.

Große Verborgenheit, Kleine Verborgenheit: Nach der Lehre der Zwölfer-Schia wurde der zwölfte Imam (Muhammad al-Mahdi), der eines Tages als Mahdi wiederkehren und eine wahrhaft gerechte Herrschaft herbeiführen wird, von Gott zunächst in die kleine Verborgenheit *(al-ghayba as-sughra)* entrückt, um ihn vor Verfolgung durch die Abbasiden zu bewahren. Aus dieser Entrückung heraus stand er bis 941 über vier Botschafter noch in Kontakt mit der schiitischen Gemeinschaft und wurde dann in die große Verborgenheit *(al-ghayba al-kubra)* entrückt.

Hadd-Strafen: Die Körperstrafen für Verstöße gegen die koranischen Verbote des unerlaubten Geschlechtsverkehrs, der Falschbeschuldigung, der Unzucht, des Trinkens von Alkohol, des Diebstahls und der Wegelagerei. Der Ausdruck deutet auf eine Grenze *(hadd)*, die Gott den Menschen setzt.

Hadith (Plural: *ahadith*): Die Berichte von der vorbildlichen Lebenspraxis Mohammeds, die in Gestalt seiner Worte und Taten sowie seiner stillschweigenden Zustimmung zu den Worten und Taten seiner Gefährten überliefert wurden. Ein *Hadith* besteht aus der Überliefererkette *(sanad*, Plural: *asnad)* und dem überlieferten Text *(matn)*. Je nach dem ihnen zugeschriebenen Authentizitätsgrad und der Einstufung ihrer Vertrauenswürdigkeit werden *ahadith* in verschiedene Kategorien eingeteilt. Die genauen Kriterien für diese Einteilung unterscheiden sich bei den Sunniten und den Schiiten voneinander.

Haschiye: Randbemerkungen.

Hisba: Der rechtswissenschaftliche Terminus bezeichnet die Pflicht jedes Muslims, das Gute zu befördern und das Schlechte zu verhindern, speziell auch die Aufsicht über das Vermögen von Abwesenden oder Waisen.

Hodschatoleslam: Gelehrtentitel für Absolventen, die das langjährige Studium zum Rechtsgelehrten abgeschlossen und damit zum Mudschtahid geworden sind. Wörtlich bedeutet Hodschatoleslam «Beweis des Islams».

Hodschat: Ein Beweis oder eine Argumentationslinie im rechtswissenschaftlichen Diskurs.

Hodschatiye: 1953 gegründete Organisation mit streng quietistischer Ausrichtung, die traditionelle Werte der Schia anfänglich vor allem gegen die modernistischen Glaubensvorstellungen der Bahai verteidigen wollte.

Hoseini-ye erschad: 1965 unter Mitwirkung von Motahhari gegründetes und vornehmlich von Laien geführtes religiöses Zentrum, das aktuelle gesellschaftliche Fragen behandeln wollte, um zu einem modernen Islam zu kommen. Wichtigste Wirkungsstätte von Ali Schariati.

Houze / houze-ye elmiye: Schiitische theologische Bildungsstätten («Wissenschaftszirkel»), etwa die Theologische Hochschule von Qom.

Idschazat al-Idschtihad: Die Erlaubnis, den Idschtihad auszuüben und Fatwas zu erstellen.

Idschtihad: Eine auf Verstandesleistung basierende, selbständige Rechtsfindung (wörtlich: «intellektuelle Anstrengung»), bei der Rechtsgutachten von religiösen Quellen nach bestimmten Prinzipien abgeleitet und formuliert werden. Während der Idschtihad für Sunniten etwa 300 Jahre nach Mohammeds Tod abgeschlossen war, wird er in der Zwölfer-Schia noch aktiv von den Mudschtahids betrieben.

Imam: In der Schia sind die Imame exklusiv berechtigt, die Glaubensgemeinschaft religiös und politisch zu führen, da sie über Fatima vom Propheten abstammen und als unfehlbar und sündlos gelten.

Imamat: Eine zentrale Komponente der Schia, derzufolge die einzig gerechte Herrschaft und die weise Führung der Gemeinde nur durch die Imame selbst verwirklicht werden können, denn sie gelten als unfehlbar und sündlos und können somit die Wahrheit der Offenbarung und der Schöpfung verstehen. Nach schiitischer Auffassung hatte der Prophet die Führungsbefugnis seiner Tochter Fatima übertragen, wonach diese wiederum auf die männlichen Nachkommen Alis und Fatimas überging.

Isnad: Die Überliefererkette in den Aussagen des Propheten Muhammad und der Imame.

Iwan: Ein überwölbtes und meist ornamental und mit religiösen Texten geschmücktes Portal, wie man es oft bei Medresen, Moscheen und Palästen vorfindet.

Kafir: Ungläubiger. Wörtlich bedeutet der Begriff: jemand, der sich weigert, die Wahrheit anzuerkennen bzw. die Wahrheit verhüllt. Ob Christen und Juden als *kofara* gelten, ist umstritten. Denn sie zählen im Islam zu den anerkannten religiösen Minderheiten und sogenannten Leuten des Buchs, *ahl al-kitab*.

Kalif: Titel des Herrschers eines islamischen Staates, der als Stellvertreter des Gesandten Gottes die islamische Gemeinschaft anführt. Es handelt sich dabei um eine politische Führerschaft, nicht um eine religiöse.

Kerbela: Die im Zentralirak gelegene Stadt Kerbela, wo Alis Sohn Husain 680 den Märtyrertod starb, ist neben Nadschaf, wo sich in der Imam Ali Moschee der Schrein Ali ibn Abi Talibs befindet, für Schiiten als Wallfahrtsort von zentraler Bedeutung. Nach islamischer Tradition dauert die Trauer um die Toten vierzig Tage, und so kommen an *arbain*, dem vierzigsten Tag nach *aschura*, Millionen Pilger nach Kerbela, um seiner zu gedenken.

Konstitutionelle Revolution: Nach ersten öffentlichen Protesten und Streiks 1905 setzte eine liberale Sammelbewegung, die vorwiegend aus Basaris, Geistlichen und Intellektuellen bestand, gegenüber Mozaffar ad-Din Schah die Einrichtung einer Verfassung durch, die dieser Ende 1906 unterzeichnete. Der Unmut der Konstitutionalisten richtete sich u. a. gegen die schwerwiegenden Fehlentscheidungen des Hofes, die im Laufe der vorangegangenen Jahrzehnte zu einer hohen Auslandsverschuldung und zu einer für Iran äußerst nachteiligen Konzessionspolitik zum Ausgleich dieser Schulden geführt hatten. In der Verfassung wurde vor allem die Übertragung der Entscheidungskompetenz in finanziellen Angelegenheiten vom Schah auf die gewählten Vertreter der Legislative geregelt, um den Missständen ein Ende zu setzen.

Mahdi: Nach der zwölfer-schiitischen Lehre wird der zwölfte Imam, der Mahdi, eines Tages aus seiner Entrückung auf Erden, der großen Verborgenheit, zurückkehren und eine gerechte Herrschaft errichten.

Maktab: Schule sowohl im Sinne einer Instiution, als auch im Sinne einer Denkschule.

Mardscha at-taqlid: Der Titel «Quelle der Nachahmung» kann Groß-Ayatollahs zuerkannt werden, deren Autorität die der anderen Groß-Ayatollahs überragt.

Mardschaiyat: Die Institution und die Praxis des «Mardschatums».

Maschrute: Persische Bezeichnung für die Konstitutionelle Revolution (1905–1911).

Maslaha: Bei religiösen Fragen, die nicht eindeutig mittels des Korans, der Sunna oder durch Analogieschlüsse beantwortet werden können, kann *maslaha*, das Prinzip des Nutzens für die islamische Gemeinschaft, als Kriterium für die Rechtsfindung angesetzt werden.

Masum: Nach schiitischer Lehre gelten Muhammad, Fatima, Ali sowie die übrigen elf Imame als sündlos und unfehlbar *(masum)*, was ihnen die Fähigkeit verleiht, die innere und äußere Dimension der göttlichen Offenbarung zu verstehen. Die wahre Bedeutung der Schöpfung und des Korans erkennen zu können, legitimiert die Führung der schiitischen Gemeinde durch die Imame.

Medrese: Allgemeine Bezeichnung für Schulen, aber auch für Gebäudekomplexe, an denen theologische und auch naturwissenschaftliche Disziplinen gelehrt werden.

Modschahedin des Islams: Eine von Ayatollah Kaschani gegründete Gruppierung, die im Zuge der Verstaatlichung des Erdöls wichtig wurde.

Modschahedin-e chalq: Die 1965 gegründeten Volksmudschahedin agierten zunächst gegen Schah Mohammad Reza Pahlavi, wurden nach Errichtung der Islamischen Republik 1979 verfolgt und führten eine Reihe von Attentaten auf Regierungsmitglieder aus.

Mostazafan: Der Begriff stammt aus dem Koran. Ayatollah Khomeini hat die iranische Bevölkerung als *mostazafan*, als Entrechtete, bezeichnet, da ihr ihre Rechte durch den Schah genommen wurden.

Mudschtahid: Bezeichnung für Rechtsgelehrte, die durch ihr Studium die Erlaubnis zum Idschtihad erlangt haben.

Muharram: Der erste Monat des islamischen Kalenders. In diesem Monat starb Imam Husain, daher ist er der Monat der Buße und der Trauer.

Mullah/Molla: Ehrentitel für islamische Geistliche.

Munazara/mubahitha: Bezeichnung für die theologischen Diskussionen, die Studenten des *houze* im Rahmen ihres Studiums mit ihren Kommilitonen und/oder dem Lehrer führen.

Muqaddimat: Wörtlich «Einführungen». *Muqaddimat*, *sath* («Oberfläche») und *charidsch*, («darüber hinaus») sind die drei Stufen der Ausbildung in den *houze*.

Nadsches: «Unrein» im kultischen Sinne. Wer als unrein gilt und wie man unrein wird, ist eine wichtige Frage innerhalb der Rechtswissenschaft. So gelten innerhalb mancher schiitischer Richtungen Nicht-Muslime als unrein, im sunnitischen Mainstream ist das jedoch nicht der Fall.

Nahdsch al-balagha: «Der Pfad der Beredsamkeit», die Sammlung von Aussprüchen des ersten Imams der Schia, Ali ibn Abi Talib. In der westlichen Islamwissenschaft ist die Authentizität des Werks umstritten, Schiiten jedoch gilt er als normativ.

Nationale Front (dschebhe-ye melli): 1949 u.a. von Mohammad Mosaddeq gegründete oppositionelle Sammelbewegung, die mit dem gemeinsamen Ziel der Souveränität Irans und der Verstaatlichung der Ölindustrie viele verschiedene Interessengruppen vereinte und gegen Schah Mohammad Reza Pahlavi mobilisierte.

Nehzat-e azadi: Die «Freiheitsbewegung» wurde 1961 u.a. von Mahmud Taleqani und Mehdi Bazargan als religiös-nationalistische Alternative gegründet.

Niru-ye sevvom: Die «Dritte Kraft» wurde 1952 von Al-e Ahmad und Khalil Maleki gegründet, nachdem sie mit der kommunistischen *tude* gebrochen hatten.

Nizamiya: Bezeichnung für theologische Lehreinrichtungen bei den Sunniten. Der Name geht auf den Gründer der ersten Schulen zurück, den Wesir Nizam al-Mulk.

Qadscharen: Herrscherdynastie, die Iran von 1779 bis 1925 regierte.

Rastachiz: «Partei der Auferstehung». 1975 ersetzte der Schah alle Parteien durch diese Einheitspartei.

Resale: Fatwa-Sammlung zur Anleitung der Gläubigen.

Safawiden: Die Herrscherdynastie der Safawiden ging aus einem von Scheich Safioddin um 1300 gegründeten mystischen Orden mit messianischer Ausrichtung hervor, dessen Hauptsitz sich in Ardabil befand. Zu bedeutender politischer und militärischer Macht gelangten die Safawiden unter seinem Nachfolger Ismail, der sich 1501 zum Schah erklärte und die Schia zur offiziellen Religion Irans erklärte.

Savak: *Sazeman-e ettelaat va amniyat-e keshvar*, die «Organisation für Information und Sicherheit des Landes», war von 1957 bis 1979 der iranische Geheimdienst.

Sayyid: bzw. im Persischen *Seyyed*: Ehrentitel für Nachfahren des Propheten, die ihre Abstammung von ihm über Husain oder Hasan, also die Söhne seiner Tochter Fatima und ihres Ehemannes Ali, zurückführen können.

Scharia: Das islamische Recht, wörtlich bedeutet der Begriff «der Weg zur Tränke», womit der Weg zu Gott gemeint ist. Es handelt sich nicht um positives Recht, sondern um die Anweisungen Gottes zur Führung eines gottgefälligen Lebens.

Schia: Die Schia bzw. die *schiat ali*, («Partei/Gefolgschaft Alis») besteht aus verschiedenen Strömungen, wobei im allgemeinen Sprachgebrauch damit die größte dieser Gruppierungen, die sogenannte Zwölfer-Schia gemeint ist. Schiiten stellen etwa 10–15 Prozent aller Muslime weltweit.

Tabakrevolte: 1891 erließ die damalige höchste Quelle der Nachahmung, der Geistliche Mirza Mohammad Hasan Schirazi, eine Fatwa, die den Tabakkonsum verbot. Auslöser war die Konzession auf den gesamten Tabakanbau und -verkauf, die Naseroddin Schah (1848–1896) der britischen Imperial Tobacco Company gegen vergleichsweise geringe Geldsummen vergeben hatte. Die Zahl der Iraner, die dieser Fatwa folgten, war so groß, dass der Schah die Konzession wieder zurücknehmen musste.

Tafsir: Koranexegese bzw. Korankommentar.

Talabe, auch *talib*, Plural: *tollab*: Die Studenten eines theologischen Studiums, wörtlich: «Die Suchenden», das heißt diejenigen, die nach Wissen streben.

Taqiya: Diskretionspraxis im Islam, die es erlaubt, den eigenen Glauben zum Schutz vor Verfolgung zu verheimlichen. Sunnitische Rechtsgelehrte erlauben das Praktizieren von *taqiya* üblicherweise nur gegenüber Nicht-Muslimen, wohingegen die schiitische Lehre sie auch gegenüber anderen Muslimen gestattet. Die Notwendigkeit hierzu ergab sich aus der unterlegenen Position der frühen schiitischen Gemeinde, die sich nach der Schlacht von Kerbela einer gegnerischen sunnitischen Mehrheit gegenüber sah.

Taqlid: «Nachahmung». Gemeint ist die Praxis der Gläubigen, die einer Quelle der Nachahmung nachfolgen müssen. Diese gibt ihnen Anweisungen für die richtige religiöse Praxis.

Taqwa: Frömmigkeit.

Tude'i: Anhänger der Tudeh-Partei.

Tude: Die 1941 gegründete kommunistische *hezb-e tude-ye iran*, die Tudeh-Partei Irans, gewann schnell viele Anhänger unter Arbeitern, Studenten und Intellektuellen und zog 1944 in das iranische Parlament ein. Nach einem Attentat auf den Schah, das der *tude* zur Last gelegt wurde, wurde die Partei 1949 per Parlamentsbeschluss aufgelöst, operierte aber trotz heftiger Repressionen im Untergrund weiter. Aufgrund ihrer oppositionellen Haltung gegenüber dem Schah spielte die *tude* bei der Islamischen Revolution eine unterstützende Rolle, wurde jedoch nach Errichtung der Islamischen Republik auch von dieser scharf bekämpft.

Umayyaden: Herrscherdynastie, die von 661 bis 750 das islamische Reich regierte.

Usul ad-din: Die «Grundlagen der Religion» bestehen in der Schia aus dem Glauben an die Einheit Gottes, das Prophetentum, das Imamat, die Auferstehung sowie die Gerechtigkeit Gottes.

Usul al-fiqh: Die Prinzipien der islamischen Rechtswissenschaft.

Usuli: Die Schule der Usuli vertritt im Gegensatz zur Schule der *achbari*, die heute fast verschwunden ist, die Ansicht, dass die verstandesmäßige Rechtsfindung auf Grundlage der religiösen Quellen (Idschtihad) nur von dazu ausgebildeten Spezialisten ausgeübt werden kann und es daher für Gläubige notwendig ist, ihnen in Glaubensfragen nachzufolgen.

Velayat: Die Befugnis, die schiitische Gemeinschaft zu führen, die dem zwölften, verborgenen Imam vorbehalten ist.

Velayat-e faqih: Der persische Begriff *velayat-e faqih* wird als Staatsdoktrin der Islamischen Republik zumeist – auch in diesem Buch – mit «Herrschaft des Rechtsgelehrten» wiedergegeben, so wie in der im Jahr 1980 von der Botschaft der Islamischen Republik veröffentlichten deutschen Übersetzung der iranischen Verfassung. Möglich ist auch der Ausdruck «Statthalterschaft des Rechtsgelehrten». Dagegen lautet die Übersetzung des rechtswissenschaftlichen Terminus *velayat-e faqih* «Führungsbefugnis des Rechtsgelehrten».

Velayat-e motlaqe: Absolute Führungsbefugnis der Unfehlbaren.

Weiße Revolution: Ein 1963 von Schah Mohammad Reza Pahlavi eingeführtes Reformprogramm, das u. a. aus einer Landreform, der Verstaatlichung von Wasserressourcen, Wäldern und Wiesen, einem Bildungsprogramm zur Modernisierung der Landwirtschaft, einem Alphabetisierungsprogramm, dem Ausbau des Gesundheitswesens in ländlichen Gebieten und der Einführung des Frauenwahlrechts bestand.

Wesir: Historisch war ein Wesir der Repräsentant eines Kalifen oder eines Herrschers. Im heutigen Sprachgebrauch ist Wesir der Titel iranischer Minister.

Zeitehe: Eine zeitlich begrenzte Ehe. Es gibt diese Form der Ehe nur im schiitischen Islam.

Literatur

Abdo, Geneive (2001): «Re-thinking the Islamic Republic: A ‹Conversation› with Ayatollah Hossein ʿAli Montazeri», in: *Middle East Journal* 55, No. 1, 9–24.

Abdul-Jabar, Faleh (2002): *Ayatollahs, Sufis and Ideologues. State, Religion and Social Movements in Iraq*, London.

Abī Ṭālib, ʿAlī ibn (1972): *Nahǧ al-balāġa* (Der Pfad der Beredsamkei), herausgegeben und interpretiert von ʿAlī Naqī Feyż ol-Eslām, Teheran.

Abrahamian, Ervand (1983): *Iran between two Revolutions*, Princeton.

Abrahamian, Ervand (1989): *Radical Islam. The Iranian Mojahedin*, London.

Abrahamian, Ervand (1993): *Khomeinism: Essays on the Islamic Republic*, London.

Abrahamian, Ervand (1999): *Tortured Confessions. Prisons and Public Recantations in Modern Iran*, Berkeley.

Afshar, Haleh (Hg.) (1985): *Iran: A Revolution in Turmoil*, New York.

Afshari, Reza (2001): *Human Rights in Iran. The Abuse of Cultural Relativism*, Philadelphia.

Akhavi, Shahrough (1980): *Religion and Politics in Contemporary Iran. Clergy-State Relations in the Pahlavi Period*, New York.

Akhavi, Shahrough (1981): «ʿAli Shariʿatis Gesellschaftstheorie», in: Berliner Institut für Vergleichende Sozialforschung (Hg.): *Religion und Politik im Iran, Mardom nameh. Jahrbuch zur Geschichte und Gesellschaft des Mittleren Orients*, Nr. 5, Frankfurt a. M., 178–196.

Akhavi, Shahrough (1983): «The Ideology and Praxis of Shi'ism in the Iranian Revolution», in: *Comparative Studies in Society and History* 25 (2).

Āl-e Aḥmad, Ǧalāl (1977[2]): *Ġarbzadegī* (Das Vom-Westen-Geschlagensein), Teheran.

Algar, Hamid (1969): *Religion and State in Iran, 1785–1906: The Role of the Ulama in the Qajar Period*, Berkeley.

Algar, Hamid (1988): «Imam Khomeini, 1902–1962: The Pre-Revolutionary Years», in: Edmund Burke, Ira M. Lapidus (Hg.): *Islam, Politics and Social Movements*, Berkeley.

Algar, Hamid (2009): «A Short Biography», in: Abdar Rahman Koya (Hg.): *Imam Khomeini: Life, Thought and Legacy*, Petaling Jaya.

Al-Khoei Foundation: www.alkhoei.org

Amirpur, Katajun (2003): *Die Entpolitisierung des Islam, ʿAbdolkarīm Sorūšs Denken und Wirkung in der Islamischen Republik Iran*, Würzburg.

Arjomand, Said Amir (1980): «The State and Khomeini's Islamic Order», in: *Iranian Studies*, 13 (1–4), 147–164.

Arjomand, Said Amir (1988): *The Turban for the Crown: The Islamic Revolution in Iran*, New York.

Arjomand, Said Amir (2009): *After Khomeini: Iran under his Successors*, Oxford.

Babak Rahimi (2012): «Democratic Authority, Public Islam, and Shi'i Jurisprudence in Iran and Iraq: Hussain Ali Montazeri and Ali Sistani», in: *International Political Science Review* 33 (2), 193–208.

Bādāmčīān, Asadollāh (2007²): *Ḫāṭerāt-e Montaẓerī va naqd-e ān* (Montaẓerīs Memoiren und die Kritik daran), Teheran.

Banani, Amin (1961): *The Modernization of Iran: 1921–1941*, Stanford.

Bani Sadr, Hassan (1991): *My Turn to Speak*, übers. William Ford, Washington, DC.

Barzin, Saeed (1992): *Islam in Defence of Constitutionalism and Democracy: A Political Biography of Iranian Ideologue Mehdi Bazargan*, univ. Diss., University of Exeter.

Bāzargān, Mehdī (1993): «Doktor Šarīʿatī va rouḥānīyat» (Doktor Šarīʿatī und die Geistlichkeit), in: *Saʿīdī, Šaʿfar: Šaḫsīat va andīše-ye doktor ʿAlī Šarīʿatī* (Persönlichkeit und Denken des Doktor ʿAlī Šarīʿatī), Teheran, 19.

Bāzargān, Mehdī (o. J.): «Einführung zu: Āmūš-e qorʾān» (Den Koran lernen); wieder abgedruckt in: *ḥokūmat-e vāḥed-e ǧahānī* (Eine internationale Einheitsregierung), Teheran.

Behbūdī, Hedāyatollāh (2012): *Šarḥ-e Esm: Zendegīnāme-ye Āyatollāh Seyyed ʿAlī Ḥoseynī Ḫāmeneʾī* (Die Biografie von Ayatollah Seyyed ʿAlī Ḥoseynī Ḫāmeneʾī), Teheran.

Behrooz, Maziar (1999): *Rebels with a Cause: The Failure of the Left in Iran*, London.

Bill, James; Louis, William R. (Hg.) (1988): *Mussadiq, Iranian Nationalism and Oil*, Austin.

Bobzin, Hartmut (2010): *Der Koran*, München.

Borouǧerdī, Maḥmūd (1985): *Sargoẓašt-hāye vīže az zendegī-ye emām Ḫomeynī* (Besondere Ereignisse aus dem Leben Imam Khomeinis), vol. 3, Teheran.

Boroujerdi, Mehrzad (1996): *Iranian Intellectuals and the West: The Tormented Triumph of Nativism*, Syracuse, NY.

Boroujerdi, Mehrzad; Shomali, Alireza (2015): «The Unfolding of Unreason: Javad Tabatabai's Idea of Political Decline in Iran», in: *Iranian Studies* 48 (6), 949–65.

Botschaft der Islamischen Republik Iran, Presse- und Kulturabteilung (Hg.) (1980): «Verfassung der Islamischen Republik Iran», in: *Iran und die Islamische Republik* 6, Bonn.

Brumberg, Daniel (2001): *Reinventing Khomeini: The Struggle for Reform in Iran*, Chicago.

Buchta, Wilfried (2004): «Ein Vierteljahrhundert Islamische Republik Iran», in: Bundeszentrale für politische Bildung (Hg.): *Aus Politik und Zeitgeschichte*, B9/2004, 6–17.

Byrd, Dustin (2011): *Ayatollah Khomeini and the Anatomy of the Islamic Revolution in Iran. Toward a Theory of Prophetic Charisma*, Lanham.

Çetiner, Ali (1987): «Erinnerungen an den Aufenthalt Khomeinis bei der Familie Çetiner», in: *Melliyat*, 16–22. August.

Corboz, Elvire (2015): «Khomeini in Najaf: The Religious and Political Leadership of an Exiled Ayatollah», in: *Die Welt des Islams*, 55 (2), 221–248.

Cottam, Richard W. (1979): *Nationalism in Iran, updated through 1978*, Pittsburgh.

Dabashi, Hamid (1989): «By What Authority? The Formation of Khomeini's Revolutionary Discourse, 1964–1977, in: *Social Compass* 36 (4), 511–538.

Dabashi, Hamid (1993): *Theology of Discontent. The Ideological Foundations of the Islamic Revolution in Iran*, New York.

Dakake, Maria (2007): *The Charismatic Community. Shiʿite Identity in Early Islam*, Albany.

Davari, Mahmood T. (2005): *The Political Thought of Ayatullah Murtaża Muṭahhari: An Iranian Theoretician of the Islamic State*, New York.

Der Spiegel: «Ich fürchte, wir kommen in die Hölle», in: *Der Spiegel* (27. 2. 1989), https://www.spiegel.de/spiegel/print/d-13495495.html.

Enayat, Hamid (1983): «Iran: Khumayni's Concept of the ‹Guardianship of the Jurisconsult›», in: James Piscatori (Hg.): *Islam in the Political Process*, Cambridge, 160–180.

Enteḫāb (2006): «Moḥammad Taqī: Interview mit Moḥammad Taqī Meṣbāḥ Yazdī», in: *Enteḫāb* (28. 9.).

Fawcett, Louise (1992): *Iran and the Cold War. The Azerbaijan Crisis of 1946*, Cambridge.

Fischer, Michael (1980): *Iran. From Religious Dispute to Revolution*, Cambridge, Mass.

Fischer, Michael (1983): «Imam Khomeini: Four Levels of Understanding», in: John Esposito (Hg.): *Voices of Resurgent Islam*, Oxford, 150–174.

Freeman, Colin (2005): «‹*If I want to breathe I must have permission from my husband*›», in: *The Telegraph* (19. 6. 2005), https://www.telegraph.co.uk/news/worldnews/middleeast/iran/1492391/If-I-want-to-breathe-I-must-have-permission-from-my-husband.html.

Fürtig, Henner (2003): «Die Bedeutung der iranischen Revolution von 1979 als Ausgangspunkt für eine antijüdisch orientierte Islamisierung», in: *Jahrbuch für Antisemitismusforschung*, Bd. 12, Berlin, 73–98.

Ganǧī, Akbar (2000): *Talaqqī-ye fāšīstī az dīn va ḥokūmat* (Eine faschistische Interpretation von Religion und Regierung), Teheran.

Gasiorowski, Mark J. (2004): *Mohammad Mosaddeq and the 1953 coup in Iran*, Syracuse.

Gheissari, Ali (1998): *Iranian Intellectuals in the 20th Century*, Austin.

Gholam Reza Afkhami (2009): *The Life and Times of the Shah*, Berkeley.

Hajatpour, Reza (2002): *Iranische Geistlichkeit zwischen Utopie und Realismus. Zum Diskurs über Herrschafts- und Staatsdenken im 20. Jahrhundert*, Wiesbaden.

Hakakian, Roya (2006): «Reading the Holocaust Cartoons in Teheran», in: *The New York Times* (2. 9. 2006), https://www.nytimes.com/2006/09/02/opinion/02hakakian.html.

Hitchens, Christopher (2005): «Iran's Waiting Game», in: *Vanity Fair* (Juli), https://www.vanityfair.com/news/2005/07/hitchens-200507.

Ḫoʾī (Khoʾi), Abū ʾl-Qāsem al- (1998): «Velāyat-e faqīh» (Die Führungsbefugnis des Rechtsgelehrten), in: *Rāh-e nou* 21 (13. 9. 1998), 16–17.

Ḫomeynī, Aḥmad (1996): *Maǧmūʿe-ye āṯār-e yādegār-e emām* (Gesammelte Werke Aḥmad Ḫomeynīs), vol. 1, Teheran.

Ḫomeynī, Rūḥollāh (1944): *Kašf al-asrār (*Die Enthüllung der Geheimnisse), Qom.

Ḫomeynī, Rūḥollāh (1971): *Ḥokūmat-e eslāmī* (Der islamische Staat), Beirut.

Ḫomeynī, Rūḥollāh (1980): *Sayings of the Ayatollah Khomeini: Political, Philosophical, Social and Religious*, New York.

Ḫomeynī, Rūḥollāh (1981): «The Meaning of Cultural Revolution: Address to Iranian Students in Tehran, April 26 1980», in: Hamid Algar (Hg., Übers.): *Islam and Revolution*, London.

Ḫomeynī, Rūḥollāh (1996^2): *Toużīḥ ol-Masāʾel* (Erläuterung der rechtswissenschaftlichen Fragen), Teheran.

Ḫomeynī, Rūḥollāh (1999a): *Ṣaḥīfe-ye Emām* (Das Buch des Imams), vol. IV, Teheran.

Ḫomeynī, Rūḥollāh (1999b): *Ṣaḥīfe-ye Emām* (Das Buch des Imams), vol. IX, Teheran.

Ḫomeynī, Rūḥollāh (1999c): *Ṣaḥīfe-ye Emām* (Das Buch des Imams), vol. XVI, Teheran.

Ḫomeynī, Rūḥollāh (1999d): *Ṣaḥīfe-ye Emām* (Das Buch des Imams), vol. XXI, Teheran.

Ḫomeynī, Rūḥollāh (2007a): *Sīyāsat-e ḫāreğī va ravābeṭ-e beynolmellal az dīdgāh-e emām ḫomeynī* (Auslandspolitik und internationale Beziehungen aus der Sicht Imam Khomeinis), Teheran.

Ḫomeynī, Rūḥollāh (2007b): *Esteżʿāf va estekbār* (Unterdrückung und Arroganz), Teheran.

Ḫomeynī, Rūḥollāh (2010): *Islam and Revolution. Writings and Declarations of Imam Khomeini*, herausgegeben von Hamid Algar, Berkeley.

Ḫomeynī, Rūḥollāh (o. J.): *Islamic Government*, translated by Hamid Algar. Institute for the Compilation and Publication of Imam Khomeini's Works, o. O.

Ḫomeynī, Rūḥollāh (o. J.): *The Wine of Love, Mystical Poetry of Imam Khomeini*. Institute for the Compilation and Publication of Imam Khomeini's Works, o. O.

Ḫorāsānī, Mollā Moḥsen Moḥammad Kāẓem (2006): *Sīyāsatnāme-ye Ḫorāsānī* (Das Buch der Politik) herausgegeben von Moḥsen Kadīvar, Schreiben 42, Teheran.

Ijtihadnet (2019): *Imam Khomeini's great respect toward his wife*, 3. 2. 2019, http://ijtihadnet.com/video-imam-khomeinis-respect-toward-his-wife.

ILNA news agency (17. 10. 2005).

Islamic Consultative Assembly (Hg.) (1979) *Qānūn-e asāsī-ye ğomhūrī-ye eslāmī-ye Īrān, 24 Ābān 1358* (Verfassung der Islamischen Republik Iran vom 15. 11. 1979), Teheran.

Islamic Consultative Assembly (Hg.) (o. J.): *The Constitution of The Islamic Republic of Iran, 1979. Last amended in 1989*, Teheran.

Izutsu, Toshihiko (1993): «Die Bedeutung von Sabzawârîs Metaphysik», in: *Spektrum Iran* 6, Nr. 3, 66–79.

Jahanbakhsh, Forough (2001): *Islam, Democracy and Religious Modernism in Iran (1953–2000), from Bazargan to Soroush*, Leiden.

Jahanbegloo, Ramin (Hg.) (2004): *Iran. Between Tradition and Modernity*, Oxford.

Kamrava, Mehran (2008): *Iran's Intellectual Revolution*, Cambridge.

Katouzian, Homa (1990): *Musaddiq and the Struggle for Power in Iran*, London.

Katouzian, Homa/Shahidi, Hossein (Hg.) (2008): *Iran in the 21st Century. Politics, Economics and Conflict*, London.

Keddie, Nikki (2003): *Modern Iran: Roots and Results of Revolution*, New Haven.

Keyhān (1979): Interview mit Moḥammad Kāẓem Šarīʿatmadārī, in: *Keyhān* (24. 1. 1979).

Keyhān (1979): Interview mit Moḥammad Kāẓem Šarīʿatmadārī, in: *Keyhān* (19. 5. 1979).

Keyhān-e farhangī (1989): Interview mit Ğaʿfar Sobḥānī, in: *Keyhān-e farhangī* (Juni).

Kho'i, Yousif al- (2002): Grand Ayatollah Abu al-Qassim al-Kho'i, in: Faleh Abdul-Jabar (Hg.): *Ayatollahs, Sufis and Ideologues. State, Religion and Social Movements in Iraq*, London, 223–230.

Knysh, Alexander (1992): «Irfan Revisited: Khomeini and the Legacy of Islamic Mystical Philosophy», in: *The Middle East Journal*, vol. 64 (4), 631–652.

Lambton, Ann K. (1969): *The Persian Land Reform 1962–1966*, Oxford.

Lenczowski, George (1949): *Russia and the West in Iran 1918–1948, a study in big-power rivalry*, Ithaca.

Martin, Vanessa (2003): *Creating an Islamic State: Khomeini and the Making of a New Iran*, London.

Menashri, David (1992): *Education and the Making of Modern Iran*, New York.

Menashri, David (2001): *Post-Revolutionary Politics in Iran: Religion, Society, and Power*, London.

Meṣbāḥ Yazdī, Moḥammad Taqī (1999): *Velāyat-e faqīh* (Die Herrschaft des Rechtsgelehrten), Qom.

Meṣbāḥ Yazdī, Moḥammad Taqī: http://www.mesbahyazdi.org/farsi/index.htm. (5. 10. 2008).

Milani, Abbas (2008): *Eminent Persians. The Men and Women who made Modern Iran, 1941–1979*, Syracuse, NY.

Milani, Mohsen: «The evolution of the Iranian Presidency: From Bani Sadr to Rafsanjani», in: *British Journal of Middle Eastern Studies* 20 (1993), 83–97.

Mir-Hosseini, Ziba (2000): «Ayatollah Khomeini and the Question of Women: Pre- and Post-Revolutionary Positions», in: Richard Tapper (Hg.): *Ayatollah Khomeini and the Modernization of Islamic Thought*, Occasional Paper 19, London: Center of Near and Middle Eastern Studies, 27–34.

Mirmobini, Hossein (2006): «Written Debates with Shi'i Leader ‹Ayatollah› Montazeri», in: *Persian Cultural Review*, Sacramento, CA.

Mirsepassi, Ali (2000): *Intellectual Discourse and the Politics of Modernization: Negotiating Modernity in Iran*, Cambridge.

Mizān (2007): «Interview mit Moḥammad Taqī Meṣbāḥ Yazdī», in: *Mizān* (30. 8. 2007).

Moin, Baqer (1999): *Khomeini. Life of the Ayatollah*, London.

Moin, Baqer (2005[2]): «Khomeini's Search for Perfection: Theory and Reality», in: Ali Rahnema (Hg.): *Pioneers of Islamic Revival*, London, 64–97.

Montaẓerī, Ḥoseyn ʿAlī (1988): *Mabānī-ye feqhī-ye ḥokūmat-e eslāmī* (Die juristischen Grundlagen der islamischen Regierung), Teheran.

Montaẓerī, Ḥoseyn ʿAlī (1997): «Brief an Moḥammad Ḫatamī», in: *Payām-e hāğar* (228) 17, 5–7.

Montaẓerī, Ḥoseyn ʿAlī (1998): «Neẓārat-e faqīh» (Die Aufsicht des Rechtsgelehrten), in: *Rāh-e nou* 18 (21. 8. 1998), 12–13.

Montaẓerī, Ḥoseyn ʿAlī (1998): «*Neẓārat-e faqīh* 2» (Die Aufsicht des Rechtsgelehrten 2), in: *Rāh-e nou* 19 (30.8), 10–11.

Moṭahharī, Morteẓā (o. J. a): «Moškel-e asāsī dar sāzmān-e rouḥānīyat» (Das grundlegende Problem der Institution Geistlichkeit), in: Ders.: *Dah Goftār*, 165–200.

Moṭahharī, Morteżā (o. J. b): *Pīrāmūn-e enqelāb-e eslāmī* (Über die islamische Revolution), Qom.

Mottahedeh, Roy (1988): *Der Mantel des Propheten oder das Leben eines persischen Mullah zwischen Religion und Politik*, München.

Nabavi, Negin (2003): *Intellectual Trends in Twentieth Century Iran: A Critical Survey*, Gainesville, FL.

Nāʾīnī, Mīrzā Moḥammad Ḥoseyn (1955): *Tanbīh al-umma wa-tanzīh al-milla* (Erweckung der Gemeinschaft und Läuterung der Nation). Herausgegeben und kommentiert von Maḥmūd Ṭāleqānī, Teheran.

Naraghi, Ehsan (1992): *Enseignement et changements sociaux en Iran du VIIe auf Xxe siècle – Islam et laicité, lecons d'une expérience séculaire*, Paris.

Narāqī, Aḥmad (2000): *ʿAwāʾid al-ayyām fī bayān qawāʿid al-aḥkām wa-muhimmāt masāʾil al-ḥalāl wa-l-ḥarām* (Nutzen der Zeit für die Erklärung der Regeln der Urteile und die Erfordernisse der Fragen der Gebote und Verbote), Beirut.

Nasr, Seyyed Hossein; Dabashi, Hamid; Nasr, Seyyed Vali Reza (Hg.) (1988): *Shiʿism. Doctrines, Thought, and Spirituality*, Albany.

New York Times (1983): «Khomeini Assails U. S. Over Appeal on Bahai», in: *New York Times* (29. 5. 1983).

Nirumand, Bahman (2019): «Mein Fehler war, dass ich Chomeini, trotz meiner Erfahrungen und Beobachtungen, falsch eingeschätzt habe. Ein Interview mit dem ersten Präsidenten der Islamischen Republik, Abolhassan Banisadr», in: *Le Monde Diplomatique* No. 27, 13.

Nirumand, Bahman; Daddjou, Keywan (1989²): *Mit Gott für die Macht. Eine politische Biographie des Ayatollah Chomeini*, Reinbek bei Hamburg.

Nūrī, Fażlollāh (1983): *Maǧmūʿeʾī az rasāʾel, ʿelāmīye, maktūbāt va rūznāme-ye šeyḫ šahīd Fażlollāh Nūrī* (Sammlung aller Abhandlungen, Verlautbarungen, Schriften und Flugblätter šeyḫ Fażlollāh Nūrīs), herausgegeben von Moḥammad Torkaman, Teheran.

Parsi, Trita (2007): *Treacherous Alliance. The Secret Dealings of Israel, Iran, and the US*, New Haven.

Pārsīpūr, Šahrnūš (1996): *Ḫāṭerāt-e zendān* (Gefängnismemoiren), Stockholm.

Partou: http://partosokhan.ir

Rahimi, Babak (2012): *Theater State and the Formation of Early Modern Public Sphere in Iran, Studies on Safavid Muharram Rituals, 1590–1641 CE*, Leiden.

Rahnema, Ali (1998): *An Islamic Utopian: A political Biography of ʿAli Šariʿati*, London.

Rahnema, Ali; Nomani, Farhad (1990): *The Secular Miracle*, London.

Rahnema, Saeed; Behdad, Sohrab (1996): *Iran after the Revolution: Crisis of an Islamic State*, London.

Rajaee, Farhang (1983): *Islamic Values and World View: Khomeini on Man, the State and International Politics*, Lanham.

Ram, Haggai (1991): «The Myth of the Early Islamic Government: The Legitimization of the Islamic Regime», in: *Iranian Studies* 24, 37–54.

Ram, Haggai (2009): *Iranophobia. The Logic of an Israeli Obsession*, Stanford.

Rāzī, Moḥammad Šarīf (1953): *Āṯār al-Ḥoǧat* (Werke der Beweisführung), vol. 2, Qom.

Reissner, Johannes (1988): «Der Imam und die Verfassung. Zur politischen und staatsrechtlichen Bedeutung der Direktive Imam Khomeinis vom 7. Januar 1988», in: *Orient* 29 (Juni), 213–236.

Richard, Yann (2006): *L'Iran. Naissance d'une république islamique*, Paris.

Riesebrodt, Martin (1990): *Fundamentalismus als patriarchalische Protestbewegung. Amerikanische Protestanten (1910–28) und iranische Schiiten (1961–79) im Vergleich*, Tübingen.

Rose, Gregory (1983): «Velayat-e Faqih and the Recovery of Islamic Identity in the Thought of Ayatollah Khomeini», in: Nikki Keddie (Hg.): *Religion and Politics in Iran: Shi'ism from Quietism to Revolution*, New Haven, CT, 166–190.

Šahīdī, Seyyed Ǧaʿfar (1994): *Az dīrūz tā emrūz* (Von gestern bis heute), Gesammelte Aufsätze, Teheran.

Saqafi, Morad (2003): «Crossing the Desert: Iranian Intellectuals after the Islamic Revolution», in: Nabavi, Negin (Hg.): *Intellectual Trends in Twentieth-Century Iran*, Gainesville, 111–135.

Šarīʿatī, ʿAlī (1980): *Ommat va emāmat* (Islamische Gemeinde und Imamat), Teheran.

Šarīʿatī, ʿAlī (1991): «Fāṭeme Fāṭeme ast» (Fatima ist Fatima), in: *Zan*, Teheran.

Šarq (2006): Interview mit Moḥammad Taqī Meṣbāḥ Yazdī, in: *Šarq* (7. 1. 2006).

Schirazi, Asghar (1991): «Die neuere Entwicklung der Verfassung in der Islamischen Republik Iran», in: *Verfassung und Recht in Übersee*, 24 (2), 105–122.

Schirazi, Asghar (1997): *The Constitution of Iran*, London.

Schirazi, Asghar (2003): *Modernität und gestörte Wahrnehmung: eine Fallstudie über die Tudeh-Partei des Iran und ihr Verhältnis zur Demokratie*, Hamburg.

Schwerin, Ulrich von (2015): *The Dissident Mullah: Ayatollah Montazeri and the Struggle for Reform in Revolutionary Iran*, London.

Shaffer, Brenda (2002): *Borders and Brethren. Iran and the Challenge of Azerbaijan Identity*, Cambridge.

Siavoshi, Sussan (2010): «Ayatollah Misbah-Yazdi: A Voice of Authoritarian Islam», in: *Muslim World* 100 (1), 124–44.

Siavoshi, Sussan (2017): *Montazeri: The Life and Thought of Iran's Revolutionary Ayatollah*, Cambridge.

Sorūš, ʿAbdol-Karīm (2000): *Reason, Freedom, and Democracy in Islam*. Translated, edited, and with a critical Introduction by Mahmoud Sadri and Ahmad Sadri, Oxford.

Sorūš, ʿAbdol-Karīm (2009): *The Expansion of Prophetic Experience: Essays on Historicity, Contingency and Plurality in Religion*. Translated by Nilou Mobasser, Leiden.

Ṭabāṭabāʾī, Moḥammad Ḥoseyn (1960): *Tafsīr al-mīzān* (Die Waage in der Koranexegesse), Persische autorisierte Übersetzung, Bd. 8, Qom.

Ṭabāṭabāʾī, Moḥammad Ḥoseyn (1988): «The Imams and the Imamate», in: *Nasr*, 156–167.

Ṭabāṭabāʾī, Moḥammad Ḥoseyn (o. J.): «Velāyat va zeʿāmat» (Führungsbefugnis und Führerschaft), in: Ṭabāṭabāʿī et al.: *Baḥs̱ī darbāre-ye marǧaʿīyat va rouḥānīyat*, Qom, 71–99.

Vahdat, Farzin (2002): *God and Juggernaut. Iran's Intellectual Encounter with Modernity*, Syracuse, NY.

Wahdat-Hagh, Wahied (2003): «Fremd in der Heimat» (Interview mit David Mehashri), in: *Jungle World* 7, https://jungle.world/artikel/2003/07/fremd-der-heimat.

Zabih, Sepehr (1966): *The Communist movement in Iran*, Berkeley.

Bildnachweis

Seite 15: https://www.flickr.com/photos/ninara/47015113441 (CC BY 2.0) | *Seite 47:* http://www.imam-khomeini.ir | *Seite 53:* © picture alliance/ullstein bild | *Seite 54:* http://ar.imam-khomeini.ir | *Seite 66:* Iran Public Domain, https://upload.wikimedia.org/wikipedia/commons/2/24/Chomeini97.jpg (CC BY-SA 3.0) | *Seite 136:* Iran Public Domain, https://de.m.wikipedia.org/wiki/Datei:%D8 %AE%D9 %85 %DB%8C%D9 %86 %DB%8C_%D8 %AF%D8 %B1_%D8 %AA%D8 %B1 %DA%A9 %DB%8C%D9 %87.jpg | *Seite 139:* Wikimedia, https://commons.wikimedia.org/wiki/File:Ruhollah_Khomeini_in_his_home,_Najaf_-1965.jpg (CC BY 4.0) | *Seite 142:* Wikimedia, https://commons.wikimedia.org/wiki/File:Rouhollah_Khomeini_in_exile,_Najaf,_Pilgrimage_the_shrine_of_Imam_Ali_(32).jpg (CC BY 4.0) | *Seite 174:* © picture alliance/dpa | *Seite 176:* © Hugues Vassal/akg-images/picture alliance | *Seite 181:* Aus: Arshin Adib-Moghaddam, A Critical Introduction to Khomeini, Cambridge 2014, Abb. 21 | *Seite 187:* © 2012 Jean-Claude Deutsch/Paris Match/Getty Images | *Seite 189, 191:* © Kaveh Kazemi/Getty Images | *Seite 192:* Wikimedia, https://commons.wikimedia.org/wiki/Category:Ruhollah_Khomeini_in_Neauphle-le-Ch%C3%A2teau (CC BY 4.0) | *Seite 193:* Wikimedia, https://commons.wikimedia.org/wiki/Category:Ruhollah_Khomeini_in_Neauphle-le-Ch%C3%A2teau (CC BY 4.0) | *Seite 196:* Wikimedia, https://commons.wikimedia.org/wiki/Category:Ruhollah_Khomeini_in_Neauphle-le-Ch%C3 %A2teau (CC BY 4.0) | *Seite 198:* Aus: Arshin Adib-Moghaddam, A Critical Introduction to Khomeini, Cambridge 2014, Abb. 19 | *Seite 202:* © Bettmann Archive/Getty Images | *Seite 204:* © Francois Lochon/Gamma-Rapho/Getty Images | *Seite 206:* © Bettmann Archive/Getty Images | *Seite 208, 213:* © Alain Dejean/Sygma/Getty Images | *Seite 216:* © Jacques Langevin/AP Photo/picture alliance | *Seite 217:* US Public Domain, https://commons.wikimedia.org/wiki/File:Sadegh_Ghotbzadeh_and_Ruhollah_Khomeini,_Neauphle-le-Ch%C3 %A2teau_-_1978.jpg | *Seite 219:* © Reza/Webistan/Getty Images | *Seite 230:* US Public Domain, https://commons.wikimedia.org/wiki/File:PM_Bazargan_meet_Ruhollah_Khomeini_on_the_roof_of_his_residence,_Qom_-_March_1979.jpg | *Seite 232:* © picture alliance/dpa | *Seite 235:* © AFP/Getty Images | *Seite 238:* © picture alliance/REUTERS | *Seite 242:* © Keystone/Getty Images | *Seite 278:* https://cdn.mashreghnews.ir/old/files/fa/news/1392/7/21/421317_564.jpg | *Seite 318:* Aus: Arshin Adib-Moghaddam, A Critical Introduction to Khomeini, Cambridge 2014, Abb. 17 | *Seite 320:* © 2009 Scott Peterson/Getty Images

Personenregister

Abrahamian, Ervand (geb. 1940), Historiker 66, 92, 152

Abu Bakr (573–634), erster Kalif 32f., 77

Achundzade, Fath Ali (1812–1878), Dramatiker 22

al-Afghani, Dschamal ad-Din (1838–1897), Vordenker des Panislamismus 17

Afzali, Oberst 132f., 135

Agnew, Spiro (1918–1996), ehem. US-Vizepräsident 174

Ahmad Schah (1898–1930), Qadscharen-Herrscher 27

Ahmadinedschad, Mahmud (geb. 1956), ehem. iranischer Staatspräsident 227, 320

Aischa bint Abi Bakr (613–678), jüngste Frau des Propheten Mohammad 33f.

Akhavi, Shahrough (geb. 1940), Politologe 152

Ala, Hosein (1881–1964), ehem. iranischer Premierminister 83

Alam, Asadollah (1919–1978), ehem. iranischer Premierminister 116, 126

Al-e Ahmad, Dschalal (1923–1969), iranischer Schriftsteller 88–92, 146, 330, 334

Algar, Hamid (geb. 1940), Islamwissenschaftler 155

Ali ibn Abi Talib (601–661), vierter Kalif 32–34, 40f., 47, 77, 104, 139, 142, 144, 152, 157, 159f., 162, 177, 266, 285, 328, 330, 332–335

Amini, Ali (1905–1992), ehem. iranischer Premierminister 111, 116

Amuzegar, Dschamschid (1923–2016), ehem. iranischer Premierminister 184, 190

Anne (geb. 1950), britische Prinzessin 175

Ansari, Scheich Morteza (1800–1864), schiitischer Gelehrter 98–100, 106, 141, 160, 164

Ardabili, Abdolkarim Musavi (1926–2016), Groß-Ayatollah 229

Aristoteles (385–322 v. Chr.), Philosoph 286

Arjomand, Said Amir (geb. 1946), iranisch-amerikanischer Politologe 210, 212

Arsandschani, Hasan (1923–1969), ehem. iranischer Landwirtschaftsminister 120

Astarabadi, Mohammad Amin (gest. 1624), schiitischer Gelehrter 19

Avani, Gholamreza (geb. 1943), Philosoph 312

Averroes (Ibn Ruschd, 1126–1198), Philosoph 307f.

Avicenna (Ibn Sina, 980–1037), Arzt und Philosoph 58, 109, 302, 308

Azari Qomi, Ahmad (1925–1999), Groß-Ayatollah 243

Bachtiar, Schapur (1914–1991), ehem. iranischer Premierminister 197, 202, 326

Bahaullah, Mirza Ali Nuri (1817–1892), Religionsstifter (Bahaitum) 222, 328

Bahonar, Mohammad Dschavad (1933–1981), ehem. iranischer Premierminister 229, 234

Bani Sadr, Abolhasan (geb. 1933), ehem.

iranischer Staatspräsident 142, 175, 192f., 203, 230, 233f., 327
Bazargan, Mehdi (1907–1995), ehem. iranischer Premierminister 85–87, 105, 115, 128, 145, 190, 195, 229–231, 266, 326, 334
Behbahani, Mohammad Baqer Vahid (1705–1791), schiitischer Gelehrter 19
Behbahani, Ayatollah Abdollah (1840–1910), schiitischer Gelehrter 23
Behbahani, Ayatollah Mohammad (1928–1981), schiitischer Gelehrter 78, 105, 116, 143, 229f., 233
Bergson, Henri (1859–1941), Philosoph 90
Bobzin, Hartmut (geb. 1946), Islamwissenschaftler 12
Boroujerdi, Mehrzad (geb. 1962), iranisch-amerikanischer Politologe 88
Borudscherdi, Hosein (1875–1961), Groß-Ayatollah 70f., 73, 77, 79–84, 87, 96, 107f., 110, 112f., 117f., 141, 325
Brook, Peter (geb. 1925), Theaterregisseur 37
Buchta, Wilfried (geb. 1961), Islamwissenschaftler 232, 234f.
Bush, George W. (geb. 1946), ehem. US-Präsident 322

Callaghan, James (1912–2005), ehem. britischer Premierminister 199
Camus, Albert (1913–1960), Schriftsteller und Philosoph 90
Carter, Jimmy (geb. 1924), ehem. US-Präsident 9, 184, 186f., 199, 306
Castro, Fidel (1926–2016), ehem. Staatspräsident Kubas 10
Ceauşescu, Nicolae (1918–1989), ehem. Staatspräsident Rumäniens 175
Çetiner, Ali, türkischer Sicherheitsoffizier 134–137
Çetiner, Melahat 134–137
Che Guevara (1928–1967), Revolutionär 10, 177
Choi, Abolqasem (1899–1992), Groß-Ayatollah 140f., 168–172
Choi, Yousif, Enkel des Groß-Ayatollahs 170
Chonsari, Mirza Ahmed Motschtahed (1891–1984) 16
Chorasani, Achund (Mohammad Kazem) (1839–1911), irakischer schiitischer Geistlicher 25, 45, 99–103, 106f., 160f., 164
Churchill, Winston (1874–1965), ehem. britischer Premierminister 104, 322
Cockroft, James (1935–2019), Soziologe 223
Corbin, Henry (1903–1978), Islamwissenschaftler 307f.

Dabashi, Hamid (geb. 1951), iranisch-amerikanischer Historiker 88, 176
Daschti, Ali (1894–1982), iranischer Journalist 128
Dschafar al-Kaschfi (1775–1850), schiitischer Gelehrter 97
Dschafar an-Nadschafi (Kaschif al-Ghita, gest. 1812), schiitischer Gelehrter 97
Dschamschidi, Mohammad Hosein (1971), iranischer Politikwissenschaftler 298

Elghanian, Habib (1912–1979), ehem. Vorsteher der jüdischen Gemeinde Teheran 224
Emami, Dschafar Scharif (1910–1998), iranischer Premierminister 190, 197
Engels, Friedrich (1820–1895), Philosoph 148
Eschraqi, Naime (geb. 1965), Ingenieurin, Enkelin von Ayatollah Khomeini 319f.
Eschraqi, Schahabeddin (1926–1981), Schwiegersohn von Ayatollah Khomeini 193
Eschraqi, Zahra (geb. 1964), Philosophin, Enkelin von Ayatollah Khomeini 317–320
Ess, Josef van (geb. 1934), Islamwissenschaftler 307

Falaturi, Abdoljavad (1926–1996), Islamwissenschaftler 59
Fallaci, Oriana (1929–2006), Journalistin 290
Falsafi, Mohammad Taqi (1908–1998), schiitischer Prediger 82f.
Fanon, Frantz (1925–1961), Vordenker der Entkolonialisierung 143, 146
Farah Diba (geb. 1938), ehem. iranische Kaiserin 170, 174, 199
Fardid, Ahmad (1909–1994), iranischer Philosoph 90, 330
Fath Ali Schah (1772–1834), Qadscharen-Herrscher 97
Fatima bint Mohammad (gest. 632), Tochter des Propheten Mohammad 14, 32, 34, 40f., 265, 284f., 332f., 335
Fatima Masuma (gest. 817), Schwester des achten Imams der Schia 51, 254
Fichte, Johann Gottlieb (1762–1814), Philosoph 60
Firdausi (940–1020), persischer Dichter 39
Fischer, Michael (geb. 1946), Iranist 145
Foruhar, Dariusch (1928–1998), iranischer Politiker 231
Foucault, Michel (1926–1984), Philosoph 197f.
Fromm, Erich (1900–1980), Psychoanalytiker 90

Gandschi, Akbar (geb. 1960), iranischer Dissident 195
Giscard d'Estaing, Valéry (geb. 1926), ehem. französischer Staatspräsident 199
Golpayegani, Mohammad Reza (1899–1993), Groß-Ayatollah 112, 187
Gorgani, Mullah Musavi 58
Gösken, Urs (geb. 1966), Islamwissenschaftler 109
Gracia Patricia (1929–1982), Fürstin von Monaco 175
Gramsci, Antonio (1891–1937), Philosoph 93
Gurvitch, Georges (1894–1965), Soziologe 146

Habibi, Hasan (1937–2013), iranischer Politiker 205
Hadidschi, Marzie (1939–2016), iranische Parlamentsabgeordnete 293
Hadschie Agha Chanum (gest. 1918), Mutter von Ayatollah Khomeini 14, 16, 21, 325
Hafiz (um 1315–1390), persischer Dichter und Mystiker 39, 309, 311–314
Hakakian, Roya (geb. 1966), iranisch-amerikanische Autorin 225, 227
Hakamizade, Ali Akbar (1898–1987), iranischer Geistlicher, Anti-Kleriker 67
al-Hakim, Muhsin (1889–1970), Groß-Ayatollah 112f., 140f., 168–170
Halabi, Ayatollah Mahmud (1900–1998), Führer der *hodschatiye* 73, 83
Hasan (625–670), Enkel des Propheten Mohammad 34f., 40, 335
Haschemi, Mehdi (1943–1987), Vertrauter von Groß-Ayatollah Montazeri 247f., 250
Hassel, Kai-Uwe von (1913–1997), deutscher Politiker 175
Heidegger, Martin (1889–1976), Philosoph 90
Heinemann, Gustav (1899–1976), ehem. Bundespräsident 175
al-Hilli, Allama (1250–1325), schiitischer Gelehrter 17
Hindi, Nureddin (gest. 1977), Bruder von Ayatollah Khomeini 20
Hitchens, Christopher (1949–2011), Journalist 322
Hitler, Adolf (1889–1945) 322
Hoveyda, Amir Abbas (1919–1979), ehem. iranischer Premierminister 184
Hugo Sanctallensis (12. Jahrhundert), spanischer Übersetzer 64
Humboldt, Wilhelm von (1767–1835), preußischer Bildungsreformer 60

Husain (626–680), Enkel des Propheten Mohammed 11, 31, 34–38, 40, 123, 328, 332, 334f.

Ibn Arabi (1165–1240), Philosoph und Mystiker 309
Imam Reza (768–818), achter Imam (Zwölferschiiten) 254
Isfahani, Abolhasan (1861–1946), Groß-Ayatollah 52, 75
Ismail I. (1487–1524), erster Safawiden-Schah 44, 335
Izutsu, Toshihiku (1914–1993), Philosoph 308

Juan Carlos (geb. 1938), ehem. spanischer König 174
Jung, Carl Gustav (1875–1961), Psychiater und Denker 146

Kaschani, Ayatollah Abolqasem (1882–1962), schiitischer Kleriker 71f., 77–79, 84, 125, 333
Kasravi, Ahmad (1890–1946), iranischer Philosoph und Anti-Kleriker 67–69, 81, 89, 329
Katouzian, Homa (geb. 1942), Historiker 108
Katouzian, Naser (1931–2014), iranischer Rechtswissenschaftler 212
Kemal, Namýk (1840–1888), osmanischer Schriftsteller 24
Kennedy, John F. (1917–1963), ehem. US-Präsident 119
Khamenei, Ali (geb. 1939), «Oberster Führer» der Islamischen Republik Iran 11, 229, 233–235, 243f., 250–252, 256
Khatami, Mohammad (geb. 1943), ehem. iranischer Staatspräsident 244, 262, 319, 321
Khatami, Mohammad Reza (geb. 1959), iranischer Politiker 319
Khomeini, Ahmad (1946–1995), Sohn von Ayatollah Khomeini 28f., 156, 169, 191, 193, 198, 235, 237, 246–251, 320, 325
Khomeini, Hasan (geb. 1972), schiitischer Geistlicher, Enkel von Ayatollah Khomeini 198, 320f.
Khomeini, Hosein (geb. 1958), schiitischer Geistlicher, Enkel von Ayatollah Khomeini 321–323
Khomeini, Mostafa (1930–1977), schiitischer Geistlicher, Sohn von Ayatollah Khomeini 133f., 137f., 141, 184f., 321, 325
Khomeini, Sediqe, Tochter von Ayatollah Khomeini 317, 319, 325
Khomeini, Yasar, Enkel von Ayatollah Khomeini 198
Kyros der Große (um 559–530 v. Chr.), Achämeniden-Herrscher 173

Lavasani, Mohammad Sadeq (1901–1990), Jugendfreund von Khomeini 53f., 62
Legenhausen, Mohammad Gary (geb. 1953), Philosoph 312
Lenin, Wladimir Iljitsch (1870–1924), Politiker und Revolutionär 10
Lévi-Strauss, Claude (1908–2009), Ethnologe 146

Madschlesi, Mohammad Baqer (1616–1698), Rechtsgelehrter 108
Mahdavi Kani, Ayatollah Mohammad Reza (1931–2014), ehem. iranischer Ministerpräsident 185, 229
Maleki, Khalil (1903–1969), iranischer Politiker 89, 334
Malik al-Aschtar (gest. 658), Gouverneur in Ägypten 41f., 265
Malkom Chan, Mirza (1833–1908), Schriftsteller 22
Malraux, André (1901–1976), Schriftsteller und Politiker 146
Mansour, Hassan Ali (1923–1965), ehem. iranischer Premierminister 330
Mao Zedong (1893–1976) 10
Marcos, Ferdinand (1917–1989), ehem. Präsident der Philippinen 175
Marcuse, Herbert (1898–1979), Philosoph 90

Martin, Vanessa (geb. 1946), Islamwissenschaftlerin 177
Marx, Karl (1818–1883), Philosoph 148
Massignon, Louis (1883–1962), Islamwissenschaftler 143
Mazandarani, Abdollah (1840–1912), irakischer schiitischer Geistlicher 25
Menashri, David (geb. 1944), israelischer Historiker 225
Midhat Pascha, Ahmet Shefik (1822–1884), osmanischer Großwesir 24
Milani, Mohsen, Politologe 251
Mirza Abu l-Qasem (Mirza Qommi, 1737–1816), schiitischer Gelehrter 97
Mohammad Ali Schah (1872–1925), Qadscharen-Herrscher 25, 27, 99
Mohammed (571–632), Prophet 32–35, 40f., 47f., 77, 123, 157–160, 163f., 171, 222f., 254, 265, 328, 332f.
Moin, Baqer, Biograph von Khomeini 65, 170, 309
Molla Sadra Schirazi (1571–1640), schiitischer Mystiker 58, 107f., 302, 307, 309
Montazeri, Hosein Ali (1922–2009), Groß-Ayatollah 12, 58, 80, 118, 142, 229, 237–241, 243–252, 255–262, 264, 270f.
Montazeri, Said (geb. 1962), Sohn des Groß-Ayatollah 245
Mosaddeq, Mohammad (1882–1967), ehem. iranischer Premierminister 71f., 76–78, 111, 116, 120f., 334
Mostafavi Khomeini, Faride (geb. 1943), Tochter von Ayatollah Khomeini 278, 325
Mostafavi Khomeini, Zahra (geb. 1940), Tochter von Ayatollah Khomeini 277f.
Mostafavi, Seyyed Dschavad (1922–1989), iranischer Autor 288
Mostanbet, Seyyed Nasrollah (1909–1985), Ayatollah 139
Motahhari, Ayatollah Morteza (1920–1979), schiitischer Geistlicher 58, 85–88, 105, 142, 144, 183, 185, 205, 207, 209, 229, 233, 282, 285f., 331
Mottahedeh, Roy (geb. 1940), Historiker 190
Mozaffaroddin Schah (1853–1907), Qadscharen-Herrscher 21–23, 25, 333
Muawiya (603–680), erster Umayyaden-Kalif 33–35, 41
Musa al-Kazim (745–799), siebter Imam der Schia 14, 281, 325
Musavi, Mir Hosein (geb. 1942), Reformpolitiker 278, 321
Musavi, Mostafa (1856/62–1902), Vater von Ayatollah Khomeini 16 f., 19–21, 325
Musavi Hendi, Seyyed Ahmad (gest. 1869), Großvater von Ayatollah Khomeini 15f.

Naderpur, Nader (1929–2000), iranischer Poet 39
Nadschafi, Schahab ad-Din Maraschi (1897–1990), irakischer Groß-Ayatollah 112, 187
Naini, Mirza Hosein (1860–1936), Groß-Ayatollah 52, 75, 103–107, 169, 261
Nane Chavar, Amme von Ayatollah Khomeini 28
Naraqi, Molla Ahmad (1771–1829), schiitischer Gelehrter 96–98, 106, 158
Naseroddin Schah (1831–1896), Qadscharen-Herrscher 16, 24, 103, 335
Nasiri, Nematollah (1911–1979), General, Chef des Geheimdienstes SAVAK 175
Nasr, Seyyed Hosein (geb. 1933), Philosoph 307
Nirumand, Bahman (geb. 1936), iranischer Schriftsteller 201
Nixon, Richard (1913–1994), ehem. US-Präsident 174
Nizam al-Mulk (1018–1092), Großwesir der Seldschuken 55f., 335
Nuri, Scheich Fazlollah (1843–1909), schiitischer Gelehrter 21, 26f., 45, 91f., 103, 162, 210–212

Ohnesorg, Benno (1940–1967) 175

Pahlavi, Mohammad Reza (1919–1980), ehem. Schah von Iran 9, 36, 53, 71, 76, 78–80, 82f., 86, 90, 92, 105, 111–113, 116–130, 137, 139f., 155f., 170, 173–180, 184–190, 194, 197–199, 201f., 208, 215, 224, 233, 255, 270, 275, 278f., 281, 286–288, 306, 322, 326, 330, 334–337
Pahlavi, Reza (1878–1944), ehem. Schah von Iran 13, 52f., 65, 67, 70–72, 75f., 92, 109, 118, 279, 289, 328
Parsi, Trita (geb. 1974), Gründer des Iranian-American Council 226
Parsipur, Shahrnush (geb. 1946), iranische Schriftstellerin 238
Pasandide, Morteza (1896–1996), Bruder von Ayatollah Khomeini 14, 19f., 29, 39f., 185
Philip (geb. 1921), britischer Prinzgemahl 175
Proudhon, Pierre-Joseph (1809–1865), Ökonom und Soziologe 148

Qomi, Seyyed Hosein Tabatabai (1865–1947), Ayatollah 76
Qotbzade, Sadeq (1936–1982), ehem. iranischer Außenminister 142, 193, 217, 229

Radschai, Mohammad Ali (1933–1981), ehem. iranischer Staatspräsident 234
Rafsandschani, Akbar (1934–2017), ehem. iranischer Staatspräsident 61, 123, 181, 212f., 229, 232f., 243, 246–248, 250–252
Rahnema, Ali (geb. 1952), Historiker 182, 212
Rainier III. (1923–2005), Fürst von Monaco 175
Ram, Haggai (geb. 1960), israelischer Historiker 226
Razi, Mohammad Scharif (1922–2000), Historiker 82
Razmara, Ali (1901–1951), ehem. iranischer Premierminister 329
Reagan, Ronald (1911–2004), ehem. US-Präsident 223f.
Reischahri, Mohammad (geb. 1946), ehem. iranischer Geheimdienstminister 248
Riesebrodt, Martin (1948–2014), Religionssoziologe 275f.
Rohani, Mohammad (geb. 1926), Groß-Ayatollah 141
Rose, Gregory, Iranist 155, 169
Rouhani, Hasan (geb. 1948), iranischer Staatspräsident 321
Rushdie, Salman (geb. 1947), Schriftsteller 239f., 313, 327

Saadi (um 1210-um 1292), persischer Dichter und Mystiker 39
Sabaghian, Haschem (geb. 1937), ehem. iranischer Innenminister 194f.
Sabet, Habib (1903–1993), Geschäftsmann 83
Sabzevari, Molla Hadi (1797–1873), iranischer Philosoph 58, 307
Saddam Hussein (1937–2006) 217, 226, 234, 322, 327
as-Sadr, Mohammad Baqir (1935–1980), schiitischer Geistlicher 170
Safavi, Navvab (1924–1955), Gründer der *fedaiyan-e eslam* 79f., 125, 329
Safioddin Ardabili (1252–1334) Scheich, Ordensmeister 335
Sahabi, Ezatollah (1930–2011), iranischer Politiker 229
Sahebe (gest. 1918), Tante von Ayatollah Khomeini 28f.
Sandschabi, Karim (1904–1995), iranischer Politiker 190
Saqafi, Morad (geb. 1957), iranischer Journalist 90
Saqafi, Qodsi (1913–2009), Ehefrau von Ayatollah Khomeini 62, 195, 325
Sarasin, Philipp (geb. 1956), Historiker 198
Sardari, Abdolhosein (1895–1981), iranischer Diplomat 227
Sartre, Jean-Paul (1905–1980), Romancier und Philosoph 90, 143, 146
Schahidi, Dschafar (1918–2008), irani-

scher Literaturwissenschaftler und Historiker 59f.
Schahrudi, Mahmud (gest. 1974), Groß-Ayatollah 140
Schaltut, Mahmud (1893–1963), Scheich der Azhar 71, 329
Schariati, Ali (1933–1977), ideologischer Wegbereiter der Revolution 36f., 88, 107, 143–153, 182–184, 284f., 289, 331
Schariati Resavi, Puran (1934–2019), Ehefrau von Ali Schariati 143, 152
Schariatmadari, Mohammad Kazem (1906–1986), Groß-Ayatollah 110, 112, 118, 127, 187, 190, 214–218
Schirazi, Asghar (geb. 1937), Politologe 240
Schirazi, Ayatollah Naser Makarem (geb. 1927), schiitischer Gelehrter 64
Schirazi, Mirza Hasan (1815–1895), schiitischer Geistlicher 16f., 45, 99, 103, 335
Schirazi, Seyyed Ali Muhammad (Bab, 1819–1850), Religionsstifter des Babismus 222
Schmidt, Helmut (1918–2015), ehem. Bundeskanzler 199
Scholl-Latour, Peter (1924–2014), Journalist 202
Sepahsalar, Mirza Hosein (1827–1881), iranischer Reformer 24
Shaw, George Bernard (1856–1950), Dramatiker 90
Simpson, John (geb. 1944), Journalist 201
Sobhani, Dschafar (geb. 1929), schiitischer Gelehrter 65
Sophia von Griechenland (geb. 1938), Prinzessin 175
Soroush, Abdolkarim (geb. 1945), Philosoph 112, 268f.
Spengler, Oswald (1880–1936), Philosoph 90
Suharto, Mohamed (1921–2008), ehem. indonesischer Staatspräsident 175
Suhrawardi, Schihab ad-Din (1154–1191), Philosoph und Mystiker 302

Tabatabai, Allame Mohammad Hosein (1904–1981), Philosoph 49, 59, 85f., 96, 104–110, 164f.
Tabatabai, Ayatollah Mohammad (1841–1918), schiitischer Rechtsgelehrter 23, 26
Tabatabai, Sadeq (1943–2015), Politiker 10, 142, 202f.
Taheri, Amir (geb. 1942), Journalist 194
Taleqani, Mahmud (1914–1979), Geistlicher 72, 85, 87, 89, 105, 143, 310, 334
Taqizade, Hasan (1878–1970), iranischer Politiker 91
Tehrani, Mirza Hosein (gest. 1908), irakischer schiitischer Geistlicher 25
Tellenbach, Silvia (geb. 1970), Rechtswissenschaftlerin 240
Tito, Josip Broz (1892–1980) 175
Toynbee, Arnold (1889–1975), Historiker 90
at-Tusi, Abu Dschafar Muhammad ibn al-Hasan (995–1067), schiitischer Gelehrter 56

Umar (584–644), zweiter Kalif 32f.
Uthman (577–656), dritter Kalif 33, 330

Yazdi, Abdolkarim Haeri (1859–1937), Groß-Ayatollah 12, 45f., 51f., 62, 65f., 75, 81, 88, 325
Yazdi, Ebrahim (1931–2017), ehem. iranischer Außenminister 142, 183, 191–193
Yazdi, Mehdi Haeri (1923–1999), schiitischer Gelehrter 78
Yazdi, Mohammad Taqi Mesbah (geb. 1934), schiitischer Gelehrter 255, 258, 261–272
Yazid (644–683), zweiter Umayyaden-Kalif 35f., 123, 326
Yuschidsch, Nima (1896–1960), persischer Dichter 311

Zainab (626–682), Enkelin des Propheten Mohammed 284f.
Zandschani, Seyyed Musa Schirazi (geb. 1928), Ayatollah 139